JN426185

현대경영조직론

정동섭 · 송경수 · 이희옥

MODERN MANAGEMENT THEORY

탑북스

머 리 말

4차 산업혁명의 거센 물결은 기업들의 '무한 변화'를 요구한다. 기존의 조직문화와 고립된 산업구조 속에서의 생존 가능성은 희박하기 때문이다. 많은 기업은 위기감 속에서 변화와 혁신의 방향성을 찾고 있다. 이처럼 미래사회의 발전 속도와 방향이 지금과는 확연히 다른 변화가 이루어지고 있다. 과거에는 100년이 걸리던 것이 10년이면 이루어질 것이며, 각각 분리되어 발전된 분야들이 융합을 통해 발전하고 있다. 더불어 우리나라도 미래사회를 위한 대응을 마련할 수 있어야 할 것이다.

기업들은 글로벌 경쟁이 심화되고 시장 상황이 급변하면서, 불안정한 경영 환경을 돌파할 수 있는 튼실한 조직 설계 및 체계에 대한 관심은 더욱 증가하고 있다. 이는 대기업이나 중소기업 뿐만 아니라 방금 창업한 스타트업의 경우에도 예외는 아니다.

그렇다면, "미래의 성공을 위한 바람직한 조직은 어떤 모습일까?, 현재의 조직 운영 시스템으로 다가올 미래 환경에서도 지속적인 성장을 할 수 있을까?" 요즘 기업 경영자들을 고민하게 만드는 최대 이슈 중 하나이다.

그 이유는 아무리 좋은 비전과 전략이 있고 우수한 인재를 확보했다 하더라도 조직 시스템이 탄탄하지 못하면 애초 기대했던 성과를 내기 어렵기 때문일 것이다. 이 같은 경우는 최신 기술로 제작된 수준 높은 설계도와 품질 좋은 재료가 있더라도 건물의 뼈대가 부실하면 결국 붕괴되고 마는 건축물의 이치와 같다.

따라서 경영 환경에 유연하게 대응할 수 있는 조직 운영 시스템을 갖추는 것이야말로 기업의 미래 경쟁력 확보와 비전 달성의 초석이라 할 수 있다. 조직의 내, 외부적 환경에 적절한 조직 운영 시스템을 설계하는 것은 하나의 조직을 이끌어가는 최고 경영자의 가장 중요한 임무이다. 시간이 지날수록 최고경영자의 조직 설계 역량은 더욱 중요하게 부각되고 있다.

대기업도 마찬가지지만, 특히 중견・중소기업이 조직관리에서 가장 중점을 두고 있는 것은 바로 중간관리자다. 모든 성과물이 여기서 나오기 때문이다. 과장, 차장, 부장의 직급이 이에 해당된다. 이들 직급에 무엇보다 중요한 것은 조직의 중간관리자로 스스로가 어떤 역할을 수행해야 하는지 인식하도록 하는 것이다. 강압적 접근으로 인식시킬 수 있는 부분이 아니다. 대부분의 리더들이 놓치고 있는 부분이다. 둘째는 조직관리 및 성과관리 그리고 사람관리 측면에서 발휘해야 하는 리더십 스킬을 체득하는 것이다. 이는 현업 이슈를 통해 충분이 연습해야 한다. 그리고 팀장은 이들이 좀 더 효율적이고 효과적으로 업무를 수행할 수 있도록 지원하게 하는 것이다.

또한 조직내에서 수직적 조직문화에서 수평적 조직문화로의 선회는 이미 이루어지고 있다. 수평적 조직문화의 핵심 중 하나는 '자발성'이다. 직원 스스로 관심을 갖고 이슈를 만들어 내고 자발적 실행을 통해 의미 있는 결과를 만들어 내도록 해야 한다. 물론 이러한 현상이 단기에 이루어질 수는 없다. 단기가 아닌 장기적인 조직적 접근이 필요하다.

조직 설계는 지금까지의 성공 요인과 강점을 해치지 않으면서 동시에 당면하고 있는 제약 조건과 약점을 극복할 수 있는 방안에 대한 모색에서 출발해야 한다.

조직이론은 그 분석수준에 따라 미시조직론과 거시조직론으로 분류하곤 한다.

첫째, 미시조직론(micro organization)은 개인이나 소집단의 행동을 연구하는 것으로 우리는 보통 조직행동이라고 부른다.

둘째, 거시조직론(macro organization)은 조직 자체를 분석수준으로 하여, 조직체의 내부적, 대환경적 행동을 연구하는 것으로 우리는 보통 조직설계론 혹은 경영조직론이라고 부른다.

본서는 조직론의 두 가지 분석수준 중 조직전체의 수준에서 조직의 문제를 다루고 있으며 거시조직론의 관점에서 서술하고 있다.

이 책은 크게 4개의 부로 나누어 설명하고 있다.

제1부에서는 조직이론의 기초 파트로 조직이론의 이해와 전개과정, 조직목표와 조직유효성의 내용을 다룬다.

제2부에서는 조직설계의 파트로서 조직설계의 기본요소, 조직설계의 상황요소, 조직설계의 유형의 내용을 다룬다.

제3부에서는 환경과 조직의 파트로서, 환경의 불확실성과 조직적응, 조직성장과 쇠퇴, 조직간 관계이론, 국제화와 조직설계의 내용을 다룬다.

제4부에서는 조직혁신과 진단의 파트로서, 조직혁신과 조직설계, 조직의 재설계, 조직문화와 조직설계, 조직진단의 내용을 다룬다.

경영학의 인사・조직분야에서 경영조직론에 관한 많은 책이 저술되었다. 본서는 기존의 경영조직론의 체계를 유지하면서도 새로운 시도를 하고 있다. 우선 각 장의 첫 부분을 Opening Knowledge Cafe란 부분을 삽입하여 그 장의 내용을 먼저 이해하는데 도움을 주고자 하였다. 또한 각 장이 마치는 부분에서는 경영조직의 사례를 담아서 실제 경영현장에서 경영조직의 주제를 다루고자 하였다.

이 책이 나오기 까지는 탑북스의 김광식 사장님의 인내와 격려 덕분에 출간되었다. 그리고 편집과 출판을 맡아주신 편집부와 영업부 여러분께도 감사의 마음을 전하는 바이다.

2017년 7월

광안대교를 바라보면 저자 씀

차 례

제 I 부 조직이론의 기초

제Ⅲ부 환경과 조직

제7장 환경의 불확실성과 조직적응

제8장 조직성장과 쇠퇴

제9장 조직 간 관계

제10장 국제화와 조직설계

제Ⅳ부 조직혁신과 조직진단

제11장 조직혁신과 조직설계

제12장 조직재설계

제 I 부

조직이론의 기초

조직의 역사는 인간의 역사이며 개인의 역사는 조직생활의 역사이다. 이만큼 조직은 우리 사회에 영구히 존재하고 있고 개인생활과 밀접한 관계를 가지고 있다.

거시적 조직이론은 조직체가 외부환경에 효과적으로 적응하기 위하여 유기적인 조직의 형태를 갖추며 경쟁조직에 비해 더 나은 조직체의 모습을 체계적으로 연구하는 학문분야이다.

우리 사회는 많은 조직으로 구성되어 있고, 대다수의 사람은 조직의 구성원으로 사회생활을 해 나가고 있다. 이처럼 현대 사회는 조직의 소속이 없이는 어느 하나 목표를 달성할 수 없고 조직연구도 거시적인 관점에서 조직체 연구를 하지 않고서는 연구목적을 달성할 수 없다.

거시 조직수준이론의 조직이론 기초영역에서는 왜 조직이 필요한가에 대한 논의를 통하여 조직에 대한 정의를 하며, 조직이론의 전개과정을 통해 조직이론이 어떻게 진화되어 왔는지를 살펴볼 것이다. 그리고 조직이 추구하는 조직목표와 조직의 유효성을 통해 조직이 추구하는 지향점을 알아볼 것이다.

따라서 우리는 제 I 부 조직이론의 기초에서는 전체 조직체의 행동에 대한 이해를 통하여 조직이론의 이해, 조직이론의 전개과정, 조직의 목표와 조직 유효성에 대한 문제를 다룬다.

제 1 장 조직이론의 이해

Opening Knowledge Cafe

Opening Knowledge Cafe : 기업이란 조직은 왜 생겼을까?

경제활동의 3주체 중 소비주체인 가계나 정책담당자인 정부가 생긴 이유는 비교적 쉽게 설명할 수 있다. 즉 가계는 혈연과 문화의 산물로, 정부는 합의에 의해서든 특정 집단의 이익 때문이든 강제력의 산물로 각각 이해할 수 있다. 반면 생산의 주체인 기업이 생긴 이유를 꼭 집어 설명하기란 의외로 어렵다.

기업의 발생원인과 관련, 가장 쉽게 떠오르는 설명은 '분업과 협업에 의한 공동생산의 이점'일 것이다. 개인적으로 생산하는 것보다 분업과 협업을 통해 여럿이서 생산하는 것이 유리하기 때문에 기업을 만든다는 것이다. 과연 그럴까?

우선 분업에 대해 생각해보면, 작업과정을 세분화하여 분업을 하면 생산성이 향상된다는 것은 분명하다. 아담 스미스는 "분업을 하면 숙련도가 증진되고 작업시간이 단축되며, 작업과정의 단순화로 기계를 도입하는 게 유리해진다"고 분석한 바 있다. 그런데 한 가지 유의할 점이 있다. 분업에 의해 생산성이 올라간다고 해서 반드시 분업을 한 기업 내부에서 다 해야한다는 뜻은 아니다. 원료구입, 원료가공, 부품생산, 조립 등 분업의 각 단계를 서로 다른 기업이 나눠 맡을 수도 있다. 엄밀히 말해 분업은 서로 다른 직업을 분화시키고 각기 다른 업무를 맡는 생산자를 만들어내는 요인일 뿐, 직접적으로 기업조직을 만들어내는 요인은 아니다.

그렇다면 같은 일을 여러 명이 함께 하는 협업의 이익 때문에 기업이 발생했다고 보는 수밖에 없다. 무거운 물건을 같이 드는 것처럼 협업의 이익이 있는 것은 분명하다. 하지만 협업의 이익이 얼마나 기업조직의 필연성과 관련 있는지는 불분명하다. 사실 비슷한 기술적 여건하에서도 다양한 규모의 기업이 존재하고, 또 각 기업별로 사업의 범위가 다양한 것을 보면, 분업이나 협업처럼 기술적 요인으로만 기업의 존재를 설명하려는 시도는 분명한 한계를 가진다.

분업과 협업이라는 시각에서 탈피해 기업의 본성에 대해 창의적인 시각을 제시한 학자는 1991년 노벨경제학상을 수상한 시카고대학의 로널드 코스(Ronald Coase) 교수이다.

그는 1937년 '기업의 본성'이라는 논문에서 기업의 존재 이유에 대해 역(逆)발상적인 해석을 내놓았다. 즉 조직이 아니라 개인이 생산과정의 모든 단계를 담당한 후 시장을 통해 생산품을 거래한다면 어떻게 될까라고 질문한 것이다.

처음 원료를 구입한 생산자가 이를 가공해 팔고, 다음 단계 생산자는 가공된 원료로 부품을 만들어 파는 식으로 원료 구입부터 조립까지 각 단계별로 개별 생산자가 따로 있을 경우 비용이 더 들 가능성이 높다. 이는 시장을 통한 거래에도 비용이 발생하기 때문이다. 즉 각 단계별로 물건을 사고 팔 때 물건에 대한 정보를 탐색하고 가격에 대해 협상하며, 계약을 체결하고 계약을 이행하도록 하는 데 비용이 발생하는 것이다. Ronald Coase 교수는 이를 거래비용(transaction cost)이라고 불렀다. 거래비용을 감안할 경우, 생산의 각 단계를 개별 생산자들이 나눠 맡는 것보다 한 기업이 원료 구입부터 완제품 조립까지 모든 과정을 내부화하는 게 비용이 훨씬 적게 들 가능성이 높다. 각 단계별로 필요한 원료·부품 등을 시장에서 구매할 때 생기는 거래비용이 들지 않기 때문이다. Ronald Coase는 거래비용을 근거로, 기업조직이란 비용이 많이 들고 불편한 시장거래를 통한 생산에 대한 대응책으로 개발됐다고 주장했다. 물론 기업조직이 무한정 커지면 조직관리비용도 증가하기 때문에, 시장거래비용과 조직관리비용의 크기를 비교하여 적절한 수준까지 생산의 범위(scope)를 정하게 마련이라고 코스는 생각했다. 예컨대 시장이 잘 발달되지 않은 경제개발 초기에는 소위 재벌기업이 여러 사업을 벌이게 되지만, 시장이 커진 다음에는 주변적 업무는 외주(outsourcing)를 통해 해결하고 본사는 핵심적 업무에 집중하는 현상을 설명하는 데 제격이다.

기업의 존재이유에 대한 Ronald Coase의 주장은 진일보한 것이긴 하지만, 조직이론가들로부터 몇 가지 공격을 받고 있다. 우선 경험적으로 볼 때 창업하는 기업가가 거래비용과 조직관리비용을 비교 · 분석해 적정한 조직규모를 확정한다고 보기는 어렵다. 사실 인간은 불확실한 상태에서 새로운 사업에 도전하는 초기 단계에서는 자신을 인정해주는 동료집단의 사회적 승인을 필요로 한다. 다음으로 협업의 이익은 단순히 기술적인 측면뿐 아니라 인간관계라는 네트워크에 의해서 생기기도 한다. 예를 들어 조직문화를 통해 동기유발이 될 뿐 아니라 시너지효과를 만들어 생산성을 높일 수도 있다.

사회적 동물인 인간은 조직을 통해 새로운 일에 도전하고 동기를 부여받는 측면이 있다. 역사적으로도 시장경제 이전에 이미 생산은 공동체라는 조직을 통해서 이루어졌다. 여러 생산조직 중 비용을 잘 계산하는 기업체가 시장경제 이후에도 살아남게 되었다고 볼 수 있다.

Ronald Coase와 조직이론가의 대조적인 견해 중 어떤 것이 더 설득력이 있을까? 기업의 복합적인 성격 때문에 그 답은 그때그때 다를 수밖에 없다. 하지만 기업의 복잡한 속성을 잘 이해해야 훌륭한 경영자가 될 수 있으며, 아울러 기업하기 좋은 환경도 만들 수 있음을 주목할 필요가 있다.

위의 사례에는 기업조직의 존재이유에 대한 근거를 나타나고 있다. 그 중 기업조직의 존재이유를 전통적 조직이론의 관점과 거래비용의 관점 등을 가지고 설명하고 있다. 실제 사회적 동물인 인간은 기업조직의 존재를 조직을 통해 새로운 일에 도전하고 동기를 부여받는 측면이 있다.

본 장에서는 이러한 문제와 그와 관련된 조직의 존재이유와 조직이론들을 개괄적으로 다루고자 한다.

제 1 절 조직이란 무엇인가

1. 조직의 중요성

인간을 흔히 '사회적 동물'이라고 한다. 이는 인간이 홀로 살아갈 수 없는 존재임을 단편적으로 얘기하여주는 말이다. 태초부터 지금까지 인간은 둘 이상의 사람이 모여 모임을 이루며 살아왔다. 처음 이루어진 모임들은 목적의식이 분명하지 않은 채 살아왔지만 점점 산업화가 이루어짐에 따라 목적의식이 생겨나고 그에 따라 조직을 이루는 것에 관심도가 높아졌다.

조직은 현대사회의 각 분야에 지대한 영향을 주고 있다. 대부분의 인간들은 태어나서 죽을 때까지 어떠한 형태로든 조직과 관계를 맺고 살아야 한다. 그래서 흔히 현대사회를 조직사회라 부르는 것이다. 조직의 업무를 어떻게 하면 효율적으로 수행할 것인가 하는 문제는 모든 조직이 가지고 있는 오랜 과제이며, 이를 위한 다각적 노력이 지속적으로 있어 왔다.

현대사회에서 가장 어렵고 풀리지 않는 수수께끼는 바로 사람들에 의하여 형성된 조직이며, 그 조직 내 구성원을 어떻게 관리할 것인지의 문제이다. 많은 기업들의 최고경영자들은 조금만 경영여건이 나빠지거나 혹은 예기치 못한 상황이 발생할 경우, 제일 먼저 손을 대기 시작하는 것이 조직의 개편이며, 또한 일반적인 원칙이나 정답이 없어 가장 고심하는 것도 조직이다. 또한 조직구성원들이 가장 예민하게 받아들이고, 강하게 저항을 하거나, 관심을 표명하는 것도 바로 조직 및 인적자원관리와 관련된 문제이다.

왜 이처럼 현대사회에서는 조직이 중요한 걸까? 바로 조직시스템은 인체의 혈관과 같은 기능을 수행하기 때문이다. 혈관이 인체에 필요한 영양분을 전달하듯이, 조직시스템은 조직의 성장과 존속을 위하여 각 부문에서 요구되는 필요한 정보와 자원을 제공하여 준다. 혈관의 배치가 잘못되거나 동맥경화에 의하여 순환이 제대로 이루어지지 않으면 인체에 커다란 위협을 초래하듯이, 조직시스템이 잘못 설계되어 정보와 자원의 흐름이 지연되거나 차단이 생기면 조직의 직접적인 생존에 커다란 영향을 미치게 된다.

산업혁명 이후 산업사회를 상징하는 광공업이나 이를 뒷받침하는 서비스산업의 활동 대부분의 경우가 조직이라는 사회집단에서 이루어지고 있고, 정부의 행정도 조직을 통하여 이루어지고 있고, 많은 비영리조직들도 비영리사회조직을 통하여 수행되고 있어서 사회 전체가 조직화되어 가고 있는 실정이다.

조직은 인간이 태어나면서부터 죽을 때까지 영향을 행사한다. 즉, 조직을 통한 사회생활을 삶 자체와 함께하며, 생애동안 어떠한 형태로든 조직과 관계를 맺고 살아야만 그 생활의 영위가 가능하다. 조직은 인간사회의 목적을 달성하는 데 사용되는 도구이면서 인간생활에 전반적으로 영향을 미치는 사회현상이기 때문에 그 중요성은 더욱 커져갔다. 그러므로 그에 따른 연구들이 이루어진 것은 자연스러운 현상이다. 초기의 조직에 대한 관심은 산업화에 따른 생산성의 향상과 효율에만 초점을 두었다. 하지만 조직은 단순히 생산성의 향상과 효율에만 그 목적이 있는 것이 아니다. 조직은 그것을 바탕으로 인간의 삶의 질을 높이고 효과적인 사회를 구성하는데 그 진정한 목적이 있는 것이다.

이처럼 현대사회에서 조직은 우리 사회의 어느 곳에서나 찾아볼 수 있다. 즉, 우리는 평생 동안 조직의 구성원으로서 일하며 다른 많은 조직으로부터 영향을 받으면서 살아간다.

[그림 1-1] 현대사회에서 조직의 중요성

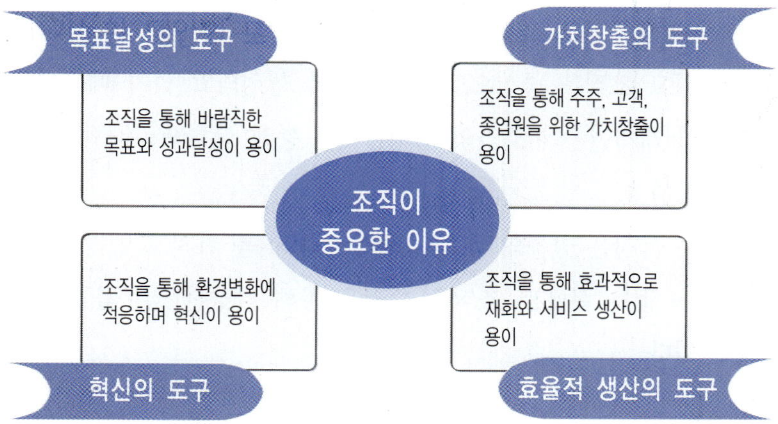

이상의 논의를 통하여 조직의 중요성을 요약하면 다음과 같다.

첫째, 목표달성의 도구로서의 조직의 중요성이다. 목표달성은 조직의 가장 중요한 존재이유이며 조직을 통해 비로서 바람직한 목표와 성과달성이 가능하다.

둘째, 가치창출의 도구로서 조직의 중요성이다. 가치창출은 이익추구의 책임을 져야 할 조직의 입장에서 주주, 고객, 내부 종업원을 위한 당연한 책임의 영역이 된다.

셋째, 혁신의 도구로서 조직의 중요성이다. 특히 현대조직은 끊임없는 경영환경의 변화 속에서 능동적으로 적응하며 변화를 주도할 수 있는 혁신의 주체가 되어야 한다.

넷째, 효율적 생산도구로서 조직의 중요성이다. 특히 기업조직은 국민경제의 3주체로서 재화나 서비스생산의 주체로서의 역할을 감당해야 한다.

2. 조직의 정의

우리는 태어나서 죽을 때까지 조직에서 벗어난 적이 없다. 병원이라는 조직에서 태어나고, 동사무소라는 조직에 신고를 하고, 유치원이나 초등학교 조직의 일원이 되고, 기업이라는 조직에서 직장생활을 하고, 늙어서도 노인회라는 조직에 일원이 되며, 다시 병원이라는 조직의 신세를 지게 된다. 우리의 삶이 결코 조직과 분리되어서는 생각할 수 없음을 보여준다. 그럼에도 불구하고 막상 조직이 무엇이냐고 물으면 정확하게 답변을 못한다.

현대사회를 조직사회(organizational society)라고 부르는 이유는 우리가 조직 가운데서 생활하고 있고 조직을 중심으로 인간관계가 형성되고 있기 때문이다. 이와 같이 조직과 인간의 개개인은 서로간의 협력관계를 통해 상호작용을 하면서 각자의 목표를 추구하고 있다.

조직의 가장 큰 특징은 공동의 목표(common goal)를 가지고 있는 것이다. 개인이 혼자서 감당할 수 없는 목표도 조직은 협업을 통해 다양한 업무를 수행할 수 있는 능력을 가지고 있다.

조직에 대한 정의는 학자마다 조금씩 다르지만, 일반적으로

첫째, 공동의 목표
둘째, 공동의 목표를 달성하기 위한 체계화된 구조
셋째, 외부환경변화에 적응하는 유기체
넷째, 인간의 사회집단

으로 정의할 수 있다.

따라서 이러한 정의에 입각하면 이들 4가지 요소를 모두 충족하게 되면 조직이라고 설명된다.

2.1 공동의 목표

조직은 뚜렷한 공동의 목표를 가지고 있으며, 개인의 힘으로는 달성할 수 없는 일들을 여러 사람이 모여 달성하고자 한다. 그리고 그 공동의 목표에 따라 조직 내의 질서를 유지하며, 구성원들을 공동의 목표하에 통제하고 관리하게 된다. 만약 조직이 이 공동의 목표를 상실하게 된다면 조직은 생존할 수 없고 해체를 경험하게 될 것이다.

2.2 체계화된 구조

조직은 체계(system)로서의 특성을 가지게 되는데 이는 각각 개개인의 부분들이 결합되어 조화된 '복합적 전체'로서의 기능을 수행한다. 복합적 전체로서 체계화된 구조는 각 개별 구성원들의 역할을 규정하며, 조직의 과업을 분류하여 상호작용하면서 조직의 목표를 달성하게 된다.

2.3 외부환경에 적응하는 유기체

조직은 환경과의 계속적인 교류를 통하여 이들 환경과의 적응력을 시험받게 되며 유기체로서 조직을 둘러싼 생태계에서 효과적으로 적응해야 조직의 생존을 보장받을 수 있다. 이때 조직이 활동하는 영역을 사업의 도메인(business domain)이라고 하며 외부환경과 구별짓는 경계가 될 수 있다.

2.4 인간의 사회적 집단

인간 없는 조직은 조직이 될 수 없다. 따라서 무인공장, 로봇시스템은 조직이 아니라 조직목표를 달성하기 위한 도구에 지나지 않는다. 조직은 인간의 사회적 집단으로서 조직 내의 인간들과 조직은 끊임없는 기능적 역할을 수행하며 상호작용을 하고 있다.

[그림 1-2]에서 제시하는 바와 같이 조직은 내부적으로는 공동의 목표를 추구하기 위하여 구조화된 일(업무)을 체계화하여 인간의 사회집단을 이용하여 기능화를 추구한다. 그리고 외부적으로는 환경에 적응하는 유기체의 모습을 보인다.

[그림 1-2] 조직의 정의

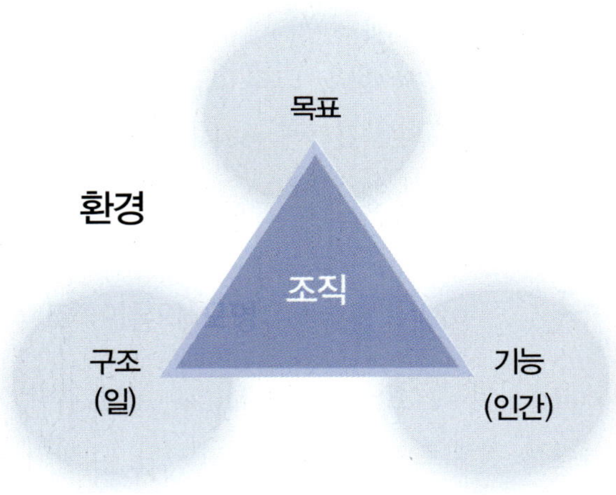

3. 조직이론의 분석관점

조직이론(organization theory)은 조직현상을 연구대상으로 하여 전개되어지는 논리적인 체계, 즉 조직의 구조를 비롯한 조직의 요소를 연구하여 조직을 보다 바람직하게 유지·발전시키는데 도움을 주고자 체계화한 이론을 말한다.

조직에 관한 이론은 분석의 단위에 따라 크게 두 가지로 분류할 수 있다. 하나는 조직 내의 개인이나 소집단의 행동을 연구하는 것으로 조직행동론으로 구분하며 또 하나는 조직 자체의 내부적, 대환경적 행동을 연구하는 분야로 통상 조직구조론으로 분류된다. 이를 미시적 조직이론(micro organization theory), 거시적 조직이론(macro organization theory)으로 분류하는 학자들도 있다.

조직을 시스템적 관점에서 살펴보면 여러 계층의 하위시스템(sub-system)으로 구성되어 있다. [그림 1-3]에서 살펴보면, 조직의 분석수준은 4개로 구분된다.

첫째는 미시적 조직이론의 중요 구성요인인 조직 내 구성원인 개인분석수준이다.

둘째는 역시 미시적 조직이론에서 다루는 집단분석수준이다. 집단은 과업을 수행하기 위해 기능적으로 모여 있는 집합의 개념이다.

셋째는 거시적 조직이론의 중요 요인인 조직분석수준이다. 이는 조직의 하위시스템인 부서의 집합의 개념이다. 그림에서는 조직 A의 경우 부서 a, 부서 b 그리고 부서 c를 하위시스템으로 하여 구성되어 있다.

넷째는 거시적 조직이론에서 다루는 조직집단의 분석수준이다. 이는 사업영역에서 서로 상호작용하는 조직들의 집합이다.

[그림 1-3] 조직의 분석수준

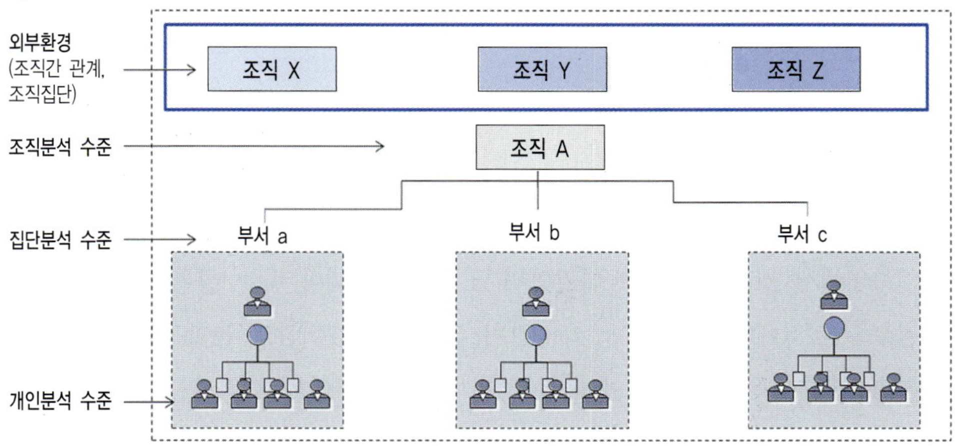

거시적 조직이론은 기본적으로 조직을 분석수준으로 하여 외부환경과의 상호작용을 통한 조직집단까지를 중요한 연구의 영역으로 설정되어 있다.

거시적 조직이론은 조직 내의 개인이나 소집단의 행동을 연구하는 미시조직이론과 대비되며, 조직 자체의 내부적 · 대환경적 행동을 연구하는 조직이론을 말한다.

거시적 조직이론은 조직의 목표 · 조직구조 · 조직환경 및 그 밖에 조직 전체 수준에서 중요시되는 조직의 효과성 · 조직문화 · 조직혁신과 발전 등에 중점을 두는 연구를 말한다. 경영자들에게 조직의 문제에 대한 올바른 진단과 처방을 할 수 있도록 한다. 즉, 조직의 현상을 이해하게 하고, 조직의 문제를 분석하고 진단할 수 있게 하며, 조직의 문제를 해결할 수 있는 처방능력을 갖게 하는 것이다.

이 책에서는 거시조직이론을 중심으로 경영조직론을 설명하고 있다. 왜냐하면 조직의 주된 관심이 조직 전체의 수준에 관계된 이론을 정리 · 제시하고 있다는 것을 분명히 하기 위함이다. 그럼에도 불구하고 조직 전체에 관한 이론들도 사회학이나 행정학과 같은 학문적 영역에서도 너무 다양하게 조직이론을 다루고 있어서 경영학적 관점에서 조직이론을 상호 연결시킬 수 있는 하나의 지식체계로 일목요연하게 정리하기가 용이하지 않아 조직의 설계를 중심으로 이와 관계되는 이론을 중심으로 다루기로 한다.

제 2 절 조직유형의 분류

1. 조직의 유형

현대사회에서 조직의 종류가 다양하며 조직이 적응해야 하는 상황이 다양하고 복잡해질수록 조직에 관한 이론을 개발하기 위해서는 적절하고 통합적인 유형분류가 절실히 요구된다. 이러한 필요에 따라 많은 조직이론가들이 조직의 유형을 분류하려는 시도를 하였지만, 조직이 가진 다양성과 복잡성 때문에 모든 조직을 수용할 수 있는 통합적 조직유형 분류가 쉽게 도출되지 못하였다.

전통적으로 조직이론학자들의 조직유형 분류는 자신들의 조직관이나 연구의 목적에 따라 단일변수나 한정된 측면만을 기준으로 선택하여 시도한 것이 대부분이며, 이러한 유형들은 조직분류에 있어서의 통합적 틀을 제시하지는 못하고 있다. 그러나 그 유형들은 조직의 한정된 부분에 관하여 비교・연구를 하는데에는 그 나름대로의 유용한 틀을 제공해 주고 있다.

1.1 조직의 내부적 속성을 기준으로 한 분류

조직의 내부적 속성을 기준으로 한 분류는 특정한 조직 내부적 속성에 따라 조직 속성들이 어떻게 다른가를 설명하려는 분류이다. 내부적 속성의 분류기준에 대한 연구 중 Etzioni는 상급자가 동원하는 권한과 그에 대한 부하의 태도 사이에 형성되는 관계를 나타내는 '복종의 구조'(compliance structure)를 기준으로 조직을 분류하였다. 이대, 복종의 구조란 상급자가 행사하는 권한과 그에 대한 부하의 태도 사이에 형성되는 관계를 말한다. Etzioni가 주장하는 기본적인 통제수단은 크게 3가지로 구분된다.

첫째, 강압적 수단은 권력의 원천을 신체적 위해나 위협을 통해 권한을 행사하는 것이다.

둘째, 경제적 수단은 물질적 보상을 바탕으로 상사가 권한을 행사하는 것을 말한다.

셋째, 규범적 수단은 애정, 인격존중, 신망, 사명 등 도덕적 가치를 바탕으로 권한을 행사하는 것을 말한다.

한편, Etzioni는 기본적인 통제수단에 반응하는 복종의 구조를 3가지로 구분하고 있다.

첫째, 굴복적 복종은 조직으로부터 이탈하고 싶은 마음이 있지만 선택의 여지가 없기 때문에 조직에 남아 복종하지 않을 수 없을 때 나타나는 반응을 말하며, 상사의 강압적 수단에 대응하는 복종의 구조이다.

둘째, 타산적 복종이란 경제적 보상이 적정하다고 생각되는 범위 내에서만 복종하는 것을 말하며, 상사의 경제적 수단에 대응하는 복종의 구조이다.

셋째, 도덕적 복종이란 조직이 부여한 임무와 자기가 맡은 일을 가치있는 것으로 받아들이면서 조직에 순응하는 태도를 말하며 상사의 규범적 수단에 대응하는 복종의 구조이다.

[그림 1-4] 내부적 속성을 기준으로 한 조직이론

권한의 종류 / 복종의 종류	강압적	경제적	규범적
굴복적	강압적 조직 (예 : 강제수용소, 교도소)		
타산적		공리적 조직 (예 : 기업체)	
도덕적			규범적 조직 (예 : 종교단체, 이념단체)

자료: Edgar Schein, Organizational Psychology, 3rd ed. (Englewood Cliffs, NJ : Prentice-Hall, 1980), p. 46.

이상에서 제시한 바와 같이 [그림 1-4]에 나타나 있는 9개의 가능한 유형 가운데 세 가지만이 권한의 종류와 복종의 종류가 서로 부합된다. 즉, 강압적 수단-굴복적 복종, 경제적 수단-타산적 복종 그리고 규범적 수단-도덕적 복종의 3가지 유형은 권한의 성격과 복종의 성격이 부합되는 조직유형에 해당한다.

반면, 나머지 여섯 개의 경우 통제의 수단과 복종의 구조인 두 차원이 서로 일관성을 이루지 못하고 있다. 조직의 초기에 이 여섯 가지의 조직유형이 잠시 발생하였다 할지라도 조직구성원들은 곧 주어진 권한의 성격에 부합하는 복종의 성격을 나타나게 되어, 두 측면이 일관성을 이루는 조직을 만들게 되므로 일관적이지 못한 조직들은 존재하지 않는다고 볼 수 있다.

통제의 수단 및 복종의 구조인 두 가지 차원에서 적합성을 이루고 있는 3가지 조직유형은 다음과 같이 구분된다.

첫째, 강압적 권한에 굴복적 복종을 하는 조직을 강압적 조직이라고 한다.

둘째, 경제적 수단을 사용하는 권한에 대해 타산적 복종을 하는 조직을 공리적 조직이라고 한다.

셋째, 규범적 수단에 도덕적 복종을 하는 조직을 규범적 조직이라고 한다.

1.2 조직의 對 환경의 관계를 기준으로 한 분류

먼저, Katz와 Kahn은 조직이 가지는 對 사회적 목적 또는 기능에 따라서 경제적 생산을 지향하는 조직, 관리적 또는 정치적 목적을 지향하는 조직, 유지 기능적 조직, 그리고 적응적 조직 등 네 가지 유형으로 분류하고 있다.

첫째, 경제적 조직은 사회에서 소비되어지는 재화나 서비스를 생산하는 기업 등을 지칭한다. 이 조직들은 인간의 기본적 욕구를 충족시켜주는 재화나 서비스를 공급하는 기업들이 이 유형에 해당한다.

둘째, 관리적・정치적 조직은 권력의 창출과 분배를 통하여 사회가 바라는 목적을 달성하는 기능을 수행한다. 이 조직유형 중에는 국가행정기관이나 노동조합, 압력단체, 정당 등이 해당된다.

셋째, 유지 기능적 조직은 사람들이 조직생활과 사회생활에서 맡아야 할 역할을 감당할 수 있도록 사회화하는 기능을 수행하며, 이 조직에 속하는 유형은 학교와 교회 등의 조직과 교정적 기능을 수행하는 보건, 복지, 갱생분야의 기관 등이 해당된다.

넷째, 적응적 조직은 새로운 지식을 창출하고 이론을 정립하고 검증하며, 어느 정도 실제의 문제에 이들 이론을 적용하는 기능을 수행하며 이 조직유형에 갖는 대학이나 연구기관, 예술단체 조직들이 여기에 해당된다.

두 번째는 Blau와 Scott가 제시한 수혜자 기준의 조직유형의 분류이다. Blau와 Scott는 조직활동의 주된 수혜자가 누구냐에 따라 조직을 다음과 같이 네 가지로 분류하고 있다.

첫째, 호혜적 조직은 조직구성원이 주된 수혜자가 되는 조직이다. 이러한 조직에서는 조직 내에서 구성원의 참여와 구성원에 의한 자율적 통제를 보장하는 절차가 매우 중요하며 여기에 속하는 조직의 예로는 정당, 노동조합, 학회 등 전문직단체, 종교단체 등을 들 수 있다.

둘째, 기업조직은 소유주가 주된 수혜자가 되는 조직이다. 여기에 속하는 조직의 예는 영리를 추구하는 모든 종류의 제조업과 서비스업에 종사하는 조직을 들 수 있으며, 이러한 조직의 운영원리는 경쟁적인 환경에서 생존하고 성장하기 위하여 조직운영의 능률을 극대화하는 것이다.

셋째, 봉사조직은 고객이 주된 수혜자가 되는 조직이다. 이 유형에 속하는 조직으로는 사회사업기관, 병원, 학교 등을 들 수 있으며, 이러한 조직에서는 고객에 대한 봉사의 극대화가 매우 중요하다.

넷째, 공익조직은 일반 국민이 조직활동의 주된 수혜자가 되는 조직이다. 이 유형에 속하는 조직으로는 행정기관, 군대조직, 경찰조직 등을 들 수 있으며, 이러한 조직에서는 일반 국민이 주된 수혜자가 되어야 하기 때문에 국민에 의한 외재적 통제가 가능하도록 제도적 장치를 갖추어야 한다.

[그림 1-5] 조직의 對 환경관계를 기준으로 한 조직이론

조직의 對 환경간의 관계에 의한 조직분류

1. 대(對) 사회적 목적과 기능에 따른 조직유형(Katz, D. & Kahn, R.)
- 경제적 조직 : 사회에서 소비되는 재화와 서비스를 생산하는 기업
- 관리적 · 정치적 조직(권력) : 행정기관, 노동조합, 압력단체, 정당 등
- 유지기능적 조직(사회화) : 학교, 교회, 보건, 복지, 갱생분야 기관 등
- 적응적 조직(지식 창출) : 대학, 연구기관, 예술단체 등

2. 주된 수혜자에 따른 조직유형(Blau, P. M. & Scott, W. R.)
- 호혜적 조직(구성원) : 정당, 노동조합, 학회 등 전문직단체, 종교단체
- 기업조직(소유주) : 영리를 추구하는 제조업, 서비스조직
- 봉사조직(고객) : 사회사업기관, 병원, 학교
- 공익조직(일반 국민) : 행정기관, 군대조직, 경찰조직

사례 행복을 창조하는 신세계 센터시티 백화점

제조업과 서비스업 경계가 희미해지면서 스스로를 서비스기업이라고 말하는 기업들이 늘고 있다. 치열한 경쟁 속에서 제품의 질, 기술, 가격의 격차가 급격히 줄어들자 고객 서비스에서 차별화된 경쟁력을 만들어내려는 기업들이 증가하고 있기 때문이다. "동양최대의 복합 엔터테인먼트의 쇼핑공간"이라는 거대한 수식어를 달고 동아시아 전체의 쇼핑, 유통의 허브로 거듭나기 위한 신세계 센텀시티 백화점은 바로 고객 서비스에서 차별화된 경쟁력을 만들어 가고 있다.

2009년 3월에 오픈한 부산 신세계 센텀시티 백화점은 재래시장과 백화점/할인점 형태의 기업형 유통망으로 양분된 부산시장에서 쇼핑과 엔터테인먼트 및 문화 등의 서비스가 융합된 복합쇼핑몰 모델로 시장진입에 성공했다.

복합쇼핑몰 개념은 국내는 물론 해외에서도 이미 여러 차례 시도된 개념이다. 하지만 부산시장에서는 익숙한 개념이 아니다.

신세계는 타깃시장의 환경변화와 고객 유형을 철저히 분석하고 시장을 재정의 했다. 그리고 이들 잠재고객이 느끼는 문제를 해결할 수 있는 서비스네트워크를 구축해 부산지역에 복합쇼핑몰 서비스를 성공적으로 도입했다. 신세계 센텀시티점이 부산상권의 후발주자라는 한계를 극복하고 새로운 성장기회를 엿보게 되었다.

신세계 센텀시티 점은 서울의 삼성 코엑스몰 등과 성격이 유사하지만 규모면에서 압도해 소비자들의 마음을 자극하였고 스파랜드, 아이스 링크 등의 다양한 엔터테인먼트를 즐기고 이용할 수 있는 점은 그 자체가 하나의 관광지로서 복합쇼핑몰의 역할을 하고 있다.

일반적으로 혁신은 해당 산업의 변화를 감지하고 이 기회를 활용하는 능력에서 시작된다. 이를 위해서는 시장의 변화를 감지할 수 있는 분석능력이 필수적이다. 특히 서비스 시스템 혁신은 고객에 대한 철저한 분석을 토대로 이들의 문제를 해결해주는 솔루션을 제시할 때 성공할 수 있다. 크리스텐슨(Clayton M. Christensen) 하버드 경영대학원 교수는 변화의 신호(Signals of change)를 감지하기 위해서는 3가지 고객 유형(비고객, 미충족 고객, 과충족 고객)을 분석하고 비시장환경(non market context)을 평가해야 한다고 설명했다.

신세계는 부산시장에서 비고객, 미충족 고객, 과충족 고객의 3가지 고객유형의 변화신호를 감지했고, 시장기회를 포착했다. 이어 이 기회를 활용하기 위해 잠재고객의 필요를 해결하는 새로운 서비스 솔루션을 제시했다.

첫째, 비고객(non-consumers) 관점에서 보면 고급 쇼핑, 레저, 문화, 엔터테인먼트 서비스를 향유하지 못하는 이용자 측면의 고객이 존재했다. 특히 10, 20대 젊은층 고객의 엔터테인먼트 서비스 수요와 중장년층 고객의 고급소비자들은 쇼핑, 레저, 문화 엔터테인먼트 서비스를 즐기기 위해 서울을 비롯한 수도권이나 해외로 나가야 하는 불편을 감수해야 했기 때문에 이들의 비고객에 대한 수요는 새로운 시장을 창출하는 와해성 혁신(disruptive innovation)이 일어날 수 있는 여건이 된다.

둘째, 미충족 고객(undershot customers) 관점에서 보면 부산은 일정 수준의 소득을 가진 잠재적인 백화점 VIP 소비계층이 존재하고 있었고 주변인근에는 소득수준이 높은 울산, 창원, 거제 등의 도시가 인접해 있다. 부산을 중심으로 한 동남권은 서울 중심의 수도권에 이어 두 번째로 경제규모가 큰 광역경제권으로 구매력이 큰 집단이 존재하고 있는 메트로폴리탄의 구역이다. 하지만 신세계가 부산상권에 진입할 당시 부산에선 국내 대형 백화점간의 경쟁이 치열하지 않았기 때문에 더 좋은 기회요인이 될 수 있었다.

셋째, 과충족 고객(overshot customers)이 있었다. 기존 백화점 서비스에서 군더더기를 뺀 기업형 유통망에 대한 수요가 존재했다. 이는 가격을 낮춘 대형마트나 특정 상품군에 특화된 카테고리 킬러형 전문점의 등장을 요구하는 수요가 있었다는 의미이다. 부산지역에도 대형마트가 속속 들어서고 있었고, 신세계 센텀시티점 인근에도 할인점인 홈플러스가 문을 열었다. 하지만 부산의 백화점 시장이 서울보다 성숙되지 않았기 때문에 과충족 고객그룹의 시장기회는 비고객보다 그다지 크지 않았다고 해석할 수 있다.

신세계 센텀시티는 조직구조의 설계에서도 철저히 고객중심의 조직을 선택하였다. 즉 고객중심의 기업을 중심으로 서비스 혁신을 추구하였다.

제품중심 기업과 고객중심 기업의 차이는 전략, 조직 구조, 업무 프로세스, 성과 관리, HR 등 제반 경영활동의 중심점을 어디에 두는가에서 출발한다. 제품중심 기업은 고객에게 최고의 제품을 공급하는 것을 최우선 과제로 추구하기 때문에, 시장에서 제품을 선도하는 고객들을 중점 관리대상으로 삼는다. 이들 기업의 조직 구조는 대부분 제품별 사업부 체제로 운영되고 있으며, 제품 포트폴리오의 체계적인 관리와 신제품 개발 중심의 성과관리를 통해 제품 리더십을 우선시하는 문화를 창출한다.

반면, 고객중심 기업은 고객에게 맞춤형 통합 솔루션을 공급하는 것을 최우선 과제로 추구하기 때문에 고객가치 증진, 평생 고객화, 잠재고객 활성화 등 적극적인 고객관리 활동에 초점을 맞춘다. 대부분 고객 세분화를 토대로 고객 전담 사업부나 팀을 운영하고 있으며, 고객 관계 관리나 솔루션 개발 등과 같은 고객만족 제고를 위한 활동을 중시하는 고객중심 문화를 창출한다.

물론, 고객들이 제품별로 전문화된 별도의 조직으로부터 상품이나 서비스를 각각 공급받기를 원한다면, 고객 창구를 통합하여 단일화할 필요는 없을 것이다. 그러나, 점점 더 많은 고객들이 여러 제품들을 하나의 업체에게서 구매할 때 거래 협상과 커뮤니케이션을 일관되게 진행할 수 있는 단일 접점(Single Contact Point)을 원하고 있다. 이런 이유 때문에 많은 기업들이 고객의 입장에서 보다 효율적으로 업무를 처리하기 위해, 단일 조직이 고객에 접근하도록 고객을 기준으로 조직단위를 설계하고 있는 것이다.

그런데 고객들의 불만은 줄어들지 않고 있다. 오히려 더 늘어나고 있는 것처럼 느껴진다. 많은 고객들이 인터넷이나 소셜네트워크서비스(SNS) 등 다양한 매체를 통해 기업 서비스에 대해 불만을 털어놓고 있다. 원인은 다양하다. 고객이 기업을 평가하고, 불만을 제기할 수 있는 채널이 다양해졌고, 고객 불만의 확산 속도도 예전과 비교할 수 없을 정도로 빨라졌다. 기업들이 고객 서비스를 강화하면서 고객의 눈높이가 높아진 점도 원인이 될 수 있다. 하지만 이것만으로는 충분한 설명이 되지 않는다. 우리 기업이 서비스에 총력을 기울이는데도 고객들은 왜 서비스에 만족하지 못하는 것일까?

조직구조설계 분야의 저명한 경영학자인 Galbraith 교수에 따르면, 보다 고객지향적인 조직으로 구조를 전환하는데 있어 가장 큰 장벽은 "우리 회사는 현재도 충분히 고객을 최우선 순위에 놓고 고객 중심적으로 운영되고 있다"는 사실이다. 이 잘못된 믿음이 신세계 센텀시티에서도 존재하는 것이 아닐까?

미래에는 고객에게 최상의 서비스를 제공하는 회사가 최후의 승자가 될 것이다. 그런 회사는 "고객의 행복을 창조하는 회사"일 것이다. 신세계 센텀시티가 '고객행복 백화점'을 지향하는 이유일 것이다.

[자료: http://www.shinsegae.com]

토의 과제

1. 와해성 혁신이란 무엇인가?
2. 크리스 텐슨(Clayton M. Christensen) 교수가 주장하는 변화의 신호를 설명하고 신세계 센텀시티의 관점에서 설명해보시오.
3. 신세계 센텀시티가 고객중심형 조직구조를 지향하기 위한 요소는 무엇인가?
4. 행복을 창조하는 신세계 센텀시티가 고객에게 최상의 서비스를 제공하기 위한 조직구조는 어떤 모습인가?

제 2 장 조직이론의 전개

Opening Knowledge Cafe

Opening Knowledge Cafe : 조직의 DNA

오늘날 우리는 누구든지 조직에 몸담고 있다. 본인이 소속된 조직의 DNA는 무엇일지 어떻게 구성되어 있을지 자가진단을 해 보는 것도 조직의 발전과 미래를 위해 필요한 일이라 생각이 든다. 인간의 DNA에 대해서는 게놈(Genom)이라는 유전체 정보를 이미 많은 부분 해독하여 최신의 분석도구를 통하여 유전자진단을 해 보는 것이 가능하게 되었지만, 조직의 DNA를 모두 해독하는 일은 그리 쉬운 일이 아니다. 주위의 자료들을 살펴보면, 조직 DNA의 핵심요소로 직원, 조직구조, 의사결정체계, 조직문화, 동기부여체계 등 다양한 요소들을 제시하고 있다. 즉, 조직의 생명주기(Life-cycle)에 영향을 주는 모든 주요 인자들이 조직 DNA에 포함된다고 볼 수 있다. 조직 DNA의 모든 요소들을 명확하게 밝히긴 어렵겠지만, 현재 가능한 범위 내에서 조직이라는 유기체의 운명에 영향을 미칠 수 있는 주요 핵심인자들에 대해서 자가진단을 시도해 보는 것은 바람직하다고 볼 수 있다.

각 구성원의 행동이 전사적 차원의 이익에 부합하도록 조직을 설계하는 방법은 회사마다 다르다. 각 조직은 나름대로의 독창성을 지니고 있기 때문에 최선의 대안이란 존재할 수 없다. 그러나 조직의 규모나 특징에 상관 없이 공통적으로 적용할 수 있는 것이 있다. 조직의 DNA란 바로 조직의 4대 기본단위(의사결정, 정보, 동기부여 요인, 구조)를 긴밀하게 통합시켜 윈-윈을 실현하는 것이다. 우수한 성과를 올리고 공통의 목표를 달성하기 위해서는 조직의 DNA가 일사분란하게 발휘할 수 있어야 한다.

조직의 성공관련 요소들이 결합되어 특정 조직에 고유한 형태로 나타난 조직 유전체가 조직의 DNA라고 볼 수 있을 것이다. 이는, 비록 보이진 않지만 상당한 기간을 통해 형성되어, 조직 내에 스며들고 내재되어 조직의 독특한 모습과 체질을 만들어 내고 있다. 개인의 DNA가 모두 다르고 고유하듯, 조직의 DNA도 모두 다르고 고유하다고 볼 수 있다. 인간의 DNA가 개인의 생로병사를 결정하듯이, 조직의 DNA가 조직의 운명을 가늠한다고 볼 수 있는 것이다. 그러나 인간의 DNA는 이미 주어지는 것이지만, 조직의 DNA는 시간을 두고 만들어 지는 것이고 한번 형성이 되면 좀처럼 바뀌지 않고 오랜 기간 조직에 내재된 채 조직의 라이프사이클을 따라 기저에서 활동하게 된다. 성공하는 조직의 DNA는 이를 구성하는 요소들이 조직에 순기능적이며 조직의 체력과 경쟁력을 강화시키고 끊임없이 성장케 하고 장수를 누리게 한다.

조직의 DNA는 조직의 독특한 특징을 이해하는데 효과적이며 살아 있는 조직의 DNA는 마치 살아 있는 유기체의 DNA처럼 4가지 기본단위로 구성되어 있으며 이 기본단위들이 서로 합쳐져서 고유의 정체성을 나타내게 된다. 이러한 조직의 4대 기본단위(의사결정권, 정보, 동기부여 요인, 구조)는 기업의 내면과 외면을 잘 나타내 주고 있다.

DNA의 4대 기본단위 중 첫째는 의사결정권이다. 의사결정은 누가 내리는가?, 의사결정 과정에 얼마나 많은 직원들이 참여하는가?, 구성원 개인별로 의사결정권의 시작과 끝은 어디인가?

둘째는 정보이다. 성과를 측정하는 방법은 무엇인가?, 업무활동은 어떻게 조율되며 지식은 어떻게 전수되는가?, 기대치와 진전사항은 어떻게 전달되는가?, 누가 무엇을 알고 있으며 또 알아야 하는가?, 정보를 이미 가진 직원으로부터 정보가 필요한 직원에게 전달되는 과정은 어떠한가?

셋째는 동기부여 요인이다. 이는 직원들이 업무를 실행하는 목표는 무엇이며 어떠한 인센티브를 받고 어떻게 경력개발을 하는가?, 성과에 대해 어떻게 보상 받는가(금전적인 보상인가)?, 조직은 직원들이 어떻게 행동하도록 격려하는가?, 이때 어떠한 수단을 쓰는가(명백한 수단인가)?, 직원들의 목표는 조직의 목표에 부합하는가?

넷째는 구조이다. 이는 조직의 계층구조는 어떻게 이루어져 있는가?, 조직도의 각 부분은 어떻게 연계되어 있는가?, 조직은 몇 개의 계층으로 이루어져 있으며 계층별 직원의 수는 어느 정도인가?

조직의 구조는 그 중요도가 제일 떨어지지만, 그럼에도 불구하고 조직의 비효율성을 초래하는 가장 중요한 요소로 간주되어 가장 먼저 재조정되는 경향을 보인다. 일반적으로 조직의 기본단위가 서로 일치될 때, 우수한 성과를 올리게 되어 고객, 주주, 직원들에게 약속한 바를 제공할 수 있다. 그러나 기본단위 중 어느 하나라도 빠지거나 제대로 이루어지지 않는다면 조직은 잠재력을 최대한 발휘할 수 없을 것이다. 따라서 조직이 최고의 성과를 올리기 위해서는 관리자들이 기존의 조직 DNA에 어떠한 변화를 가해야 최적의 환경을 조성할 수 있는지를 우선적으로 파악해야 할 것이다.

제 1 절 조직이론의 분류

1. Scott 교수의 조직분류

조직이론은 그냥 단순히 조직에 관한 여러 가지 이론들 자체를 일컫는 것이 아니라 일종의 방법론적 개념으로서 조직을 바라보고 분석하는 방법이라고 할 수 있는데, 이 관점에서 보면 조직이론이란 조직을 바라보는 사고방식(a way of thinking about organizations) 혹은 시각을 말하는 것이다.

이처럼 조직이론은 조직이론을 연구하고 이용하는 사람들에게 이러한 이론이 없을 때에 비해 훨씬 더 체계적으로 조직을 이해, 분석하고 관리할 수 있도록 도와주는 도구라고 할 수 있다. 좀 더 직접적인 조직이론의 효용을 살펴보면, 조직이론을 통해 조직의 차원이나 양태를 설명하는 용어들을 이해할 수 있게 되고, 이러한 조직 차원들간의 관계를 설명하는 여러 요소들의 규칙적인 형태를 파악하여 조직의 현상을 분석할 수 있게 되는 것이다. 더 나아가 조직의 문제를 분석하고 진단하여 문제를 해결할 수 있는 처방능력을 갖게 하는 순기능까지 있다. 따라서 조직 문제에 대한 올바른 진단과 처방을 위해서 조직이론을 학습하고 연구해야 할 필요가 있다. 여기에 바로 조직이론의 의의가 있는 것이다.

조직의 체제론자인 Scott 교수는 조직의 발생이 인위적인지 자연적인지에 따라 합리적이냐 사회적이냐 하는 인간에 대한 관점과 환경을 고려하는지 여부에 따라 폐쇄적이냐 개방적이냐 하는 조직에 대한 관점 등 두 가지 기준에 따라 총 4 개의 체제로 조직을 분류하였다.

[그림 2-1] Scott 교수의 조직분류기준

분류 기준(Scott, 1981)

- **조직에 대한 관점**

  조직의 '**환경**' 개념을 이론에 포함시켰는지 여부
  폐쇄적 관점(closed) vs. 개방적 관점(open)
  1960년 경 개방적 관점 도입
  : 시스템접근법(system approach), 상황이론(contingency theory)

- **인간에 대한 관점**

  이론이 조직을 구성하는 인간을 '**합리적**'이라고 가정하는지 여부
  합리적 관점(rational) vs. 사회적 관점(Social or natural)
  1930년 경 사회적 관점 도입 : 호손 연구(Hawthorne Study, 1927~1932)
  1970년 경 개방적 – 사회적 관점 도입

[그림 2-2] Scott 교수의 조직분류체계

인간에 대한 관점

조직에 대한 관점	합리적	사회적
폐쇄적	1900 ~ 1930년대 Taylor (1911) Fayol (1918, 1949) Weber (1947) 제1상한	1930 ~ 1960년대 Mayor (1945) Mcgregor (1960) Selznick (1948) 제2상한
개방적	제3상한 1960 ~ 1970년대 Chandler (1962) Lawrence & Lorsch (1967) Thompson (1967)	제4상한 1970 ~ 현재 March (1976) Weick (1979) Senge (1990)

1.1 폐쇄-합리적 조직이론의 모형

제1상한에 해당하는 폐쇄-합리적 조직이론 모형은 조직을 외부환경과 단절된 폐쇄체제로 보면서 또한 조직구성원들이 합리적으로 사고하고 행동하는 것으로 간주하는 이론이다. 즉, 이 모형의 근본 가정은 조직을 외부환경과는 아무 상관이 없는 완전히 폐쇄된 체계로 보았고 조직을 구성하는 인간은 합리적으로 사고하고 생동하는 것으로 보았다.

폐쇄-합리적 조직이론의 장점으로는 첫째, 조직의 효율성을 강조하고 둘째, 정확성, 안정성, 책임성을 강조한다는 점을 들 수 있다. 그리고 단점으로는 첫째, 인간적 가치 간과 둘째, 환경의 중요성 간과, 그리고 마지막으로 조직의 비공식적 요인에 대한 고려를 하지 못한 것 등을 들 수 있다.

폐쇄-합리적 모형에 속하는 이론을 제시한 연구자들은 과학적 관리법의 아버지라 불리우는 Taylor, 합리성에 입각하여 관료제를 내세운 Weber, 그리고 관리적 경영을 내세운 Fayol 등이 대표적이다. 폐쇄-합리적 모형은 상대적으로 조직의 인간적인 측면에 대해 관심을 소홀히 했었다는 이유로 비판을 받고 있지만 오늘날에도 산업공학 및 인간공학을 중심으로 한 경영과학 분야로 독자적인 학문영역을 구축하고 있다.

1.2 폐쇄-사회적 조직이론의 모형

제2상한인 폐쇄-사회적 조직이론 모형은 폐쇄-합리적 조직이론 모형의 문제점과 한계점을 극복하고자 하는 노력에서 나온 이론이라고 할 수 있다. 폐쇄-사회적 조직이론 모형의 특성은 조직의 구성원들이 자연적이고 사회적인 존재임을 가정한 상태에서 출발한다는 것이다.

즉, 이 모형은 구성원들은 욕구를 가진 인간이며 그들의 사회적 욕구를 연구하고 그 결과를 이용함으로써 조직의 생산성을 향상시킬 수 있다는 가정 하에서 만들어졌다고 할 수 있다.

폐쇄-사회적 조직이론 모형의 장점으로는 첫째, 인간의 사회적 욕구를 강조한다는 점과 둘째, 조직의 비공식적 요인을 개척했다는 점이 있다. 그리고 단점은 조직의 비공식적 측면과 인간이 심리적, 사회적 존재라는 측면만 강조한 경향이 있다는 것이다. 이러한 폐쇄-사회적 조직이론 모형에 속하는 대표적인 이론들로는 인간관계론, X, Y이론 등이 있다. 제1상한인 폐쇄-합리적 조직이론 모형의 패러다임이 지나치게 조직의 합리적인 측면을 강조하여 극단으로 나아갔다면 제2상한인 폐쇄-사회적 조직이론 모형의 패러다임 또한 지나치게 조직의 인간적·사회적 측면을 강조한다는 비판을 받지만, 오늘날에 이르러 인간에 대한 이해를 종합학문의 성격으로 끌어올린 행동과학분야와 인적자원관리의 발전을 위한 강력한 틀을 제공하였다.

1.3 개방-합리적 조직이론의 모형

제3상한인 개방-합리적 조직이론 모형은 조직의 합리적 목적수행을 위해서 조직을 둘러싼 환경변수인 정치, 경제, 사회, 문화, 기술 등의 요소에 근거한 이론이다. 다시 말해 개방-합리적 조직이론 모형에서는 유기체의 생존의 원천에 대한 관점을 조직내부에서 조직의 외부환경으로 옮겼다고 할 수 있는데, 이러한 사고는 바로 조직에 관한 '시스템적 접근'의 근간을 이루었다.

이 모형은 조직을 유기체로 간주하면서 조직환경에 대한 효과적 적응을 강조한 것에 그 의의가 있다. 그러나 조직의 전략적 선택의 중요성을 소홀히 했다든지 조직과 환경을 지나치게 실물적으로만 파악했다는 문제점이 있다.

개방-합리적 조직이론 모형의 대표적 이론은 시스템이론, 구조적 상황이론 등이 있다. 개방-합리적 조직이론 모형은 오늘날에 이르러 관료제적 사고의 틀을 벗어날 수 있는 조직과 관리의 이론으로서 서로 다른 환경의 요구들에 대처할 수 있는 방안을 안내해 주는 '상황적합이론'이라는 관점으로 집대성되었고 조직개발의 실행에 활용되어지고 있다.

1.4 개방-사회적 조직이론의 모형

제4상한인 개방-사회적 조직이론 모형은 조직을 둘러싼 환경의 중요성을 강조하면서도 조직의 합리적 목적수행보다는 조직의 존속이나 비합리적, 동기적 측면을 강조하는 이론이다.

이 모형은 조직의 자기조직화와 학습을 중시하면서 조직의 비합리성과 효과적 생존을 강조했으나 처방적인 면이 부족하다는 것을 단점으로 꼽을 수 있다. 특히, 개방-사회적 조직이론들은 조직이 목표달성보다는 생존을 중시하고 조직 속에 흐르고 있는 비공식성, 비합리성에 초점을 맞추어 규칙만으로는 설명하기 어려운 조직의 비합리적인 동기적 측면을 중점적으로 다루고 있다.

개방-사회적 조직이론 모형의 대표적 이론으로는 Weick의 조직이론, March의 쓰레기통모형, Senge의 학습조직이론 등이 있다.

2. Scott 교수의 조직분류체계의 한계와 이상적 조직모형

Scott의 조직분류체계를 살펴보면, 결국 어떠한 조직이론도 조직의 모습을 제대로 제시해 주지 못하고 있다는 것을 보여준다. 각 조직이론은 조직에 대해 어떤 특정 관점만을 강조함으로써 조직에 대한 그 밖의 다른 관점들은 간과했기 때문이다.

따라서 복잡하고도 모순적인 현상인 조직을 제대로 이해하려면 여러 가지 다양한 조직이론을 사용하여 조직을 이해하면서 각각의 조직이론을 단독적으로 사용하여 조직을 이해할 때에는 생각하지 못했던 방법으로 조직을 관리할 수 있다. 다시 말해 어떤 단일의 관점도 모든 상황에서 또는 모든 조직형태에 대해 조직을 설명하기에는 적합하지 않기 때문에 어떤 현상에 대한 원인과 결과를 상호 배타적으로 설명하는 단순한 조직이론은 조직행위의 복잡함과 다양함을 논의하기에는 충분하지 못한 것이다.

그렇다면 조직을 제대로 이해하기 위해서는 여러 가지 조직이론들을 어떻게 활용해야 할지 생각해보자.

위의 네 가지 이론 모형들을 순서대로 제1상한, 제2상한, 제3상한, 제4상한 이렇게 도식화해 놓고 살펴보면 이상적인 조직이론은 조직에 대한 관점이 너무 폐쇄적이거나 너무 개방적이지도 않고, 또한 인간을 합리적이기도 하고 사회적이기도 한 존재로 볼 수 있는 유연한 관점을 바탕으로 해야 한다. 따라서 바람직한 조직이론은 네 가지 상한으로 이루어진 좌표 상에서 원점에 가까운 어딘가에 존재한다고 볼 수 있을 것이다.

그러나 모든 이론의 장점만을 절충한 완벽한 중간이란 있을 수 없으므로 현실적으로는 조직의 비합리적인 동기적 측면과 자기조직화 및 학습에 관심을 가진 개방-사회적 조직이론 모형을 기본적 바탕으로 하여 이 이론에 목적달성과 실제적 처방 가능성을 고려하는 이론이 되어야 한다고 생각한다. 왜냐하면 조직은 조직 내부만의 상황으로도 조직 외적인 환경만으로도 완전히 설명될 수 없기 때문이다. 또한 조직의 구성원들은 이성을 가졌기에 당연히 합리적인 측면을 가지고 있고 동시에 사회적인 존재이므로 여러 가지 욕구를 가질 수밖에 없다. 이러한 관점에서 볼 때 개방-사회적 조직이론 모형에서 부족한 점인 목표달성을 효율적으로 이루어내기 위해서는 인간을 대하는 방법에 좀 더 관심을 기울여야 한다. 합리적 측면만 강조한다면 인간의 가치를 간과하는 문제점이 생길 수 있으므로 효율성을 강조하되, 조직구성원들의 사회적 욕구를 읽어 이를 충족시켜 주어야 하는 것이다. 예를 들면 기업에서 기업의 성과를 올리기 위해 많이 쓰이는 인센티브 제도를 들 수 있겠다. 무조건 조직의 목표달성만을 강조하는 것이 아니라 조직의 목표와 개인의 목표를 조화시키는 것이다. 다시 말해서 바람직한 조직이론 모형은 제4상한에 속하는 개방-사회적 조직이론 모형에 인간의 합리적 측면과 사회적 측면을 모두 고려하여 여러 가지 제도적 수단들을 마련하는 방향으로 구성되어야 이상적인 조직이론 모형이 될 것이다.

제 2 절 조직이론의 변천과정

1. Taylor의 과학적 관리법

Taylor는 경영관리의 과학화를 처음으로 이룩하였다. 그의 과학적 관리법은 20세기 초기에 물적자원과 인적자원의 능률적인 활용을 통하여 생산성을 향상시키려는 노력에서 비롯된 것이다. 당시 많은 공장들은 작업절차의 설정, 직무간의 경계설정 및 원자재의 흐름상 여러 문제들을 갖고 있었으며, 사용자측은 임금률을 절하하려 하고, 노동자측은 조직적인 태업으로 맞서려 하는 상황하에서 노사간의 갈등구조가 심각한 양상으로 전개되고 있었다.

이러한 제반 문제들을 주먹구구식의 전통적인 관리(rule of thumb)에서 벗어나 합리적인 경영관리를 통하여 해결하려 하였으며, 이것은 테일러시스템 또는 테일러리즘으로 불려지게 되었다.

과학적 관리법의 요지는 불명확한 표준작업량이 고쳐져야 한다는 인식에서 노무자의 적당한 일일작업량을 과학적으로 결정하고자 하였다. Taylor는 과학적 관리법을 위해 과업관리의 원칙을 정하였다.

(1) 시간연구와 동작연구 또는 작업연구를 통해 작업자의 표준과업량을 설정
(2) 할당된 과업을 초과달성하고 달성치 못한 자에게 임금률을 차등하여 능률의 증진을 꾀함
(3) 과업에 적합한 노무자의 선발방법, 교육, 훈련방법 등을 고안
(4) 공장조직을 종래의 군대식 조직에서 철저한 기능식 조직으로 전환하여 노무자와 경영자가 각각 자신의 직무에 따라 일을 하게 하였다.

또한 Taylor의 과학적 관리법의 4대원칙을 설정하였는데 다음과 같다.

첫째, 작업자의 표준작업량을 설정할 것
둘째, 할당된 과업의 달성 여부에 따라 차별성과급을 지급할 것
셋째, 과업수행에 적합한 근로자의 선발, 교육 및 훈련방법 등을 만들 것
넷째, 근로자와 관리자가 맡은 직무에 따라 일하며 서로 협동하도록 할 것 등을 설정하였다.

2. Weber의 관료제이론

Weber는 유럽의 정부조직을 연구한 결과, 정부조직과 같이 거대한 조직을 합리적이고 능률적으로 운영하기 위해서는 관료제가 토대가 되어야 한다고 한 이론이다.

관료제이론은 근본적으로 권한구조에 관한 이론에 기초를 두고 있다. 권한의 유형을 카리스마적 권한, 전통적 권한 그리고 합리적·법적 권한으로 분류하고 합리적·법적 권한에 기초를 둔 관료제모형이 근대사회의 대규모 조직을 설명하는 데 가장 적합한 것이라고 하였다.

관료제의 특징으로서는

첫째, 의사결정을 관리자의 주관적 판단에 맡김으로써 발생할 수 있는 조직의 불안정을 최소화하기 위하여 업무수행에 관한 규칙과 절차를 철저하게 공식화한다.

둘째, 과업을 가능한 한 분업화하여 전문인을 양성한다.

셋째, 분업화된 직무를 맡김으로써 업무의 능률을 극대화하고자 한다.

넷째, 직위와 소유를 분리한다.

다섯째, 조직의 계층에 따라 책임과 권한의 부여를 구체적으로 규정함으로써 권한의 남용이나 임의성을 최소화한다.

여섯째, 조직관리를 비개인화함으로써 관리자의 개인 능력에 상관없이 조직의 지속적 안정을 유지하여야 한다.

일곱째, 의사소통도 책임의 소재를 분명히 하고 의사결정을 공식화하기 위하여 문서화를 강조하고 있다.

Weber의 관료제는 조직의 업무가 변하지 않는다는 가정과 조직 내의 구성원들이 합리적으로 행동한다는 가정 하에서 정립된 이론이다. 그러므로 조직의 환경이 비교적 안정적인 정부기관이나 조직이 방대하고 구성원의 인간적 요소가 중요하지 않은 군대조직의 제도로는 적절하나, 시장과 기술환경이 급변하는 기업조직의 제도로는 불합리한 점이 많다.

3. Fayol의 일반관리이론

프랑스의 상업가인 Fayol은 일반관리이론의 시조로 불리고 있다. 그는 어떠한 경영이든 '경영의 활동'에는 다음의 여섯 가지 종류의 활동 또는 기능이 있다고 보았다.

(1) 기술적 활동(생산, 제조, 가공)

(2) 상업적 활동(구매, 판매, 교환)

(3) 재무적 활동(자본의 조달과 운용)

(4) 보호적 활동(재화와 종업원의 보호)

(5) 회계적 활동(재산목록, 대차대조표, 원가, 통계 등)

(6) 관리적 활동(계획, 조직, 명령, 조정, 통제)

여기서 현대에 통상 이르는 관리란 여섯 번째의 관리적 활동을 의미하며 그것은 곧 "계획하고, 조직하며, 명령하고, 조정하며, 통제하는 것"이라는 것이다. 이것이 다름아닌 오늘날의 관리원칙의 골자를 이루게 되며 이른바 '관리 5요소설'이다.

또한 관리일반원칙론은 6가지의 관리활동을 수행함에 있어서 요구되는 일반적인 규칙으로서 보편타당성이 있는 원칙이다.

Fayol의 14가지 관리일반원칙은 다음과 같다.

(1) **분업의 원칙**: 과업을 세분함으로써 전문적인 지식과 기술을 연마하게 하고 그것을 통하여 모든 유형의 작업을 수행할 수 있게 한다.

(2) **권한과 책임의 원칙**: 직무를 효과적으로 수행하기 위해서는 책임과 권한이 서로 상응하여야 한다.

(3) **규율의 원칙**: 규칙을 준수하고 규칙에 따라 일을 처리해야 한다.

(4) **명령일원화의 원칙**: 하위자는 한 사람의 상사로부터 명령과 지시를 받아야 한다.

(5) **지휘일원화의 원칙**: 동일한 목적을 위한 집단의 활동은 단일의 상사에 의해서 계획되고 협의되어야 한다.

(6) **공동화의 원칙** : 개인의 이익이 전체의 이익에 종속되어야 한다. 조직의 이익이 개인의 이익에 앞서야 한다.

(7) **종업원 보상의 원칙**: 급여와 그 지급방법은 공정해야 한다.

(8) **집권화의 원칙**: 조직의 각 부분을 총괄할 수 있는 중심점이 있어야 한다.

(9) **계층적 연쇄의 원칙**: 조직계층의 모든 사람들을 연결하는 명확하고 단절 없는 계층의 연결이 유지되어야 한다.

(10) **질서의 원칙**: 조직 내의 물적·인적자원이 적재적소에 있어야 한다.

(11) **공정성의 원칙**: 상사가 하위자를 다룰 때는 사랑과 정의를 적절히 조화함으로써 종업원의 충성심과 조직에 대한 헌신을 끌어내어야 한다.

(12) **고용안정의 원칙**: 능률은 안정된 노동력에 의해서 증진될 수 있다.

(13) **창의력 개발의 원칙**: 계획을 고안해내고 그것을 실천하는 데에는 창의력 발휘가 요구된다.

(14) **단결의 원칙**: 단결은 곧 힘이다. 인력은 분산되어서는 안되며 협조적인 노력의 모습으로 단합되어야 한다.

4. 인간관계론

인간관계론의 시초가 되었던 호손연구는 1927년에서 1932년 사이에 미국 서부 전기회사 호손 공장에서 실시된 Mayor와 그의 동료들의 연구를 가리키는 것이다. 이들 연구는 3차에 걸쳐서 행해졌다.

호손 연구의 결과와 의미는 다음과 같다.

첫째, 인간은 단순히 돈만을 위해서 일하는 경제인이 아니라 감정을 지니고 있고 남과 어울리고자 하는 사회인이라는 사실을 인식하게 되었다. 즉, 인간의 심리적·사회적 욕구가 중요하며 이의 충족을 통해서만 동기부여가 되고 성과가 높아진다는 것을 발견하게 되었다.

둘째, 작업장이 하나의 사회적 장이라는 사실을 인식하게 된 점이다. 작업장은 경영자가 정해진 일만을 하는 기계적 인간의 집합체가 아니라 생각하고 어울리고자 하는 사람들의 집합장소이기도 하기 때문에, 인간사회에서 중요한 의리나 정 또는 결합의 양상이 경영자의 의도와는 다르게 작용할 수 있다는 것을 인식하게 되었다. 따라서 인간관계론을 통해 비공식집단의 중요성과 집단역학에 대해 이해하게 된 것이다.

5. McGregor의 X, Y이론

McGregor는 Maslow의 욕구단계이론을 바탕으로 하여 인간관을 두 가지로 대별하고 상이한 인간관에서 유래하는 행동과학의 이론을 설명하였다.

McGregor는 모든 관리전략의 이면에는 인간본질과 인간형태에 대한 가정이 있음을 전제로 하고 인간관을 두 가지 범주로 구분하였다. 전통적 관리체제를 정당화시켜 주는 인간관을 X이론이라 부르고, 인간의 성장적 측면에 착안한 새로운 관리체제를 뒷받침해 주는 인간관을 Y이론이라 명하였다. X이론은 Maslow가 말한 욕구계층 가운데서 주로 하위욕구에 초점을 둔 반면, Y이론은 비교적 상위욕구에 비중을 둔다.

X이론에서는 대부분의 사람들이 일을 싫어한다는 것, 책임을 맡으려 하지 않는다는 것, 자기가 행동할 바를 다른 사람이 제시해 주기 바란다는 것, 생리적 욕구나 안전의 욕구에 자극을 주는 금전적 보상이나 처벌의 위협에서 일할 동기를 얻는다는

것 등을 가정한다. 이러한 X이론에 입각한 관리전략은 인간의 하위욕구에 자극을 주거나 그것을 만족시켜주는 데 주력하게 되며 외적 통제를 강화라는 방향으로 나가게 된다.

McGregor는 인간본질에 관한 X이론을 비판하여 X이론에 입각하여 지시, 통제를 하는 관리전략은 상위욕구의 충족을 원하는 현대인에게 동기유인을 제공하지 못하므로 어떻게 해야 인간의 고차원적 욕구를 충족시키는 관리가 실시될 수 있으며, 개인이 조직의 목적을 위해 자기통제와 자기책임하에서 협력하게 할 조건은 무엇인가? 라며 이 조건의 기초가 Y이론이라고 전재하였다.

Y이론에서는 대개의 사람들이 본성적으로 일을 싫어하거나 게으르거나 또는 신뢰할 수 없는 존재가 아니라는 것, 근본적으로 자기통제를 할 수 있으며 조건만 갖추어지면 창의적으로 일에 임할 수 있다는 것, 자아만족, 자기실현 등 상위욕구 충족에 의하여 일할 동기를 얻는다는 것 등을 가정한다.

Y이론에서 유도되는 관리전략은 인간의 잠재력이 능동적으로 발휘될 수 있는 여건을 조성하며, 조직구성원 스스로의 노력을 조직의 성공에 지향시킴으로써 그들 자신의 목적을 가장 잘 달성할 수 있는 조건을 형성한다. 이로서 개인과 조직이 원하는 바를 통합시키는 것이다. 따라서 개인과 조직의 통합은 XY이론의 중심이며 조직에 있어서의 통합의 원리이다.

6. Selznick의 제도화 이론

Selznick은 조직은 목표를 달성하는 도구일지라도 외부환경으로부터의 영향, 구성원들의 이질적인 고유특성, 그리고 조직에 대한 그들의 서로 다른 반응 등으로 형성된 하나의 적응적인 유기체라고 주장하였다. 그는 유기체로서의 조직이 생존하기 위한 요건으로써 제도화(institutionalization)의 필요성을 처음으로 제시하고 있는데 그가 주장하는 제도화는 조직과 환경과의 관계에 있어서의 제도화의 문제와 조직내부의 개인과 조직간의 관계에 있어서의 제도와의 문제로 양분되어 있다.

외부환경에 적응하는 방법으로 호선(co-optation)을 취하게 된다. 이는 조직이 살아남기 위해서는 조직의 안정 또는 생존을 위협하는 대상이나 요소를 조직의 정책결정구조 속에 흡수시키고 이를 관행화하여 공식적 · 비공식적으로 제도화시킴으로써 조직의 안정과 생존을 확보하는 방어메커니즘이다. 예로 정부요직에 있던 사람을 은퇴 후 기업의 고문 등에 임명하는 사례. 이것은 기업이 정부로부터의 불확실성을 줄여나가는 데 있어서 이들의 역할이 중요하였기 때문이다.

이와 같이 조직과 환경, 조직 내의 의사소통에 있어 제도화하는 개념은 목표달성을 위한 당면한 과제를 넘어서 조직수명을 연장하는 영속성을 위하여 새로운 형태의 관행과 규칙을 채택하게 되었다.

7. Chandler의 이론

Chandler는 미국의 70개 기업을 대상으로 실증적인 연구를 한 결과, 기업이 채택한 전략과 조직구조 사이에는 아주 밀접한 상관관계가 있음을 발견하고, "구조는 전략을 따른다"라는 유명한 명제를 제시하였다.

기업들이 초창기에는 한정된 제품을 생산하기 때문에 집권화된 조직구조로 출발한다는 것을 발견하였다. 그 후 제품에 대한 수요가 증가함에 따라 기업들은 제품계열의 확장과 함께 기능조직으로 성장하며 공급업체에 대한 의존성에 기인하는 불확실성을 줄이기 위하여 많은 공급처를 기업조직 내부로 끌어들이는 수직적 통합을 하고 있다는 것을 발견하였다. 그리고 기업은 보다 다양한 제품을 보다 능률적으로 생산하기 위해 조직 내에 별개의 제품별 조직집단을 만들었고 이러한 성장과 다각화 전략으로 자율적 사업부구조가 등장하게 되었다. 즉, 기업의 전략변화에 대응하기 위한 조직구조 개편의 필요성을 설명한 이론이다.

Chandler는 "구조적인 조정이 없는 성장은 경제적인 비능률로 이끌 뿐이다"라고 강조하였다. 기업의 활동이 새로운 사업분야(새로운 기능, 새로운 제품계열)로 확장되어 가는 데서 오는 새로운 관리상의 필요에 맞춰 새로운 조직구조가 개편되지 않으면, 성장과 규모의 기술적 · 재무적 · 인사적 경제성은 실현될 수 없다고 하였다.

8. Lawrence와 Lorsch의 상황이론

Lawrence와 Lorsch는 시장환경에 가장 잘 대처할 수 있는 조직설계의 유형을 알아보기 위하여 환경의 불확실성 정도가 서로 다른 플라스틱, 식품, 컨테이너 등의 세 개 산업분야에서 성공적인 기업과 그렇지 못한 기업들을 대상으로 현장연구를 실시하였다.

환경이 매우 불확실한 플라스틱산업에 속하는 기업들은 식품산업에 비해서 연구개발, 마케팅, 생산기능간의 구조가 더 많이 차별화되어 있었고, 식품산업은 환경이 가장 안정적인 컨테이너산업보다 더 차별화되어 있었다. 또한 각 산업에서 효과적인 기업은 그렇지 못한 기업에 비해서 높은 통합 정도를 보였다.

이들은 연구결과, 다음과 같은 사실들을 발견하였다.

모든 상황에 적절한 유일한 조직유형은 없으며 적절한 조직설계 패턴(차별화/통합)은 환경의 불확실성에 따라 변하고 달라질 수 있음을 입증하였다.

9. Thompson의 상황이론

Thompson은 조직은 불확실한 과업환경에 개방되어 있으며, 조직이 이러한 과업환경에 적응하고 생존하기 위해서는 기술과 조직의 합리성을 갖도록 설계되어야 한다고 한다.

기술의 합리성이란 투입물을 산출물로 변환시키는 데 사용되는 기술이 높은 수단성(예: 투입물을 바람직한 산출물로 변화시키는 비율)과 이를 바탕으로 높은 경제적 생산성까지 갖도록 하는 것을 의미한다.

이에 비해 조직의 합리성이란 기술의 합리성을 유지하면서 불확실성을 가져다주는 외부환경과의 관계까지를 포함하여 합리성을 추구하는 것을 말한다. 따라서 조직의 합리성을 추구하기 위해서는 기술적 합리성에 영향을 주는 투입측면과 산출측면의 불확실성을 효과적으로 관리할 수 있는 전략이 필요하다.

조직의 과업이 가능한 한 효과적이며 효율적으로 수행되도록 조직을 설계하기 위해서는 핵심기술(생산기능)을 외부의 불확실성으로부터 가능한 한 보호해줌으로써 내부 핵심기능의 기술적 합리성을 확보해야 한다.

결국 조직설계는 폐쇄적 관점의 기계적 설계 혹은 개방적 관점의 유기적 설계라는 식의 획일적이고 일반적인 방식이 아니라, 요구되는 기능의 특성에 따라 탄력적으로 이루어져야 함을 의미한다. 즉, 합리성이 요구되는 부서인 생산부서에서는 기계적 구조 혹은 관료제 구조와 같은 능률중심의 조직설계가 요구되며, 생산현장의 불확실성을 관리하는 변경조직 부서인 R&D 및 마케팅부서 등에서는 유기적인 조직설계가 필요함을 제시하고 있다.

10. Weick의 사회심리조직이론

Weick은 사회심리학적 관점에서 접근의 의미를 주장하고 있다. 조직의 관리자들은 왜 환경의 특정 측면에만 관심을 가지는지, 그리고 실제로 존재하는 세상에 대한 정보를 어떻게 획득하고 처리하는지에 관한 문제를 조직화된 모형으로 설명하고 있다.

Weick는 조직화를 환경탐색, 해석, 그리고 학습의 과정으로 파악함으로써 조직에 참여하는 인간들 사이의 상호작용에 의해 환경이 재구성된다는 측면을 강조하고 있음을 알 수 있다. 즉, 환경은 주어지는 것이 아니라 인간 사이의 상호작용에 의해서 창조된다는 점을 표상하고 있다.

이와 같은 논거에 따르면 같은 환경하에 있는 조직들이라도 어떤 조직은 그 환경을 대단히 예측하기 어렵고 복잡하다고 인지하는 반면, 다른 조직은 그 환경을 정태적이고 쉽게 이해할 수 있다고 지각할 수도 있는 것이다. 따라서 인지되지 않는 환경요인들은 조직의 행동에 있어서 고려대상이 되지 않는다. 마찬가지로 조직구조의 설계나 전략수립 또한 조직이 어떻게 환경을 재구성하거나 창조하느냐에 따라 달라질 수 있다는 이론이다.

11. March의 쓰레기통이론

March의 쓰레기통이론이라고 하는 이 모델은 매우 높은 불확실성을 경험하는 조직에서의 의사결정형태를 설명하기 위하여 고안된 것이다.

조직이 경험하는 극단적인 불확실한 상태를 '조직화된 무정부상태'(organized anarchy)라고 부르고 이러한 상태 하에서는 합리적인 시각으로는 조직의 문제를 파악할 수 없다고 하였다.

이 모델에 따르면 조직의 의사결정과정은 문제로부터 출발하여 해결책이 제시되는 일련의 합리적인 의사결정과정이 아니다. 문제의 파악과 문제의 해결단계가 서로 연결되어 있지 않다. 즉, 문제가 무엇인지 파악되지도 않았을 때, 우연하게 제안된 아이디어 하나가 해답으로서 제시될 수 있으며, 또 문제는 존재하지만 결코 해결책을 창출하지 못할 수도 있다.

결국, 쓰레기통 모델에 따르면 조직의 의사결정은 문제, 해결책, 참가자, 선택기회와 같은 요소들의 복합적이고 무원칙적인 결합을 통해서 이루어지는 것이다. 그리고 그와 같은 문제해결방식을 통하여 조직은 학습하며 그 결과로 조직은 성과를 유지, 개선하고 생존한다는 이론이다.

12. Senge의 학습조직이론

Senge는 1990년대 들어서 변화하는 시대의 이상적인 조직의 모습으로 '학습조직'이라는 개념을 제시하였다.

21세기의 경쟁력이 단지 제품의 양이나 질보다는 지식추출과 지식의 생산능력에 좌우되는 만큼, 기업의 성공을 위해서는 끊임없이 배우고, 새로운 것을 창출할 수 있는 학습조직이 되어야 한다고 주장하였다.

Senge는 학습조직을 구성하는 핵심적 요인들로 시스템사고, 팀 학습, 개인숙련, 사고모형, 공유비전이라는 5가지를 제시하고 있다.

이러한 학습조직은 그 기본사상으로 볼 때, 인간, 조직, 기술을 유기적으로 통합하여 기업의 생산성을 극대화하며 지식의 경제적 가치를 효과적으로 관리하는데 역점을 두고 있는 개념이라 할 수 있다.

시스템사고란, 현상을 단선적이고 평면적으로 이해하는 것이 아니라 전체를 보고 전체에 포함된 부분들 사이의 순환적 · 동태적 인과관계를 이해하는 문제해결 수단이다. 개인적 숙련이란, 개인이 진정으로 지향하는 본질적인 가치를 추구하기 위하여 현재의 자기능력을 심화시켜 나가는 행위를 의미한다.

사례 알리바바 닷컴의 팀워트 정신

인터넷 불모지였던 중국에서 글로벌 전자상거래의 거상인 알리바바그룹은 어떻게 탄생할 수 있었을까? 대기업이 아닌 중소기업 간 전자상거래의 중요성을 간파한 마윈 회장의 선견지명과 리더십의 결과다. 1999년 온라인 B2B 쇼핑몰로 시작한 알리바바닷컴은 2000년 소프트뱅크의 손정의 회장으로부터 2,000만 달러의 투자를 받으면서 본격적인 성장의 길로 접어들었다. 2003년에는 일반 소비자들을 대상으로 하는 C2C 온라인 쇼핑 플랫폼인 타오바오를 2004년에는 온라인 결제 시스템인 알리페이(Alipay)를 출시했고, 2008년에는 중국 소비자가 전 세계 제품을 직접 구매할 수 있게 해주는 티몰(Tmall)을 설립했다.

조직관리 측면에서 알리바바의 성공을 분석하면 다음과 같다.

1. 규칙보다는 문화에 의한 관리

경영철학, 가치관, 문화란 눈에 보이지 않기 때문에 간과하기 쉽다. 하지만 중국 기업들은 기업가의 철학과 가치관이 조직문화로 스며들어 경영에 큰 영향을 미친다. 마윈의 알리바바그룹은 특히 '가치관' 경영을 강조하는 기업이다. 그렇다면 가치관 경영, 문화에 의한 관리의 핵심방법은 무엇일까? 핵심은 회사가 추구하는 인재상과 인재의 활용방식에 있다. 마윈 회장은 인재를 크게 3가지로 분류하며, 그에 따라 활용방식을 다르게 한다.

이러한 인재상과 인재 활용방식의 유형은 선발과 육성, 평가/보상에서 잘 드러난다. 먼저 인재선발에서는 '사냥개형'의 자질을 가진 사람을 뽑기 위해 4단계에 걸친 까다로운 선발절차를 운영한다. 또한 지원자가 '들개형'의 경우는 제한적으로 활용하다 결국 도태의 길로 가지만 '토끼형'일 경우는 능력 개발과 업무지원, 개선해야 할 목표와 방법까지 구체적으로 제시해준다.

또한 교육에 투자해서 회사의 가치관과 업무능력 배양을 유도한다. 2004년부터 '알리학원'을 설립해 모든 구성원들이 자신의 가치를 높일 수 있는 기회를 제공하고 있는 것이 대표적이다. 또한 인사평가에서도 업무실적을 50%, 가치관 및 기업문화 평가를 50%로 배정한다. 개인의 가치관이 우수해야 보상 및 승진의 기회가 주어지는 것이다. 즉, 최소한의 제도와 규칙을 통해 조직의 가치관과 문화가 작동될 수 있는 가치경영 체계를 운영하고 있다.

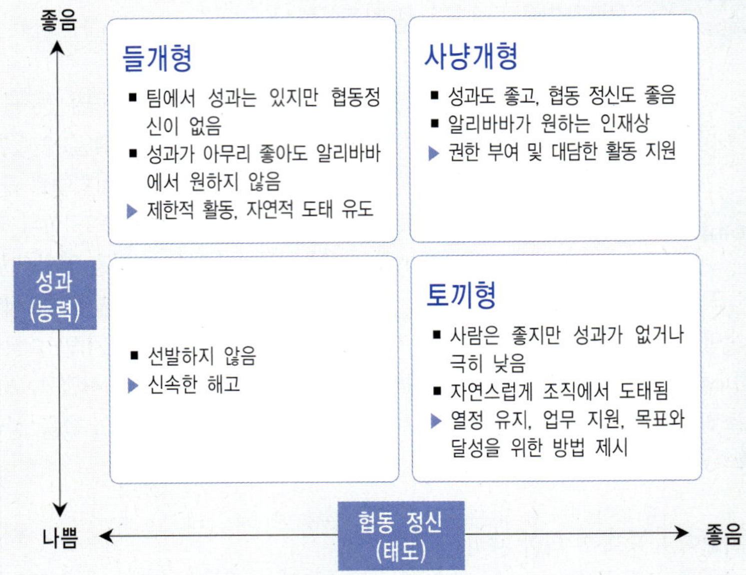

〈 알리바바의 인재 유형별 관리법 〉

2. 경영환경 변화에 대해 사람, 제도, 조직이 결합하여 대응

마윈은 알리바바의 내부관리 중요성을 강조하며 다음과 같이 이야기했다. “회사의 성장은 사람과 조직이 성장하고 발전하는 과정이다. 모든 사람은 부족한 점이 있으니 조직의 구조로 이를 보완해야 하며, 사람과 조직은 반드시 내/외부의 변화가 있으면 따라서 변화해야 한다.” 알리바바가 전 세계 전자상거래의 핵심기업으로 성장하면서 수 많은 위기를 극복하고 지금까지 성장할 수 있었던 비결은 환경변화에 대응하는 능력이다.

마윈 회장은 이러한 변화대응력의 핵심은 속도와 인내라고 했다. 이에 알리바바 그룹은 개별 자회사와 사업부가 독자적인 사업전략을 세우고 운영하게 한다. 그러면서도 그들을 묶는 그룹센터를 운영하고 있다. 그룹센터는 자회사와 사업부의 독자성을 유지하며 그룹의 경영방침과 가치관을 하나로 묶는 역할을 한다. 2002년 마 회장은 기업의 경영목표로 100년 지속하는 기업을 만들자고 했다. 그러기 위해서는 위기와 변화에 선제적으로 대응하며, 이를 위해 사업과 조직, 그리고 사람의 체계적 변화를 강조했다.

3. 마윈의 리더십과 팀워크

알리바바의 성공에서 마윈을 빼고 설명할 수 있을까? 중소기업을 위한 전자상거래의 필요성, 알리바바가 무엇을 하고자 하는가, 그리고 어떻게 해야 할 것인가에 대한 그의 말을 듣고 있으면 사람들로 하여금 선생님을 바라보는 학생의 기분으로 돌아가게 한다. 리더십과 더불어 중요한 것은 강력한 팀워크다. 마윈의 연설에서 나타났듯이 리더십과 팀워크의 기반은 강력한 믿음이다. 또한 그는 “다른 사람의 팀을 부러워하지 말라”고 했다. 지금 자기가 속한 팀이 가장 훌륭한 팀이라고 했다. 마윈 자신이 컴퓨터도 잘 모르지만 그가 늘 자신만만할 수 있었던 것은 알리바바의 팀이 있었기 때문이라고 했다. 따라서 팀을 이끌 수 있는 중간리더의 중요성을 강조했으며, 중간리더와 팀원들 간의 완벽한 팀워크가 성과를 창출한다고 역설했다.

알리바바가 유독 강력한 팀워크를 창출할 수 있는 여러 요인들 중 핵심은 '즐겁게 일하는 문화'다. 알리바바의 목적에 "직원들이 즐겁게 일하고, 고객이 만족스런 서비스를 누리며, 사회가 우리의 존재 가치를 인정하게 한다"라고 적시했다. 먼저 직원이 즐겁게 일할 수 있어야 만족스러운 고객서비스를 창출할 수 있음을 강조했다.

토의 과제

1. 알리바바의 B2B 사업모델은 무엇인가?
2. 알리바바의 인재관리 유형법을 설명하시오.
3. 알리바바 마윈 회장이 회사의 내부관리 중요성을 강조한 이유는 무엇인가?
4. 알리바바가 유독 강력한 팀워크를 창출할 수 요인은 무엇인가?

제 3 장 조직목표와 조직유효성

Opening Knowledge Cafe

Opening Knowledge Cafe : MBO(Management By Objective)

MBO는 Management By Objective And Self-Control의 약자로 목표관리를 말한다. 매니지먼트(management)는 일과 사람을 적절하게 결합시켜 최대한의 효율을 올리는 일이다. 그렇다면 여기서 매니지먼트의 세 가지 기능에 대해 살펴보자. 매니지먼트 기능을 가장 전통적으로 설명해보면 "계획(Plan) → 실행(Do) → 검토(See)"의 사이클을 나선으로 순회하는 것이다. 이는 올바른 매니지먼트의 과정을 제시하고 있으며 또한 학습을 통한 매니지먼트의 실효성을 말해준다. 매니지먼트 기능의 토대가 되는 보편적인 견해라고 할 수 있다.

그러나 이것만으로는 업무와의 결합이 신속하게 이루어지지 않기 때문에 구조정비가 필요하다. 업무가 원활하게 진행되도록 업무수행 시스템이나 사람들이 일을 진행할 때 충돌을 일으키는 것을 방지하기 위한 차원으로 인사배치 등 인간과 일을 유기적으로 결합시키는 내부 시스템을 설계해야 한다. 또한 이 작업에는 현재 시스템의 개선, 개혁적인 구조정비라는 두 가지의 측면에서의 접근이 필요하다. 또한 커뮤니케이션도 매니지먼트의 중요한 기능이다. 아무리 합리적인 시스템을 설계해도 그에 따라 움직이는 것은 인간이며 인간은 기계와는 다르다. 어떤 행동을 할 때는 이해와 동조가 필요하며 그러기 위해서는 원활한 커뮤니케이션이 필요하다.

MBO는 목표를 관리하는 것이 아니라 목표를 설정하는 행위를 통해 조직의 문제를 해결하는 방법이다. MBO는 도전목표를 발판으로 삼거나 그것을 잘 활용함으로써 업무의 성과와 근로자들에게 동기부여를 하는 일련의 행위와 그 배경이 되는 사상이다. MBO는 조직의 시스템적 측면과 인간적 측면의 양면 접근이 필요하다. 근로자들에게 업무에 대한 동기를 부여하기 위해 표창제도, 인사평가제도, 능력개발 구조 등의 운용노력도 필요하다. 요구, 가치관, 책임감 등 인간의 내면을 자극하는 커뮤니케이션의 강화는 내부적 동기부여를 불러일으킨다. 양쪽 접근이 동시에 이루어질 때 기업과 근로자의 MBO를 실현할 수 있다.

그렇다면 MBO는 과연 무엇을 위한 것인가? 인간은 무엇을 위해 태어나고 무엇을 추구하며 살아가는가? 인간은 모두 자신의 행복을 추구한다. 행복은 모든 사람의 공통 목적이라 할 수 있다. MBO는 이러한 인간의 공통 목적을 이루기 위해 실현해야 할 과제이다.

MBO의 목적은 기업업적을 향상시키는 동시에 근로자들에게 일에 대한 의욕을 불러일으키는 것이다. 그럼 어떻게 하면 기업과 근로자를 동시에 만족시킬 수 있을까? 여기에 MBO의 목적이 존재한다.

제 1 절 조직목표의 설정

1. 조직목표의 의의

조직목표는 조직형성의 출발점인 동시에 귀결점으로서, 조직구성원과 전체조직의 상호작용을 최적화할 수 있는 제약조건 하에서 사회적 기능을 통하여 조직이 실현하고자 하는 바람직한 상태(desired state)를 의미한다. 조직은 일정한 환경 하에서 특정한 목표를 추구하고 있으며 조직활동은 그 목표에 따라서 행해지고 있다. 그러므로 조직은 그 목표를 얼마나 효율적으로 달성하느냐에 따라 조직의 유효성이 판가름 된다.

조직의 목표는 조직활동의 방향을 제시하고 현재 활동에 실질적 영향을 미치는 사회적 힘을 가지고 있다. 조직의 목표는 조직의 합법성 및 정당성의 근거를 제공하고, 조직구성원의 행동의 기준을 제공하고 동기를 부여하며, 의사결정의 지침을 제공하고, 나아가 효과성 평가의 기준을 제공하는 기능을 수행한다.

2. 조직목표의 중요성

어떤 조사에 동시대를 살아가는 사람들의 모습을 살펴본 결과가 흥미롭게 제기되어 있다. 조사집단 중 3%는 분명한 글로 쓴 목표를 구체적으로 설정하여 실행하고 아주 풍요로운 생활을 하고 있었으며, 10%는 마음속에 목표를 가지고 있었는데 비교적 여유 있게 살고 있었다. 나머지 87%는 목표가 없이 살아가는 사람들로 그 중 60%는 겨우 생계를 꾸려가는 삶을 살고 있었고, 27% 전혀 목표가 없는 사람들로 생계지원을 받지 않으면 살아가기 어려운 집단이었다고 한다.

이 조사연구 결과는 목표를 가지고 산다는 것이 얼마나 중요한지를 잘 설명해 주고 있다.

목표는 조직이나 개인이 가지고 있는 유한한 자원을 효율적으로 활용할 수 있게 한다. 목표가 설정되어야 한정된 자원을 효과적으로 배분하여 성과의 극대화를 꾀할 수 있다. 또한 방침이나 계획 수립의 근거로 삼을 수 있으며, 일의 경중에 따라 우선순위의 결정도 용이해진다.

목표를 설정하면 하고자 하는 의욕이 높아지고 스스로 도전하고 혁신을 추구하게 되어 동기부여의 원천이 될 수 있다.

인간은 물고기가 물 없이 살 수 없는 것과 마찬가지로 일을 떠나서 살 수가 없으므로 목표는 일과 사람을 유기적으로 결합하여 기대한 성과를 거둘 수 있으며, 일이 어느 정도 진행되고 있는지 전진관리를 가능하게 하며, 지금 하고 있는 일이 바르게 되고 있는지 스스로 자기반성의 기회를 제공하게 된다.

3. 조직목표의 기능

조직목표를 어떻게 설정하는 것이 바람직한 것인지 알아볼 필요가 있다. 좋은 목표의 조건은 다음과 같다.

첫째, 구체적 결과를 명시하되 문서화하여야 한다. 글로 쓰지 않은 목표는 의미가 없다. 글로 쓴 목표는 시간의 생산성을 높여주며 자신감을 증대시키게 된다.

둘째, 측정 가능하도록 계량화가 되도록 한다. 막연하고 이념적인 목표가 아닌 숫자로 표시한 구체적인 목표라야 결과의 평가를 분명히 할 수 있다.

셋째, 실행 가능한 목표를 세우되 도전의욕과 성취감을 느낄 수 있어야 한다. 자신이 가지고 있는 능력만큼만 목표를 세운다면 의욕을 제고할 수 없다.

넷째, 목표는 현실성에 맞게 설정하여야 한다. 아주 먼 미래의 일이나 공상세계의 목표는 달성되어질 수 없다. 주변의 여건과 형편에 맞게 하여야 목표달성이 용이해진다.

다섯째, 반드시 달성 기한이 명시되어야 한다. 언제까지 이루어 낼 것인지 기한이 없다면 달성을 기대할 수 없기 때문이다.

여섯째, 목표달성을 하기 위해서는 개인의 능력과 조직능력의 개발이 필수적이다. 우리를 둘러싼 환경은 급격하게 변하는데 변화에 수동적이거나 새로운 지식과 정보에 둔감하고서는 변화 대응도 어려울 뿐만 아니라, 기대한 성과를 달성할 수 없다.

[그림 3-1] 좋은 목표의 조건

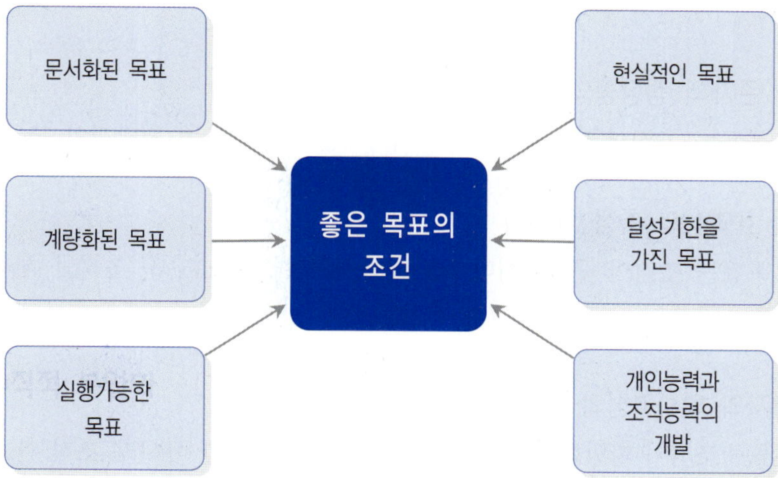

조직은 팀과 달리 공동의 목표를 수립하고 성취해 나가는 조직체이다. 조직목표의 중요성은 조직의 목표가 명확히 수립되어 있을 경우 구성원들의 근로 및 성취의욕을 증진시키는 효과가 있다. 그리고 조직이념의 공유화가 이루어지게 됨에 따라 조직 전체의 효율성을 상승시키는 효과를 가져온다.

이처럼 조직목표의 기능은 다음과 같은 효과를 가져다 줄 것이다.

(1) 조직활동의 방향과 지침의 제시
(2) 조직의 존재와 활동을 정당화시켜 주는 정당성의 근거
(3) 조직의 성과측정, 즉 조직유효성평가의 기준
(4) 조직목표가 미래지향적이라는 측면에서 계획기능의 제공

3.1 Daft와 Steer의 조직목표의 기능

1) 미래 계획을 위한 지침의 제공

조직의 목표는 조직이 실현하고자 하는 장래의 상태를 밝힘으로써 방향을 설정해 주며 조직활동에 대한 지침을 제시한다.

2) 구성원 동기부여의 원천

조직의 목표는 구성원들에게 불확실성을 감소시키고 인센티브를 제공함으로써 동기를 부여하는 원천이 된다.

3) 조직 존재의 정당성의 근거

조직의 목표는 조직의 활동내지 그 존재자체를 정당화하는 정당성의 근거가 된다.

4) 조직 효과성의 측정기준

조직의 목표는 조직의 구성원이나 국외자가 조직의 성공도, 곧 조직의 효과성을 측정할 수 있게 하는 기준을 제시한다.

5) 경영자의 의사결정의 근거

조직목표는 조직이 합당한 구조를 갖는데 도움을 줄 뿐만 아니라 조직 관리자가 의사결정과 지침을 결정하는데 근거를 제공한다.

3.2 W. Richard Scott의 조직목표의 기능

1) 인지적 기능

조직이 실현하고자 하는 미래의 상태를 밝힘으로써 조직활동에 대한 지침을 제시하고 의사결정의 대안선택기준과 방향 · 제약요인 등을 밝혀준다.

2) 정서적 기능

조직구성원의 참여에 대한 동기를 부여하고 일체감을 느끼게 하며 조직에 대한 반발의 극복과 환경으로부터의 자원획득을 위한 이데올로기적 수단을 제공할 수 있다.

3) 상징적 기능

조직이 옹호 · 봉사 · 대표하고 있다고 생각하는 목표의 중요성을 관계 · 시민, 고객 · 납세자와 규제기관에 대하여 밝히고 조직이 정당성 · 우호세력 · 자원 · 인재를 획득하는 능력에 큰 영향을 미친다.

4) 평가적 기능

조직구성원의 형태와 전체 조직활동에 대한 평가기준, 즉 조직의 효과성을 평가할 수 있는 기준을 제시한다.

4. 조직목표의 유형

4.1 공식적 목표와 실질적 목표

공식적인 목표는 조직의 행동을 규제하기 위한 정관, 연례보고서, 경영자의 공언 등에 의해 표현되는 조직의 일반목표로서 사회적 관점에서 조직활동을 정당화시켜 준다.

이에 반해 실질적 목표란 조직이 실질적 활동을 통하여 추구하는 목표로서 조직의 외부환경과의 상호작용과 조직내부에서 형성되는 것이다.

4.2 상위목표와 하위목표

조직 전체의 목표가 상위목표이고 그 상위목표를 달성하기 위한 수단적 관계에 있는 것이 하위목표이다. 이들은 목표의 계층을 이루며 때로는 목표의 전치현상(goal displacement)이 발생한다.

목표의 전치현상은 A. Etzioni라는 사회학자가 주장한 이론인데 목표를 수단으로 삼고 수단을 목표로 삼는 현상(means-ends chain)을 일컫는다.

조직에서의 목표달성 과정은 수단-목표의 연쇄로 설명될 수 있는데 이는 목표에 따라 수단을 선택하고 다시 수단이 하위목표가 되어 보다 구체적인 하위수단이 다시 선택되어진다. 그런데 실제 활동에 있어 때로는 궁극의 목적이 잠재화되고 수단이 직접적인 달성목표로 되는 목표의 전치현상이 발생한다.

목표의 전치현상은 특히 리더에 의해 이러한 현상이 나타나는데 이는 조직의 목적이 리더의 개인적 목적에 의해 전치되어 오히려 수단화되어 가는 현상으로 R. Michels의 역사를 살펴보면, 1차 세계대전 이전 유럽에서 사회주의 정당, 노조가 탄생(비스마르크 때 "민주주의"를 목표로 하여 정당이 출현)하자 리더는 그 나름의 권위·위신을 갖게 되자 이러한 기득권을 유지하기 위해 혁명을 포기하고 안정을 취한 경우이다.

4.3 개인목표와 조직목표

개인목표는 조직구성원으로의 욕구충족을 말하며 개인목표와 조직목표의 조화적 형성을 통한 유효성 향상이 경영자의 직능이다. 조직에서의 개인욕구 특성은 매우 다양하며, 환경과 개인의 성숙도에 따라 점진적 변화를 하는 특성을 지닌다.

개인욕구는 생리적 욕구, 사회적 욕구 등으로 욕구수준은 환경과 개인의 성숙도에 따라 부단히 변화하므로 조직에서는 이를 파악·관리하는 것이 중요하다.

조직은 개인목표들의 충족수단으로서 구성원들에 의해 창조·유지되는 위치에 있지만 조직의 존속을 위한 그 자체의 독자적인 조직목표가 필요하다.

개인목표와 조직목표의 양자의 관계는 대립하거나 양립 혹은 중립, 동일관계일 수 있으며 성공기업은 양립관계를 지향한다. 따라서 이상적 관계는 목표를 동시에 달성할 수 있도록 목표의 상호 보완이 필요하며 여기에서 양 목표의 통합문제가 대두된다. 이러한 통합관계 형성노력이 조직의 존속·번영에 긍정적 영향을 미친다.

5. 조직목표와 조직효과성

5.1 명령조직과 자율적인 조직

리더의 명령과 지시에 의해 움직이는 것이 효과적인 조직도 있다. 그러나 시장선도 기업으로의 도약, 젊은 세대 직장인들의 특성 등을 감안할 때 구성원들의 자율과 창의를 소홀히 여길 수는 없다.

리더의 명령과 지시가 없어도 자율과 창의에 의해 스스로 움직이는 조직은 기업들이 원하는 가장 이상적인 모습 중 하나이다. 구성원 한 명 한 명이 주도성을 가지고 업무에 임할 때 고객에게 보다 나은 가치를 제공할 수 있고, 예기치 않은 위기에서도 결속력을 발휘하여 극복할 수 있기 때문이다.

자율적인 조직이 명령과 지시에 의해 움직이는 것이 보다 더 효과적인 조직이라면 관리의 주체인 리더가 목표를 명확하게 알고 있는 것이 중요할 수 있다. 이런 조직에서의 성패는 리더가 얼마나 효과적으로 일을 분담시키고 정확하게 지시하느냐 여부에 달려 있다.

흔히 목표가 없는 삶은 지도 없이 망망대해를 떠다니는 배와 같다고 한다. 기업 경영에서도 목표설정은 효과적인 자원활용을 통한 성과창출에 중요한 요소이다. 목표는 열정을 깨우고 실행을 견인하는 힘을 가지고 있다. 스스로 일하는 자율적인 조직을 만들기 위해서는 무엇보다 구성원 한 명 한 명의 머릿속에 분명한 목표를 자리잡게 하는 것이 중요하다.

오늘날 대부분 기업들이 성과관리 프로세스를 도입하면서 리더와 구성원들 사이의 목표설정, 합의과정을 중요하게 생각하고 있다. 하지만 기업 현장에서는 이러한 과정이 형식에 그칠 뿐, 리더의 일방적인 요구와 지시에 의해 목표가 설정되는 경우가 적지 않다. 이럴 경우, 구성원들의 목표달성 의지는 저하되고 자율과 창의성 발현은 요원할 수밖에 없다.

이와 같은 문제를 해결하기 위해, 미국 소비재 중개 회사 하베스트 그룹(The Harvest Group)은 경영진 또는 부서의 리더들이 아닌 구성원들의 자발적인 참여를 통한 전략과 목표 수립을 강조하고 있다. 또한 사내 공모를 통해 차년도 전략과 목표 수립을 추진할 팀 구성원들을 모집하고 있다. 상명하달식의 목표수립을 배제하기 위함이다. 이렇게 구성된 팀은 구성원들의 의견수렴 등을 통해 회사의 목표를 설정하는 한편, 구체적인 달성계획과 일정을 수립하여 사내에 전파, 공유하는 활동을 한다. 그리고 매달 경영진 회의체에서 진행상황이나 우수사례를 공유하기도 한다.

제 2 절 조직유효성의 평가

1. 조직유효성의 개념

조직유효성(organizational effectiveness)이란, 조직의 목표달성 정도나 조직이 얼마나 잘 되고 있는지를 표시하는 개념으로서 조직의 성과를 평가하는 하나의 기준이다. 즉, 조직유효성은 조직의 성공 정도를 나타내는 지침으로 다차원적인 접근으로 설명되어진다. 조직유효성에 대한 개념적 기준은 전체적인 조직 또는 조직의 한 단위의 가치판단에 많은 영향을 미치게 된다.

조직유효성을 두 가지로 나누어 설명하면 첫째, 조직유효성은 조직목표에 대한 능력이다. 이 능력은 조직구성원들이 협동적 체제로 목표를 중심으로 조직 시스템을 인식하는 정도이다. 둘째, 외적 환경에 대한 적응과 조직내부의 안정과 유지이다. 기술혁신, 문화적 요소, 정치·사회의 정세, 자원의 흐름, 정보의 변화 등에 따라 조직행위를 적응시켜 나가며 조직구성원의 직무성과와 동기유발, 리더십 등에 따라 조직은 적절한 의사결정, 변화의 수용, 갈등의 최소화를 추구해야 한다.

조직유효성(organizational effectiveness)을 극대화하는 문제는 조직론 연구에서 가장 중심적인 주제이다. 따라서 조직유효성은 "목표달성 정도나 희소가치가 있는 자원을 획득하기 위해서 환경을 개척하는 조직능력"으로 정의하며, 조직의 존속과 관련시켜 보면, "조직이 조직구성원에게 공헌도 이상의 유인을 제공함으로써 욕구를 충족시켜 줄 수 있는 조직의 능력"으로 파악할 수 있다.

이와 같이 조직유효성은 기업조직의 수익성과 조직구성원의 욕구충족 및 사회에 대한 기여도를 포함하는 개념이다. 이러한 조직유효성은 수많은 정의와 모형·기준들이 제안되었으며, Amitai Etzioni(1994)는 '조직의 목표달성의 정도'(the degree to which an organization realizes its goals)를 정의하였다.

이러한 조직유효성을 단기 및 장기목표를 달성도로 정의하고 목표를 설정하는데 전략적인 환경요소가 반영되어야 하며 평가자의 이해관계와 조직수명주기의 특성에도 반영된다고 하였다(Robbins, 1983).

행동과학이론은 인간의 행위적 요소가 조직성과를 향상시킨다는 관점에서 조직구성원들의 직무만족, 사기, 조직몰입, 응집성 등 행위적 차원을 강조하지만, 시스템이론과 이에 영향을 받은 이론들은 개방체계적 관점에서 외부환경에의 적응을 조직유효성의 결정요인으로 강조하고 있다.

자원의존이론(resource dependence theory)은 중요 자원과 관련된 환경의 관리를 중시하고 있고, 조직생태학(organizational ecology) 관점은 거시적 환경선택 관점에서 단기적인 성과보다는 장기적인 생존을 강조하고 있다(Hannan & Freeman, 1977).

제도화 이론(institutional theory)은 사회학적 정당화 과정에 관심을 기울이고(Meyer & Rowan, 1977), 거래비용접근은 거래비용의 효율화에 초점을 둔다(Williamson, 1975).

2. 조직유효성의 접근방법

조직유효성의 접근방법을 살펴보면, 능률성과 경제성을 벗어나 투입 및 산출의 타당성과 시기의 적절성 등의 여러 문제를 고려하여 조직유효성의 판단기준을 설정하고 있다.

그 가운데 Stephen P. Robbins의 조직유효성 접근법을 정리하면, 아래와 같이 전통적인 접근법과 현대적 접근법으로 정리할 수 있다.

2.1 전통적인 접근법

조직유효성의 전통적인 접근법 모형은 ① 체제자원적 접근법(system resource approach), ② 내부접근적 접근법(internal process approach), ③ 목표접근법(goal approach)의 방법으로 나눈다.

첫째, 체제자원적 접근법(system resource approach)은 조직의 투입측면에서 유효성을 판단한다. 즉, 고성과를 위한 필요한 자원획득이 유효성의 평가기준이 된다. Cunningham(1978)이 체제자원적 접근법의 결정기준을 제공하였으며, 다른 조직과 비교하는 기본 틀을 제공하여 주고 조직의 장기적인 건강성과 존속을 희생하여 단기적인 성과만을 추구하는 의사결정을 하지 않는다는 점에서 유용성이 있으며 측정수단의 어려움에 비판이 있다.

둘째, 내부접근적 접근법(internal process approach)은 조직유효성을 조직 내부활동에서 다루고 있으며, 조직내부의 건전성과 효율성에 초점을 두고 있다. 조직이 조직 자체의 목적추구 보다는 궁극적으로 인간을 위해 존재한다는 가정이며, 즉 조직은 인간을 위한 수단적 역할을 할 뿐이며, 조직구성원들에게 동기를 부여하는 것이 필요하다는 관점이다. 이 접근법은 산출이 서로 다른 조직의 경우에도 조직의 유효성 비교에 유용하지만 내부효율성이 바로 조직 전체의 활동을 평가하는 유효성 지표가 아니라는 점과 조직전체의 결과와 외부환경과의 관계가 평가되지 않는다는 점이다. 또한 투입과 내부 프로세스에 대한 많은 차원들이 계량화가 어렵기 때문에 내부의 건전성과 기능에 대한 평가는 주관적으로 이루어지는 단점이 있다.

셋째, 목표 접근법(goal approach)은 산출측면에서 다루며, 조직의 바람직한 산출의 도출 여부로 유효성을 평가한다. 목표 접근법의 기본입장은 모든 조직은 하나 또는 그 이상의 목표들을 성취하기 위해 존재한다는 것이며, 모든 조직은 특정 목표를 성취하기 위해 의도적으로 만들어진 시스템이라고 할 때 조직유효성은 목표성취의 기준에 따라 평가되어야 한다는 것으로 전통적으로 가장 널리 인정되는 이론이다.

2.2 현대적 접근법

전통적인 조직유효성 접근법은 한계점이 있다. 조직은 동시적으로 직무가 실행되고 동시에 여러 결과물이 도출되기 때문에 단일의 유효성 지표 보다는 복수 유효성 지표를 사용하여야 하기 때문이다. 이러한 조직의 다양성을 인정하고 조직의 이해관계 그룹들 간의 다양한 유효성 주장을 수용하고 유효성을 가치차원에서 설명하는 것이 이해관계적 접근법(constituency approach)과 경쟁가치 접근법(competing approach)이다.

1) 이해관계적 접근법

이해관계적 접근법(constituency approach)은 조직이란 "조직과 거래하는 외부와 내부의 구성요소들이 상호교환의 고리로 연결된 종합체라는 전제"이다. 조직유효성이란 조직 이해관계자들을 충족시킬 수 있는 조직관점에서 접근법이다. 이해관계자에 따른 조직유효성 의사결정기준을 보면 소유주는 재정적 수익, 조직구성원은 직무만족과 급여, 고객은 제품과 서비스의 질, 금융기관은 신용도, 일반대중은 사회공헌도, 공급자는 만족스럽고 안정적인 거래, 정부는 법률과 규제에 관한 준수 등에 의사결정의 기준이 될 것이다.

2) 경쟁가치 접근법

경쟁가치 접근법(competing approach)은 Compbell(1977)이 제시한 30개의 조직유효성 기준들 중에서 서로 공통적인 기준을 구하는데 출발하고 있으며, 조직의 다양한 부분에 관심을 가짐으로써 유효성 평가기준에 균형잡힌 시각을 유지하고 있다.

경쟁가치 모델은 Robert Quninn과 John Rohrbauch가 다양한 성과지표를 결합하여 처음으로 개발한 모델이다.

경쟁가치 모델의 첫 번째 측정차원은 조직의 초점이 내부(internal)에 있는지 외부(external)에 있는지의 차원이다. 조직의 내부에 초점을 둔다는 것은 경영자들이 종업원의 복지와 효율성에 관심을 둔다는 것을 의미하고 외부에 초점을 둔다는 것은 환경에 대한 조직 자체의 건전성에 초점을 둔다는 의미이다. 두 번째 차원은 조직구조의 유연성(flexibility)과 통제(control)의 차원이다. 조직구조의 유연성에 가치를 둔다는 것은 학습과 변화를 중요시 하는 차원이고 통제에 가치를 둔다는 것은 경영자가 효율성과 위로 부터의 탑-다운(top-down)을 중요시 한다는 것을 의미한다.

다음의 [그림 3-2]은 조직 유효성에 대한 접근법을 내부와 외부의 차원 및 유연성과 통제의 차원을 결합하여 제시하고 있다.

[그림 3-2] 경쟁가치 접근법

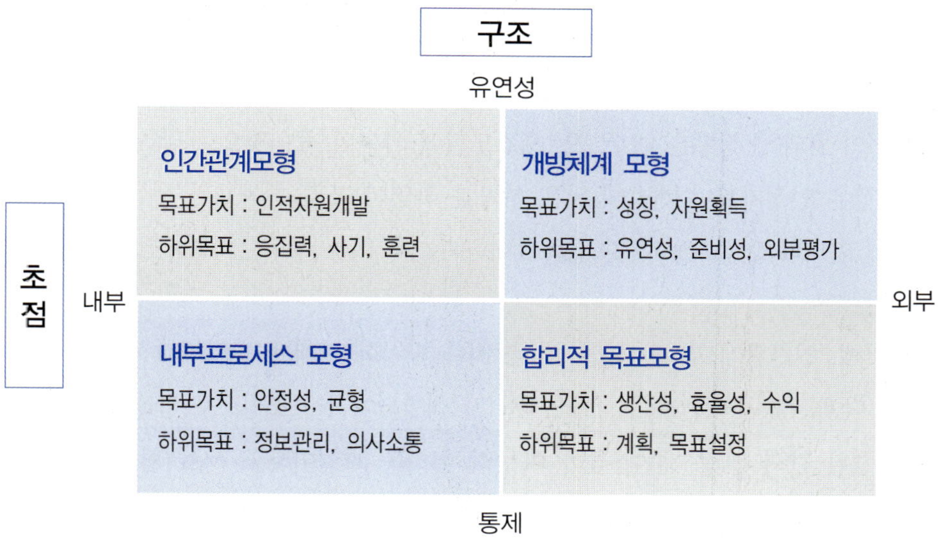

자료: Quinn, R. E., & Rohrbaugh, J. (1983). A spatial model of effectiveness criteria: Towards a competing values approach to organizational analysis. Management Science, 29, 363-377

첫 번째, 개방체제모형은 조직환경의 변화 때문에 새로운 과업이 주어졌을 경우 언제나 유연하게 대처할 수 있도록 준비태세가 되어 있는 조직이다. 또한 어떠한 위기 시에도 적절히 대처할 수 있는 능력을 갖추고 있는 조직에서 나타날 가능성이 높은 모형이다. 특히 전년도에 비해 조직의 규모(예: 직원의 수, 예산규모)가 증가하고 있거나, 계속해서 새로운 직위를 만들어 새 사람을 채용하는 조직은 개방체제모형에 적합한 사례가 된다. 조직의 생명주기에 따라 판단해 볼 때 개방체제모형은 조직이 창업

시기에 놓여 있을 때 가장 잘 적용될 수 있는 것으로 알려져 있다.

두 번째, 합리적 목표모형은 공언된 목표가 설정되어 있고, 그 목표가 조직구성원 모두에게 분명하게 이해되는 조직에서 잘 적용된다. 아울러 합리적 목표모형은 생산성 제고를 제1의 목표로 삼고 있는 조직에서, 그리고 과업들이 매우 정교하게 계획되어 수행되는 경우 잘 적용될 수 있다. 합리적 목표모형은 조직이 어느 정도 공식화 단계에 있는 경우 잘 적용될 수 있는 것으로 알려져 있다.

세 번째, 내부 프로세스모형은 생산을 위한 조직 내부의 모든 기능들이 순조롭게 분화되고 통합되고, 그리고 생산을 위한 모든 조직정보들의 교환이 원활하게 이루어질 때 적용될 수 있는 모형이 된다. 또한 조직구성원들 간에 응집력이 높아 하루하루의 일과가 계획대로 잘 진행될 때도 내부 프로세스모형이 적용될 가능성이 높아진다.

합리적 목표모형과 같이 조직의 생명주기가 공식화 단계에 진입하게 되면 대부분의 조직의 효과성 정향은 내부 프로세스모형에 가까워지는 것으로 알려져 있다. 인간관계모형은 인적자원의 개발에 많은 투자를 하면서 조직의 목표가 생산성 향상에 있는 것이 아니라 인적자원의 가치를 극대화하는데 있는 경우 잘 적용될 수 있는 모형이 된다.

네 번째, 인간관계모형은 창업시기를 지나 공식화 단계에 진입하기 직전의 집단화, 통합화 단계(collectivity integration)에서 잘 식별되어지는 모형으로 알려져 있다. 특히 조직구성원 간의 신뢰수준이 높아 아무리 어려운 과업이라도 서로 협조하여 달성해 낼 수 있는 잠재력을 갖춘 조직은 인간관계모형에 입각하여 좋은 평가를 받게 된다.

이상의 4가지 경쟁가치 모형은 조직의 다양한 가치를 반영하고 있다. 이때 경영자는 조직의 어떠한 가치가 조직에서 우선적으로 고려되어야 할 것인지를 명확하게 결정해야 한다.

[그림 3-3]은 상이한 두 조직의 조직구조의 가치를 4가지 상한 위에 그려놓은 것이다. 조직 A는 구조의 차원에서 보면 통제보다는 유연성에 더 가치를 두고 있으며, 조직의 초점은 외부보다는 내부에 더 가치를 두고 있는 조직형태이다.

반면 조직 B는 구조의 차원에서 보면 유연성 보다는 통제에 가치를 두고 있으며, 조직의 초점은 내부보다는 외부에 더 가치를 두고 있는 조직형태이다.

[그림 3-3] 상이한 두 조직의 효과적 가치비교

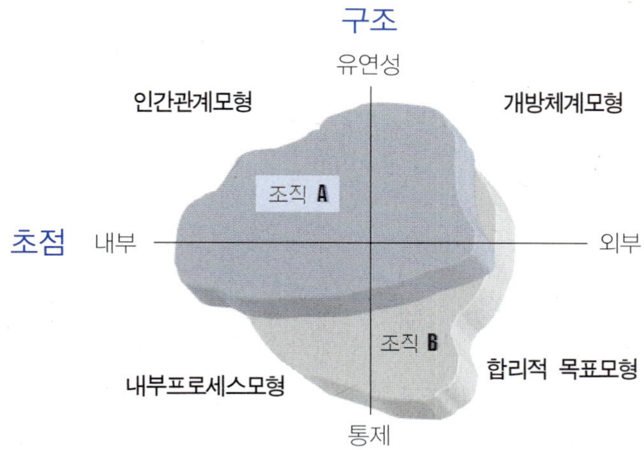

경쟁가치 접근법의 유용성은 다음과 같이 두 가지 측면에서 매우 의의가 있다.

첫째, 조직의 유효성에 대한 많은 다양한 개념을 하나의 관점으로 통합하고 있다는 점이다. 예를 들어, 산출목표, 자원획득, 인적자원개발, 안정성 등과 같이 조직이 추구하는 다양한 목표를 하나의 틀로 통합시키고 있다.

둘째, 유효성의 평가기준으로 경영자의 가치를 종요시 하는 한편, 다양한 가치가 존재할 수 있다는 점을 제시하고 있다. 따라서 경영자는 이와 같이 4 가지의 가치기준 가운데, 어떤 가치를 추구하고 어떤 가치를 추구하지 않을지를 결정해야 한다.

3. 조직유효성의 평가지표

조직유효성(조직효과성, organizational effectiveness)에 대한 측정기준 선정은 연구자들의 가치와 목적, 개념 등의 정의에 따라 다양하나, 조직유효성 측정에 일반적으로 이용되는 것은 조직 과업달성도와 목표달성도이다. 성과와 목표달성도의 객관적인 지표는 수익성, 매출액, 시장점유율, 생산성, 단위당 생산비용 등과 리더와 구성원 등에 관한 주관적인 지표로 나타 낼 수 있다. 기업의 경우 매출, 수익 등 객관적 지표를 이용할 수 있으나, 정신적인 것과 심리적 성과도 중요한 요소인 점에서 조직유효성의 개념 및 분석의 어려운 점이 있으며, 이러한 조직유효성의 측정지표의 다양성이 제시되고 있으며, 조직유효성에 관한 기존연구를 참고하여 조직유효성 지표를 30가지나 제시하였다(Campbell, 1977).

조직유효성의 평가지표를 심리적 지표와 경제적 지표, 관리적 지표로 구분하여 정리하면 〈표 3-1〉과 같이 나타 낼 수 있다.

〈표 3-1〉 조직유효성의 평가지표

지표 종류	평 가 지 표 내 용
심리적 지표	직무만족도, 동기부여, 사기, 갈등과 응집성, 유연성과 적응성, 조직목표에 대한 조직원의 동조성, 조직목표의 내면화
경제적 지표	전반적 효과성, 생산성, 능률, 수익, 품질, 성장성, 환경의 이용도, 이해관계자 집단에 대한 평가, 인적자원의 가치, 목표달성도
관리적 지표	사고의 빈도, 결근율, 이직률, 통제, 계획과 목표달성, 역할과 규범일치성, 경영자의 인간관계 관리능력, 경영자의 과업지향성, 정보관리와 의사전달, 신속성, 안정성, 조직구성원의 의사결정 참가, 교육훈련과 개발의 강조

이와 같이 조직유효성은 다수준 · 다차원의 개념이지만, 크게 경제적 · 재무적 지표 차원의 조직유효성과 심리적 · 행위적 지표 차원의 조직유효성으로 양분할 수 있다 (Dalton et al., 1980). 수익성, 성장성, 생산성, 총매출액 등의 경제적 지표와 사기, 직무만족, 조직몰입 등의 심리적 지표가 대표적으로 많이 이용되는 지표이다.

사례 우버의 비전과 목표

세계는 자신의 것을 소유하던 '소유경제'에서 여러 사람이 공유하는 '공유경제'로 옮겨가고 있다. 공유경제란 한번 생산된 제품을 여럿이 공유해 쓰는 일종의 '협업 소비'를 말한다. 자동차나 숙박공간, 사무실, 음식, 책, 가전제품, 정보, 지식 등 공유할 수 있는 모든 것이 대상이다. 세계적 공유경제 대표기업으로는 차량공유서비스 우버(Uber)와 숙박공유 에어 비앤비(Airbnb)가 꼽힌다.

우버(Uber)는 스마트폰 기반 교통서비스를 서비스하는 미국의 교통회사(운송 네트워크)이다. 실질적인 우버 서비스의 시작은 2010년부터이다. 이 기업은 고용되거나 공유된 차량의 운전기사와 승객을 모바일 앱을 통해 중계하는 서비스를 제공한다. 현재 전세계 많은 도시에서 서비스를 제공하고 있다.

이 기업은 고용되거나 공유된 차량의 운전기사와 승객을 중계하는 서비스를 제공하며 차량의 예약은 텍스트 메시지나 모바일 앱을 통해 진행된다. 또한, 모바일 앱에서는 예약된 차량의 위치가 승객에게 실시간으로 제공된다.

현재 우버는 전 세계 72개 국가 400여 개 도시에서, 28개 EU 가입국 중 22개 국가에서 서비스를 제공하고 있다. 국가별로 관련 법·제도의 내용이 조금씩 다르지만, 대체로 등록제를 통해서 우버를 합법적으로 수용하고 있다. 예컨대 미국 샌프란시스코, 워싱턴 DC, 시카고 등에서는 자가용 차량공유를 정부의 등록제나 면허제 없이 이용하고 있으며, 독일과 프랑스에서는 등록제로 차량공유를 허용하고 있다. 또한, 일본은 위법성 논란을 피하고자 우버를 여행업자로 등록하고 전세 승용차와 택시 차량으로 서비스를 제공하고 있다. 유럽에서는 차량공유 서비스 제공을 위해 플랫폼 사업자(우버)와 운전자 모두 면허를 소지하게끔 강제하고 있고, 플랫폼 사업자만 면허를 소지해도 되는 나라도 있다.

• 택시 잡는 불편이 우버의 창업 동기

대부분 사람은 택시를 잡는 번거로움을 경험하곤 한다. 모바일 차량 예약 서비스 회사인 우버를 창업한 트레비스 칼라닉 최고경영자(CEO)도 이런 불편을 여러 차례 겪었다. 2008년 프랑스 파리 정보기술(IT) 컨퍼런스에 친구 가렛 캠프와 참석했을 땐 택시를 잡는 데 30분 이상 걸리기도 했다. 그가 거주하는 미국 샌프란시스코에서도 택시를 이용하려는 방문객들이 똑같은 어려움을 겪을 것 같았다. "버튼 하나만 눌러 편하게 택시를 부를 수 없을까"하는 생각이 든 계기였다. 이듬해 두 친구는 의기투합해 우버를 창업했다. 콜택시를 전화로 부르지 않고 휴대폰 앱 실행만으로 이용하도록 하는 서비스다.

칼라닉 CEO를 만나 창업 동기와 사업 철학 등을 들어봤다. 람보르기니 등 럭셔리 차를 살 수 있을 정도로 큰 돈을 벌었지만 최근 2년간 운전대를 잡은 적이 없다고 했다. 우버를 이용하면 그만큼 편하다는 뜻이다. 그는 "도시에서 허비하는 시간을 줄여 사람들의 생활을 보다 효율적으로 바꾸고 싶었다"며 "말도 안 되는 불편과 싸우는 것이 창업의 출발이자 혁신의 시작"이라고 말했다.

칼라닉 CEO는 고교 졸업반 시절인 18세에 처음 창업했다. 수학을 잘하던 그가 동네 후배를 가르쳐 점수가 크게 올랐다는 소문이 났고 이후 로스앤젤레스(LA)에 살던 한 한국인과 함께 미국 대학입학 자격시험(SAT) 대비 학원을 차렸다. 이런 창업 경험이 주변에서 찾은 아이템으로 회사를 만들어 돈을 버는 창업의 매력에 빠지는 계기가 됐다. UCLA 컴퓨터공학과에 입학한 후엔 파일 공유 회사를 세웠다. 그러나 설립 2년 만에 29곳의 방송사와 영화사로부터 소송액 2500억 달러(약 265조 원)에 달하는 저작권 소송을 당했다. 100만 달러(약 10억6000만 원)를 배상하고 회사 문을 닫을 수밖에 없었다. 그 후유증으로 대학도 중퇴했지만, 그는 거기서 멈추지 않았다.

이듬해 바로 같은 기술을 활용해 방송사와 영화사들이 합법적으로 자료를 공유하도록 돕는 회사를 차렸다. 그는 "수백 조 원의 소송을 걸며 대립각을 세웠던 적들을 우군으로 돌려놨다"며 "변화를 이끄는 새로운 시도는 늘 기득권을 지키려는 기존 세력의 반발에 부딪힐 수밖에 없다"고 강조했다.

그렇게 150만 달러(약 16억 원)로 시작한 회사를 6년 후 1,500만 달러(약 160억 원)에 팔았다. 창업한 회사를 10배로 키웠지만, 그 과정은 그야말로 역경의 연속이었다. 6년간 제대로 월급도 가져가지 못했다. 20대 중반까지 부모님 집에 얹혀살았다. 그는 "당시 힘들었던 경험이 우버 창업 후 회사의 기반을 닦는 데 큰 도움이 됐다"고 말했다.

실리콘밸리로 옮겨와 2년간 벤처투자가로 활동하면서 인맥을 넓힌 후 자신의 네 번째 회사인 우버를 세웠다. 그는 "또 실패하지 않을까 하는 두려움만 떨치면 재기를 막는 장벽은 없다"며 "해보고 싶은 게 있으니 다시 시작하는 건 당연한 것"이라고 했다. 파산까지 경험해봤지만, 항상 떳떳했다. '실패자'라는 낙인도 없어 새로 창업하는 데 아무 걸림돌이 없었다. 여러 회사에서 영입 제안을 받기도 했지만 칼라닉 CEO는 한 번도 취직은 생각해보지 않았다. 기존의 것과 다른 일을 해보고 싶어서다.

• 구글과 우버

투자자와 스타트업으로 돈독한 관계를 자랑했던 세계 최대 검색 업체 구글과 세계 최대 차량 공유 업체 우버가 '완전한 남남'이 됐다. 구글이 차량 공유 서비스 '웨이즈'(Waze)를 샌프란시스코에 전격 출격하며 우버를 압박하고 있다.

우버는 2009년부터 구글이 개발 중인 자율주행차 시장에 자율주행연구소까지 세우면서 공격적으로 뛰어들고 있다. 구글은 이에 대한 반격으로 차량 공유 앱 웨이즈의 서비스 지역을 기존 이스라엘에서 우버 본사가 있는 샌프란시스코까지 확대했다. 우버가 작년 7월 말 자체 지도 개발을 위해 5억 달러를 투자한다고 한 지 두 달 만에 우버와 구글 간 경쟁이 본격화된 것이다. 이제 구글과 우버는 무인차, 차량공유, 지도 분야에서 치열하게 경쟁하는 최대의 적(敵)이 됐다.

또 하나 우버가 회사의 비전이나 목표를 중요하게 여기는가를 보여주는 상징적인 이벤트가 있었다. 우버의 CEO가 5년 안에 샌프란시스코의 집값을 내리겠다고 선언했다. '차량 공유회사'인 우버가 부동산 임대사업을 하는 것도 아닌데 어떻게 집값을 내리지? 하는 의문이 든다.

알다시피, 미국의 샌프란시스코가 위치한 베이지역(Bay Area)을 보면, 차가 많고, 혼자 타는 차도 많고 대기오염도 높다. 그런데 우버가 생긴 이후에, 샌프란시스코 지역에서 차량소유율이 낮아졌고 대기오염도 낮아졌다고 한다.

차는 팔아버렸으니, 더는 차고가 필요 없어져서, 1층 차고는 방으로 꾸며서, 싸게 빌려주고, 새로 짓는 집들은 주차장이 없으니 좀 더 싼 주택을 짓도록 유도하는 효과가 새로 생겨난 것이다. 또 샌프란시스코에 사는 사람들은 집에서 음식을 해먹기 보다는 사온 음식을 데워먹는 정도인데, 그럼 음식을 싸게 배달시켜 먹을려면 UberEATS를 이용하게 된다.

즉, '집값을 내리겠다'는 말은 직접 주택사업을 하지 않지만, 우버가 비전과 목표를 통해 집에 주방도, 주차장도 필요없는 집을 공급하여 5년 안에 샌프란시스코의 집값을 내리겠다는 의도를 표현하고 있는 것이다.

이런 상위 수준의 비전과 목표를 통하여 서비스의 확장의 폭이 넓고 구성원들은 누구든 불편함과 욕구에서 생긴 아이디어를 새로운 서비스로 만들길 시도하며, 그걸 회사의 비전과 목표에 연결하여 사업화로 연결시킬 수 있었다.

토의 과제

1. 우버의 창업동기는 무엇인가?
2. 소유경제에서 공유경제로의 패러다임은 오늘날 현대사회에 필요한가?
3. 구글이 차량 공유 서비스 '웨이즈'(Waze)는 우버에게 얼마나 크게 위협으로 다가오는가?
4. 우버의 '집값을 내리겠다' 비전과 목표를 설정하는 것과 실제 사업의 실행과의 연관성은 왜 중요한가?

제 Ⅱ 부

조직설계

변화와 불확실성이 높은 경영환경에서 시장의 새로운 요구와 외부환경의 변화에 적절하게 대응할 수 있도록 기업들은 끊임없이 전략적 변신을 모색해야 한다. 끊임없는 변화에 대응할 수 있도록 바람직한 모습으로 조직을 구조화하는 것은 전략실행력을 높이는 견인차 역할을 한다.

특히, 전략적 변신을 충실히 실행할 수 있는 조직구조를 설계하는 것이 그 어느 때보다도 조직을 이끌어 나가는 경영자들에게 도전적인 과제가 되고 있다. 경영자들은 단지 조직도 상에 새로운 부서를 만든다거나 보고 라인을 조정하는 것을 넘어, 전략적 요구사항들을 충실히 실행하여 고성과를 달성할 수 있는 구조를 설계하는데 초점을 맞추어야 한다.

조직설계 프로세스는 조직이 어떻게 운영되고 있는가, 성과가 어떻게 전략과 연계되어 있는가 등과 같이 사업과 조직 운영에 대한 기본적인 이해에서 출발한다. 성공적인 조직설계의 관건은 현상분석단계에서 전략적 목표를 달성할 수 있는 설계의 기본원칙을 얼마나 잘 도출하느냐에 달려 있다.

조직설계 분야의 이론가들은 추구하는 전략의 유형에 따라 어떤 조직구조가 이상적인 구조인가를 끊임없이 모색하고 있다. 조직구조를 설계한다는 것은 자사(自社) 고유의 사업전략에서 도출된 설계원칙에 따라 새로 설립되는 조직을 바람직한 모습으로 구조화하거나, 기존의 조직을 좀 더 효과적인 조직으로 바꾸는 것이다.

제II부에서는 조직설계의 내용으로서 조직설계의 기본요소와 상황요소에 대한 논의를 할 것이며, 전통적인 조직유형에서부터 새로운 조직유형의 형태에 대해 살펴볼 것이다.

제 4 장 조직설계의 기본요소

Opening Knowledge Cafe

Opening Knowledge Cafe : birthday paradox

우리가 사회에서 가장 흔하게 볼 수 있는 조직관리의 체계는 맥컬럼(David McCallum)에 의해 만들어 졌다. 조직도는 사장 밑에 부사장 있고, 그 밑에 부서별 장이 있고, 과장이 있고 일반사원이 있는 하향식의 Hierarchical(위계적)한 조직구성이다. 이러한 조직구성을 도표로 나타낸 것을 조직도(Organization Chart)라고 한다.

원래 조직구성은 이른바 birthday paradox라는 문제를 해결하기 위한 목적에서 만들어졌다. birthday paradox를 간단히 설명하자면, 어떤 조직의 구성원이 많아질수록 복잡도가 기하급수적으로 늘어나는 현상을 말한다. 이러한 문제는 흔히 네트워크 효과로 설명되어지기도 한다. 구성원이 1명에서 10명으로 늘어나면 복잡도는 10배가 아닌 팩토리얼(factorial)하게 늘어나게 된다.

birthday paradox는 50명의 구성원이 있을 적에 생일이 같은 구성원이 있을 확률은 얼마인가라는 문제에서 나왔다. 이게 언뜻 생각해보면 50/365인데, 이건 개인만을 기준으로 했을 경우이고, 제대로는 각각의 구성원에 대한 경우의 수가 모두 더해져야 하므로 실제 계산을 해보면 95% 이상이라는 답이 나오게 된다. 구성원이 23명일 경우 50% 정도가 된다.

이것은 조직의 구성원이 많아지면 경우의 수가 기하급수적으로 늘어나고 그만큼 조직이 복잡해진다는 얘기를 함축하고 있다. 또한 기업의 조직관리의 측면에서는 조직의 규모가 늘어나면 관리비용이 수익을 초과해버리는 상황이 발생하게 되고, 이는 선형적이 아닌 기하급수적으로 변한다.

맥컬럼(David McCallum)에 의해 조직관리의 체계가 만들어진 것은, 미국의 철도운송시스템의 복잡도를 해결하기 위함이었다. 각 철도레일을 구간별로 명확하게 나누고, 구간을 관리할 책임자를 두어서 책임소재를 명확하게 하겠다는 것이다. 실제 구간별(업무별)로 조직을 나누고, 각 구간별로 관리자를 두어서 책임을 명확히 지우고, 각 장으로 하여금 수집된 정보를 요약정리해서 상위 책임자에게 보고하게끔하는 원칙은 현재 대부분의 조직에서 적용하는 내용이다. 그러나 이 방식도 문제가 발견되었다. 일정 규모 이상을 넘어가면 관리비용이 조직이 만들어내는 수익을 초과하는 때가 온다는 것이다. 규모가 커지게 되면, 수익이 떨어진다는 얘기가 나오는 이유일 것이다. 조직이 커지면 처리해야 될 정보의 양이 많아지는데, 정보가 많으면 판단이 힘들어지는게 정보공학의 원칙이다. 그러다보면 방만한 경영 등이 크게 문제가 되지 않는 상황이 발생해버린다. 판단자체가 힘들어지기 때문이다. 또 다른 문제는 조직이 커지면서 경직화(硬直化)된다는 것이다. 하향식 정보전달이 이루어지는 조직에서 볼 수 있는 문제인데, 말단 사원이 알고 있는 정보는 매우 제한적이라는 것이며 계층마다 정보의 양과 질에 있어서 분명한 차이를 보인다는 것이며 같은 계층이라고 하더라도 부서가 서로 다르면 정보를 알 수가 없다는 것이다.

이렇게 정보의 양과 질이 달라지니, 이것으로 계급이 나누어지게 되고, 결국 조직의 최상위권자는 막강한 지위와 권한을 가지게 된다.

제 1 절 조직설계의 의의

1. 조직설계의 의미와 필요성

1.1 조직설계의 의미

조직구조는 조직 안에서 과업들이 분리되고 분리된 과업들이 연결되고 광범위한 집단들이 모여서 부서를 이루고, 다시 부서들끼리 연결된 상태를 조직구조라 하며, 조직구조의 설계는 여러 작업과 담당자, 담당부문들을 전문화시켜 잘 분할하고 나누어진 과업들이 서로 연결되도록 잘 통합하는 것으로 조직이나 관리자는 구성원이 보람을 갖고 열심히 자기역할을 수행하며 타인업무와 효율적으로 협동할 수 있도록 설계하여야 한다. 따라서 조직구조는 조직설계를 어떻게 하느냐에 따라 조직의 유효성(구성원들의 동기부여, 인간관계, 업무성과)에 영향을 미치는데 구성원들은 조직구조의 제약을 받으면서 구조적 방침에 따라서 행동하기 위해 필요하며 조직 안에서 분업화, 조정과 통합, 구성의 의사결정과 행동의 통제 등의 역할을 한다. 분업과 통합은 일에 관한 것이고 통제는 사람에 관한 것으로 업무를 어떻게 나누고 연결시킬 것인가와 사람에게는 어느 정도의 자율권을 주고 제한을 할 것인가를 정하는 것이 조직구조 설계의 핵심이다.

조직설계(organization design)란 조직의 목표를 달성하기 위해 체계적인 전략과 계획에 따라서 효과적으로 수행할 수 있도록 전 조직에 걸쳐 구조와 권한관계를 명백히 결정하는 것을 말한다.

조직설계의 고전적인 개념들은 20세기 초에 등장했다. 이때에 고전적인 이론가들은 경영자들이 조직설계에 있어 필수적으로 따라야 할 원칙을 제시하였다. 이러한 원칙이 처음 제시된 지 100여년이 지나는 동안 많은 변화가 일어났고 그로 인해 더 이상 원칙의 가치와 유용성이 없다고 볼 수 있을 것이다. 그러나 이들 대부분의 원칙은 효과적이고 효율적인 조직을 설계하는 데 있어 여전히 가치 있고 유용하며 시사하는 바가 크다.

이러한 기초적인 개념은 막스 베버(Max Weber)가 이상적인 조직구조로 주장했던 관료제를 기초로 살펴볼 수 있다.

첫 번째, 베버의 관료제에서 강조하는 것은 표준화(standardization)로 관료제 하에 있는 사람들의 행동은 표준화된 구조와 과정, 즉 공식화를 통한 규정과 규칙 등에 의해서 미리 정해진다는 개념을 따르고 있다.

두 번째, 개념적 특성으로는 보상개념으로 구성원은 조직 내 자신의 위치에 따라 임금을 받고, 승진은 근속연수나 성과와 같은 객관적인 기준에 기초를 두고 있다.

세 번째, 조직구성원 개인의 권리를 보호하려고 노력하는 데 기초를 두고 있다. 조직에 대한 충성도에 따라 종업원은 고용주들이 임의로 해고하는 것으로부터 보호되고 경력에 대한 인정과 직무안정성이 보장된다. 그리고 책임에 대해서 확실하게 지각하고 있고 상급자가 갖는 권한의 정도와 그 범위에 따라 종업원은 자신이 받는 불공평함과 불만 등을 나타낼 수 있다. 이러한 베버의 관료제에서 나타난 기초적인 개념적 특성을 통해 구성된 조직이 현실에 있어서 아직도 합리적이고 효율적인 것으로 받아들여 지고 있으므로 조직설계의 기초적인 고전적 원칙과 환경적 상황요인이 조직구조에 미치는 영향 등에 대해 논의가 중요하다.

1.2 조직설계의 관점

조직구조를 이해하기 위해서는 기본적으로 조직을 바라보는 정확한 시각이 요구된다. 무엇이 바람직한 조직설계인지에 대한 정답은 한마디로 단정할 수 없으며 조직을 둘러싼 대내외적 요인들 간의 적절한 조화와 균형이 요구된다. 따라서 조직설계의 의미를 논의하기에 앞서 조직을 바라보는 관점을 정리할 필요가 있다.

1) 내적 적응과 외부환경적응

첫째는 조직의 내적 능률과 외부환경적응의 문제이다. 내적 능률의 관점에서 살펴본 조직설계는 조직을 안정되고 예측 가능한 폐쇄적 시스템으로 가정하고, 이를 가장 능률적으로 체계화한다. 그리하여 마치 기계와 같이 질서정연하게 운영함으로써 내부 능률을 극대화하려고 한다. 따라서 합리적 조직의 이상에서 조직의 의사결정은 손익분석과 경제적 논리에 근거를 두고 행해진다. 내적 능률의 관점에서 가장 핵심 키워드는 안정과 질서, 능률 및 확실성이다. 반면 외부환경적응의 관점에서 살펴본 조직설계는 사회적 조직의 현실을 반영하는 접근법이다. 이는 조직을 개방적 시스템으로 보고 시장경쟁과 기술발전 등 환경의 변화와 이로 인한 불확실성을 수용해야 하기 때문에, 조직이 완전한 질서를 유지하는 것은 현실적으로 불가능하다고 본다. 또한 인간이 제한된 합리성으로 말미암아 조직은 혼란스럽고, 비합리적이며 무질서할 수밖에 없다고 보고 있다. 따라서 외부환경 적응의 관점의 키워드는 변화, 갈등, 불확실성 그리고 정치적 과정이다.

조직이 이와 같은 두 가지 상황에 직면하여 취하는 의사결정은 대개 권력과 이해관계자 간의 정치적 과정을 통하여 이루어진다. [그림 4-1]에서 보는 바와 같이 조직설계자는 조직이 추구하는 두 가지 요인인 내적 능률과 외부환경적응 간의 균형을 적절히 유지하여 효과적으로 관리해나가야 한다.

왜냐하면, 조직이 지나치게 합리적으로 설계되면 내적 능률은 기할 수 있을지는 모르지만 외부환경의 변화에 적절히 적응하지 못할 것이며, 이와 반대로 조직이 환경의 변화와 불확실성을 수용하기 위하여 지나치게 외부적응만을 강조한다면, 조직의 내부는 무질서하게 설계되어 혼란으로 인한 조직의 비효율성은 증대되어 조직은 쇠락할 것이다.

따라서 성과가 좋은 조직이 되기 위해서는 상황을 반영하는 외부환경 적합성과 조직내부에서 일치성을 이루어내는 내적 능률을 조화하는 것이 필요하다. 외부환경 적합성은 조직을 둘러싼 환경의 요구에 대한 조직의 부응하는 정도로 깊이를 의미하고, 내적 능률은 조직 내부의 구성요소 간의 일관된 조화상태를 의미한다.

조직구조란 이 같은 균형상태를 통해 조직구성원의 여러 활동에 대해 체계적인 정합성을 주는 연결양식이다.

[그림 4-1] 현대조직의 내적 능률과 외부환경적응의 관점

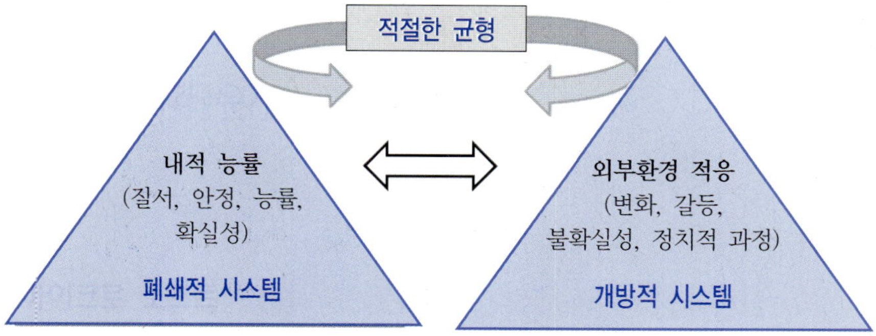

2) 통제와 자율성 그리고 협조성

두 번째는 통제와 자율성 그리고 협조성의 관계이다. 조직을 설계하는데 있어서 고려하여야 할 중요한 시각은 다음과 같은 3가지 변수 간의 균형감각이다. 첫째는 어느 정도 통제를 할 것인지, 둘째는 구성원들이나 하위조직에게 어느 정도 자율성을 부여할 것인지, 셋째는 구성원들과 단위조직 간에 어느 정도 협조를 얻어낼 것인지에 관한 것이다. 통제, 자율, 협조, 이 세 가지 변수 중 어느 하나라도 고려하지 않으면 조직을 설계할 수 없다. 자율과 협조 없이 통제위주로 조직을 설계하면 지나치게 경직되어 구성원들 사이의 자발적 협력을 도모할 수 없을 것이며, 통제와 자율이 존재하지 않고서는 어떻게 협조를 구할 것인지를 정의하기 어렵다. 또한 통제와 협조 없이 자율만 강조하면 조직은 개인의 이기심이 극대화되거나 무책임한 조직으로 전락될 가능성이 높다. 따라서 이 세 가지 변수의 적절한 균형감각이 요구되지만, 이들 변수들의 배타적 성격 때문에 이들 세 변수를 동시에 유지하는 것은 쉽지 않다.

(1) 통제와 협조

통제를 택할 것인지 아니면 협조를 택할 것인지는 조직이 **일관성**을 강조할 것인지, 아니면 **신축성**을 중요시 할 것인지에 따라 다르게 결정된다. 삼성 SDI의 경우, 경기도 수원공장에서 만드는 LCD제품과 경상남도 양산공장에서 만드는 LCD 제품 사이에 전혀 차이가 없다. 이유는 본사에서 철저한 조직화와 사전계획 하에 통제되어 있기 때문에 원・부자재, 생산공정이 표준화되어 있어 어느 곳에서 생산하더라도 동일한

[그림 4-2] 조직설계의 3가지 변수

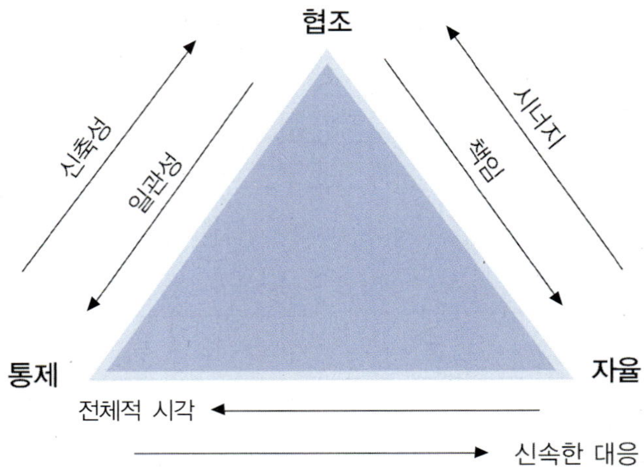

제품이 생산되기 때문이다.

반면에 서비스 산업인 경영컨설팅 회사에서는 인사전문가, 전략전문가, 마케팅 전문가 등 다양한 전문분야의 전문인력들이 용역과제의 성격에 따라 수시로 다양한 형태로 변화되어 업무를 수행하기 때문에 이들 간에 협력이 필요하다.

(2) 자율과 협조

자율을 택할 것인지, 아니면 협조를 택할 것인지는 조직을 설계할 때 **책임**을 중요시할 것인지, 혹은 단위부서나 개인들로부터 **시너지** 창출을 강조할 것인지에 따라 강조점이 다르게 된다. 삼성전자의 경우, 주요 제품단위의 속성에 따라 사업부제를 도입하고 사업단위에 대한 자율성을 부여하는 동시에 사업에 대한 책임을 부여한다. 그러나 지나치게 사업부문에 책임경영을 강조하면, 기술적으로 다른 사업과 사업 사이의 결합에 의한 시너지를 잃게 된다. 특히 디지털시대로 전환되면서 영상, 정보통신, 컴퓨터가 결합된 새로운 디지털 복합 전자제품의 출현이 요구되기 때문에 이러한 대응을 위해서는 이들 사업부문 간의 긴밀한 협력과 기술교류가 요구되기에 지나치게 사업단위별 책임경영에만 의존하면 이러한 기회를 상실하게 된다. 반면에 시너지만을 강조하면 독자적인 단위사업부문 간의 책임감이 결여될 위험이 있다.

(3) 자율과 통제

자율성을 강조하면 현장에의 즉각적인 **대응력**이 높아진다. 그러나 지나친 자율은 전체적 시각에서 **일관성**을 상실할 위험이 있다. 프랜차이즈 업계에서 각 지역적 성격과 고객의 특성에 맞추어 서비스를 제공하도록 한다면 현장 대응력은 높아진다. 그러나 지나친 자율은 프랜차이즈 업체 고유의 일관성있는 정책을 실현하기 어려우며, 이들의 독특한 장점을 상실할 위험이 내포되어 있다.

2. 조직설계의 도구

조직설계는 주어진 목적을 달성하기 위해 조직을 재구성하는데 초점을 두는 규범적 연구영역인데, 조직설계의 바람직한 모습은 조직의 특성과 구조적 배열에 대한 효과적 집합의 개념으로 봐야 한다.

[그림 4-3] 상황적합적 구조접근법의 조직설계

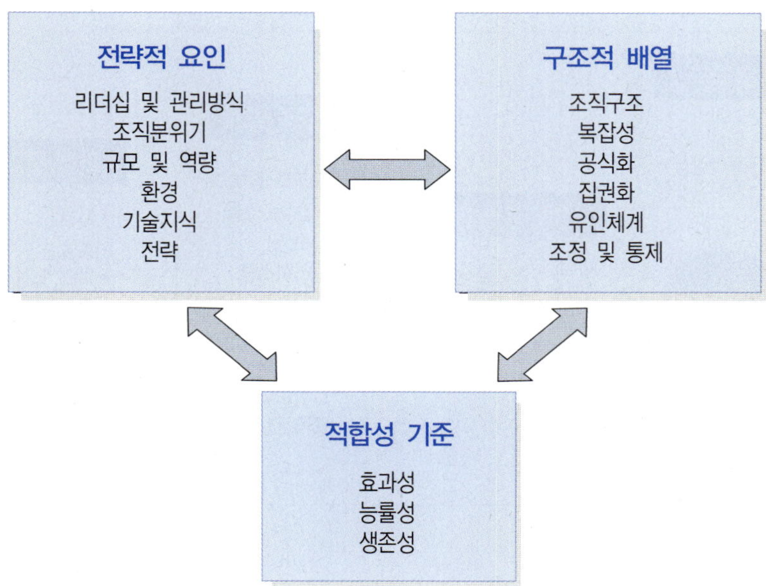

현대조직이론의 상황적합적 구조접근법(structural contingency approach)에 따르면, 전략적 조직설계의 목적은 종합적인 설계적합성을 확보하는 것으로 효율적인 조직설계는 전략적 요인들과 구조적 배열 사이에 적합성(contingency fit)을 제공할 수 있어야 한다.

조직의 자율성과 책임성을 제고하여 궁극적으로 조직효과성을 제고하기 위한 조직모형 개발은 다음과 같은 전략적 조직설계의 논리에 기반하고 있다.

최고경영자는 환경변화에 대응적인 조직의 목표와 전략을 형성하고, 이러한 목표수행에 접합한 조직구조를 설계해야 한다. 전략적 조직설계의 구성요소는 다음과 같다.

첫째, 상황평가(assesment): 조직의 외부환경(기회, 위협, 변화, 불확실성, 자원활용성)과 내부환경(조직의 강·약점, 차별적 역량, 리더십 유형, 과거 성과)에 대한 분석

둘째, 전략결정(strategic direction): 조직의 임무와 공식적 역할을 정의하고, 이를 달성하기 위한 운영목표와 경쟁전략 선택

[그림 4-4] 전략적 조직설계의 논리

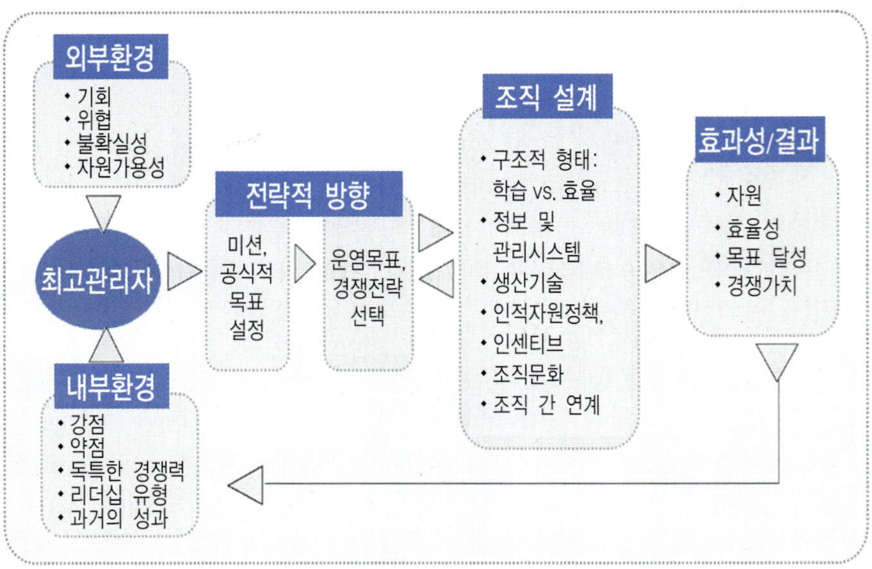

자료: Richard Daft, *Organization Theory and Design*, 2004, p. 53.

셋째, 조직설계(organizational design): 조직의 구조적 형태(학습지향 vs. 능률지향), 정보 및 통제체계, 생산기술, 인적자원정책과 유인책, 조직문화, 조직 간 연계 등에 관한 전략적 계획, 조직설계와 전략결정은 상호적 영향관계

넷째, 평가(evaluation): 조직적 노력에 대한 효과성 및 결과 평가(자원획득, 능률성, 목표달성, 경쟁가치)와 성과평가 결과는 조직의 내부환경으로 환류됨

2.1 조직설계의 적합성

경영환경 변화의 불확실성이 높은 상황에 효과적으로 대응할 수 있도록 조직구조를 설계하는 것은 전략의 실행력을 높이는 중요한 역할을 한다. 이에 전략적 변신을 충실히 실행할 수 있는 조직구조를 설계하는 것이 그 어느 때보다도 조직을 이끌어 나가는 경영자들에게 도전적인 과제가 되고 있다. 경영자들은 단지 조직도 상에 새로운 부서를 만든다거나 보고 라인을 조정하는 것을 넘어, 전략적 요구사항들을 충실히 실행하여 고성과를 달성할 수 있는 구조를 설계하는데 초점을 맞추어나가야 할 것이다.

조직구조의 설계 시 중심이 되는 원칙은 적합성(Fit) 개념이다. 사업전략과 조직의 각 부분 및 기능들이 서로 틈새 없이 잘 맞물린 채로 통합된 상태가 최적의 상태이기 때문에, 끊임없이 사업전략과 조직구조의 적합성을 추구해야 한다. 이는 경영사학자인 챈들러(Chandler)가 주장하는 명제인 "구조는 전략을 따른다"라는 의미가 맥을 같이하며, 조직구조 설계는 기본적으로 사업전략에 대한 충분한 이해에서 비롯된다고 볼 수 있다.

조직이 지향하는 목표가 명확하고 동시에 그 목표를 달성할 수 있는 효과적인 전략이 수립되어 있다면, 그 전략은 조직구조를 결정하는 기본 원칙이 되어야 한다. 조직구조의 설계는 구성원들의 일하는 방식은 물론, 기업 내부의 자원 및 정보 흐름을 바꿀 수 있는 변화의 강력한 수단이 될 수 있기 때문이다. 또한 조직구조의 변화는 구성원들에게 과거의 방식에 대한 단절과 새로운 방향으로의 전환을 알릴 수 있는 중요한 전환점이 될 수 있다. 이처럼 관리와 자원의 중심을 새로운 방향으로 변화시킬 수 있는 힘을 가지고 있기 때문에, 경영자들이 새로운 전략을 추진할 때 함께 조직구조의 변화를 추진한다.

이에 대한 좋은 예가 바로 휴렛 팩커드(Hewlett-Packard)의 사례이다. 휴렛 팩커드

는 1990년대 중반에 경쟁사인 IBM이나 SunMicro-systems와 같은 회사들은 인터넷 비즈니스 혁명을 선도해 나가고 있었지만, HP는 기존 사업에 안주하고 있어 매출과 이익이 정체되는 위기에 직면하였다. 이에 2000년 들어서 이에 새로운 여성 CEO로 영입된 피오리나(Fiorina)는 제품 중심의 회사에서 인터넷 서비스와 아이디어의 선두주자로 변신시키고자 하였다. HP는 제품 중심의 조직에서 고객요구의 다변화, 급변화에 효과적으로 대응할 수 있는 고객 중심 조직으로의 변화를 추구하였고, 130여 개의 제품 그룹을 통합하여 4개 사업부문으로 조직을 개편하였다. 단지 제품판매만이 아니라, HP 제품들의 연결을 통해 고객에게 Total Solution을 제공하는 방식으로 변신을 시도하기 위해 새로운 조직구조로 전환한 것이다.

제 2 절 조직설계의 기본요소

바람직한 조직을 설계하기 위해서는 조직설계의 기본골격을 결정할 주요한 기본요소를 살펴볼 필요가 있다.

조직의 구조와 형태를 결정해 주는 요인은 일을 각 개인(혹은 집단)에게 나누어 주고 서로 연결하는 방식과 일을 할 수 있는 권한을 부여하여 배분하는 방식으로 조직이 어떤 것을 선택하는지에 따라 조직모양과 조직의 효율성이 좌우되는데 조직의 설계요소의 특성에 따라 과업을 분할하는 분업화와 분할된 과업을 통합과 조정하는 표준화, 공식화의 통합화가 있고 통제와 결정권을 위임하는 분권화와 집권화의 형태로 나눈다.

이상과 같이 조직설계의 기본도구로는 다음과 같이 구분할 수 있다.

첫째, 조직구성원들에게 어느 정도 역할과 책임을 할당할 것인지와 관련된 분업화 정도(degree of specialization)이다.

둘째, 구성원들의 행위와 작업의 결과를 어느 정도 표준화할 것인지와 관련된 표준화 정도(degree of standardization)이다.

셋째, 구성원들에게 어느 정도 의사결정 권한을 부여할 것인지를 판단하는 기준인 분권화 정도(degree of decentralization)이다.

넷째, 세분화되어 있는 구성원들의 역할과 책임을 통합하여 전체적 목표달성을 위하여 어떻게 유기적으로 연결할 것인지를 결정하는 통합메커니즘(integration mechanism)으로 구성된다.

이 같은 조직구조의 기본설계도구는 다음 장에서 제시될 조직이 어떠한 상황변수에 처하여 있는 지에 의하여 바람직한 모습이 달라지게 된다. 이를 구체적으로 설명하면, 조직이 처한 상황적 맥락(환경, 전략, 기술, 규모 등)의 차이는 조직구조의 설계도구에 있어서 각기 다른 원칙을 요구하게 되고 상황적 맥락과 조직구조의 기본설계도구들이 어느 정도 적합하게 부합되어 있는 지에 따라 조직성과가 달라진다는 것이다.

1. 분업화 정도(specialization)

조직구조를 설계하는 데 있어서 가장 먼저 고려해야 할 것은 '분업'(division of labor)에 관한 문제이다. 전체 조직이 수행하여야 할 직무를 어느 한 사람이 전부 도맡아서 처리할 수는 없고 반드시 여러 사람이 분담하여 수행하여야 한다. 또한 직무는 어떤 원칙에 의하여 세분한 후 작업자로 하여금 비교적 작은 부분을 담당할 수 있게 해야만 나름대로의 소질을 발휘하고 기술을 숙련시킬 수 있으며 조직은 소위 말하는 '분업화'(specialization)의 이익을 창출할 수 있게 된다. 하지만, 분업화는 작업의 범위와 종류가 표준화되어 숙련도가 높아 효율성은 증대되지만 경제적인 비용과 서로 간의 갈등, 커뮤니케이션 상의 문제, 일의 지연 등의 갈등요인 발생으로 의사소통의 어려움, 부서 간의 목표상충, 이해관계의 갈등이 발생하여 조직구조를 통합, 조정하여 해결하는 한계점이 발생하므로 분업화의 정도에 따른 이익증대와 비용증대를 감안하여 적정수준으로 설계하여야 한다.

분업화란 조직구성원들이 책임지고 수행해야 할 과업의 범위와 깊이를 말한다. 즉, 조직이 수행해야 할 전체 과업을 구성원들에게 어느 정도까지 세분화하여 할당할 것인지와 관련된 것이다. 분업화는 [그림 4-5]와 같이 수평적 분업화와 수직적 분업화로 나누어 설명할 수 있다.

[그림 4-5] 수평적 분업화와 수직적 분업화

1) 수평적 세분화

기능의 범위에 따라 어떻게 구체적으로 세분화할 것인가?

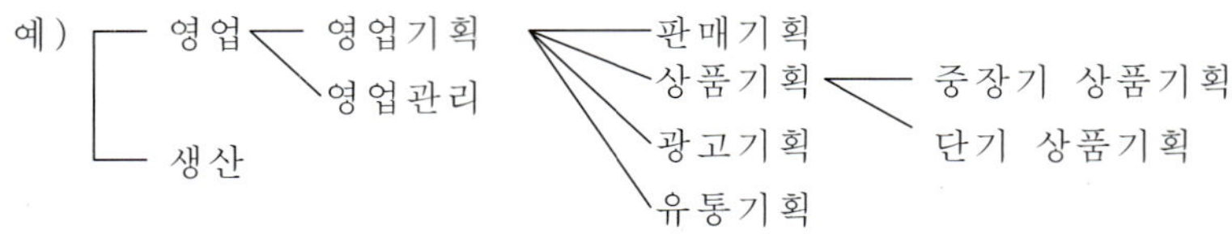

2) 수직적 세분화

의사결정과 책임영역의 범위에 따라 어떻게 계층을 세분화할 것인가?

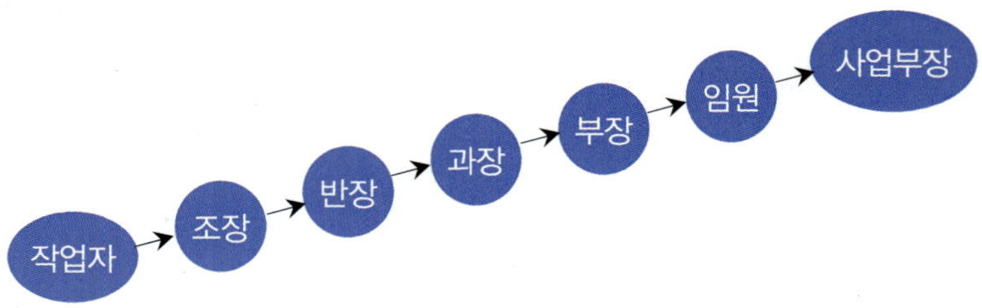

1.1 수평적 분업화

수평적 분업화란 조직구성원이 책임을 지고 수행해야 할 과업의 범위, 즉 몇 가지의 다른 일을 수행하느냐의 문제이다. 즉, 수평적 분업화란 구성원들에게 **어느 정도의 구체적인 과업을 수행하도록 할당할 것인지**와 관련된 사항이다. 한 사람이 어떤 일의 시작부터 끝까지 포괄적인 업무를 수행하고 각기 다른 여러 성격의 과업을 수행한다면 수평적 분업화 정도는 낮다고 말할 수 있다. 예를 들어, 어느 한 목공소에서 목수가 가구를 만드는데 있어서 혼자서 설계도면을 그리고 톱질, 망치질, 대패질, 못질 및 페인트칠을 혼자서 다 수행한다면 과업의 분업화 정도는 매우 낮다. 반면에 똑같은 가구를 만드는데 있어서 큰 가구회사는 설계도면을 작성하는 사람, 톱질하는 사람, 망치질하는 사람 등 생산공정별 작업자가 제각기 다르다면, 과업의 분업화 정도는 매우 높다고 말할 수 있다.

과업을 수평적으로 분업화하는 이유는, 아담 스미스(Adam smith)가 말하였듯이, 혼자서 여러 가지 일을 동시에 수행하는 것보다 구체적인 과업을 할당하여 전문적으로 그 일만 수행하는 것이 ***생산효율성***을 증가시킬수 있기 때문이다. 지난 세기동안 산업화가 활발하게 이루어져 대규모 기업조직이 탄생한 것도 이러한 원리에 입각하여 조직을 설계하였기 때문이다.

그러나 지나친 기능세분화는 개별작업자들의 작업과정을 통합하고 연결하는데 드는 비용이 증가하여 유연성을 상실할 위험이 있으며, 구성원들에게 한정된 작업만 강요하여 일에 대한 무력감과 흥미를 잃게하는 원천이 되기도 한다. 그리고 수평적 분업화가 높은 조직은 조직이 다양한 기능별로 세분화되어 있어 단위부서 수가 많고 복잡한 조직을 형성하게 한다.

1.2 수직적 분업화

수직적 분업화란 특정 구성원에게 과업수행 방법의 결정이나 후속조치에 있어서 ***어느 정도 재량권과 책임을 부여하는 지***와 관련된다. 수직적 분업화의 정도가 높다는 것은 과업수행 방법의 결정이나 후속조치에 대해 아무런 재량권이나 책임이 없이 타인에 의하여 결정된 수행방법에 의해 과업만을 반복하는 경우를 말한다. 반면에 수직적 분업화의 정도가 낮다는 것은 과업의 수행방법, 실제적인 수행, 수행 후의 조치 등을 분업화하지 않고 한 사람이 포괄적으로 책임지고 수행하는 경우를 말한다. 따라서 수직적 분업화가 높은 조직은 일선 현업에서 담당하는 작업자가 그 일에 대한 재량권이 타인에 의하여 결정되는 것을 의미한다.

제조업에서 특정 생산라인의 조립을 담당하는 작업자는 생산량, 생산방식, 생산 스케쥴 등 작업상에 요구되는 대부분을 스스로 결정하지 않고 상위부서나 상급자의 지시를 통하여 작업을 수행한다. 또한 작업방식도 이미 표준화된 방식에 의하여 결정되어 있기 때문에 그 방식을 수행하지 않으면 안된다. 반면에, 대학교수는 학생들에게 가르칠 강의내용, 강의방법, 학생들의 평가 등 수업진행에 있어서 상당한 재량권을 가지고 있다. 이 경우 수직적 분업화 정도는 낮다고 말할 수 있다.

기업에서 수직적 분업화를 하는 이유는 개별 구성원들의 작업과정과 결과를 전체적 조직목표에 부합될 수 있도록 체계적이고 일관성 있게 만들기 위해서이다. 작업자가 자기 멋대로 작업을 진행한다면 전체적 효율성은 그만큼 저해가 된다. 수직적 분업화가 높은 조직은 최고경영층으로부터 일선 담당자에 이르기까지 복잡한 관리계층을 이루게 된다.

반면에, 지나친 수직적 분업화는 담당자의 자유재량권을 낮추고 의사결정을 지연시키며, 현장 대응력을 떨어뜨리는 결과를 초래한다.

조직설계에 있어서 수직적 분업화는 직무의 표준화를 용이하게 하며, 수평적 분업화는 생산성을 높여 준다고 한때 생각하였으나, 그 이후 수행된 많은 연구결과에 의하면 지나친 수직적 분업화는 인간소외를 초래하고 직무담당자에게 무력감을 주게 됨으로써 생산성이 감소된다는 것을 알게 되었다. 이에 수평적 분업화를 줄이기 위해 직무확대(job enlargement)라는 개념을, 그리고 수직적 분업화를 줄이기 위해 직무충실화(job enrichment)라는 개념이 도입되었다. 이 두 가지 방법을 통하여 직무담당자에게 일의 의미를 부여하고 이를 통하여 동기부여함으로써 '보람있는 일터'(Quality of Work Life)를 만들고 생산성을 향상하려는 것이 최근에 직무설계 및 조직설계의 경향이다.

이상 수평적 분업과 수직적 분업에 대해 살펴보았는데, 수평적 분업은 분업의 규모와 정도에 따라 달라지는데 하나 혹은 하나 이상을 담당하는 수평적으로 과업을 수행하는 것이고, 수직적 분업화는 두 가지 형태를 수반하는 데 계획·관리·감독업무와 실행업무를 분리하여 능률적으로 하는 것과 다양한 관리업무를 자체적으로 한사람이 총괄할 것인가 아니면 분야별로 나눌 것인가 하여 조직의 능률을 향상시키는 조직설계를 하는 것으로 요약된다.

수평적 분업과 수직적 분업의 상호관련성을 살펴보면, 수평적 분업화와 수직적 분업화가 언제나 같이 움직이는 것은 아니고 때로는 독립적인 관계에 있다. 동일한 상황에서도 적절한 정도의 분업화가 필요하고 특히 상황을 고려하여 분업화의 양을 달리하는 상호작용하는 경영과 기술이 필요하다.

2. 표준화 정도(standardization)

분업화된 과업을 효과적으로 조정하기 위해서 표준화가 요구된다. [그림 4-6]과 같이 표준화란 작업자들의 작업방식을 일정한 기준과 틀에 입각하여 동일한 수행방식이나 결과를 요구하도록 하는 것이다. 과업수행이 표준화되어 있지 않은 경우, 담당자는 임의로 과업을 수행할 것이며, 이로 인하여 작업진행에 상당한 차질이 예상될 수 있다.

[그림 4-6] 행동의 표준화 유형

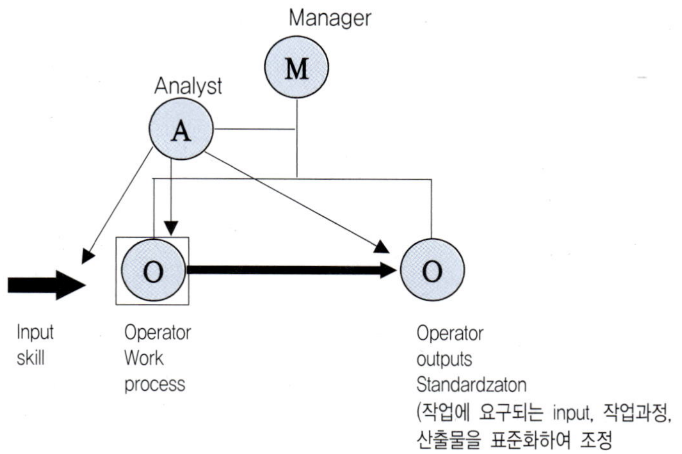

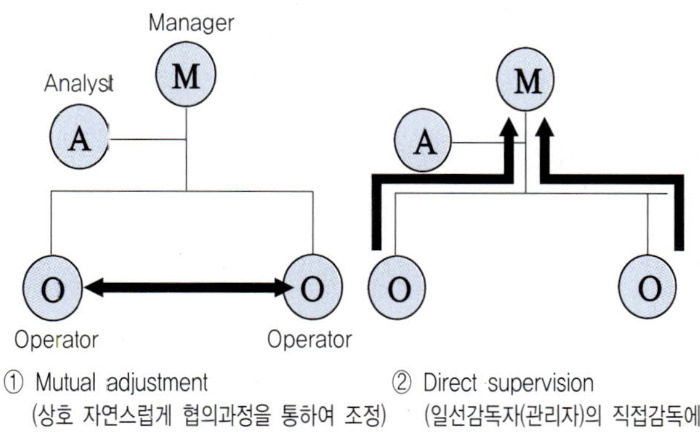

Standardzation	내 용
③ Input skill	작업수해에 요구되는 개인의 자질이나 능력이 구체화되었을 때 활용
④ Work process	작업방식이나 내용이 프로그램화 되어 있거나 구체화되어 있을 때 활용
⑤ outputs	산출물이나 작업결과를 구체화시킬 수 있을 때 활용

각 부서에서 작업하는 사람들의 행동양식, 전·후방의 연락방식, 그들이 사용하는 부품 또는 최종 산출물 등의 유형 등을 통일시켜 미리 정해 준다면 서로 간의 조정과 협동을 저절로 하는 것이 표준화라고 한다. 작업방식이 미리 정해졌으면 공식화이며 다른 작업자들과 유사하게 통일되어 있으면 표준화라고 한다.

행동의 표준화는 *투입요소의 표준화, 처리과정에서의 표준화, 산출물의 표준화*로 구분하여 설명할 수 있다. 투입요소의 표준화는 작업수행에 요구되는 작업자의 기본 역량을 표준화하는 것이다. 예를 든다면 고도의 전문성이 요구되는 회계·재무 분야에서 공인회계사라는 전문적 능력과 자격을 갖춘 종업원을 선발하면 사전에 작업진행과 결과를 예측할 수 있다.

처리과정의 표준화는 작업자가 동일한 처리과정을 통하여 유사한 작업결과가 산출될 수 있도록 작업수행 방식을 표준화하는 것을 말한다. 한 예로 어떠한 은행 지점에 가도 은행원은 동일한 작업수행방식을 택하며 같은 작업결과를 나타나게 된다.

산출물의 표준화는 작업진행에서 나타난 결과를 표준화하는 것이다. 이는 산출물이 어느 정도 측정가능하고 투입 진행과정을 표준화하기 어려운 여건 하에서 적용될 수 있다. 예를 들어, 택시회사의 경우 택시기사들의 작업수행 방법을 일일이 통제할 수 없지만 회사에 대한 입금기준을 명확하게 설정함으로써 택시기사들의 행동을 통제하거나 표준화할 수 있다.

3. 집권화(centralization)와 분권화 정도(decentralization)

조직에서 분업화와 통합화를 지시하고 조정하며 일을 할당하고 잘못하면 바로 잡도록 명령을 해야 하는 권한의 문제가 발생한다, 권한뿐만 아니라 그것을 결정할 권한인 의사결정권을 누가 가지느냐를 조직을 설계할 때 정해야 하는데 어느 정도의 통제권한을 당사자에게 위임하는 분권화와 상부층이 관장하는 집권화를 결정하여야 한다. 명시된 조직목표를 조직적 노력을 통해 달성하도록 권력을 행사하는 것이 통제이며 경영자나 상급자의 이러한 통제행동을 지원하기 위해 통제구조를 설계한 것이 분권화 또는 집권화 방식이다. 조직을 관리·통제하는 방식에는 개인(리더)의 집권적 통제, 관료제적 통제(공식화에 의한 과업수행범위와 절차에 따라 통제하여 보상과 처벌을 통제), 결과통제, 전자적 감시, 인적자원관리, 문화적 통제(자율권을 주고 동조와 조직에 헌신 유도) 등이 있다.

집권화(centralization)란 의사결정권이 조직의 어떤 단일 위치(개인이거나 혹은 어느 특정부서이거나)에 집중되어 있는 정도를 의미한다. 집권화의 필요성은 분리된 단위부서의 서로 연결·조정이 잘되기 위해서 여러 부서를 조정하여 주면 가장 이상적이며, 경험이 많은 CEO의 경우, 권한이 집중되면 강력한 리더십을 위하여 일사 분란한 업무처리가 가능하다는 장점이 있다.

집권화된 중앙통제가 더 효율적이라는 사례가 있는데, 이게 맥도날드의 위계조직의 중요성을 보여주고 있다. 1960년대 맥도널드 프랜차이즈점을 운영하고 있던 루 그로엔 직원은 자기가 개발한 생선버거(팬케이크 반죽에 넙치를 담갔다가 바짝 구운 것)를 본사에 제안했다. 그는 이 획기적인 생선버거가 전 세계에서 인기를 끌 것으로 기대했지만 거절당했다. 루 그로엔은 관료화한 본사 조직 시스템이 자기의 뛰어난 아이디어를 사장시켰다고 생각했다. 하지만 사실은 정반대다. 관료화하고 중앙집중화한 본사 시스템이 맥도널드를 위험에서 구제했다. 그로엔의 넙치버거를 시장에 출시했다가는 공급물량이 넉넉지 못한 넙치 수급에 비상이 걸릴 것이 뻔했기 때문이다.

맥도널드 본사는 오랜 기간 제품개발을 연구한 후 넙치 대신 대구를 생선버거 재료로 택해 성공을 거뒀다. 3만개 프랜차이즈에 표준화된 음식을 제시하기 위해선 아이디어만 좋아서 되는 일이 아니고 조직 내에 체계적인 심사와 위험관리가 필요함을 보여주는 대목이다. 이제 맥도널드는 지역 프랜차이즈에서 신제품을 제안받기보다는 본사에 요리혁신센터를 만들어 제품개발업무를 맡기고 있다. 혁신과정을 아예 조직 안에서 중앙집권화한 것이다.

집권화의 반대의 의미가 분권화인데, *분권화란 조직에서의 의사결정 권한을 어느 정도 하부 혹은 다른 부서에 위양할 것인지*를 말한다. 분권화의 필요성은 관리능력의 한계 때문에 분권화가 필요하고 변화하고 있는 외부상황에 적절·신속하게 대처해야 할 경우 요청된다. 이를 통하여, 의사결정을 현장에 위임함으로써 책임회피, 사기저하 등의 부작용을 해소하며, 창의성을 발현하여 조직의 효율성을 제고할 수 있다.

분권화는 수직적 분권화와 수평적 분권화가 있다.

수직적 분권화는 공식적 조직계층의 상하관계 중 어느 계층까지 권한과 자유재량권을 부여할 것인지를 결정하는 것을 의미한다. 한 조직의 모든 의사결정 권한이 특정 개인에게 주어져 있는 경우를 집권적이라고 칭하고 여러 구성원들에게 분산되어 있는 경우를 분권적이라고 칭한다.

수직적 분권화가 높은 조직은 일선 담당자의 자유재량권이 높은 조직을 의미한다. 대학병원의 경우 환자들의 진료과정에서 발생되는 모든 의사결정은 담당의사가 담당하며 병원장은 관여하지 않는다. 반면에, 분권화가 낮은 조직, 즉 집권화된 조직은 최고경영층에서 의사결정이 이루어진다.

수평적 분권화란 일반적으로 의사결정 권한이 없는 것으로 간주되는 스탭진들이 여러 이유로 인해 의사결정 권한을 가지는 것을 뜻한다. 수평적 분권화가 높은 조직은 특정 라인 부서가 아닌 스탭 부서에서 권한을 위임받아 수행한다. 예를 든다면, 생산부서에서 요구되는 생산라인의 설계 및 변경과 작업표준을 만드는 것을 전문적으로 지원하는 생산기술부서에서 위임받아 제도화하거나 설치한다. 물론 생산에 공식적 권한을 행사하는 것은 아니지만 생산방식을 결정하는데 중요한 영향을 줌으로써 비공식적인 권한을 행사하게 된다. 특히, 조직의 의사결정 중에는 전문지식을 상당히 요하는 경우가 있다. 이런 경우 조직은 필요한 전문지식을 가진 구성원을 공식적으로 또는 비공식적으로 의사결정 과정에 참여시키는 것이 불가피하다. 이러한 과정을 통하여 전문가는 그가 가진 자식을 통하여 의사결정 과정에 적극 참여하여 수평적 분권화를 이루게 된다.

4. 통합 메커니즘(integration mechanism)

개인에게 역할과 과업을 할당하고 그 과업들을 하나로 엮는 부서화가 진행될수록 조직은 상호의존성을 갖는 다른 부서의 과업과 조정하거나 통합할 필요성이 있다. 아무리 조직구성원들이 자신의 과업을 충실히 수행했다 하더라도 이는 전체적 조직목표를 달성하는데 일부에 지나지 않기 때문에 성과에 큰 영향을 미치지 않는다. 따라서 *개별적인 과업들 전체적인 목표달성과 일치될 수 있도록 유기적으로 조정하고 통합하기 위해서는 통합메커니즘이 반드시 필요*하다.

조직에서 활용되는 통합메커니즘에는 계획·통제 시스템과 교호적 통합방법 두 가지가 있다.

4.1 계획 · 통제 시스템(plan & control system)

계획이란 바람직한 목표를 달성하기 위하여 수행하여야 할 주요 과제들을 시간의 흐름에 따라 부여한 것이며, **통제**란 작업수행 결과가 의도한 바대로 산출되었는지를 평가하고 조정하는 시스템을 말한다. 계획없이는 의도한 바를 모르기 때문에 통제란 있을 수 없으며, 또한 통제 없이는 조직구성원들이 계획된 업무를 수행하였는지를 확인할 수 없다. 따라서 계획과 통제는 서로 긴밀하게 연결되어 공존하여야 한다. 계획·통제 시스템에는 성과통제(performance control)와 행동계획(action planning) 등 두 가지가 있다.

성과통제란 한 조직 내에서 총체적인 목표(예; 매출목표, 이익목표, 재고목표, 납기목표, 원가목표 등)를 제시하고 이를 통하여 달성여부를 통제하는 것을 말한다. 예를 든다면 특정 사업부에서 내년도 사업목표를 구체적으로 제시하고 그 목표의 달성여부에 대한 결과를 가지고 해당 사업부를 평가하는 것을 말한다. 이러한 목표설정의 바탕에는 해당 사업부서가 이러한 목표를 달성하기 위한 구체적인 수단과 방법을 자율적이고 독립적으로 수행하도록 요구하는 것이 바탕이 된다.

성과통제가 비교적 포괄적인 목표사항을 통제하는 것인데 반하여, **행동계획**이란 구체적인 경영활동에 직접 개입하여 계획·통제하는 경우를 말한다. 특히 각 단위 부서 간에 상호 유기적인 협력관계가 존재할 경우 이들 간의 조정을 용이하게 하기 위하여 행동계획 메커니즘이 절실하게 요구된다. 신제품을 개발하고자 할 때의 예를 들어보자. 신상품 기획을 담당하는 상품기획부서, 품질정보를 알고 있는 서비스 부서, 제품설계를 담당하는 개발부서, 설계변경에 따른 부품교체를 원활하게 진행하여야 할 구매부서, 개발된 신제품을 제조 가능하도록 연계시켜 주는 생산기술부서 사이에 긴밀한 연계관계가 요구된다. 따라서 신제품 개발 프로세스가 진척되는 단계별로 이들 제각기 다른 부서가 어떤 시점에서 어떠한 일을 수행하여야 할 지를 구체적으로 계획하고 계획된 바대로 진척된 사항을 통제하는 것이 요구된다. 이를 행동계획이라고 한다.

4.2 교호적 통합방법(reciprocal integration)

교호적 통합방법이란 공식적인 계획·통제 시스템 만으로 각 부문 간의 통합과 조정이 용이하지 않을 때, 각 부서나 개인 간에 상호조정이 용이하도록 하기 위한 다양한 조직기법들이다. 교호적 통합방법에 사용되는 통합메커니즘으로 *연락역할(liason device), 테스크 포스나 위원회, 전임통합자, 메트릭스 조직* 등이 있다. 이를 구체적으로 설명하면 〈표 4-1〉과 같다.

〈표 4-1〉 교호적 통합 메커니즘

교호적 통합방법	개념	사례
연락역할	두 부서 간 밀접한 상호 연관성이 있을 때, 어느 한 부서의 직원을 다른 부서에 파견하여 조정역할을 담당하도록 함.	파견근무자
테스크 포스 및 위원회	테스크 포스는 특정 과정을 수행하기 위하여 임시로 여러 부서 사람들이 모여 조직을 형성하는 경우 위원회는 정기적으로 서로 조정이 필요한 부서 사람들 끼리 회의체를 형성하여 협력 및 조정을 도모하는 경우	업무프로세스 혁신 테스크 포스 생산성 위원회 품질 위원회
전임통합자	전임통합자란 실질적인 권한을 갖고 부서 간 상호조정이 곤란한 문제들을 해결하는 관리자	브랜드 관리자
매트릭스조직	기능단위의 종적 조직과 제품 혹은 사업단위의 횡적 조직을 격자로 동등하게 연결하여 상호조정이 용이하도록 설계된 조직	GM사의 제품별 기능별 결합된 메트릭스 조직

제 3 절 조직설계의 프로세스

1. 조직구조 설계 프로세스

겉으로는 훌륭한 조직구조라고 해도 조직 내에서 실제 일이 진행되는 프로세스나 실행할 수 있는 역량을 무시한다면, 새로운 구조가 제대로 작동하지 않게 된다. 현상분석에서 최종 대안의 실행까지 체계적으로 설계되고 운영되어야 처음 설계 당시 의도했던 성과를 얻을 수 있다.

조직설계 프로세스는 조직이 어떻게 운영되고 있는가? 성과가 어떻게 전략과 연계되어 있는가? 등과 같이 사업과 조직 운영에 대한 기본적인 이해에서 출발한다. 성공적인 조직설계의 관건은 현상분석단계에서 전략적 목표를 달성할 수 있는 설계의 기본원칙을 얼마나 잘 도출하는가에 달려있다.

[그림 4-7] 조직구조 설계 프로세스

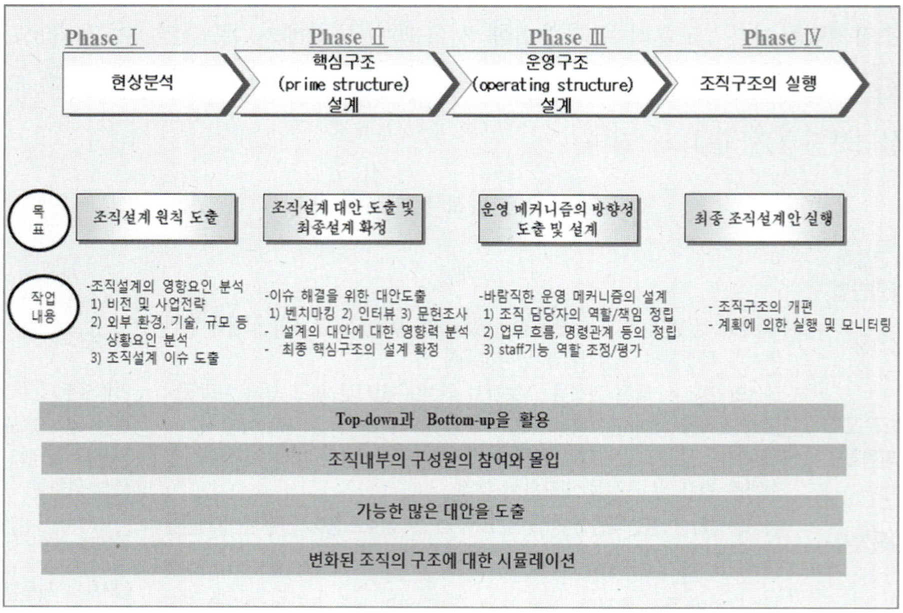

1.1 탑다운(top-down)방식과 버텀업(bottom-up)방식

조직설계의 기본원칙과 이슈를 도출하기 위한 접근방식은 크게 두 가지가 있다. 하나는 Top-down 방식으로 시장, 고객, 기술, 경쟁상황, 사업규모 등의 측면에서 사업전략의 성공적인 수행을 위해 요구되는 설계원칙을 도출하는 것이다. 다른 하나는 Bottom-up 방식으로 구성원 간의 분업, 의사결정 권한의 배분, 기본적인 업무 프로세스 등을 효율적으로 향상시킬 수 있는 방법을 모색한다. 이 두 가지 접근방식중 어느 한 가지만으로는 충분하지 않기 때문에 이 둘을 병행하여 데이터를 수집하고 분석하는 것이 바람직하다. 예를 들어, Top-down 방식만으로는 부서 간 역할갈등이나 조정 메커니즘의 부족, 모호한 책임소재, 비효율적인 업무 프로세스나 자원 활용, TFT 조직이나 위원회와 같은 임시조직의 과도한 활용 등과 같이 조직설계를 할 때, 고려해야 할 내부조직의 문제점을 파악하기 힘들다.

1.2 조직구성원의 활용

조직설계를 위해 조직 내 광범위한 자료를 수집하여 체계적인 분석을 하기 위해서는 사업전략뿐만 아니라 조직문화, 권력관계, 비공식구조 등을 잘 알고 있는 내부 구성원들이 폭넓게 설계과정에 참여해야 한다. 특히, 일상적인 업무활동에 대한 전문적 지식, 조직내부의 인적 네트워크에 대한 이해, 조직의 역사적 변천과정에 대한 경험 등 기업현장을 훤히 알고 있는 내부 구성원의 참여와 몰입은 필수적이다.

1.3 실행 가능한 대안의 도출

조직설계의 경우, 다양한 전략적 목표들을 동시에 추구해야 하는 오늘날의 복잡한 경영환경에서 이를 모두 만족시킬 수 있는 절대적으로 완벽한 구조는 없다. 조직설계 과정에서 나온 대안들은 각기 강조하는 포인트나 우선순위가 다르기 때문에 모두 장단점을 갖기 마련이다. 예를 들어, 한때 조직구조의 형태인 매트릭스 조직구조의 경우, 조직 내에 종적 관리와 횡적 관리가 동시에 필요한 상황에서 효율적일 수 있다. 반면, 명령 일원화라는 전통적인 관리원칙에서 벗어나 있기 때문에 역할갈등이나 책임 불명확화의 문제점이 발생할 수 있는 단점이 있는 경우가 바로 여기에 해당한다.

1.4 변화된 조직의 시뮬레이션

조직설계의 경우, 핵심의 조직구조를 설계할 때, 최종적으로 후보에 오른 대안들에 대해서 조직 내 다른 시스템이나 구성요소들에 어떤 영향을 미칠 것인가를 미리 예측해 보는 작업이 필요하다. 이후 운영 메커니즘을 설계할 때 해결해야 하는 이슈들이나, 실행단계에서 발생할 수 있는 문제점들을 사전에 미리 예측해 봄으로써 설계작업의 실패가능성을 줄일 수 있다.

2. 조직구조 영향력 테스트

전략적 의사결정 분야의 전문가인 Michael Goold와 Andrew Campbell 교수는 실패의 확률을 줄이기 위해 새롭게 설계된 구조의 영향력 분석(impact analysis)을 수행해야 한다고 강조하였다. 그들은 조직구조 변화의 영향력을 예측할 수 있는 방법으로 4가지 적합성(Fit) 테스트와 5가지 좋은 조직설계(good design) 테스트로 구성된 9-테스트모형을 제시하였다.

〈표 4-2〉 조직구조 변화의 영향력을 평가하는 9-테스트

구분	테스트 항목	내 용
적합성 테스트	시장우위	각 제품시장 영역에서 경쟁력의 원천이 충분히 반영되었는지 테스트
	모기업전략	모기업의 전략적 목표와 방향이 충분히 반영되었는지 테스트
	사람	구성원들의 강점, 약점, 동기부여 등이 잘 반영되었는지 테스트
	실행가능성	실행에 걸림돌이 되는 요인들에 대해 충분히 고려되었는지 테스트
좋은 조직설계 테스트	횡적 연계	횡적인 조정이 필요한 부분 간에 잘 연계되었는지 테스트
	문화	추구하는 문화와 적합한지 테스트
	위계	모든 계층의 책임과 권한이 지식과 역량에 기반하여 설계되어 있는지 테스트
	책임	조직관리자의 책임이 명확하고 그들이 동기부여될 수 있는 구조인가 테스트
	유연성	새로운 전략의 수립에 도움을 주는지 또한 미래 변화에 유연하게 대응할 수 있는지에 대한 테스트

설계된 서로 다른 대안들을 9가지 측면에서 평가함으로써 각 대안들의 강점과 약점을 더욱 정확하게 파악할 뿐만 아니라, 실패의 확률을 줄일 수 있다고 한다. 이처럼 구조변화 이후의 모습을 미리 예측하려는 노력의 최종적인 대안을 결정하거나, 실행계획을 수립할 때 중요한 정보를 제공한다.

조직구조 설계의 궁극적인 목적은 새로운 조직도를 그리는 것이 아니라, 기업 내 조직구조 변화를 통하여 전략적 목표를 달성하는 것이다.

조직 설계 분야의 이론가들은 추구하는 전략의 유형에 따라 어떤 조직구조가 이상적인 구조인가를 끊임없이 모색하고 있다. 그 과정에서 환경 혹은 기술이 어떠하므로 기업이 추구해야 할 전략은 무엇이 되어야 하고, 그것은 다시 특정한 조직구조에 의해 뒷받침되어야 한다는 식의 해결방안 등이 수없이 제시되었다. 그러나 조직구조 설계 작업에서 이러한 조직 컨설팅 보고서 등은 큰 방향성이나 아이디어를 줄 수 있지만, 자사의 복잡한 조직상황에 적합한 조직구조를 제시해주는 것은 아니다. 조직구조를 설계한다는 것은 자사 고유의 사업전략에서 도출된 설계원칙에 따라 새로 설립되는 조직을 바람직한 모습으로 구조화하거나, 기존의 조직을 좀 더 효과적인 조직으로 바꾸는 것이다.

조직구조 설계 프로젝트가 실패하는 이유는 크게 두 가지이다. 하나는 잘못된 조직구조 설계이고, 다른 하나는 조직구조 실행력 부족이다. 이처럼 아무리 잘 설계된 구조라고 해도 제대로 실행되지 못한다면 그 가치를 잃어버린다. 또한 경쟁사에게 구조변화의 혼란기를 틈타 재빠르게 고객이나 시장을 빼앗아 갈 수 있는 기회를 제공할 수 있다.

사례 카카오의 수평적 조직구조

"기존의 틀에서 벗어나 새로운 가치를 추구해나가야 한다."

세계 최초 모바일 소셜 플랫폼 시장을 창조하고 국내 모바일 생태계를 이끌고 있는 카카오의 경영 철학이다.

카카오는 검색, 송금, 결제, 쇼핑, 동영상, 미디어 등 다양한 기능을 갖춘 '모바일 라이프 플랫폼' 기업으로 본사는 제주시 영평동에 자리하고 있으며, 대부분의 인력은 경기 성남시 분당구 판교테크노밸리에 있는 판교 오피스에서 일하고 있다.

이렇듯 카카오는 국내기업에서는 보기 드물게 수평적 조직구조를 가장 선도적으로 정착시킨 회사로 유명하다.

카카오의 최상위 조직은 팀이 된다. 필요에 따라 팀 하위조직으로 파트나 셀도 꾸려지게 된다. 수평적인 조직에서 임직원들이 주도적으로 새로운 서비스를 만들어나가게 하기 위해서다. 현재 10개의 팀이 구성됐으며 새로운 서비스 출시 유무에 따라 팀이 새로 조직되거나 해체되는 유연성 있는 조직으로 운영되고 있다.

대표적인 사례로 대리, 과장 등 직급명이 곧 자신의 이름이 되는 것을 지양, 수평 문화를 위해 설립 초기부터 '영어 호칭'을 도입해 사용하고 있다. 카카오의 김범수 의장과 임지훈 대표는 각각 브라이언(Brian), 지미(Jimmy)로 불린다. 수평적 커뮤니케이션은 구성원 간 다양한 의견 교환과 소통의 장을 마련해 최선의 의사결정을 이끌어 내겠다는 의지의 표현이다.

이외에도 카카오는 임원실을 따로 두지 않고 있다. 대표를 비롯해 부문장들은 직원들과 한 공간에 어울려 업무를 본다. 카카오의 직원 가운데 30% 이상이 서서 일하는 것도 특징이다. 자유로운 문화와 기업이 구성원의 취향을 존중한다는 것을 의미한다.

이에 따라 카카오는 신청을 통해 높낮이 조절이 자유로운 책걸상을 제공, 현재 약 700명의 직원들이 서서 일을 하고 있다. 이와 더불어 카카오에서 공유는 핵심 가치다. 치열한 사내 경쟁으로 인해 자료의 공유가 보수적인 일반 기업과는 달리 카카오는 구성원끼리 모든 정보를 공유한다. 카카오의 기업용 커뮤니티 서비스인 '아지트'를 통해 서로 진행하고 있는 업무에 대해 공유하고, 자신이 속한 조직의 업무가 아니라도 누구나 자유롭게 의견을 댓글로 남긴다.

카카오는 주요 이슈가 있을 때 직원 전체를 대상으로 목요일(Thursday)의 'T'와 5시(5:00)를 의미하는 '500'을 합쳐 'T500'으로 불리는 미팅을 실시한다. 회사와 관련한 주요 내용들을 구성원들에게 공개하고 공유함으로써 신뢰를 구축하는 것이다.

카카오 관계자는 "T500은 단순한 공지의 자리가 아니라 참석한 모두가 자유롭게 질문을 주고 받으며 다양한 의견을 나누는 토론의 장이기도 하다"며 "공유된 정보와 의견들은 더 좋은 기업으로 나아가기 위한 밑거름이 된다"고 설명했다.

카카오의 복리후생 프로그램으로는 △안식휴가 △대출 지원 △편의시설 △콘도 미니엄 △의료비 지원 △동호회 지원 △어린이집 운영 △톡 테라스 △톡 클리닉 △톡의보감 △각종 강연 등 '카카오 왕국'이라고 불릴 만큼의 복지시설도 갖추고 있다.

카카오 관계자는 "카카오만의 경영철학은 새로운 모바일 생태계를 구축하는데 필요한 창의적인 생각과 틀에 얽매이지 않는 유연한 사고를 가능케 하는 원천이 되고 있다"고 말했다.

[자료: 세계 최초 모바일 소셜 플랫폼 시장 창조한 카카오, 이데일리 2017년 3월]

토의 과제

1. 김범수 의장의 카카오에 대한 경영철학은 무엇인가?
2. 카카오의 수평적 조직구조의 장점은 무엇인가?
3. 카카오의 수평적 조직문화가 반영된 복리후생 프로그램은 무엇인지 설명하시오.
4. 향후 카카오가 지속적인 경쟁우위를 확보하기 위해 필요한 조직역량은 무엇인가?

제 5 장 조직설계의 상황요소

Opening Knowledge Cafe

Opening Knowledge Cafe : 피터의 원리

로렌스 피터(Laurence J. Peter, 1919-1990)는 1969년 자신의 저서 『피터의 원리(*The Peter Principle*)』를 통해 다음과 같은 내용을 주장하였다.

'피터의 원리'란 조직 내에서 일하는 모든 사람들은 자신의 무능력 수준에 도달할 때까지 승진하려는 경향이 있다. 그렇기 때문에 시간이 지남에 따라 조직의 많은 사람들이 임무를 제대로 수행하지 못하는 무능한 사람들로 채워지게 되고, 아직 무능력의 단계에 도달하지 않은 사람들을 통해 과업을 완수하게 된다는 것이다.

사회생활을 하다보면 우리는 "어떻게 저런 사람이 저 위치까지 올라갔을까?"라는 의문을 갖게 만드는 사람들을 종종 만나게 된다. 그것은 연줄일까? 행운일까? 지금 자신의 주변 사람들을 한번 생각해보자. 마침내 우리는 놀라운 사실을 발견하게 된다. 그런 사람들이 너무나 많은 것이다! 일부 객관적 판단이 결여되어 있는 부분이 있을지라도, 우리가 갖는 타인에 대한 무능력의 느낌이 전혀 근거가 없는 것은 아니다. 우리는 개인적으로 싫어하는 사람과 무능력한 사람을 구별할 정도의 분별력은 있기 때문이다. 연줄이나 행운만으로 그 많은 사람들이 높은 위치에 올라갈 수는 없을 것이다. 그 이유는 쉽게 풀리지 않는 의문이지만, 이렇게 한번 생각해 보자. 만일 그 사람들이 언젠가는 유능했었지만, 승진을 하고 새로운 역할을 부여받으면서 더 이상 유능할 수 없는 단계에 도달하게 된 것이라면 어떠한가?

물론 현재의 유능한 사람은 성과를 바탕으로 승진하게 될 것이고, 언젠가는 더 이상 승진할 수 없는 마지막 단계인 무능력의 수준에 도달하게 될 것이다. 이러한 원리 또는 원칙을 싫어하는 사람들도 있다.

위계질서를 강조하는 조직, 즉 성과에 기반한 승진과 퇴출이 그다지 동적이지 않은 조직의 경우, 많은 사람들이 무능력의 단계에 도달해 있는 경우를 쉽게 발견할 수 있다. 물론 그것은 조직의 문제이므로 개인의 힘으로 조정할 수 있는 것이 아니라고 할지라도, 이러한 원리를 통해 개인의 의지가 아닌 거시적으로 작용하는 거대한 힘의 정체를 어느 정도 이해할 수 있고, 그에 따라 스스로 각성하고 노력함으로써 현재 자신의 위치와 지향점을 되돌아 볼 수 있는 계기가 될 수 있을 것이다. 또한 그렇게 만드는 것이 중요하다고 생각한다.

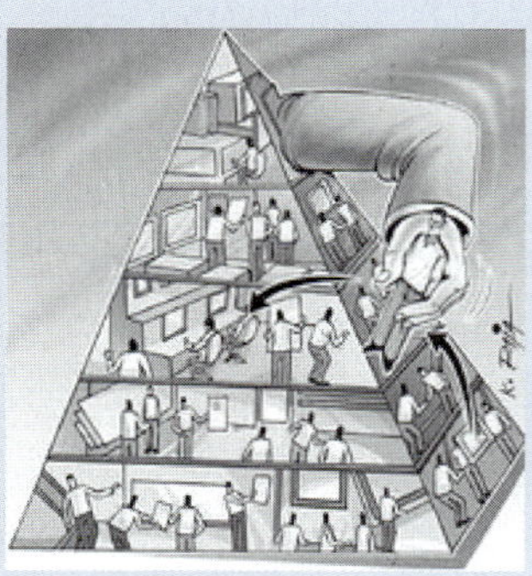

몇 년 전 일본의 회사원이었던 다나카씨가 노벨상을 수상한 일은 피터의 원리를 회피한 사람의 사례 중 하나일 것이다. 실제로 다나카씨는 노벨상 수상 후에도 승진을 거부하였는데, 2년이 지난 작년에는 결국 회사의 요청을 받아들여 이사로 승진하였다고 한다. 그는 이사의 위치에서 어떠한 성과를 낼 수 있을까? 그 결과를 지켜보는 것도 흥미로운 일이다.

사실 피터의 원리는 모든 조직의 어디에서나 작용하고 있다. 하지만 피터의 원리가 자신의 미래에도 그대로 작용할 것이라고 생각하면 섬뜩하지 않는가? 마지막 승진이 바로 유능한 단계에서 무능한 단계로의 이행인 것이다. 그리고 이것은 사람뿐만 아니라, 기업 그 자체에도 그대로 적용된다. 한때는 유능했지만 지금은 무능한 기업들을 쉽게 찾아볼 수 있다. 피터의 원리를 극복하는 방법은 자신의 능력과 감당할 수 있는 지위를 정확히 이해하고, 능력의 여유를 남겨두는 방법뿐이다. 마지막으로 로렌스 피터의 격언은 "당신이 슬럼프에 빠지면, 온 세상의 나쁜 것들이 당신과 함께 할 것이다. 그러나 당신이 노력할 경우에는, 오직 혼자 해야 할 것이다."

제 1 절 조직설계의 객관적 상황변수

1. 조직설계의 상황변수의 중요성

앞 장에서는 조직설계의 기초자료로 사용될 수 있는 구조의 기본변수들을 설명하였다. 이 장에서는 조직구조의 기본변수들을 사용하여 조직을 설계하는데 결정적 영향을 미치는 상황요인들을 소개하려 한다.

조직구조는 집의 건축과 아주 유사한데, 집을 건축할 때 사용되는 기본 원자재는 모래, 시멘트, 벽돌 등 어느 지역에서나 비슷하다. 우리가 집을 설계하고 지을 때 이와 같은 기본 재료들을 일관적으로 같이 투입하여 집을 짓지는 않는다.

예를 들어, 한국의 제주도에서는 집을 설계하여 건축할 때에 우리나라의 다른 지방에 비하여 날씨가 바람이 심하게 불기 때문에 지붕에 무거운 것을 얹어두기도 하며 단단히 줄로 묶어두도록 설계하였다. 또한 비가 많이 오는 동남아 아열대 기후지역에서는 집을 지을 때 비를 대비하는 건축설계를 하여 짓는다.

이와 마찬가지로 조직의 설계에 있어서도 기본변수를 어떻게 사용하느냐 하는 것은 상황요인에 의하여 결정되는 것이다.

[그림 5-1]에서 보는 바와 같이 조직구조는 상황변수인 조직규모, 조직기술, 조직환경, 조직전략과 같은 변수에 의해 영향을 받아서 적합한 조직설계를 하여야 생산성, 효율성, 능률성을 기할 수 있는 조직유효성을 달성할 수 있다.

상황적합이론에 의하면 조직의 유효성을 높이기 위해서는 상황에 적합한 조직을 유지해야 한다. 여기서 문제가 되는 것이 조직의 상황변수인데 상황변수란 조직형성에 영향을 미치는 결정요소로서 환경, 기술, 조직규모 등의 객관적 상황변수와 전략, 권력작용 등의 주관적 상황변수가 있다. 이 장에서는 객관적 상황변수와 주관적 상황변수로 나누어 설명하기로 한다.

[그림 5-1] 상황조건에 적합한 조직설계

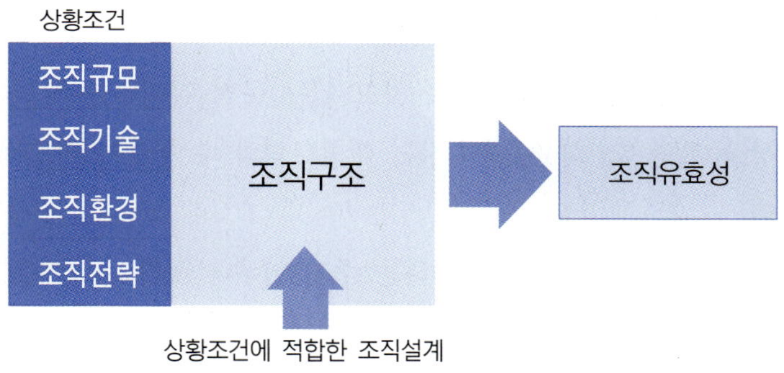

2. 조직규모

2.1 조직규모의 개념

조직의 규모(organizational size)는 조직의 크기를 말하는데, 그것은 조직구조의 결정에 영향을 주는 주요 변수로 인식되고 있다. 그런데 조직의 규모가 무엇인지에 대해서는 개념적으로 아직 체계화가 덜 되어 있다. 규모라는 말의 의미와 그에 관한 측정단위를 미리 밝히지 않는 경우가 많기 때문이다.

상당수의 조직연구자들은 연구의 대상이나 목적과 관련하여 조직의 규모를 조직에 속하고 있는 인력의 크기로 정의하고, 측정지표로 '조직구성원의 수'를 제시하고 있다. 이것이 조직의 규모를 모두 대변한다고 볼 수 없기 때문에 통합적인 개념 정의가 필요하다는 주장도 있는데 조직규모의 구성요소들인 인력규모를 비롯하여 물적 수용능력, 투입 및 산출 그리고 자본금 규모와 같은 재정적 자원 등을 포함하고 있다.

2.2 조직규모의 측정

킴벌리(Kimberly)에 의하면 조직의 규모는 인력 외에도 물적 수용능력, 투입 및 산출 그리고 재정적 자원 등이 매우 유용하다고 제의한다.

첫째, 인력이란 조직이 사용할 수 있는 인적 자원이다. 어떤 조직에나 구성원이 있고 객관적으로 측정이 가능하기 때문에 조직의 규모를 나타내는 지표로 가장 많이 사용되어 왔다.

둘째, 물적 수용능력이란 조직이 보유하고 있는 물적 장비나 시설의 규모이다. 병원에서는 병상(침대)의 수, 화물운송회사는 대형트럭의 수 등으로 비교적 객관적인 측정이 가능하다.

셋째, 투입 및 산출이란 조직이 수행하는 주된 업무나 성과의 크기를 말한다. 투입은 조직에 수용된 고객의 수, 산출은 조직의 매출액 등을 예로 들 수 있다.

넷째, 재정적 자원이란 자본금과 같이 조직이 자율적으로 쓸 수 있는 재정적 자원의 양이다.

이처럼 다양한 조직규모의 측정치들은 그들이 근거하고 있는 개념이 다르기 때문에 서로 교환하여 사용되지는 않는다. 그러나 많은 연구들은 이들 측정치가 매우 높은 상관관계가 있다는 것을 보여준다.

2.3 조직규모의 접근방법

조직의 규모에 관한 접근모형은 매우 다양하지만 그 중 대표적인 것으로 규모결정모형(size as a imperative perspective)과 정보처리모형(an information processing model)을 들 수 있다.

첫째, 규모결정모형은 조직의 규모가 조직의 구조를 설명하는데 매우 중요한 요소라는 것이며, 이때 조직의 규모는 여러 가지 측정지표로 조작적으로 정의된다. 즉, 조직의 규모가 조직의 복잡성, 공식화, 집권화 등에 영향을 준다는 것이다. 이 모형은 동조하는 연구자도 많지만 비판도 적지 않다.

둘째, 정보처리모형은 조직의 규모는 관리적 구조 안의 활동을 조정하는 비용으로 인해 제한을 받는다는 점을 제시한다. 즉, 규모가 증가하면 생산비용이 증가한다는 관리적 문제를 제기하는 것이다. 이 외에도 조직의 다양성이 조직의 규모보다 조직의 구조에 더 큰 영향을 미친다는 주장과 조직의 규모가 조직의 수명주기인 조직의 생성,

성장, 쇠퇴와 밀접한 관련이 있다는 연구도 있다. 수명주기와 관련해서는 조직규모의 변화가 조직의 진화적 단계나 도약을 할 때 일어날 수 있다.

2.4 조직규모의 조직구조에 대한 영향

조직의 규모가 조직구조의 주요 변수인 복잡성, 공식화, 집권화 등에 어떤 영향을 미치는가를 살펴보자. 조직의 규모가 커 가면 구조의 복잡성은 체감하는 비율로 증가한다.

첫째, 조직의 규모가 증대함에 따라 처음에는 분화의 속도가 빠르지만 점점 상승의 폭이 낮아진다. 규모가 커지면 수직적 계층의 수도 커지며 수평적 분화, 지역적 분산도 커진다. 대규모 조직에서는 사기업이 공공기관보다 규모가 복잡성에 미치는 효과가 크다.

둘째, 조직의 규모가 커지면 구조의 공식화는 높아진다. 조직의 하위단위들이 크면 조직 전체의 공식화 수준은 낮아진다.

셋째, 조직의 규모가 커지면 권한의 집중화는 감소된다. 조직이 작으면 대체로 권한은 집중된다.

[그림 5-2] 규모와 조직구조의 관계

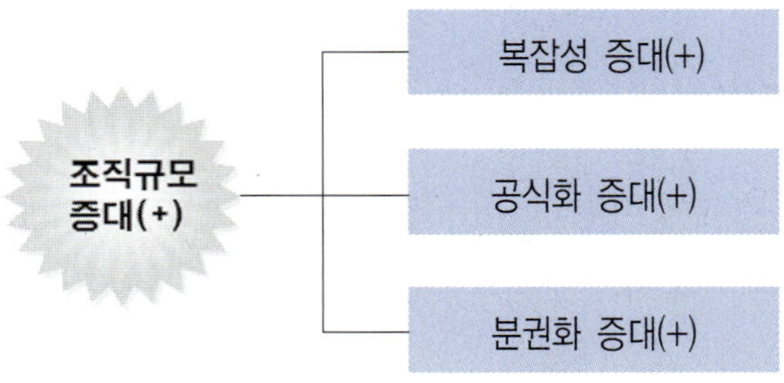

조직의 규모와 직급별 인력구조는 조직의 환경, 목표, 전략, 기술 등의 요인에 따라 결정된다. 예컨대 조직환경이 단순하고 안정적인 경우 넓은 통솔의 범위(span of control)와 피라미드형 직급구조를 가진 기계적(mechanical) 조직구조가 적합하지만 반대로 환경이 복잡하고 동태적인 경우에는 통솔의 범위가 좁고 항아리형 직급구조를 가진 유기적인(organic) 조직구조가 적합하다.

〈표 5-1〉 대규모 조직과 소규모 조직의 장점

대규모 조직	소규모 조직
• 경쟁에 필요한 거대자원 획득과 규모의 경제 달성 • 경제적, 사회적으로 어려운 시기나 위험한 상황에서 위기극복이 용이함 • 불확실한 시기에 근로자에게 안전감과 소속감을 줄 수 있음 • 기능적 전문성을 제공 • 안정적인 시장지배력 제공 • 장기근속과 임금인상, 승진의 기회의 안정적 제공	• 급변하는 조직환경에 대한 대응성과 유연성 제고 • 정보기술의 발달로 소규모 조직의 적응력 제고 • 고객에게 특화된 서비스 제공 • 기업가정신과 혁신을 촉발시키는 유연한 구조와 유기적인 관리방식에 적합 • 조직의 사명에 대한 인식 용이성은 조직구성원에 동기부여와 몰입 제공

3. 조직의 기술

조직기술은 분석수준에 따라서 조직수준, 부서(공정)수준, 그리고 개인수준으로 분류하거나, 또는 크게 조직수준의 기술과 부서수준의 기술로 나눌 수 있다.

3.1 조직수준의 기술

조직이 사용하는 기술에 따라 조직구조가 영향을 받는다는 입장으로서, 조직수준의 기술은 시스템이론의 관점에서 조직의 중요한 제품이나 서비스를 생산하는 데 이용되는 기술을 의미한다.

[그림 5-3] 조직기술의 분석수준

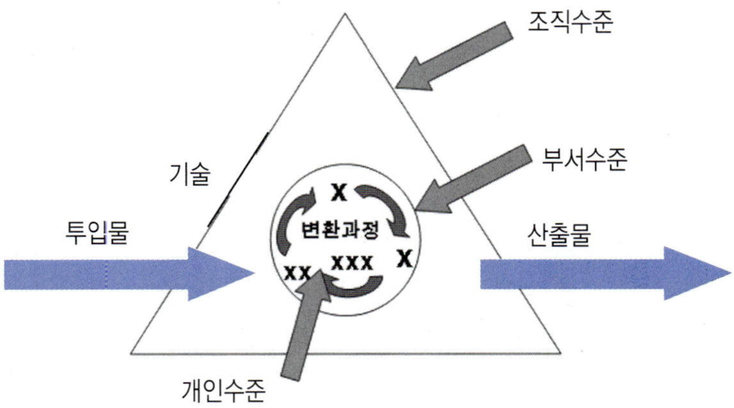

3.2 부서(작업공정)수준의 기술

부서수준의 기술이란 조직 내의 부서 또는 작업공정에서 쓰이는 서로 다른 기술을 의미한다. 즉, 각 부서나 작업공정에서 투입물을 산출물로 변환시키는 데 이용되는 기술을 의미한다. 예를 들면, 연구개발부의 기술은 아이디어를 상품으로 변환시키는 것을 말하며, 영업부의 기술은 생산된 제품을 홍보하고 적절한 판매전략을 수립하여 최대한 많이 판매하는 능력을 의미한다.

3.3 개인수준의 기술

조직의 목표를 달성하기 위하여 종업원이 수행하는 여러 가지 활동을 과업이라고 부른다. 개인수준의 기술이란 종업원 개인이 과업을 수행해 나가는 데 필요한 기술을 의미하며, 각 작업자는 부서수준 또는 조직수준에 관련된 과업을 수행하는 과정에서 다양한 도구, 기법 및 기계를 이용하게 된다.

1) Woodward의 기술과 조직구조 유형

영국의 사회학자인 John Woodward는 조직이 사용하는 기술에 따라 적합한 조직구조 형태가 달라져야 한다는 상황이론을 처음으로 제창한 학자이다. 즉, 조직이 채택하고 있는 생산기술의 유형(type of production technology)의 조직구조 및 관리형태에 상당한 영향을 끼칠 뿐만 아니라 생산기술의 유형과 조직구조의 적합성(fit) 여부에 따라 조직의 성과가 달라진다고 하는 시술과 조직구조의 상황적 관례를 실증적으로 규명하였다.

당시의 경영학적 흐름은 과학적 관리론 등과 같이, 어떤 상황에 처한 조직이건 간에 조직을 관리하는 '최선의 도'(one best way to organize)가 존재하며, '최선의 도' 혹은 '보편적인 법칙'이 무엇인지를 규명하려고 하였다. 그러나 이러한 규범적 입장에서 제시된 관리원칙들은 충분한 실증적 검증을 거치지 않았고 Woodward와 그의 동료들은 관리의 일반원칙들이 실제 기업에 적용되고 있는지, 기업의 성과와 어떠한 상관관계를 가질 것인지를 실증적으로 확인하는데 관심을 두었다.

상황과 조직특성 간의 적합관계를 경험적 · 조작적으로 특정화한다는 것을 이해하기 위해서는 독립변수인 상황변수(환경 · 기술 · 규모) 및 매개변수인 조직특성 변수(조직구조 · 관리체계) 그리고 종속변수인 조직유효성 변수(성과 · 능률)의 관계를 결정짓는 기본 요소인 '적합' 또는 '부적합'의 개념을 알아야 하고, 적합여부가 조직의 유효성을 결정한다고 본다. 이처럼 구조적 상황이론은 이렇게 이론의 영역을 특징화하는 점에서 두드러진 특징을 발견할 수 있다.

1960년대 중반 Woodward는 영국의 신흥공업지 사우드 이스트 에섹스 지방 기업체 100여 개를 조사한 결과 생산기술에 따른 분류와 기업의 조직구조 사이에는 명백한 관계가 있으며, 아울러 조직의 효과성은 기술과 조직구조 사이의 적합성 여부와 관계가 있음을 발견하였다. 즉, 그의 연구는 생산과정에서 사용되는 기술적 복잡성, 조직의 구조, 그리고 조직의 효과성 사이에 적극적인 결과가 있음을 밝혀주었으며, 특히 기술이 조직의 구조를 결정한다는 유명한 기술결정론 명제를 남겼다. 우드워드는 조직기술을 생산기술로 보았으며 생산형태에 따라 생산기술을 단위소량생산체제/대량생산체제/ 연속공정생산체제로 구분하고 기업조직들을 이 가운데 어느 하나로 범주화시켰다.

(1) **단위소량생산체제**(unit and small batch production system)

대량생산기술은 표준화된 제품을 생산하기 위하여 여러 가지 공정으로 이루어진 긴 제조과정을 지닌다. 따라서 생산방식은 조립공정에 의한 일상적이고 반복적인 것이 특징이며, 제품의 생산과정과 최종의 상태에 대해서 예측이 가능하다.

이는 고객의 주문에 따라 특별 개별제품을 생산하는 것으로서 고객의 욕구에 따라 작업별로 생산함을 원칙으로 한다. 맞춤가구 · 맞춤공구 등 개별 주문생산형태에서부터 전함 · 도로건설 · 공장건설 · 항만건설 등 단독추진 대형사업에 이르기까지 그 형태가 다양하다.

(2) **대량생산체제**(large batch and mass production system)

대량성산기술은 표준화된 제품을 생산하기 위하여 여러 가지 공정으로 이루어진 긴 제조과정을 지닌다. 표준화되어 있는 몇 종의 제품을 대량으로 생산하는 시장지향적 생산체계를 말하며 일괄처리(large batch) 또는 대량생산방법을 사용한다. 제과 · 음료수 · 담배 · 시멘트 · 냉장고 · 자동차 공정 등이 그 보기에 속한다.

(3) **연속공정 생산체계**(continue process production system)

연속공정 생산기술은 생산의 전과정이 기계화되어 있으므로 산출물에 대한 예측 가능성은 매우 높다. 생산방식은 연속적이고 기계적인 변환과정을 거치는 것이 특징인데, 다른 기술과 비교해 볼 때 사용하고 있는 기술의 복잡성이 가장 높다.

[그림 5-4] Woodward의 조직기술의 복잡성

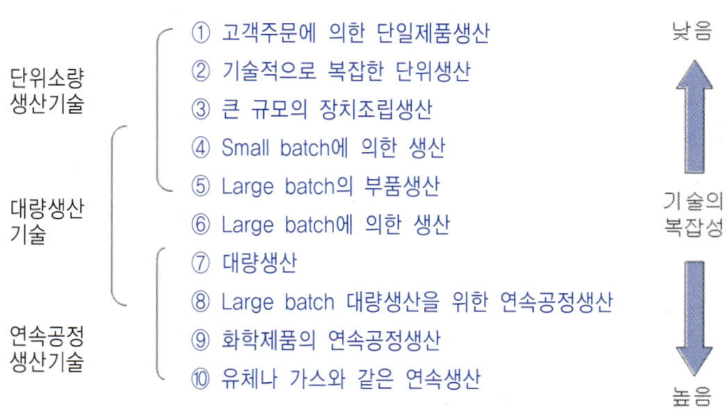

특정 제품을 제조방식에 따라 이미 고정적으로 설치된 장치공정에 의거하여 자동적으로 계속 생산하는 과정을 가지고 있다. 석유・화학・제약공장 등에서 볼 수 있는 계속흐름 생산방식 또는 장치생산이 이에 해당한다.

Woodward는 기술형태에 따라 조직구조도 달라질 뿐만 아니라 기술과 조직유형의 관계에 따라 그 유효성도 다르다는 것을 밝혀내었다. 조직의 유효성과 기술에 대한 조직형태의 적합성 사이에 밀접한 관계가 있다는 이 발견은 특정 기술에 따라 적합한 조직의 구조와 관리체계가 다름을 일깨워주었다. 이것은 각 생산체계에 가장 적절한 조직형태가 있으며, 조직마다 사용하는 기술에 따라 적절한 조직형태를 갖추어야 효과성 달성에 도움이 된다는 것을 의미한다.

〈표 5-2〉 생산기술 구분에 따른 조직구조의 특징

	단위소량 생산기술	대량 생산기술	연속공정 생산기술
	unit and small batch production system	large batch and mass production system	continuous process production system
제품생산 방식	개별고객의 주문 (수공에 의존)	표준화된 제품 (조립공정 방식)	연속적인 기계적 변환
공정의 특성	비반복적	반복적・일상적	연속적
결과의 예측가능성	낮음	예측 가능	높은 예측 가능성
기술의 복잡성	낮음	중간	높음
예	맞춤양복, 특수목적용 설비, 선박/우주선	자동차, 전자제품	화학제품, 석유정제, 음료제품
관리계층 수	3	4	6
관리자비율	1/24	1/17	1/9(H)
작업자 기능 수준	높음 (H)	낮음	높음 (H)
절차 공식화	낮음	높음 (H)	낮음
집권화	낮음	높음 (H)	낮음
문서에 의한 의사소통	적음	많음 (H)	적음
대면에 의한 의사소통	많음 (H)	적음	많음 (H)
전반적 구조	유기적	기계적	유기적

자료: Joan Woodward, *Industrial Organization : Theory and Practice*(London : Oxford University Press, 1965).

2) Perrow의 기술과 조직구조 유형

(1) Perrow의 기술분류

복잡한 조직의 각 부서는 다른 부서와 구별되는 독특한 기술을 사용하여 업무활동을 전개한다. 현대자동차는 공학부서, 연구개발부서, 인사부서 그리고 제조부서 등과 같은 수십 개의 서로 다른 기능부서를 가지고 있고, 각 부서는 서로 다른 기술을 사용하고 있으며 이에 따라 부서의 구조적 특징이 달라지게 된다. 부서수준의 기술은 Perrow가 개발한 개념적 틀을 중심으로 설명하기로 한다. Perrow의 기술분류는 부서뿐만 아니라 개인수준의 기술을 설명하는 데도 유용한 틀이 된다.

Perrow는 기술을 "어떤 대상물을 변화시키기 위하여 그 대상에 행해지는 모든 활동"이라 정의하고 기술을 두 가지 차원에 따라 분류하여, 기술유형에 따라 조직구조 및 조직목표가 달라진다고 하였다. 이러한 Perrow 개념적 틀은 부서와 개인 수준의 기술을 설명하는 유용한 틀이 된다.

Perrcw의 기술분류의 기준은 과업 다양성과 과업분석 가능성의 차원으로 구분할 수 있다.

① **과업 다양성** : 과업의 다양성(variety)은 예외의 빈도 또는 동질성의 정도와 관련되는 것으로, 과업이 수행되는 과정에서 발생하는 예외의 수를 말한다. 즉, 과업이 일상적이면 예외가 거의 발생하지 않는다. 그러나 과업의 다양성이 높으면 예외적인 상황이 발생할 가능성이 크다. 예를 들면, 연속적인 조립라인에서 근무하는 작업자의 과업에서 발생할 수 있는 예외의 빈도는 매우 낮지만, 최고경영자가 자신의 업무를 수행하는 과정에서 발생할 수 있는 예외의 빈도는 상당히 높다.

② **과업분석 가능성 차원** : 과업분석 가능성(analyzability)은 과업수행 중에 발생한 문제에 대한 적절한 해결책을 찾아내는 탐색과정의 난이도를 말한다. 즉, 분석가능성이 높다는 것은 발생하는 문제가 잘 구조화되어 있어서 해결책을 찾기 위해 논리적 분석이나 분석적 추론을 이용하는 것이 용이한 경우이고, 분석가능성이 낮다는 것은 문제의 정의가 잘 되어 있지 않고 복잡해서 문제해결을 위한 분석이나 추론이 어렵기 때문에 많은 시행착오를 해야 하는 경우를 말한다.

[그림 5-5] Perrow의 조직기술유형

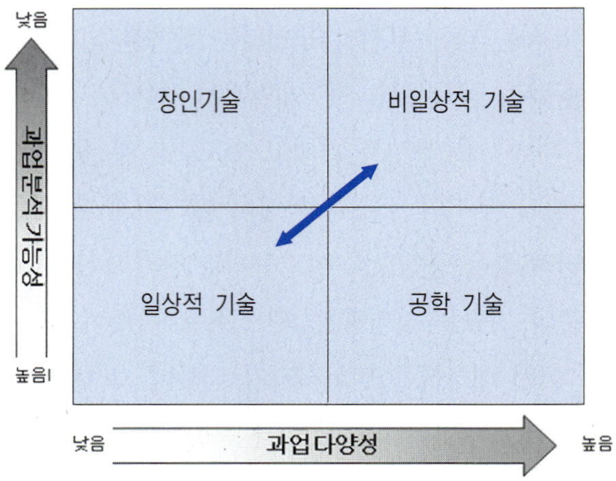

자료: C. Perrow, "A Framework for the Comparative Analysis of Organizations," *American Sociological Review*, Vol. 32(1967), pp. 194~208.

(2) **Perrow의 기술 유형과 부서의 특성**

① **일상적 기술** : 일상적 기술을 사용하고 있는 부서에서는 수행하는 과업의 내용이 분명하고, 발생하는 문제는 대부분 분석이 가능하기 때문에 과업의 다양성이 거의 없고 객관적이고 계산 가능한 절차를 사용할 수 있는 경우이다. 과업은 관련된 제반사항에 대한 공식화 정도도 매우 높으며, 관리의 효율을 높이기 위해 표준화된 통제와 정해진 규정과 절차를 사용하게 된다. 의사결정에서도 집권화된 의사결정과 관리가 이루어진다. 이러한 기술을 사용하고 있는 분야는 은행의 입출금 업무, 자동차 조립라인 등과 같은 대량생산의 경우를 들 수 있다.

② **장인기술** : 장인기술을 사용하고 있는 부서는 과업이 다양하지는 않지만 발생하는 문제의 분석가능성이 매우 낮아서 비일상적이므로 문제의 해결이 어렵다. 따라서 문제해결을 위한 의사결정권이 업무를 수행하는 담당자에게 주어져서 매우 분권화되어 있다. 그리고 과업의 다양성이 별로 없기 때문에 업무수행 과정에 관련된 제반사항의 공식화 정도가 높을 수 있다. 효과적인 관리를 위해서 지식과 경험이 풍부한 전문가가 업무와 관련된 모든 의사결정을 스스로 하도록 한다. 과업을 수행하기 위해서 담당자는 지혜나 직관 그리고 경험 등에 의존해야

하므로 다양하고 광범위한 훈련과 경험을 쌓아야 한다. 장인기술을 사용하고 있는 경우로는 도자기 등을 생산하는 공예산업이나 가스와 석유 시추선의 탐사전문가들의 과업이 이 기술에 해당한다.

③ **공학적 기술** : 공학적 기술을 사용하는 업무는 과업을 수행하는 데 있어서 상당한 다양성이 존재하기 때문에 복잡도가 매우 높다. 그러나 업무수행 과정에서 다양한 문제들이 발생하지만 이들 문제들은 분석가능성이 높기 때문에 일반적으로 잘 짜여진 공식, 절차 그리고 기법에 의해서 해결될 수 있다. 공학적인 기술을 사용하는 분야에서 과업을 수행하는 사람들은 발생한 문제를 효과적으로 해결할 수 있는 상당한 지식을 가지고 있다. 업무상 의사결정은 대부분 집권화되어 있지만 공식화된 정도가 낮아서 조직의 유연성을 유지하는 것이 가능하다. 공학적인 기술을 사용하는 분야에는 건축이나 전동기 등을 주문생산하는 경우가 해당되며, 회계사들이 가지고 있는 기술도 공학적인 기술에 해당된다.

④ **비일상적 기술** : 비일상적 기술을 사용하는 업무에서는 과업의 다양성이 매우 높고, 이를 해결하기 위한 성공적인 방법을 발견하는 탐색절차가 매우 복잡하다. 따라서 비일상적 기술을 사용하는 부서에서는 발생하는 문제와 사건을 분석하기 위해 상당히 많은 노력을 들여야 한다. 문제해결을 위한 대안도 여러 가지를 가지고 있으며, 경험과 기술적 지식이 문제해결을 위한 중요한 도구로 이용된다. 업무수행과 관련된 공식화 정도가 매우 낮고, 의사결정의 분권화 정도는 매우 높다. 이에 해당되는 분야는 기초과학 분야의 연구, 우주 항공산업 분야, 고도의 기초연구, 새로운 프로젝트 등의 과업을 수행하는 경우이다.

(3) Perrow의 기술유형과 조직구조의 관계

첫째, 기술유형과 조직구조의 형태에 대해서는 일상적 기술을 사용하는 부서에서는 고도의 규정과 절차, 그리고 의사결정의 집권화 등 기계적 특성을 나타내며, 비일상적인 기술을 사용하는 부서에서는 자유로운 의사소통에 의한 유기적인 구조특성을 지닌다. 수행하는 업무의 성격이 현저히 다른 생산부서와 연구개발부서의 관리체계와 조직구조는 현저한 차이가 나게 된다. 즉, 사용하는 기술에 따라 부서의 분위기, 조직원들의 옷차림, 작업습관 그리고 자율권 등 모든 분야에서 많은 차이가 난다.

둘째, 공식화와 조직구조의 관계에서 일상적 기술을 사용하는 업무분야는 과업의 표준화, 분업화를 통하여 높은 공식화가 이루어져 있으며, 대부분의 업무수행에 대하여 정해진 규칙과 절차가 적용된다. 비일상적 기술을 사용하는 분야의 경우에는 업무를 수행하는 절차나 방법이 비공식적이며 표준화의 정도가 매우 낮은 특징을 나타내고 있다. 즉, 과업이 매우 다양할 경우에 공식적인 절차나 방법을 통해 이루어지는 활동은 거의 없다.

셋째, 복잡성과 조직구조의 관계에 대해서는 통제범위는 관리자나 일선감독자가 보고를 받게 되는 부하직원의 수를 의미한다. 과업이 복잡하고 비일상적일수록 감독자가 관여해야 되는 문제가 많아진다. 그러나 전문화 정도가 높은 과업을 수행하는 종업원에 대해서는 철저한 감독을 필요로 하지 않는다. 전문가들은 자신이 수행하는 업무에 대한 전문적인 지식을 가지고 있고 목표달성에 대한 내재적인 표준화가 되어 있기 때문에 상급관리자의 통제범위가 보통수준으로 넓어지게 된다. 일반적으로 비일상적인 과업은 전문화 정도가 높은 종업원에 의해 수행되며 통제범위는 좁아진다. 왜냐하면 감독자와 부하들이 자주 상호 작용해야 하는 일이 많기 때문이다. 일상적 기술을 사용하는 업무일수록 일선감독자의 통제범위는 넓어진다.

넷째, 의사결정의 권한과 조직구조의 관계에 대해서는 일상적 기술을 사용하는 업무에서 이루어지는 대부분의 의사결정은 관리자에게 집권화되어 있다. 공학적 기술을 사용하는 업무의 경우에는 기술적인 경험과 지식이 과업수행에 중요한 역할을 하기 때문에 업무담당자들이 자신들의 업무와 관련된 대부분의 의사결정권을 가지고 있다. 따라서 비일상적 기술을 사용하는 업무분야일수록 분권화된 구조특성을 나타내게 된다.

〈표 5-3〉 부서수준 기술에 따른 조직구조의 특징

	Routine	Craft	Engineering	Nonroutine
조직구조 특성	기계적	다소 유기적	다소 유기적	유기적
작업자 자질	낮은 훈련, 경험	작업 경험	공식적 훈련	훈련과 경험
공식화	고	중	중	저
조정과 통제	규칙, 예산, 보고서	훈련, 모임	보고서, 모임	회의, 가치관
의사소통	수직적, 문서	수평적, 언어	문서, 언어	수평적
집권화	고	중	중	저
통제범위	넓음	보통	보통	좁음
중점 목표	양, 효율	질	신뢰성, 효율성	질

3) Thompson의 기술과 조직구조 유형

(1) Thompson의 기술분류

앞에서는 조직 및 부서수준의 기술에 따라 조직설계가 어떻게 되어야 하는지에 대해서 알아보았다. 여기에서는 기술의 또 하나의 특성인 상호의존성에 따라 조직 구조가 어떻게 달라지는가에 대하여 알아보기로 한다.

상호의존성이란 "조직구성원 개인이나 부서에서 과업을 수행하기 위하여 다른 부서나 개인과 얼마나 의존적인 관계를 유지하는가"를 나타내 주는 개념이다. 따라서 어떤 부서의 상호의존성이 낮다는 것은 그 부서가 담당하고 있는 과업을 수행하는 데 있어서 다른 부서의 도움이나 자원의 교환, 기타 여러 가지 상호작용이 없이 독자적으로 과업을 수행할 수 있다는 것이다. 반면에, 어떤 부서의 상호의존성이 높다는 것은 부서가 맡고 있는 과업을 수행하기 위해서 필요한 자원이나 정보를 다른 부서와 계속적으로 교환해야 한다는 것을 의미한다. Thompson은 조직구조에 영향을 주는 세 가지 유형의 상호의존성을 정의하고, 기술을 단위작업 간의 상호의존성의 형태에 따라 세 가지 유형으로 분류하였다.

① **집합적 상호의존성**(중개형 기술) : 집합적 상호의존성은 부서 간의 상호의존성이 거의 없는 형태를 의미하므로 각 부서는 독립적으로 조직의 공동목표에 공헌한다. 이 유형은 투입과 산출에서 중개형 기술을 사용하여 고객에게 제품이나 서비스를 제공하는 조직에 존재하며, 조직은 각 부서 간 업무의 표준화를 위해서 규정과 절차를 사용하므로 부서 간의 상호 조정 활동을 거의 하지 않는다.

② **순차적 상호의존성**(연속형 기술) : 순차적 상호의존성은 한 부서의 활동이 다른 부서의 활동에 직접적으로 관련되어 있는 상호의존성을 의미하며 상호의존성 정도가 집합적 상호의존성 정도 보다 높다. 이 유형은 제품을 생산하는 과정이 연속적이며 각각의 생산단계의 생산품이 투입물로 사용되는 연속형 기술을 사용하는 조직에 존재하며, 조직은 작업수행과정의 각 부서의 관계를 조정하기 위하여 계획과 예정표 등의 방법을 사용하며, 문제나 예외가 발생할 경우에는 빈번한 의사소통으로 이를 해결한다.

③ **교호적 상호의존성**(집약형 기술) : 교호적 상호의존성은 하나의 과업을 수행하기 위하여 여러 부서의 활동이 동시에 상호 관련되어 있는 것을 의미하며, 관련 부

서 간 상호의존성이 가장 높은 상태를 말한다. 이 유형은 고객에게 다양한 제품과 서비스를 제공하기 위하여 모든 업무 담당자가 동시에 협력하는 집약형 기술에 존재하며, 조직은 각 부서 간의 조정을 위하여 지속적인 협조와 상호조정의 노력, 회의 등이 사용되며 직접대면에 의한 의사소통과 상호작용이 문제해결을 위해 필요하다.

[그림 5-6] Thompson의 조직기술유형

상호의존성	기술유형	조정형태	부서화순위	의사소통 필요성
집합적 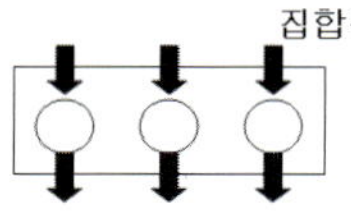	중개형 기술	표준화 규칙절차	3	낮음
순차적 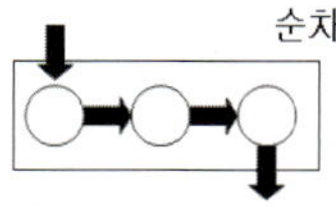	연속형 기술	계획 예정표	2	중간
교호적 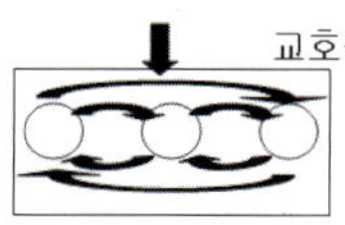	집약형 기술	상호조정 회의	1	높음

(2) Thompson의 기술유형과 조직구조

조직구성원 개인이나 부서 간의 상호의존성 정도에 따라 조직의 부서화가 이루어진다. Thompson에 따르면, 조직은 부서 간의 조정비용을 최소화하는 방향으로 부서화(분화)한다고 했다. 조정비용은 부서 간 의사소통이나 상호작용의 빈도에 비례하는 것으로, 교호적 상호작용에서는 가장 많이 소요되며, 집합적 상호의존성의 경우에는 가장 적은 의사소통과 상호작용이 이루어지기 때문에 가장 적은 비용이 소요된다.

교호적 상호의존성에서 의사소통과 조정문제가 가장 빈번하게 일어나기 때문에 이를 효과적이도록 하기 위하여 교호적 상호의존성이 있는 개인이나 집단이 부서화의 일차적인 고려대상이 된다. 즉, 교호적 상호의존성이 있는 부서들이 서로 가까운 곳에 위치하도록 함으로써 조정을 위한 상호작용이 쉽게 이루어질 수 있도록 한다.

이렇게 함으로써 조직은 조직비용을 최소화할 수 있다. 만약 교호적 상호의존성이 있는 부서를 가까이 위치시키지 않으면, 조직은 부서 간의 효과적 조정을 위해서 정기적인 회의와 같은 조정기구를 추가적으로 설치해야 하기 때문에 더 많은 조정비용이 필요하게 된다.

교호적 상호의존성을 가진 부문들을 같이 묶어 부서화한 후에는, 순차적 상호의존성이 있는 부문끼리 연결하여 부서화하고, 마지막으로 집합적 상호의존성이 있는 부문들을 연결하여 부서화해야 한다. 다시 말해서, 조직부서화의 전략은 조정이 조직의 성패에 중요한 문제임을 인식하여 조정비용이 가장 많이 드는 교호적 상호의존성을 가지고 있는 업무들을 우선적으로 묶은 후, 그 다음으로는 순차적 상호의존성 관계에 있는 업무들을 연결시킨 다음, 마지막으로 조정비용이 가장 적게 드는 집합적 상호의존성 관계에 있는 업무들을 묶는 것이다. 즉, 부서화는 부서화에 따르는 조정비용을 최소화하기 위해서 조정비용이 가장 높은 업무부터 시작해서 가장 낮은 업무순으로 이루어지는 것이 효율적이다.

[그림 5-7] Thompson의 상호의존성 기술과 구조화

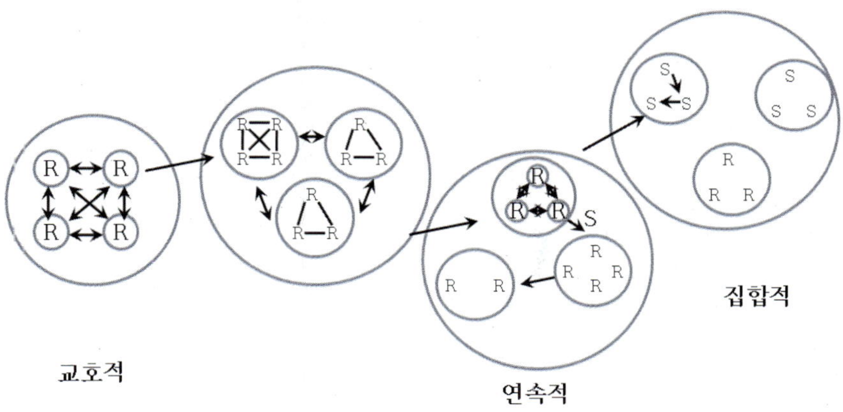

상호의존성	의사소통의 빈도	조정형태
교호적	상	비정기적 회의, 상호조정, 수평적 의사소통, 예정표
연속적	중	정기적 회의, 수직적 의사소통, 계획
집합적	하	규칙, 표준화

자료 : M. Minzberg, *The Structuring of Organizations* (Englewood Clifts, NJ : prentice-Hall, 1979), p. 105 수정 인용.

4. 조직의 환경

4.1 조직환경의 개념

조직은 환경과 끊임없이 상호작용하는 개방체제로서 환경변화에 능동적으로 대처해 나가야 한다. 조직이 변화하는 환경의 도전을 극복하지 못하거나 거기에 적응하지 못하게 되면, 조직의 목표달성은 불가능하게 된다.

조직환경(organizational environment)이란 조직의 경계 밖에 있으면서, 조직체제가 목표를 달성하기 위하여 여러 가지 기능을 수행하는 데에 영향을 미치는 모든 요인들을 말한다. 조직환경은 한 사회의 모든 조직에 영향을 미치는 일반환경과 어느 조직에 보다 직접적인 영향을 미치는 과업환경으로 나누어진다. 조직의 일반환경은 그 범위가 넓고 조직에 미치는 영향이 간접적인 환경으로서 경제적 환경, 정치적 환경, 사회적 환경, 법적 환경, 생태적 환경 및 문화적 환경 등이 포함된다. 그리고 과업환경은 조직의 목표달성에 직접적으로 영향을 미치는 환경으로서, 조직의 효과성에 긍정적 혹은 부정적으로 영향을 미치는 이해관계자들로 구성된다.

과업환경에는 자원공급자, 경쟁자, 정부규제기관, 노동조합, 무역협회 및 압력단체 등이 포함된다. 조직자체도 다른 조직에 대하여는 특정 환경이 된다. 조직은 그 자체를 유지·존속시키고 목표달성을 하기 위하여서는 환경으로부터 받는 영향 및 압력에 적응하면서 이에 대응해 나가야 한다.

4.2 조직환경의 이론

과거의 조직이론에서는 조직을 일종의 자급자족적인 '폐쇄체제'(closed system)로 간주하여 환경과의 상호관계를 고려치 않고 조직의 내부문제만을 주된 대상으로 연구해 왔다. 그러나 오늘의 조직이론에서는 조직이 그 생존과 발전을 위하여는 환경과 상호관계를 형성하고 유지하는 것으로 보는 것이다. 즉, 조직을 하나의 거시적인 '개방체제'(open system)로 인식하여 조직의 구조와 관리를 환경이나 상황조건에 적합하게 변화시킴으로써 조직의 효과성을 추구한다.

조직이 환경변화에 적응하기 위하여서는 지속적인 조직변화를 이룩해 나가야 한다.

조직변화(organizational change)란 조직이 어떤 특정의 상태로부터 또 다른 상태로 이동하는 것을 말한다. 조직변화는 그 성격에 따라 크게 비계획적 변화와 계획적 변화로 구분된다. 비계획적 변화는 예기치 않았던 외부환경의 변화로 인해 조직이 생존 혹은 지속적인 성장을 위해서 어쩔 수 없이 수동적으로 적응해 나가는 변화이고, 계획적 변화는 어떤 목적을 달성하기 위해 의도적으로 일으키는 변화이다. 비계획적 변화가 조직에 유리할 때도 있겠지만, 대부분의 경우 조직의 목적을 달성하기 위해 의도적으로 조직의 여러 분야를 바람직한 방향으로 변화시키는 것이 유리한 것이다.

조직이 환경변화에 적응하기 위하여서는 지속적인 조직변화를 이룩해 나가야 한다. 그러나 조직변화는 구성원들의 안정된 직무와 지위에 대한 위협, 기득권익의 침해 등과 같은 요인에 의해 저항이 따르게 된다. 조직변화에 대한 저항이 조직의 안정성과 예측가능성에 기여한다는 것은 긍정적 측면이지만, 조직구조의 개편이나 생산라인의 변경에 저항하는 경우는 조직갈등의 원천이 되며, 이것은 조직변화에 대한 저항의 부정적 측면이 된다. 따라서 어떻게 하여 조직변화의 부정적 측면을 극소화하고 긍정적 측면을 극대화 하느냐에 따라서 조직변화의 효율성이 결정되는 것이다.

조직변화로 인하여 일어나는 저항을 극복하고 의도한 변화를 유도하기 위한 변화담당자(change agent)의 변화관리방법으로는 ① 조직구성원들에게 의사소통을 통해 변화에 대한 논리성을 이해시키는 교육과 의사소통에 의한 방법, ② 조직변화를 반대하는 자들을 의사결정과정에 참여시키는 방법, ③ 구성원들이 두려움이나 불안을 느끼지 않도록 상담 및 심리치료, 새로운 기술훈련, 단기간의 유급휴가 등과 같은 촉진 및 지원하는 방법, ④ 변화에 저항하는 사람들이 소수의 권력자일 경우 그들의 욕구에 부합하는 특별보상계획으로 그들과 협상하는 방법, ⑤ 은밀하게 영향력을 행사하거나 저항집단의 리더들에게 변화의 결정에서 중요한 역할을 부여하는 조작과 적응적 흡수의 방법, ⑥ 저항자들에게 직접적인 위협이나 압력을 가하는 강압의 방법 등이 있는데 이러한 방법을 제도화 함으로써 조직의 환경적응 능력은 강화된다.

4.3 조직환경의 불확실성과 관리전략

상황변수로서 환경에 대한 연구에서 조직환경의 분류보다 더 중요한 것은 환경의 불확실성(environmental uncertainty)이다. 환경의 불확실성은 의사결정자가 환경구성요소에 대해 충분한 정보가 없고, 외부환경의 변화를 예측하기 어려운 상황을 뜻한다. 이러한 환경의 불확실성은 복잡성, 동태성, 풍부성 이 세 가지 요인에 의해 결정된다.

첫째, 환경의 복잡성은 조직이 의사결정을 할 때 고려해야 할 환경요소의 수가 너무 많은 상태를 의미한다.

둘째, 동태성은 소비자의 잦은 욕구변화, 경쟁자의 빈번한 전략변화, 정부의 규제변화, 신제품의 잦은 출현 등과 같이 환경요소들이 자주 변화하는 것을 의미한다.

셋째, 풍부성이란 조직의 활동영역을 지원해 줄 수 있는 이용가능한 자원의 양을 말한다. 여기에서의 자원은 원자재, 인적자원, 자본, 정도 등을 모두 포함한다.

[그림 5-8] 조직환경의 구성요소

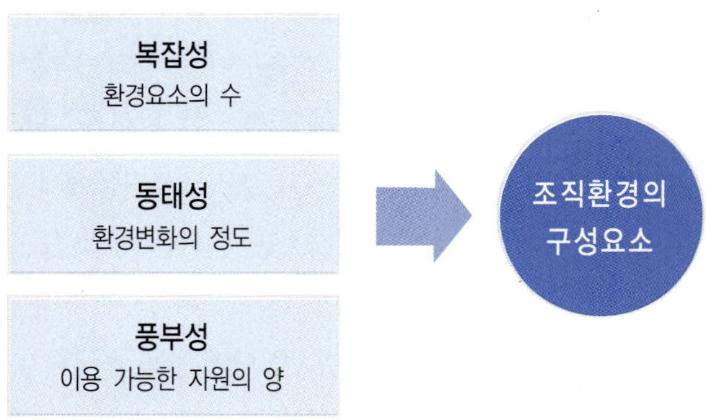

이와 같은 세 가지 환경에 대한 불확실한 요인에 대해 다음과 같은 관리전략이 필요하다.

첫째, 경계연결역할이다. 환경과 조직 사이의 접촉영역인 환경의 경계에서 활동하는 사람들, 예를 들어 시장조사원이나 구매 담당자 등 경계연결 역할을 하고 있는 사람들을 통해 끊임없이 정보를 얻어 불확실성에서 오는 위험을 감소시키는 것이다.

둘째, 완충전략이다. 투입과 산출 두 가지 측면에서 예기치 못한 상황에 대비해 조직의 활동기능을 보호하기 위한 전략이다. 먼저 투입은 조직에서 사용되는 원료나 공급물자를 비축해두거나 새로운 종업원을 모집해 훈련시켜서 예기치 못한 상황에 미리 대비하는 것이다. 산출은 판매 수요와 상관없이 일정량의 재고를 유지해 대비한다.

셋째, 분화와 통합방법이다. 조직을 고도로 세분화, 전문화시켜 복잡한 외부환경에 빠르게 대응할 수 있도록 하되, 세분화되고 전문화된 조직을 통합하는 능력도 중요하다는 것이다.

이와 같이 3가지 관리방법을 활용하면 조직은 좀 더 유연화되면서 발전을 도모할 수 있을 것이다.

제 2 절 조직설계의 주관적 상황변수

1. 조직전략

1.1 조직전략의 의미

구조적 상황이론이 다분히 결정론적인 지향성을 보이는 반면, 전략적 선택이론은 인간행동의 임의론적 지향성을 강조한다. Chandler(1962)는 환경이 전략을 결정하고, 다시 전략이 조직구조를 결정한다고 본다. Child(1972)는 모든 구조적 상황이론가들이 전략적 선택의 중요성을 간과하고 있다고 비판하면서, 환경의 영향이 관리자의 인식을 통해 조정된다고 본다. Miles, Snow와 Pfeffer(1974)는 조직이 어느 정도는 환경을 선택할 수 있다고 본다. 개방체제적 관점이 조직을 환경에 의존적인 것으로 일반적으로 간주하나 Thompson(1967)의 견해에 의하면 합리적 조직은 권력을 획득함으로써 이러한 종속성을 반전시키려는 조직이다.

1.2 전략적 선택이론

Child(1972)에 의해서 제기된 전략적 선택이론(strategic choice theory)은 구조적 상황이론을 비판하면서 대두되었다. 구조적 상황이론은 Lawrence와 Lorsch(1967)의 명저 『조직과 환경(*Organization and Environment*)』에서 발전되어 나왔다고 볼 수 있다. 그들 연구의 주요 결론은 모든 상황에서 효과적인 유일의 조직유형은 있을 수 없으며, 효과적인 조직설계 유형은 환경의 불확실성에 따라 다르다는 것이었다.

구조적 상황이론은 이처럼 조직의 효과성(organizational effectiveness)이라는 변수를 설명하기 위하여 조직구조와 상황변수(예: 환경, 기술, 규모 등)의 관계를 살펴보는 이론인 것이다. 구조적 상황이론은 모든 상황에서 유일 최고의 방법이란 있을 수 없다는 것을 제시함으로써 현대 조직이론에 막대한 영향을 주었으며, 특히 관리·응용분야에서 더욱 넓게 받아들여지고 있다.

그러나 Child(1972)는 구조적 상황이론이 전략적 선택의 중요성을 무시하고 있다는 점을 비판하면서 전략적 선택이론은 등장하게 된다. 구조적 상황이론에 대한 비판은 첫째, 구조적 상황이론이 전제하고 있는 것처럼 조직이 환경에 매우 밀접하게 연결된 것은 아니라는 것이고, 둘째, 구조적 상황이론이 중시하는 효과성(effectiveness)만이 조직구조를 결정하는 사람들의 유일의 관심사는 아니라는 것이다. 오히려 관리자들은 조직 내에서 자신의 지배와 통제를 계속 유지하기 위하여 권력, 안정성, 자율성 등의 목적을 달성하는 방향에서 결정하는 경향이 높다고 주장하면서 전략적 선택이론을 발전시켰다.

Child(1972)가 구조적 상황이론에 대해 제기한 첫 번째 비판은 크게 두 가지로 설명될 수 있다.

첫째, 조직과 환경은 어느 정도 느슨하게 연결되어 있기 때문에, 동일한 환경 하에서도 조직이 주어진 목표에 도달할 수 있는 방법은 다양하다는 것이다. 즉, 이인동과성(equifinality)의 개념이 제기된다. 물론 효과적인 조직을 만드는 방법 중 가장 효과적인 것은 구조적 상황이론이 제시하는 바와 같이 조직구조를 조직이 처한 상황에 적합하게 설계하는 방법일 것이다. 그러나 조직효과성을 제고하는 방법은 그러한 방법 이외에도, 기술혁신이나 조직구성원들의 직무수행 동기를 제고하는 등 수많은 대안 또는 보조적 수단들이 있는 것이다. 이러한 여러 대안에 대한 판단은 관리자의 자율적 영역에 속하는 것이므로, 관리자는 여러 대안 중에서 전략적 선택을 한다는 것이다.

둘째, 환경 그 자체보다는 조직과 환경의 연결역할을 하는 관리자의 환경에 대한 지각이 중요하기 때문에, 구조적 상황이론이 전제하는 것처럼 조직과 환경이 그렇게 긴밀하게 연결된 것으로 볼 수 없다는 것이다.

Weick(1979)에 의하면 조직은 관리자의 지각체계를 통해서 조직환경을 인식하는 것이기 때문에, 동일한 환경에 처한 조직이라도 관리자의 환경에 대한 지각 차이로 인해 상이한 선택을 할 수 있다는 것이다.

Hambrick와 Mason(1974)에 의하면, 이러한 관리자의 환경에 대한 지각에 영향을 미치는 두 가지 주요 요소는 관리자의 인지적 기초(cognitive base)와 가치관이다. 여기서 관리자의 인지적 기초라 함은 관리자가 미래의 사건에 대하여 알고 있는 지식이나 가정, 관리자가 환경에 대해서 취할 여러 가지 대안에 관해서 알고 있는 지식, 관리자가 각각의 대안이 가져올 결과에 대해 알고 있는 지식 등이다. 또한 관리자의 가치관이란 대안이나 대안이 가져올 결과에 대해 본인의 선호에 따라 서열을 정하는 원칙들이다. 즉, Hambrick와 Mason(1984)에 의하면, 의사결정자는 본인의 인지적 기초와 가치관을 바탕으로 환경을 인식하며, 이렇게 인식된 환경을 기초로 관리자의 전략적 선택이 이루어진다.

결국 전략적 선택이론은 관리자의 자유재량 영역이 존재하고, 이에 따른 관리자의 전략적 선택을 강조한다는 점에서 조직의 행동을 임의론적으로 바라보는 이론인 것이다.

전략적 선택이론은 상황이론의 바탕 위에 사회학과 심리학의 도움을 받아 왔으며, 조직의 성공은 통제력의 유지를 통한 조직의 유효성을 증대시키는 것이라고 보고 있다. 또한 조직은 환경을 조종하고 통제하기 위한 힘을 획득하기 위해서 전략적 선택을 실행할 수 있는 상당한 허용범위와 자유를 가지고 있는 자율적 행위자로서 파악된다. 따라서 조직은 환경과 견고하게 연결되어 있으며 환경의 작용을 받아 내부구조를 적응시키는 것이 아니라, 때때로 그 환경을 조직에 유리하도록 조종하거나 통제할 수 있는 영향력을 가지고 있어 환경을 스스로 창조할 수 있다고 본다는 점에서 환경을 심리적이고 인지적인 현상으로 파악하게 해준다.

전략적 선택이론은 조직과 환경의 연결역할을 하는 최고관리자의 능동적인 역할을 매우 강조하고 있다. 이것은 상황이론이 지향하는 환경결정론과 대조적인 것으로서 상황이론의 한계점을 수정・보완해 주는 역할을 하고 있다. 또한 전략적 선택이론은 상황이론의 결정론적 성향에서 오는 한계점을 수정・보완해 주는 점에서 공헌도가 크다. 즉, 전략적 선택이론은 상황이론의 유용성을 거부하기보다 상황이론의 한계점을 보완하여 줌으로써 상황이론과 더불어 현실에서 조직의 환경적응행동을 보다 잘 설명할 수 있게 해주고 있다.

1.3 마일즈(R. E. Miles)와 스노우(C. C. Snow)의 전략유형

경영전략은 사업전략과 기업전략으로 구분할 수 있다. 사업전략(business strategy)은 개개의 제품시장 혹은 사업분야에 있어서 생산, 마케팅, 재무, 연구개발 등의 기능적 전략을 말한다. 반면 기업전략(coporate stategy)은 복수의 제품시장을 목표로 한 기업 전체의 전략을 말한다.

마일즈와 스노우는 사업수준에서 4가지 전략유형을 제시하고 있다.

1) 공격형 전략

공격형 전략은 기업의 성공원인을 안정성에서 찾지 않고 새로운 제품과 시장기회를 포착하고 개척하는데 있다고 보는 것이다. 따라서 위험을 감수하고 혁신과 성장을 지향한다.

2) 방어형 전략

방어형 전략은 조직의 안정성 추구에 초점을 두고 환경변화에 대하여 아주 신중하게 현상유지적 태도를 취하는 것이다. 따라서 현행 시장보호와 현재 고객의 유지관리, 안정적 성장유지를 추구한다.

3) 분석형 전략

분석형 전략은 공격형 전략과 방어형 전략의 결합형으로서 한편으로 수익의 기회를 최대화하면서 다른 한편으로 위험을 최소화하려는 것이다.

4) 반응형 전략

반응형 전략은 변화하는 환경에 직면했을 때 일관성 있게 적응할 수 있는 반응 메커니즘을 지니지 못하고 항상 불안한 상태에 있는 것이다.

2. 조직권력

2.1 조직권력의 의미

권력(Fower)은 대상에 변화를 가져오는 능력이다. 국가나 정부기관 또는 공직자가 일반 시민, 부하, 다른 조직이나 집단의 행위를 통제하는 능력이다. 권력은 한 사회적 행위자(social actor)가 바라던 목표 또는 결과를 성취하는데 있어 상대방의 저항을 극복하는 능력이다. Dahl(1957)은 권력이란 한 사회적 행위자가 다른 행위가 그렇지 않았으면 하지 않았을 어떤 것을 하게 하도록 하는 사회적 행위자 간의 관계(relation)라고 정의한다. 또한 권력은 권력의 작용이 없었으면 있었을 어떤 상황으로부터 특정 사회적 행위자가 행동을 바꾸도록 만드는 충분한 힘(force)으로도 정의된다.

Emerson의 경우는 행위자 A에 의해 극복될 수 있는 행위자 B에 대한 저항의 량이라고 정의한다. Salancik & Pfeffer(1977)는 권력을 자신들이 원하는 결과를 가져오는 능력으로 정의한다.

이처럼 조직권력의 연구자들은 권력이 일반적으로 사회적 행위자 간의 관계라는 특징을 갖고 있다는 점에는 동의한다. 여기서 사회적 행위자는 개인, 집단, 조직이나 하부 단위 등이다. 이러한 사회적 단위는 어떤 사회적 관계에 있어 권력을 갖는다는 점에서 관계 또는 상황 종속적이다.

권력은 다른 사람의 행위에 대한 통제, 정보에 대한 접근, 수단 등으로부터 나온다. 기업이나 집단에서 리더나 상급자의 힘도 직제, 부하, 고객의 자발적 복종에 의해 나올 수 있으나 이것 역시 권력이라기보다는 사회적 능력, 힘(power)에 관한 것이다.

2.2 조직권력과 조직구조

조직은 다양한 이해관계를 가진 개인과 집단이 상호작용하는 장이다. 이러한 과정에서 개인과 집단 간의 대립적인 선호는 불가피하게 존재하며 이러한 갈등을 해결하기 위하여 개인과 집단은 권력과 자원을 배분하는 방법을 탐색하고 이것이 결국 조직구조의 설계에 반영된다. 따라서 조직구조는 합리적 목적을 달성하기 위한 것이 아니라 상호 대립되는 다양한 이익의 해결로 나타나게 되는 것이다.

조직구조는 조직활동을 직능과 계층으로 구분하여 각각 명령계통을 수립하고 통제의 폭을 설정하여 조직의 틀을 편성하는 개념이다. 조직구조에 있어서 수직적·수평적 권력관계는 조직을 활기 있게 하고 무분별한 행동을 억제하며 조직의 목표달성 활동을 조정하는 기능을 하게 된다.

조직에서 권력은 하나의 구조적 현상(structural phenomenon)으로, 개인 간 노동의 분화, 부서 간에 나타난다. 복잡한 조직은 수직적 구조 외에 수평적 구조를 갖는다. 하나의 상급부서는 다양한 하위부서로 구성되고, 부서 간의 수평적 관계에서 권력은 다 똑같지 않다.

권력의 수직적, 계층적 차원은 모두 조직현상의 이해에 중요하지만, 권력에 관한 많은 연구들은 주로 계층적 권력에 초점을 두었다. 권력을 이렇게 구분하는 외에 흔히 공식(formal) 대 비공식 권력(informal power)으로도 나눈다. 공식적 권력이 제도를 통해 부여받는 다른 사람 또는 집단의 행위를 통제하는 힘이라면, 비공식 권력은 그것이 없이 다른 사람의 행동에 영향을 발휘하는 힘이다. 예를 들어, 전문가는 권위와 명성을 가지고 다른 사람의 행위에 영향을 미치는 힘이 있으나 권력은 아니다.

권력은 조작화와 측정이 어렵다. 권력의 측정을 위해서는 권력의 부재 시 어떤 일이 일어났는가, 권력을 행사하기 위한 행위자의 의도, 그리고 바라고 있는 것이 일어날 것이라는 가능성에 따라 특정 행위자가 취한 행동의 효과를 알 수 있어야 한다. 조직 내 권력의 분포, 정도를 진단하는 것은 조직을 이해하고, 효과적으로 행동하는 데 중요하지만, 측정은 쉽지 않다.

조직연구에 있어서 권력론적 관점은 조직의 효과성이 주요 초점이 아니라 개인과 집단의 선호와 이익에 초점을 두고 조직현상을 이해하는 것이다. 권력론적 조직관이란 조직의 여러 현상의 분석을 권력이라는 기준에서 접근하고자 하는 최근의 경향이며 이를 Hawley는 모든 사회행위는 권력의 행사로 이루어지며 모든 사회관계를 권력의 방정식으로 규정한다. 또한 모든 사회집단이나 체제는 권력의 조직화라고 설명한 바 있다. 이와 같은 조직권력론적 관점은 조직현상의 분석이 사실적이라는 장점은 가지나 합리적이지는 못하다. 말하자면 조직권력론은 정치적 합리성의 차원이지 경제적 합리성의 차원은 아니기 때문이다.

조직이 합리적이라기보다는 이와 같이 정치적이라는 근거는 다음과 같다.

첫째, 자원의 희소성과 중요성에 따라 조직 내의 정치가 달라진다. 조직의 대부분의 중요한 결정은 희소한 자원의 분배문제를 포함한다. 즉, 조직의 결정은 누가 무엇을 차지하는가에 관한 결정이다. 이러한 가정은 특히 조직의 자원이 부족한 상황에서 정치현상이 두드러지게 나타나게 된다는 것을 말해 준다.

둘째, 애매한 결정 · 합의가 결여되고 불확실한 결정 · 장기적인 전략적 결정 등은 조직을 더욱 정치의 장으로 몰아갈 가능성이 크다. 이것은 동질성보다는 다양성의 상황 하에서 정치현상이 가시화되고 지배적으로 나타날 것이라는 가정이다.

셋째, 목표가 모호하고 복잡할수록 조직이 정치적으로 변할 가능성이 있다. 조직목표와 결정은 상이한 연합의 구성원들 간에 지위를 차지하기 위한 협상, 타협, 조종으로부터 출현하기 때문이다.

넷째, 일반적으로 조직의 내부기술이 복잡할수록 정치적으로 될 가능성이 높으며 또한 조직이 격동적인 환경에 놓여 있을수록 정치의 장이 될 가능성이 있다.

다섯째, 조직구조의 변화나 계획적인 조직발전 그리고 외부세력에 의해 발생한 조직의 변동은 조직의 정치적 성격을 강화시켜 준다.

사례 야후의 의사결정구조의 실패

야후는 한때 인터넷이라는 신세계의 상징과도 같았다. 검색 서비스는 물론 무료 이메일과 뉴스, 금융정보를 한곳에 모아 제공해 인터넷 1세대에게는 큰 호응을 얻었다. 그러나 2000년대 중반부터 검색은 구글에 밀리고, 모바일 시장은 페이스북에 뒤처지기 시작했다.

2000년대 중반부터 많은 IT업계 전문가는 야후가 구글이나 페이스북 등 후발 주자에게 밀리는 원인을 정체성 혼란에서 찾을 수 있다고 진단했다. 대표적인 사례가 검색엔진이다. 구글은 줄곧 검색엔진 향상에 집중했지만, 야후는 갈팡질팡하다 검색 시장에서 선점 우위를 빼앗겨버렸다.

2006년 당시 야후 수석부사장이었던 브래드 갈링하우스는 내부 메모에서 야후를 '식빵 위에 바른 땅콩버터'에 비유했다. 그는 이 내부 메모에서 야후가 지나치게 넓은 분야에서 얇게 사업들을 펼쳐 놓았다며 "모든 것을 다 하려고 하면 아무것도 아니게 된다"는 것을 의미한다.

2006년 12월, 당시 야후의 CEO였던 테리 시멜은 대대적인 조직개편을 단행하고 상품 중심의 조직구조를 사용자와 광고주 중심으로 개편했다. 7개의 상품부서가 '이용자' 부서로 통합됐으며, 또 다른 7개 부서는 '광고주/발행자' 부서로 통합됐다. 이와 함께 위 2개 사업부서에 대한 인프라 지원을 위해 '기술' 부서가 신설됐다. 이는 야후의 다양한 이용자와 광고주 보유 상품 전반에 걸쳐 규모의 경제를 실현해 성장을 가속화하기 위한 조치였다. 시멜의 지시로 결성된 조직혁신팀은 새로운 조직구조 하에서 각 부서의 역할과 책임 범위를 신중하게 계획했다고 생각했다.

하지만 조직 재편 이후 회사의 의사결정력과 실행능력은 오히려 악화됐다. 이용자 부서는 엄청난 비용이 드는 맞춤 솔루션을 기술부서에 요구했다. 광고주/발행자 부서는 자기부서만의 상품이 필요했기 때문에 개발인력을 얻기 위해 이용자부서와 경쟁하는 관계에 놓였다. 야후 경영진은 이 문제를 해결하기 위해 각 부서를 조율하는 관리부서를 만들었다. 의사결정은 12단계에 걸쳐 이뤄졌고, 조직은 점차 비대해졌다. 의사결정이 지체되면서 상품개발 속도도 느려졌다. 간접비용도 증가했다.

아무리 좋은 목표를 가진 조직 재편이라도 의사결정 과정을 고려하지 않는다면 기업 성과를 저해할 수 있다는 사실을 잘 보여준다. 결국 기업의 가치는 의사결정과 그 이행의 총합, 그 이상도 이하도 아니기 때문이다. 경영진과 관리직이 중요한 결정을 올바르게 내리지 않는다면 기업이 보유한 자산, 역량, 구조는 모두 무용지물이 될 수밖에 없다.

일반적으로, 조직구조가 성과의 유일한 결정요소는 아니다. 어떤 경우에는 조직구조가 전혀 중요하지 않을 때도 있다. 그렇기 때문에 특정 전략목표를 달성하기 위해 기업구조를 재편하면 문제를 해결하기보다 오히려 더 악화시킬 수 있다. 일례로, 혁신을 위해 애쓰는 조직은 창의적인 투입요소를 끌어 모으려고 노력한다. 그러다 보면 지나치게 많은 사람들이 일에 관여하게 된다. 결국 의사결정 과정이 느려지고 혁신이 저해되는 결과를 낳게 된다는 것을 보여준다.

조직의 의사결정의 목적은 전략성공에 필수적인 일련의 의사결정을 이해하는 것이다. 또 최대의 가치를 창출하기 위해 조직의 어떤 수준에서 그러한 결정이 내려지고 실행돼야 하는지를 결정해야 한다. 만약 조직구조와 각 의사결정을 잘 정렬할 수 있다면 조직은 훨씬 잘 작동할 것이다. 중요 의사결정의 수립 및 이행을 위한 역할과 책임범위를 명확히 하려면 먼저 복잡한 조직을 관리 가능한 단위로 구분하는 과정이 필요하다. 중요 결정사항이 무엇인지 파악하기 위해서는 가치가 창출되는 경로를 살피고 이를 중심으로 전반적 구조를 설계해야 한다.

이는 새로운 전략을 도입하거나 기존 전략을 새로운 방식으로 이행시키기 위해서는 거시·미시적으로 기업구조를 변경해야 할 때가 있다. 어떤 방식을 택하든, 기업구조 변화는 유연한 대처나 효과적 의사결정을 방해하는 새로운 경계를 만들어낼 수 있다. 이런 문제를 피하려면 구조를 변화시키면서 사람들이 이 경계를 뛰어넘을 수 있는 새로운 방안을 함께 설계할 필요가 있다.

많은 CEO들이 조직 재편의 유혹에 빠지는 이유를 어렵지 않게 이해할 수 있다. 오늘날 기업구조는 과도하게 복잡해질 수 있다. 경영환경이 지금과 많이 달랐던 과거에 만들어진 후 아무런 변화 없이 그대로 지속된 조직구조도 있다. 한번의 서명으로 단순화, 정렬, 현대화, 조직의 미래에 대한 새로운 비전 등이 진행될 수 있다. 하지만 이 과정에서 오로지 구조에만 집중한다면 수단과 목적이 혼동될 수 있고, 실제로는 존재하지 않는 관계를 가정하고 일을 추진할 가능성도 있다.

조직구조 재편에 성공하고 싶다면 먼저 조직의 주요한 의사결정에 집중해야 한다. 그리고 나서 경쟁기업보다 빠르고 효과적인 방식으로 이러한 의사결정을 하고 실행하는 조직을 구축하라. 그렇게만 한다면 경영자들이 그렇게 원하면서도 좀처럼 성취하지 못했던 '성과 개선'을 이룰 수 있다.

토의 과제

1. 야후가 포털산업에서 추구하는 정체성은 무엇이었는가?
2. CEO였던 테리 시멜이 추구한 상품 중심의 조직구조를 사용자와 광고주 중심으로 개편한 이유는 무엇인가?
3. 야후가 조직재편과정에서 좋은 목표를 가진 조직 재편이라도 의사결정 과정을 고려하지 않는다면 실패할 수밖에 없음을 보여주는 중요한 실패사례이다. 그 이유는?
4. 조직재편과정에서 '의사결정구조'가 중요한 이유는 무엇인가?

제 6 장 조직설계의 유형

Opening Knowledge Cafe

제 1 절 조직설계의 이론적 모형

제 2 절 조직설계의 종적유형

제 3 절 조직설계의 횡적유형

제 4 절 조직설계의 최근유형

사 례

Opening Knowledge Cafe : 똑똑한 사람이 최악의 직원일 수 있는 이유

첨단기술 산업에서 모든 직원에게 지능은 필수적인데, 왜냐하면 하는 일이 어렵고 복잡하고 경쟁자들은 매우 똑똑하기 때문이다. 하지만 지능이 유일하게 중요한 자질은 아니다. 회사에서 유용하기 위해서는 열심히 일하고, 의존할 수 있고, 훌륭한 팀원이 될 수 있어야 한다.

팀은 다양한 배경, 성격, 그리고 일하는 방식을 가진 뛰어난 사람들이 번창할 수 있는 환경을 만드는게 가장 급선무이다. 다양한 배경과 일하는 방식을 가진 사람들을 통합하는 데에 성공적인 회사는 그렇지 못한 회사보다 뛰어난 인력을 유치하고 유지하는 데에 이점을 보유한다.

왜냐하면, 회사에서 가장 똑똑한 사람이 최악의 직원인 경우가 있기 때문이다.

1. 이단아(The Heretic)

어떤 회사든지 일정 규모에 도달하면, 비논리적인 몇 가지 전략, 프로젝트, 절차, 승진 및 기타 절차적 행위가 발생하게 된다. 그리고 어떤 대기업 조직도 완벽에 도달할 수 없다. 따라서 회사는 이런 약점들을 발견하고 이를 해결할 똑똑하고 매우 적극적으로 참여하는 직원들을 수없이 필요로 한다.

그러나 가끔씩 정말 똑똑한 직원들이 회사를 발전시키는 것 이외의 목표를 가지게 된다. 해결하기 위해서 약점을 찾기보다는, 자신의 주장을 강화할 단서들을 수집하기 시작한다. 구체적으로, 회사는 희망이 없다고 주장하고 직원이 더 똑똑할수록, 이런 행동은 더 강하게 나타난다. 단순히 말해서, 정말 파괴적이기 위해서는 정말 똑똑한 사람이 필요한데, 왜 똑똑한 사람이 자기 직장을 파괴하려고 할까요? 사실 이유는 다양한데, 몇 가지 예시를 들어볼 수 있다.

(1) 영향력이 없다 : 실제로 영향력이 있는 사람들에게 접근이 안된다고 생각하고, 불평불만을 통해서 진실을 얘기할 수 있다고 생각하기 때문이다.
(2) 애초에 반항아였다 : 반항하지 않는 이상 행복하지 않고, 이건 매우 깊게 자리 잡은 성격일 수 있다. 가끔씩 이런 사람들은 훌륭한 직원이 아니라 훌륭한 CEO가 되는 경우가 있다.
(3) 유치하고 순진하다 : 회사를 운영하는 사람들이 모든 소소한 세부사항을 전부 파악할 수 없다는 것을 받아들이지 못하고, 따라서 모든 문제는 그들의 책임이라고 생각한다.

2. 의존할 수 없는 사람(The Flake)

일부 천재적인 사람들은 전혀 의존할 수가 없다. 일부 회사들은 한번 자타공인 천재를 채용한다. 그는 일반적으로 신입 직원이 생산적이기 위해서는 3개월이 걸리는 부서에 배정된 개발자였는데 2일 만에 모든 것을 파악했다. 3일째에, 1달 정도 걸릴 프로젝트를 그에게 배정했다. 그는 거의 완벽한 수준으로 3일 만에 프로젝트를 완료했다. 그는 최고의 직원이었고, 그를 당장 승진시켰다.

그랬던 천재직원이 변하기 시작했다. 그는 연락도 없이 며칠을 결근했다. 그러더니 몇 주씩 결근하기 시작했다. 그가 마침내 출근하자, 엄청나게 사과했지만, 그의 행동은 멈추지 않았다. 그가 처리한 일의 질도 하락했으며 엉성하고 집중을 하지 못했다.

어떻게 이렇게 훌륭한 직원이 갑자기 파탄이 나는지 이해할 수 없었다. 그의 팀장은 그를 해고하고 싶어 했는데, 팀이 그에게 아무것도 의존할 수 없었기 때문이다.

3. 싹수(The Jerk)

똑똑하고 나쁜 직원은 조직 어디서나 나타날 수 있지만, 관리자급에서 나타나면 특히 파괴적이다. 대부분의 관리자는 시시때때로 미쳤거나, 돌았거나, 다양한 욕을 듣는 행동을 할 수 있다. 그리고 가끔씩 의도적으로 무례한 것은 의사를 명확하게 전달하거나 교훈을 강조할 수 있다.

관리자가 싹수없는 행동을 지속적으로 하면 조직을 마비시킬 수 있다. 회사가 성장할수록, 가장 어려운 문제는 의사소통이 된다. 수많은 사람들이 공통목표를 수행하기 위해서 의사를 전달하는 것은 언제나 어렵다. 그리고 관리자 중 한명이 완전히 싹수가 없다면, 불가능해질 수 있다. 어떤 사람들은 의사소통에서 너무 공격적이어서, 그 사람이 방에 들어오는 순간 나머지 사람들은 대화를 멈추게 된다.

누가 마케팅 조직에 대해서 어떤 의견을 제시할 때마다 마케팅 총괄이 미쳐서 날뛴다면, 앞으로 회의에서 어떤 부서가 절대로 논의되지 않을까? 이런 행동이 너무 심해지면, 그 사람이 같은 방에 있으면 아무도 어떤 주제도 얘기하지 않는 상황이 진행될 수 있다. 그 결과, 관리자들 간의 의사소통이 망가지고, 회사 전체가 천천히 악화된다. 중요한 것은, 이런 싸가지가 자타공인 천재적일 때만 이런 문제가 발생한다. 아니면 그가 물어뜯으면서 공격해도 아무도 신경 쓰지 않기 때문이다.

미국프로농구에서 가장 많은 NBA 우승을 차지한 감독인 Phil Jackson은 그의 선수 중 의존할 수 없는 걸로 악명이 높았던 Dennis Rodman에 대해서 다음 질문을 받았다.

"Dennis Rodman은 연습에 불참해도 되니까, 다른 스타 선수들인 Michael Jordan이나 Scottie Pippen도 연습에 불참해도 되나요?"

Jackson은 이렇게 대답했다.

"당연히 안 된다. 이 팀에서 Dennis Rodman 같은 선수를 위한 자리는 하나 밖에 없다. 실제로, 사회 전체적으로 봐도 몇 명의 Dennis Rodman 밖에 감당할 수 없는데, 아니면 사회는 엉망이 될 거 같다."

이처럼 회사에 엄청나게 긍정적인 기여를 하는 직원을 만날 수 있다. CEO는 본인이 직접 이 직원의 부정적인 효과를 상쇄하고 전체 회사문화에 악영향을 미치는 것을 방지하겠다고 결심할 수 있다. 하지만, 꼭 기억하기를 바란다.

버스가 기다릴 수 있는 건 그 한 명 밖에 없다는 것을 ....'

제 1 절 조직설계의 이론적 모형

1. Mintzberg의 조직설계모형

민츠버그(Mintzberg)는 5라는 숫자에 특별한 의미를 부여했다. 그는 5라는 숫자는 인간을 상징하며, 우주와 마찬가지로 질서와 완벽을 추구하는 신성한 숫자라고 믿었다. 따라서 그는 조직의 5대 구성요소인 최고경영층, 중간관리층, 현장관리층, 전문스탭(technostructure), 지원 스탭(support staff) 등의 구성형태에 따라 조직구조의 유형을 다섯 가지로 구분하였다. 즉, 단순구조, 기계적 관료제, 전문적 관료제, 사업부형태, 임시적 조직 등이 조직구조의 기본유형들이다.

1.1 Mintzberg 조직설계모형의 5가지 기본요소

첫째, 핵심운영층(operating core)은 조직의 기본적인 업무를 수행하는 부문으로 고객 및 국민에게 제공하는 재화 및 서비스를 생산하고 공급하는 사람들로 구성되어 있다. 여기에서 기능적 핵심인력은 모든 조직의 중심부에 위치한다. 즉, 핵심운영층은 제품과 서비스를 산출하는 기본업무를 담당하며, 표준화를 통해 외부환경의 영향을 최소화하는 임무를 맡고 있다.

둘째, 중간관리층(middle line)은 운영핵을 감독하고 통제하며 자원을 공급하는 중간관리자로 구성되어 있다. 중간관리층은 정상의 최고전략층과 하부의 핵심운영 사이에 위치, 중간관리자와 감독자로 구성되며 이들의 역할은 명령을 전달, 정책집행이 확실히 이루어지도록 책임을 지며, 권한과 지휘·명령 계통을 통해 상위관리자와 운영자를 연결하여 준다. 따라서, 중간관리층은 공식적인 권한체계를 통해 최고경영층과 현장관리층을 서로 연계하는 역할을 맡고 있으며, 상하 간의 명령 전달이나 피드백 활동을 담당한다.

셋째, 민츠버그의 조직구조에서 눈에 띄는 대목은 2개의 서로 다른 역할을 하는 스탭 조직이다. 기술구조(technostructure)는 전략기획, 경영 분석 및 평가 등과 관련된 전문적인 분석을 통해 조직활동의 표준화에 기여하는 임무를 맡고 있다. 성숙한 조직에서는 기술구조 스탭이 조직 전반에 개입할 수 있다. 예컨대 현장관리층에는 품질관리 시스템, 중간관리층에는 지식관리 시스템, 최고경영층에는 전략계획과 재무 시스템 등을 구축해 줄 수 있다. 이들은 기술지원 스탭으로서 전체 조직의 작업을 표준화하며, 이들의 역할은 시스템 절차의 설계, 작업절차의 재설계, 시장정보제공, 재무체계설계 및 산출물과 산출과정을 검사함으로써 다른 구성원들의 업무표준화를 수행한다. 기술구조는 기업에서의 품질검사부서, 정부에서의 회계감독부서 등이 해당된다.

넷째, 지원참모(staff support)는 지원 스탭으로 인사, 구매, 회계, 총무 등 현업 부서를 지원하는 집단을 의미한다. 이들은 운영핵의 업무를 간접적으로 촉진하는 업무를 수행하는 부문이다. 이들의 역할은 다양한 계층에 관리적, 사무적 지원업무를 제공하는 인력으로 구성하며, 인적자원관리, 보안, 사무, 홍보, 유지관리, 대금지불 등 이와 유사한 서비스를 제공한다.

다섯째, 최고전략층(strategic apex)은 조직의 최고관리자를 뜻한다. 최고전략층은 최고경영자와 이사회 등 조직의 전반적인 책임을 맡고 있는 집단으로 직접적인 감독활동, 외부환경과의 상호작용 활동, 전략수립 활동 등 3대 핵심과제를 추진하는 사명을 맡고 있다. 최고전략층은 주로 조직의 외부 환경관리에 힘쓰며, 조직의 사명과 전략적 방향을 결정한다. 또한 주주, 투자자, 고용인, 이사회 등 이해관계자들의 요구를 포함하여 조직의 목표가 달성되는데 책임을 진다. 기업조직의 최고관리자와 이사회가 이의 대표적인 예이다

1.2 Mintzberg 조직설계모형의 조정메커니즘

첫째, 상호조정은 조직구성원들이 상호조정을 통해 변화하는 환경에 적응해야 하며, 상호조정이 효율적이기 위해서 개인은 서로를 수용해야 하고, 조직목표를 위해 개인적으로 유능하고 다른 사람을 신뢰해야 한다.

둘째, 직접 감독은 감독자들이 고용인들의 행동을 체크하며, 면밀한 감시는 과업이 관리자의 요구대로 이루어지고 다른 사람의 과업과 조정이 이루어지도록 한다.

셋째, 투입의 표준화는 개인이 현재 가지고 있든, 훈련되어져야 하든 요구되는 성과의 표준을 달성하기 위한 필요적인 지식이나 기술을 지닐 수 있도록 해준다. 이 방

식은 주로 전문가들에게 사용되는 조정전략으로 정시에, 표준적인 품질로 요구되는 재화나 서비스의 제공에 대한 신뢰가 있어야 한다.

넷째, 작업과정의 표준화는 기술을 사용함으로써 규칙과 운영절차를 조직화하는 방법으로 작업과정의 표준화를 위해 운영 및 경영절차가 잘 설계되어져야만 한다.

다섯째, 산출의 표준화는 최고전략층이 재화나 서비스의 질, 양, 배송에 대해 기술하는 것을 포함하며, 생산표준과 기한은 계약불이행에 대한 제재와 함께 명확하게 명기되어야 한다.

[그림 6-1] Mintzberg의 5가지 조직구성 요소

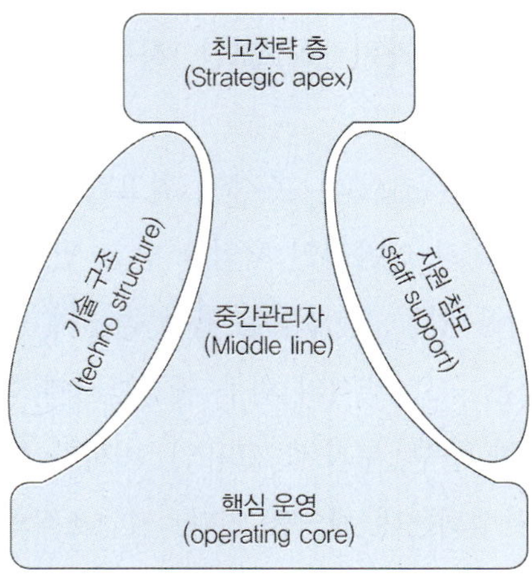

1.3 Mintzberg 조직설계의 5가지 유형

민츠버그(Mintzberg)는 5가지 조직 구성요소와 조정메커니즘을 통해 5가지 조직 구조의 이념적 유형을 제시하였는데, 각각의 조직구조 유형 내에서 조직 구성요소의 상대적 중요성과 규모는 각각 다르다.

1) 단순구조(simple structure): 최고전략층 중심

민츠버그가 제시한 5가지 기본 조직구조(Structure in Fives) 중 첫 번째인 단순 구조(simple structure)는 최소한의 관리계층만 갖춘 창업형 조직으로 모든 조정활동은

상하 감독체계로 이루어진다. 최고경영층이 주된 역할을 하며, 창업 외에도 기업환경이 악화되었을 때 활용할 수 있는 집권적 조직형태다.

단순구조의 조직의 구성요소는 주로 최고전략층과 핵심운영층 그리고 약간의 지원 참모만 존재하며, 기술구조는 거의 존재하지 않거나 적게 존재한다. 이 구조는 짧은 계층제와 각 부분 간 최소한의 구별이 될 정도이며, 직접 감독을 통한 운영과 조정 달성이 가능하며, 거의 모든 신설조직, 기업가적인 소유주가 직접 경영하는 회사의 형태로 단순화하며, 유기적이고 적응적인 조직에 해당한다. 이 조직의 약점은 변화를 거부하거나 할 수 있는 한 개인에게 의지한다는 점이다.

2) 기계적 관료제 구조(machine bureaucracy structure): 기술전문가 중심

기계적 관료제(machine bureaucracy)는 대규모 조직에서 고도로 표준화가 이루어진 형태로서, 공식적 권한체계에 따라 의사소통과 결정이 이루어진다. 안정적인 환경, 성숙된 조직, 대량생산이 중시되는 조직에 적합한 유형으로 전문 스탭이 주도적인 역할을 할 수 있다.

기계적 관료제 구조는 대부분의 결정은 최고전략층에서 이루어지며 표준운영절차에 의해 중간관리자가 매일 운영을 통제한다. 단순구조에 비해 기술구조와 관리지원 참모는 존재하며, 조정은 주로 작업과정의 표준화를 통해 달성가능하다.

기계적 관료제 구조는 품질이 보장된 제품이나 서비스를 일관되게 고객에게 제공하는 특성이 있으며, 관리자에게 있어서 문제는 작업이 규격화되고 반복적인 핵심 운영 인력에 대한 동기부여가 가능하다. 반면, 최고전략층에 있어서 어려운 점은 상황과 거리가 있는 해결책을 위해 지휘계통을 따라 올라온 문제를 받아들인다는 점이다.

3) 전문적 관료제(professional bureaucracy structure): 핵심운영층 중심

전문적 관료제(professional bureaucracy)는 병원이나 대학 등에서 찾아볼 수 있는 조직구조로, 표준화된 과업이지만 많은 학습과 시간이 투입되어야만 숙지할 수 있는 과업을 담당하는 현장의 숙련공이나 전문인력에 의해 주도되는 조직형태를 의미한다. 권력의 원천이 공식적인 지위에서 나오는 기계적 관료제와 달리 전문적 관료제에서는 전문성이 권력의 원천이다.

전문적 관료제의 주된 조직구성요소는 핵심운영층으로 기술구조는 작으나 관리 지원 참모는 상당히 크다. 전문적 관료제는 계층제적인 권한에 의해 운영되나 분권화되고, 구조가 평평하며 전문적 기술을 강조한다.

전문적 관료제의 문제점은 외부와의 접촉으로부터 조직원들을 격리시킴으로써 변화에 적응하는 문제나 품질을 유지하는 문제가 존재하며, 전문적 자율성은 변화를 수행하는 어려움과 전문적 무능에 대처하는 어려움을 야기시킨다.

4) 사업부제구조(divisional structure): 중간관리층 중심

사업부제 구조형태(divisionalized form)는 기업에서 가장 널리 활용되는 조직구조로서 사업부별로 독립적인 조직구조를 갖추고 있다. 분권화를 기반으로 하며 중간관리층이 주된 역할을 한다. 사업부제 구조는 준자율적 부문이 대부분의 과업을 수행하는데, 조직의 구성요소는 중간관리자와 핵심운영이 주된 구성요소이며 기술지원과 지원참모는 작다.

사업부제 구조는 각 부문은 고객, 제품, 지역 등 다양한 조직구조 형태를 지닐 수 있는 분권적 조직의 형태이며, 각 부문은 각기 자신의 시장에 공급하고 각기 자신의 기능을 지닌다. 이 조직의 조정메커니즘은 산출의 표준화를 통해 지배적으로 달성가능하며, 전체 조직의 규칙과 규제가 존재하는 한 각 부문의 중간관리자는 방향을 제시하고 통제를 가할 수 있다.

5) 애드호크러시 구조(Ad hoc structure): 지원스탭 중심

임시적 조직(adhocracy)은 다양한 분야의 전문가들이 혁신과제를 수행하는 고도로 유기적인 조직구조를 의미한다. 환경이 복잡하고 동태적일 경우 매트릭스 조직, 프로젝트팀, 태스크포스팀 등 다양한 형태의 임시적 조직이 고도의 불확실성을 효과적으로 다룰 수 있다. 애드호크러시 구조는 느슨하고 유연하고 자생적인 조직유형이며, 다양한 배경과 학문분야에서 온 전문가를 포함한다.

이 조직에 적당한 유형은 변화하는 상황에 재빨리 혁신적으로 적응할 필요가 있는 연구기반 회사이며 이때 가장 중요한 조직구성요소는 R&D에서 지원참모, 핵심운영에서의 전문가이며, 고도로 숙련된 전문가들을 모아 새로운 아이디어의 기대를 지닌 혼합된 프로젝트 팀으로 만들 수 있다.

애드호크러시 구조의 조정메커니즘은 수평적 의사소통과 조직구성원들의 합동, 상호 적응에 의해 달성 가능하다.

〈표 6-1〉 Mintzberg의 조직유형의 특성

	구성 요소	특성	조정 메커니즘	문제점
단순 구조 (simple structure)	주로 최고전략층, 핵심운영, 약간의 지원참모	· 짧은 계층제 · 단순화로 인한 유기적, 적응적 조직	직접 감독	한 개인에게 의존하는 정도가 큼
기계적 구조 (machine structure)	최고전략층, 중간관리자, 핵심운영, 기술구조, 지원참모	· 품질이 보장된 제품이나 서비스 제공	작업과정의 표준화	표준화되고 반복적인 업무를 하는 핵심 운영에 대한 동기부여 문제
전문적 구조 (professional structure)	주로 핵심운영, 지원참모도 큼	· 분권화, 평평한 구조, 전문적 기술 강조 · 전문적인 훈련과 계발	투입의 표준화	· 변화에 대한 적응 문제 · 전문적 무능의 문제
사업부제 구조 (divisional structure)	주로 중간관리자, 핵심운영	· 조직구조 내 준자율적 부문이 과업수행 · 각 부문은 대부분 기계적 구조	산출의 표준화	핵심운영과 최고전략층 사이의 통제의 어려움
애드호크러시 (ad hoc structure)	중요 요소는 R&D의 지원참모, 핵심운영의 전문가	· 유기체적이고 분권화된 조직 · 느슨하고 유연한 조직유형	수평적 의사소통 상호적응	

그러나 실제 기업현장에 존재하는 조직구조는 이들 다섯 가지 유형보다 훨씬 더 다양할 것이다. 민츠버그 자신도 다섯 가지 유형은 순수한 이론적 유형에 불과하고, 실제로는 혼합방식으로 더 다양한 조직형태가 얼마든지 존재할 수 있다는 점을 강조했다. 그럼에도 그의 조직구조론은 복잡한 현실조직의 특징을 이해할 수 있는 중요한 단초를 제공하고 있다.

예를 들어, 단순조직은 기업가형 조직의 특징을 잘 설명해준다. 최고경영층의 적극적인 역할과 권한의 집중화를 통해 조직을 강력하게 끌고 가는 형태이다. 마찬가지로 기계적 관료제는 기계적 조직, 전문적 관료제는 전문가 조직, 사업부 형태는 다각화된 조직, 임시적 조직은 혁신조직의 특징을 갖고 있다. 따라서 경영자들은 상황에 따라 자신이 구축하고 싶은 조직구조를 결정할 때, 민츠버그의 제안대로 다섯 가지 기본형태를 기반으로 업무표준화의 범위와 분권화의 정도를 고려해서 조직구조를 설계할 수 있을 것이다.

2. Galbraith의 조직설계모형

Galbraith는 조직설계는 기업전략을 달성할 수 있는 효과적인 조직능력을 창출하기 위해 구조와 프로세스, 보상시스템, 인력, 정책을 배열하는 정교한 과정이라고 주장한다. 조직설계는 보통 조직구조를 의미하는 것으로 사용되지만, 조직설계과정과 조직설계의 결과는 이보다 넓은 것이다.

스타모형(star model)은 조직설계의 주요한 5가지 요소, 즉 전략, 구조, 프로세스, 보상시스템, 인력을 전체적으로 고려할 수 있는 틀(framework)로서, 각각의 요소들은 조직설계의 주요한 부분을 나타낸다. 그리고 5가지 요소들이 모두 조화를 이룰 때 가장 효과적인 조직이 될 수 있다.

[그림 6-2] 스타모형(star model)

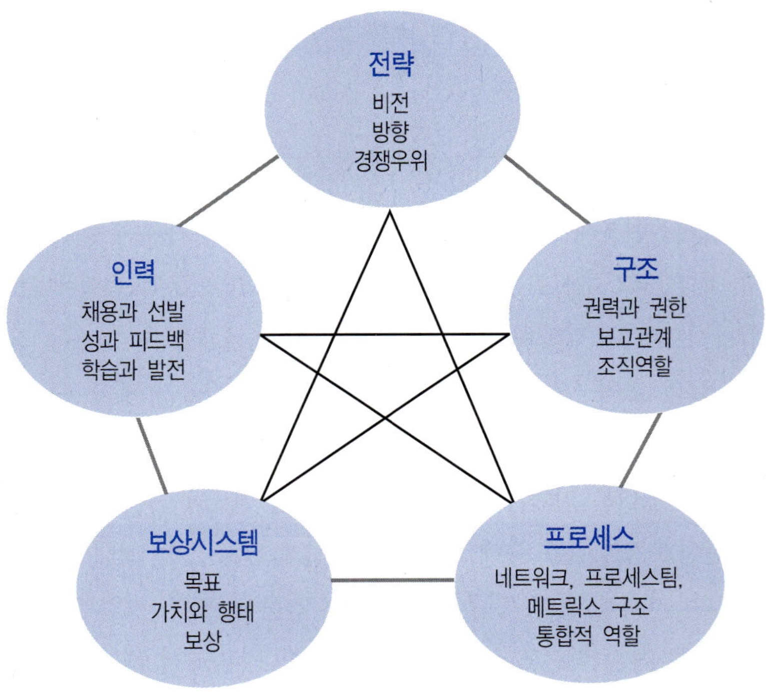

2.1 전략

전략은 조직의 방향을 결정하는 것으로, 기업의 전략은 달성되어야 할 목표뿐만 아니라 추구하는 비전과 미션을 포함한다. 전략은 구체적으로 제공해야 할 제품이나 서비스, 진출해야 할 시장, 그리고 고객에게 제공되어야 할 가치에 대한 윤곽을 제시하며, 조직에 경쟁우위의 원천과 시장에서 차별화할 수 있는 방법을 구체화한다.

전략은 조직설계과정의 첫 번째 구성요소로서, 전략이 불분명하거나 동의되지 않을 경우 조직설계의 다른 과정들을 결정할 수 있는 기준이 없게 된다.

2.2 구조

조직구조는 조직 내 공식적인 권력(power)과 권한(authority)배치를 결정하는 것으로, 구조설계는 각각의 조직수준(organization level)에 인력을 배치(grouping)하는 선택들을 나타낸다. 보통 부서(department)는 기능, 제품, 시장, 지역 등을 기준으로 설치된다. 그리고 구조만큼 중요한 것은 구조 내의 역할(role)로, 설계과정에서 핵심적 부분은 개개 구성요소들의 책임을 규정하고, 상호관련성을 명백히 하는 것이다. 조직구조는 인체에 비교할 때 뼈대에 해당하는 것으로 조직형태(organization shape)를 결정하며, 조직역할은 기관(organ)과 근육으로서 일이 이루어지는 장소를 나타낸다.

2.3 프로세스

프로세스는 업무의 흐름으로서 정보의 흐름과도 관련된다. 정보와 의사결정 프로세스는 조직의 구조를 가로질러 발생하므로, 대인 간(interpersonal) 네트워크, 기술적 네트워크, 팀과 메트릭스 관계, 통합적 역할(integrative role) 등 수평적 프로세스를 설계함으로서 해결될 수 있다. 이러한 수평적 프로세스는 오늘날 조직을 관리하는 핵심적인 수단으로서 점차 중요성이 부각되고 있다.

2.4 보상

보상은 조직의 목표를 추구하고 완수하도록 사람에게 동기를 부여하는 것이다. 즉, 보상체계의 목적은 개인의 목표와 조직의 목표를 정렬시키는 것으로, 조직의 보상체계는 급여, 승진, 보너스, 이익분배 등에 대한 정책으로 구성된다.

보상체계는 조직설계의 다른 요소들에 영향을 미칠 수 있으므로, 다른 설계정책들과 잘 결합되어야 한다.

2.5 인력

스타모형에서 인력요소는 조직 내 개개인의 능력으로부터 조직역량(organizational capability)을 창출하는 집합적 인적자원(HR)을 의미한다. 전략은 조직구성원들과 관리자에게 필요한 기술과 능력을 결정하며, 전략에 따라 인력선발, 성과피드백, 학습과 발전부문에서 상이한 인적관리를 필요로 한다.

스타모형은 구조를 변화시키는 것이 조직의 다른 측면들에 영향을 미침을 분명히 제시한다. 또한 조직설계는 단순히 조직구조를 재설계(re-structure)하는 것이 아니므로, 구조 이상으로 2 가지의 투입(input)요소, 즉 고객의 요구, 환경적 수요와 기회를 고려해야 올바른 조직설계가 이루어진다고 볼 수 있다.

제 2 절 조직설계의 종적유형

1. 라인 조직

조직설계를 통한 조직의 유형에는 여러 형태가 존재한다. 일반적으로 조직의 기본형태에는 라인 조직, 라인과 스탭 조직, 기능식 조직, 사업부제 조직이 있다.

라인 조직(line organization)은 상위자의 지휘·명령이 직선적으로 하위자에게 하달되는 조직으로, 이는 마치 군대에서 상관의 명령이 부하에게 전달되는 모습과 비슷하다고 하여 '군대식 조직'이라고도 하며, '직계식 조직', '수직적 조직'이라고도 한다. 가장 단순하고 편성하기 쉬운 조직형태이다.

[그림 6-3] 라인조직

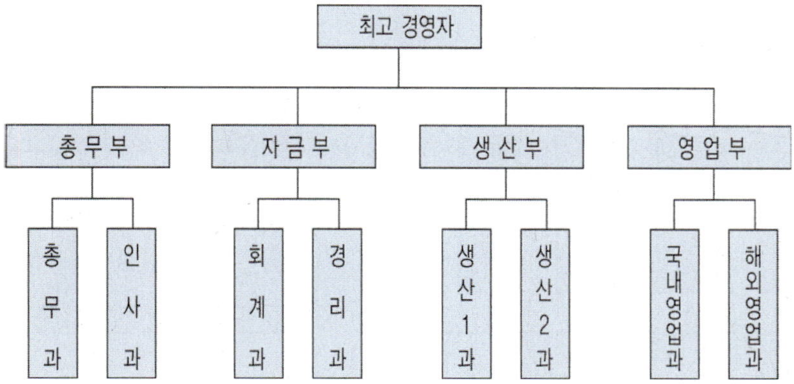

〈표 6-2〉 라인조직의 장·단점

장 점	단 점
- 명령계통이 단순/책임·권한의 구분 명확 - 신속한 의사결정 및 집행 - 상급자의 통솔력, 권한이 강해짐 - 하급자의 훈련 및 직무평가 용이	- 경영관리자의 독단가능성 - 조직구성원의 의욕과 창의력 저하 - 부문 간 협조의 어려움 - 전반경영자 양성의 어려움

2. 라인과 스탭 조직

라인과 스탭 조직은 라인 조직의 장점이라고 할 수 있는 명령의 통일을 확보하면서 경영의 대규모화, 복잡화에 수반해서 나타나는 결점을 스탭의 설치와 활용을 통해 보완하고자 하는 조직형태이다.

라인과 스탭이 조직에서는 라인 조직이 골격을 이루고 있으며, 스탭은 라인 조직에서의 명령, 집행에 대해서 이를 전문적 사항에 관한 명령을 할 수 있는 권한은 없으며, 스탭의 조언은 라인에 의해서 결정되고 라인 계통을 통해서 명령이 집행된다.

[그림 6-4] 라인과 스탭 조직

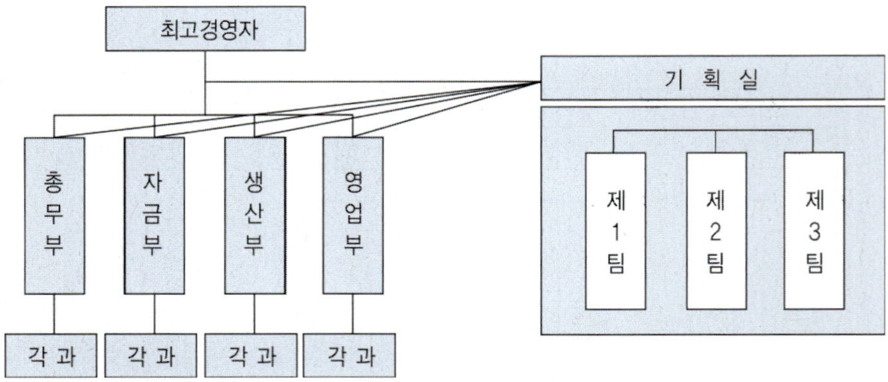

라인과 스탭 조직의 장점은 스탭의 전문적 지식과 활용을 통하여 라인관리자의 부담을 경감할 수 있다는 점이다. 반면, 라인과 스탭 조직의 단점은 스탭의 활용에 따른 추가비용의 문제와 라인과 스탭의 의사결정에 대한 갈등의 존재와 의사결정의 지연성 등이 대두될 수 있다.

〈표 6-3〉 라인과 스탭 조직의 장·단점

장 점	단 점
- 스탭의 전문적 지식과 경험 활용 - 스탭의 도움으로 라인관리자 부담경감	- 스탭의 활용에 따른 비용의 증대 - 라인과 스탭의 갈등발생 가능성 - 라인의 스탭의존에 따른 의사결정 지연

3. 기능식 조직

3.1 기능식 조직의 의의

기능식 조직(functional organization)은 라인 조직(수직적 조직)의 결함을 시정하기 위하여 과학적 관리법의 창안자인 테일러(F. W. Taylor)에 의하여 제창된 조직형태이다. 이 조직은 수평적 분업관계에 중점을 두고, 관리자가 담당하는 업무를 기능화하여 부문별로 전문적인 관리자가 작업자를 지휘·감독하게 된다. 따라서, 자신의 특정 분야에서 작업능률의 증대를 위해 편성된 조직이기 때문에, 이를 '직능식 조직'이라고도 부른다.

기능식 조직은 조직의 형태 중 가장 기본적인 것으로서 내용이 유사하고 관련성이 높은 업무를 우선 결합시키는 조직설계 방법이다. 기능식 조직에서는 [그림 6-5]와 같이 활동을 구매, 인사, 생산, 회계, 영업 등의 기능별로 분화하고, 기능관리자는 업무활동에 대한 제반 사항을 최고경영층에 보고하도록 설계한다.

[그림 6-5] 기능식 조직

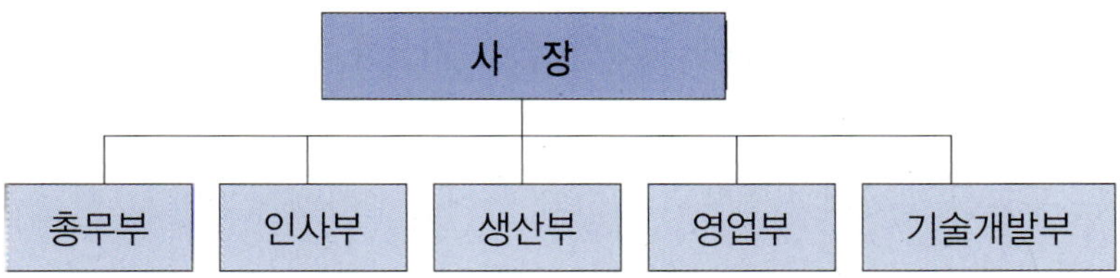

기능식 조직은 조직의 하부계층에서부터 최고경영자에 이르기까지 업무활동의 공통성에 의하여 구분되어 설계되기 때문에, 각 부서의 관리자는 해당업무에 관련된 모든 사항을 책임지고 관리한다.

3.2 기능식 조직이 필요한 경우

기능식 조직은 조직이 목표를 달성하는 데 있어서 기능상의 질과 효율, 그리고 구성원 상호 간의 협조가 매우 중요하다.

기능식 조직은 환경이 비교적 안정적이고 각 부서 간의 기술적 상호의존성이 낮으며 일상적인 기술이 사용되는 조직에서는 조직관리의 효율을 높일 수 있다. 또한 조직의 내부효율이 중요하고 기술적 전문화의 필요성이 낮은 경우에도 적합하며, 조직규모는 작거나 중간 정도일 때에 적절히 사용될 수 있다.

요약하면, 안정적인 환경, 일상적인 기술, 조직 내부효율성의 중시, 작은 조직규모 등의 특성을 가진 조직에서는 기능식 조직이 필요한 조직형태가 된다. 기능식 조직에 속한 구성원들은 자신이 속한 기능부서의 목표달성을 최우선적으로 추구하며, 부서의 모든 계획 및 예산편성은 부서에서 활용 가능한 자원을 충분히 고려한 기능상 특성에 의하여 이루어진다. 그리고 조직 내에서의 공식적 권한과 영향력은 각 기능부서의 상급관리자에게 주어진다.

3.3 기능식 조직의 장 · 단점

기능식 조직의 가장 중요한 장점은 관리 및 감독이 용이한 조직형태이며, 유사한 업무를 결합시킴으로써 생기는 전문화의 이점에 따라 효율성을 기할 수 있다.

같은 기능을 가진 사람들이 동일한 장소에서 업무를 수행하면 자원과 노력의 낭비를 줄일 수 있으며, 개인의 업무에 필요한 모든 기술을 그가 속한 부서 내에서 숙달시킬 수 있으므로 짧은 시간에 효과적으로 기술을 익히는 데 매우 유익하다. 그리고 함께 일하는 동료들 사이에서 공통된 사고와 언어를 공유하게 되므로 구성원 간 업무에 대한 일체화와 업무능률을 최대한 향상시킬 수 있다.

기능식 조직의 단점은 기능부서 간의 갈등으로 다른 부서와는 상이한 목표를 갖고 있기 때문에 부서 간 조정이 매우 곤란하게 된다. 또한 부서의 목표달성에 치중하므로 업적에 대한 통제의 어려움이 있어서 조직 전체의 목표달성에는 제한된 시각을 갖게 된다.

또한, 기능식 조직에서는 유능한 최고경영자를 양성하기가 매우 곤란하다는 단점도 있다. 최고경영자가 담당하는 직무의 고유 특성인 통합적인 업무를 다루는 기술을 배우고 익힐 수 있는 직책이 없기 때문에 조직 전반적인 관리기술을 개발시키기가 쉽지 않다.

〈표 6-4〉 기능식 조직의 장 · 단점

장 점	단 점
- 관리 · 감독이 용이 - 전문화의 촉진에 따른 효율성 - 구성원 간의 일체화의 촉진	- 기능부서 간의 의사소통 곤란과 갈등 - 업적에 대한 통제의 어려움 - 최고경영자 양성의 어려움

4. 사업부제 조직구조

4.1 사업부제 조직의 의의

기능별 조직구조는 기업에서 생산하는 제품의 종류가 많지 않거나 기업의 판매지역이 넓지 않을 때 보다 효과적이다. 그러나 조직규모가 크고, 환경변화가 많으며, 부문 간의 상호의존성이 클 경우에는 각 기능부문 간의 조정이 매우 중요하다.

사업부제 조직구조는 전통적인 기능식 조직구조와는 달리 단위적 분화의 원리에 따라 사업부 단위를 편성하고 각 단위에 대하여 생산, 마케팅, 재무, 인사 등의 독자적인 관리권한을 부여함으로써 제품별, 시장별, 지역별로 이익중심점을 설정하여 독립채산제를 실시할 수 있는 분권적 조직의 형태이다.

일반적으로 기능식 조직의 한계로부터 사업부제 조직(divisional organization)이 채택되는데, 사업부제의 출발은 1920년대 듀퐁사(Du Pont)와 GM(General Motors)과 같은 미국 대기업이 사업 및 지역 다각화를 추진함에 따라 야기되는 기능별 조직구조의 문제점을 해결하기 위하여 다사업부제 조직구조를 채택하기 시작했다. 그 이후 미국과 유럽의 기업들은 1930년대부터 제품별 다각화와 지역별 다각화를 수행하기 위하여 제품별 · 고객별 · 지역별 · 시간별 프로젝트 등을 기준으로 하여 조직구조를 개편하였다.

이런 기준에 따라서 만들어진 조직구조가 바로 사업부제 조직으로 최종적인 조직성과에 초점(focus)을 두고 있으며, 구조상의 특징으로는 각 부문의 수입 · 지출이 자율적으로 결정되는 독립채산제를 채택하므로, 의사결정에 대한 공식적 권한이 사업부의 최고경영자에게 위양된다.

챈들러(A. D. Chandler)는 그의 저서 『*Strategy and Structure*』를 통하여 미국의 다각화된 기업들이 점차적으로 기능별 조직구조에서 사업부제로 바뀌고 있다고 실증적으로 분석하였다. 그리고 기업이 거대화됨에 따라서 기능별 조직구조에서 사업부제 조직구조로 넘어가는 조직구조의 변천을 윌리엄슨(O. E. Williamson)은 거래비용이론(transaction cost economics) 관점에서 설명하고 있다. 그는 "다각화된 기능별 조직구조의 거대기업은 내부조직의 비효율성이 높다. 예컨대, 여러 종류의 제품과 여러 지역을 관리해야 하는 기업이 기능별 조직구조를 가지면 영업부서는 단독으로 이 수

많은 제품과 지역을 대상으로 경영하여야 하기 때문에 당연히 조직의 비효율성이 높게 될 수밖에 없는 것이다. 따라서 내부조직의 비효율 제거를 위해서 사업부제로 전환하게 된다."라고 설명한다.

[그림 6-6] 제품별 사업부제 조직

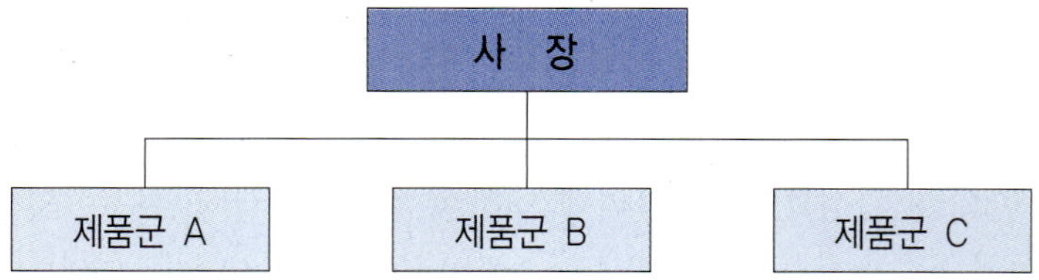

4.2 사업부제 조직이 필요한 상황

사업부제 조직은 환경의 불확실성이 크거나 기술에 있어서 부서 간 상호 의존성이 크고 비일상적일 때, 그리고 조직의 목표가 외적 효율성과 적응성을 중요시 할 때에는 기능부서 간의 조정문제가 매우 중요하므로 제품조직을 적용하는 것이 바람직하다.

그리고 조직이 다각화 전략을 채택하고 있을 때에도 기능부서들 간에 발생하는 갈등을 효과적으로 조정해야 할 필요가 있으므로 제품별 사업부제 조직을 사용하는 것이 효과적이다.

4.3 사업부제 조직의 장 · 단점

제품별 사업부제 조직의 경우, 사업부제 조직은 제품이나 서비스에 대한 모든 책임이 사업본부장에게 부과되므로 각 사업부에서는 여러 가지 소단위의 사업을 포괄적으로 경영함으로써 불안정한 환경변화에 대하여 효과적으로 신속하게 대응할 수 있다는 장점이 있다. 또한 여러 기능부서가 한 부서에 속해 있기 때문에 기능 간 조정이 매우 용이하다.

또한, 제품별 사업부제 조직의 경우 사업부마다 서로 다른 제품을 생산 · 판매하고 각각의 시장특성에 적절히 대응함으로써 소비자들의 만족을 증대시킬 수 있을 뿐만 아니라 시장세분화에 따른 제품의 차별화가 용이하다.

그리고 본사의 최고경영층이 일상적인 잡무로부터 벗어날 수 있기 때문에 전체 조직의 장기적인 전략수집과 같은 주요 업무에 노력을 집중하여 변화하는 환경에 대하여 효과적인 대응을 할 수 있게 된다.

제품별 사업부제 조직의 단점은 기능조직에서와는 달리 규모의 경제로부터 얻는 이점을 갖지 못하며, 모든 제품 단위마다 유사한 설비와 기능을 갖추어야 하므로 자원활용 측면에서 비경제적이다. 또한 제품조직에서는 제품라인이 분리되어 있고 라인 간의 협력을 고무시키는 인센티브가 거의 없기 때문에 제품라인 간의 조정이 곤란하다. 실제로 사업부제를 실시하고 있는 여러 회사에서 사업부 간의 조정과 관련된 문제를 갖고 있는 경우가 많이 있다.

제품별 사업부제 조직에서는 기능이 여러 사업부로 분산되어있기 때문에 기술의 기능별 전문화가 어려워진다는 단점도 발생한다. 또한, 사업부에 속한 조직구성원들은 자신이 관련된 제품 라인에 관심이 집중되기 때문에 전체 조직 차원에서 기술의 통합과 전문화가 곤란해지기도 한다.

〈표 6-5〉 제품별 사업부제 조직의 장 · 단점

장 점	단 점
- 전체적인 결과 및 고객지향성에 초점 - 업적에 대한 통제가 용이 - 제품부문 간 경쟁에 따른 성장의 촉진 - 기능부문 간 협조의 증대	- 자원의 비효율적 중복사용 - 전반적 경영능력을 지닌 경영자 필요 - 사업부 간의 과도한 경쟁 - 기업 전체목표보다 사업부 목표 우선

5. 혼합형 조직

5.1 혼합형 조직의 의의

혼합형 조직(hybrid structure)이란 완전한 기능조직이나 제품조직을 사용하기보다는 두 조직의 특성을 적당히 혼합하여 효율을 높이고자 하는 조직이다.

기업이 성장함에 따라 제품조직 형태로 조직설계가 필요하게 된다. 제품조직에서는 각 제품 사업부나 세분화된 시장별로 중요한 기능이 분산되지만 몇몇 기능을 집중화하여 각 사업부와 별도로 본사의 기구로 남길 경우, 그 기능들은 규모의 경제나 전문화의 이점을 유지하게 된다.

따라서 혼합형 조직은 두 조직에서 얻을 수 있는 장점을 더욱 살리고 단점은 줄여서 조직의 효율을 높일 수 있다.

[그림 6-7] 혼합형 조직

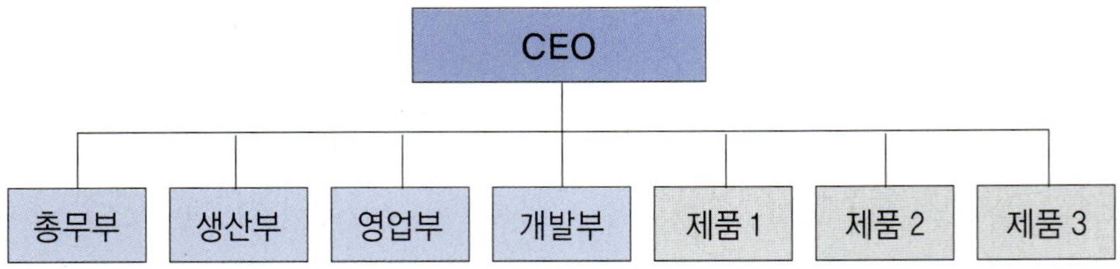

5.2 혼합형 조직이 필요한 상황

조직의 목표가 각 기능부서에 대한 효율성과 고객의 다양한 욕구충족, 혁신을 필요로 하는 경우에 적합하다. 이는 두 조직의 특성을 모두 가지고 있으므로 ① 불확실한 환경, ② 일상적, 비일상적 기술에서도 모두 사용될 수 있으며, ③ 대규모의 조직에서 제품사업부 간 자원의 중복을 없애기 위해 사용할 수 있다.

5.3 혼합형 조직의 장 · 단점

혼합형 조직의 가장 중요한 장점은 기능부서의 효율성을 유지하는 한편, 제품부서가 환경에 대하여 충분히 적응성과 효율성을 동시에 추구할 수 있도록 설계된 조직이라는 점이 가장 장점이다. 또한 혼합형 조직에서는 조직 전체의 목표와 각 사업부의 목표를 효과적으로 조정할 수 있다.

혼합형 조직의 단점은 각 제품사업부를 감독하기 위해 스탭을 두게 되는데, 스탭의 숫자가 지나치게 증가하여 관리경비가 낭비될 우려가 있다. 또한, 혼합형 조직은 본사부서가 사업부의 업무활동에 대하여 종적인 권한을 갖지 않도록 설계한 것임에도 불구하고 본사부서가 사업부에 대하여 관여할 경우 본사와 사업부 간의 갈등이 생기기도 한다.

〈표 6-6〉 혼합형 조직의 장·단점

장 점	단 점
- 제품 라인의 적응성 및 조정, 집권화된 기능부서의 효율성 - 기업목표와 사업부 목표의 효과적 조정 (제품 라인 간의 조정, 제품 라인 내)	- 관리 스탭의 비대화 우려 - 본사 관리 스탭과 사업부 간의 갈등야기

제 3 절 조직설계의 횡적유형

1. 매트릭스 조직

1.1 매트릭스 조직의 의의

매트릭스 조직은 제2차 세계대전 이후 소비자가 원하는 제품을 개발하여야 한다는 고객지향주의 개념 하에서 형성되었으며, 1960년대 이후 기업을 둘러싼 환경의 변화가 심화되자 기존의 기능별 조직, 제품별 사업부 조직은 신속한 상황의 변화에 대처할 수 있는 유연성을 갖고 있지 못하는 단점이 부각되었다.

그 결과 소비자 중심의 시장상황과 급변하는 환경에 적응하기 위해서 제품별 조직과 기능별 조직을 결합하여 이중의 명령체계와 책임, 평가 및 보상체계를 갖춘 매트릭스 조직이 등장하게 되었다.

특히, 조직이 성장함에 따라 조직이 전문적 기술을 필요로 하고 제품 라인의 혁신이 필요한 불확실성이 높은 환경에 처해 있는 경우, 각 기능활동과 제품 라인을 동일한 비중을 두고 관리해야 할 필요가 있다.

매트릭스 조직은 전통적인 직능식 조직에 제품조직을 결합하여 한 부서 내에 속하도록 설계한 조직형태이다. 따라서 조직구성원은 종적으로는 기능조직의 일원임과 동시에, 횡적으로는 제품조직의 일원이 되어 양 조직에 중복적으로 소속되어 있게 된다.

[그림 6-8] 매트릭스 조직

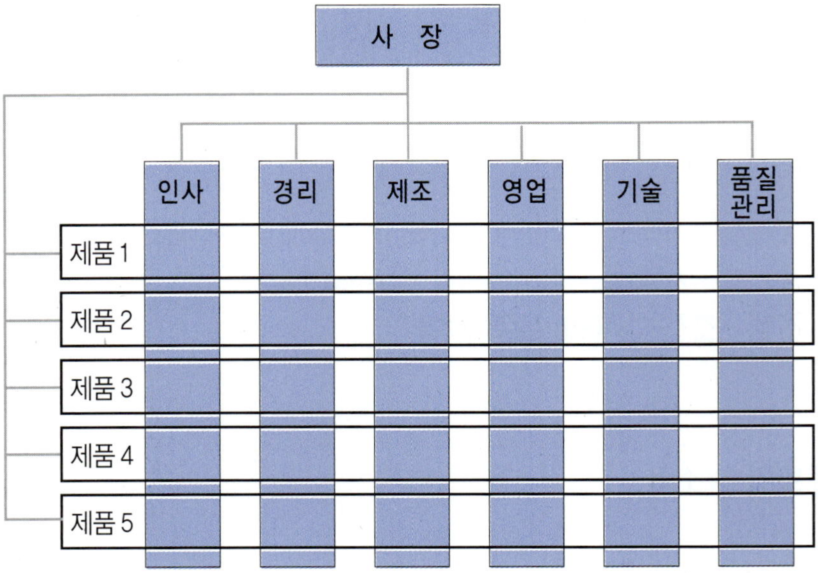

혼합형 조직에서와 같이 조직이 여러 부분으로 분리되는 것이 아니라 매트릭스 조직은 수행되는 업무에 대하여 제품관리자와 기능관리자에게 동시에 보고하고 두 사람의 통제를 받도록 한다. 그리고 매트릭스 조직은 전임 통합자를 두는 것과 비슷하지만 매트릭스 조직의 관리자는 두 부문의 관리자가 동시에 공식적인 권한을 갖고 업무를 처리한다는 점에서 차이가 있다.

1.2 매트릭스 조직이 필요한 상황

매트릭스 조직의 경우, 조직의 복잡성이 증대됨에 따라 대부분의 대규모 회사는 복잡성에 대응하기 위해 복잡한 시스템과 조직을 고안해 낸다. 복잡성에 대응하기 위한 것이 바로 매트릭스 조직이다.

매트릭스 조직은 환경의 불확실성이 매우 높고 조직의 목표가 기능부문과 제품부문을 동시에 중요시 하는 경우에도 적합하다. 매트릭스 조직은 환경변화에 신속히 대처하기 위한 원활한 의사소통을 가능하게 하며, 각 부문 간의 조정을 효과적으로 촉진시키고 두 부문 관리자 사이에 권한의 균형을 확보할 수 있도록 한다. 또한 기술이 비일상적이며 각 기능 간 또는 기능 내부의 상호 의존성이 있을 때에도 적합하다. 매트릭스 조직은 예측하기 어려운 문제에 대한 적응 및 해결을 용이하게 해주는 유기적 구조의 조직이다

매트릭스 조직과 규모의 관계를 살펴보면, 소수의 제품 라인을 갖고 있는 보통 규모의 조직에서 가장 효율적으로 기능을 발휘한다. 단일제품을 생산하는 조직에서는 매트릭스 조직이 필요없으나 너무 많은 종류의 제품을 생산하는 조직에서는 두 부문의 조정이 매우 어렵기 때문에 매트릭스 조직의 사용이 곤란하다.

1.3 매트릭스 조직의 장 · 단점

우선, 매트릭스 조직의 장점은 외부환경 변화에 융통성을 가지게 되어 제품이나 시장의 변화에 대한 다양한 욕구에 유연성으로 신속하게 대응할 수 있는 장점이 있다. 문제해결 지향적인 방법을 통해 경영활동이 팀을 통해 이루어지게 되며 구성원 간의 협동심이 증가하게 된다. 그리고 개인에게 창의성 및 능력을 발휘할 기회가 주어지고 전략적인 문제에 대한 시야를 확대할 수 있게 되어 경영자가 전략적 사고를 갖출 수 있게 되는 장점이 있다.

반면, 매트릭스 조직의 단점은 조직에서 이중의 명령구조로 인해 기능부분과 프로젝트 부문 간에 충돌과 갈등의 소지가 높을 수 있으며, 구성원 각자의 심리적 압박과 스트레스가 발생할 수 있으며, 매트릭스 조직이 지속적으로 운영되면, 또 다른 사업부로의 변질가능성이 존재한다.

〈표 6-7〉 매트릭스 조직의 장 · 단점

장 점	단 점
- 환경변화에 신속한 대응(유연성) - 부서 간, 계층 간 불협화음의 제거 - 문제해결지향적이며, 문제해결을 위한 다양한 전문지식 활용 - 개별 구성원의 창의력과 사기 제고	- 권한 · 책임의 중복에 따른 무질서 - 구성원 각자의 심리적 압박과 스트레스 - 또 다른 사업부로의 변질가능성

제 4 절 조직설계의 최근 유형

1. IT기업의 조직유형

1.1 애플

애플은 대표적인 기능식 조직이다. 즉, 서비스나 제품중심이 아닌 전문성 중심으로 인력과 조직설계를 하는 것을 말한다. 또한 애플의 조직구조는 민츠버그의 분류에 의하면 단순구조(simple structure)의 형태를 취하며 변화에 빠르게 대응할 수 있고 역동적이나 CEO에게 모든 권한과 책임이 집중되기 때문에 조직 내부 유연성은 약하다. 또한 CEO의 부재 시 조직의 혼란 가능성이 높다. 표면적으로 애플이 단순구조의 조직형태로 보이지만, 실제로는 CEO에게 집중된 권한과 책임을 분산/경감시키는 기계적 혹은 전문적 관료제가 자리잡고 있다고 보는 것이 옳다.

[그림 6-9] 애플의 조직구조

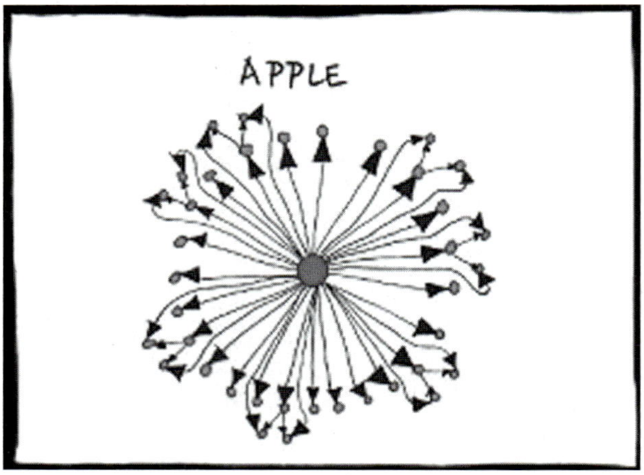

그러나 여기서 생각해볼 문제가 있다.

만일 애플이 사업부제 형태의 조직을 취하고 있어서 맥북 사업부라는 제품사업조직이 있었다면, 아이패드와 같은 혁신적인 제품이 나올 수 있었을까? 하는 질문을 던져볼 수 있다.

맥북 사업부에서는 디바이스 판매에 아이패드가 나쁜 영향을 줄 수 있다는 사업본부장의 판단으로 아이패드와 같은 혁신적인 제품은 시장에 나올 수 없을 것이라는 합리적인 추론도 가능하다.

1.2 아마존

아마존의 조직구조는 기계적 관료제의 모습을 보여주고 있다. 세계 최고의 전자상거래 업체라는 명성과 달리 아마존은 전통적인 피라미드 형태의 조직을 유지하고 있다. 기능별로 조직이 나눠져 있고 권한과 책임은 최종적으로 제프 베조스 CEO에게 집중된다. 기존 오프라인 유통업체와의 유사성이 크고 이미 안정되고 성숙한 조직으로 효율성을 우선시하는 구조이다.

[그림 6-10] 아마존의 조직구조

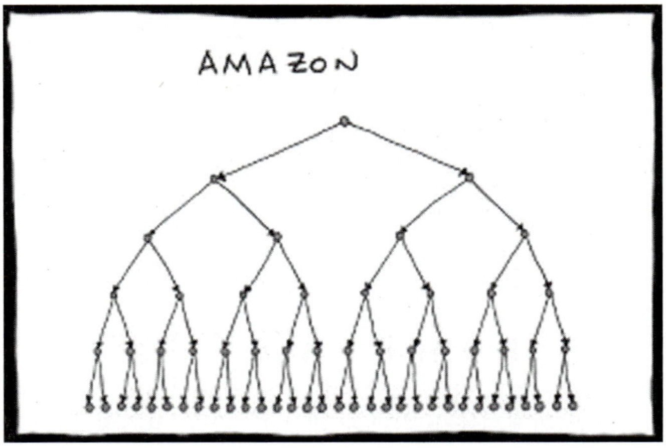

1.3 구글

구글의 조직구조는 프로젝트 조직과 같은 모습을 보여주고 있다. 유연한 구글의 조직문화를 잘 표현하고 있다. 업무도 복잡한 만큼 조직도 복잡하고 의사소통체계도 매우 복잡하게 얽혀져 있음을 확인할 수 있다.

구글의 조직구조는 전문적 관료제(professional bureaucracy)의 형태를 취하며 구조의 권한배분은 권력분립형 조직설계방식을 채택하고 있는데, 이는 과업이 필요한 다양한 이해집단 간 견제와 균형의 유지를 위해 요구되는 방식이다.

CEO 휘하의 임원들이 권한과 책임을 지니면서 부문별 전문가 조직을 거느리되 각 부문별로 유기적인 협업관계를 유지한다. 공식화・전문화되어 있어도 기술인력은 자율적으로 운영된다. 관리부담이 늘어나지만 변화가 빠른 IT 기업이나 연구소, 전문가 집단에서는 적합한 조직형태로 해석될 수 있다.

[그림 6-11] 구글의 조직구조

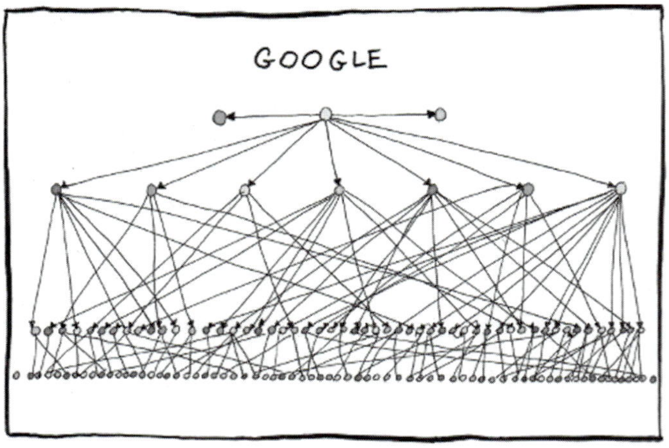

위 그림은 구글의 지휘체계를 도식화한 것으로, 가장 상위의 세 점은 각기 공동창업자이자 CEO인 래리 페이지(Larry Page)와 다른 한 명의 공동창업자인 세르게이 브린(Sergei Brin), 그리고 회장인 에릭 슈미트(Eric Schmidt)를 나타낸다. 그 아래로는 선임부사장(SVP)들로 구성된 EMG(Executive Management Group)와 각 실무그룹들

이 포진되어 있다. 그리고 전통적 조직에서와는 달리 각 기능단위들 사이에 그 위상에 관계없이 직접적인 커뮤니케이션 채널이 수립되어 있다는 것이다. 구글이 평평조직(flat organization)으로서 효과성을 충분히 발휘할 수 있는 것은 바로 각 단위들 간에서 촘촘한 커뮤니케이션이 발생할 수 있기 때문이다. 구글에서 각 직원 간의 커뮤니케이션은 intranet인 MOMA를 중심으로, 직원들 간의 이메일을 포함한 가능한 모든 채널을 통해 발생한다.

1.4 마이크로 소프트

마이크로 소프트는 사업부제의 모습으로 분권화된 기계적 조직으로 각 사업부가 독립적인 권한과 책임을 지닌다. 마이크로 소프트와 같이 크고 성숙된 조직에서 선호하며 글로벌 시장 대응에도 적합하다. 다만, 각 사업부가 독립적이고 경쟁구도를 이루기 때문에 사업부 간 협조와 공유가 잘 이뤄지지 않고 변화에 둔감한 단점이 있다. 이를 조정하기 위해 CEO와 Staff 역할이 중요하다.

[그림 6-12] 마이크로 소프트의 조직구조

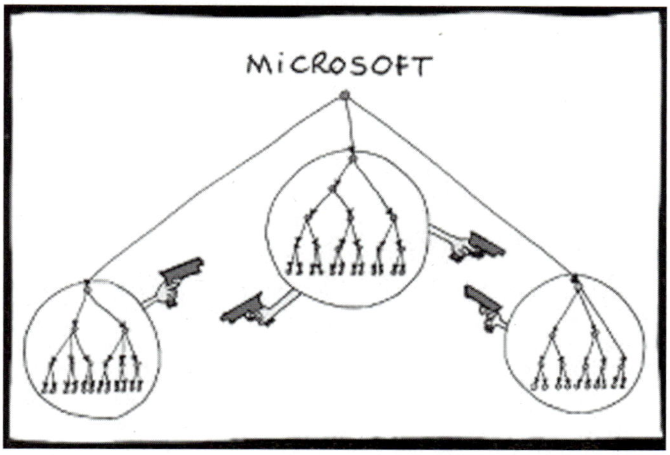

1.5 오라클

오라클은 기계적 관료제와 법무조직으로 이루어진 라인과 스탭 조직형태를 취한다. 즉, 전형적인 기계적 관료제에 더하여 법무조직이 전체 조직의 의사결정을 돕는 구조다. 특허 등으로 송사가 많은 미국적 특성이 반영되었다. 물론 오라클의 경우 비생산적인 법무조직이 지나치게 비대하다는 단점이 있다.

[그림 6-13] 오라클의 조직구조

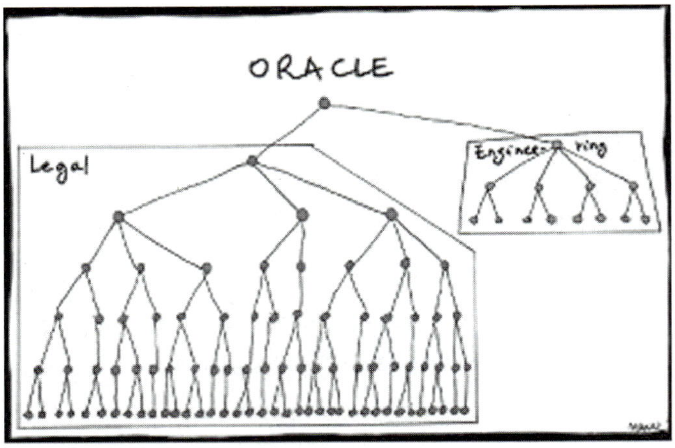

1.6 페이스 북

페이스 북은 민츠버그 조직유형론에서 가장 이상적인 조직형태로 분류되는 '애드호크라시'에 가장 가깝다. 고도의 수평적 직무 전문화를 이루면서 변화의 요구에 지속적으로 대응하는 혁신조직이다. 상하 간의 수직적 계층보다 수평적으로 겹쳐진 다수의 팀(혹은 개인)으로 구성된다. 페이스 북처럼 신생 벤처기업에서 소화할 수 있는 매우 유기적인 조직유형이지만 팀 간의 협력과 상호조정의 필요성이 크며 안정성이 높은 조직이라고는 할 수 없다. 장기적으로 관료제 형태의 조직으로 변하는 경우가 많다.

[그림 6-14] 페이스 북의 조직구조

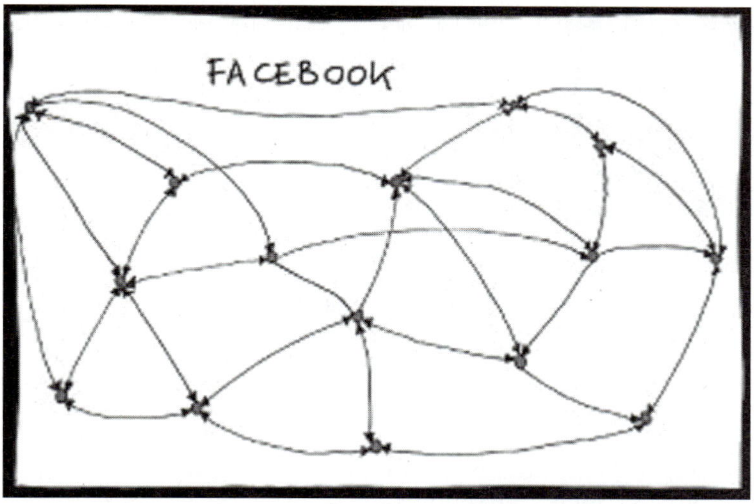

사례 네이버의 셀(cell)조직

변화에 유연한 조직문화는 데스크톱에서 모바일로 IT패러다임이 바뀌는 상황에서 데스크톱에 주력하던 네이버가 모바일 환경에서도 흔들리지 않고 지분을 확대할 수 있는 계기 중 하나가 됐다. 모바일에 제대로 적응하지 못해 변방의 서비스로 전락한 야후, 플리커 등과는 다른 행보였다. 모바일 환경이 진화에 진화를 거듭하면서 속도 중심의 네이버 조직체계는 점점 고도화되고 있는 상황이다.

네이버는 2010년대 들어 모바일 시대에 맞게 조직구조를 원점에서 재검토했다. 먼저 2014년 2월 본부, 팀, 센터로 대표되는 수직적 조직구조를 없앴다. 대신 서비스 기획자, 개발자, 디자이너가 하나의 조직으로 뭉쳐 빠르게 결정하고 실행할 수 있는 '셀(cell)' 조직을 신설했다. 이는 전통적인 "관리 중심의 조직구조에서는 일의 속도가 떨어졌다"고 판단하였으며 "처음부터 끝까지 주도적 · 완결적으로 일하는 기회를 가질 수 있게 하는 것이 중요하다"고 결정하였다.

셀 조직은 기획 · 개발 · 디자인 등 기능별로 흩어져 있던 인력을 한데 모은 것이 특징이다. 모바일 서비스에 회사 자원을 집중할 수 있다. 2011년 회사 핵심인력들을 한데 모아 라인을 개발을 주도했던 네이버의 두 번째 글로벌 실험이다.

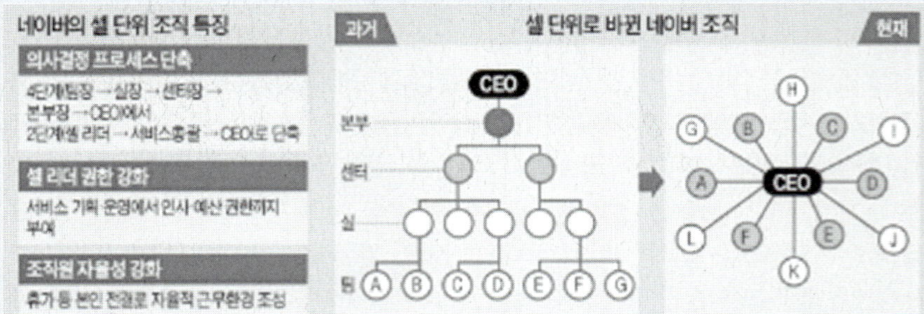

네이버에 따르면 본부, 팀, 센터로 구성된 수직적인 조직은 데스크톱 환경에 어울리는 구조였다.

품질을 챙기는 데는 좋을지 몰라도 사용자들로부터 폭발적인 반응을 이끌어내는 스타트업들이 어느날 갑자기 등장하는 모바일 환경에 대응하기에는 효과적이지 않았다. 셀 중심으로 조직을 재편한 것은 조직운영에서 속도를 강조하겠다는 경영진의 의지를 상징했다.

네이버 관계자는 "셀 조직에선 기획자, 디자이너, 개발자가 협의해 신속하게 의사결정을 할 수 있다. 이로 인해 조직차원에서 의사결정 속도가 대단히 빨라졌다"고 전했다.

예전에는 기획자, 디자이너, 개발자들이 흩어져 있어 필요할 경우 업무협의를 해야 했고 이 과정에서 상당한 시간이 소요됐는데, 셀 조직 중심으로 전환 이후 이런 문제가 많이 사라졌다는 설명이다.

토의 과제

1. 모바일 산업변화의 역동성은 무엇인가?
2. 네이버가 셀(cell) 조직으로 변화한 이유는 무엇인가?
3. 네이버의 셀(cell) 조직의 특징을 설명하시오.
4. 네이버가 모바일 분야에서 지속적 경쟁우위를 확보하기 위해 필요한 조직역량은 무엇인가?

제 Ⅲ 부

환경과 조직

조직은 환경을 떠나서 존립할 수 없다. 전통적인 고전적 조직이론은 조직의 내부문제만을 다루었지만 오늘날의 조직론은 조직이 사회 속의 일원이기 때문에 조직과 환경과의 관계를 중시한다.

조직은 사회로부터 필요한 투입을 받고, 조직의 산출을 다시 사회로 보내기 때문에 환경에 따라 조직의 운영이 달라진다고 할 수 있다. 환경이란 것은 정적으로 고정되어 있는 것이 아니기 때문에 조직은 변화하기 마련이다. 특히 현대조직의 환경은 '소용돌이의 장'이라고 불리기도 하는데 이는 그 속의 변화양상이 너무 복잡하고 급격해서 변화를 예측하기 힘든 환경을 말한다.

특히, 현대 조직이론에서는 조직을 개방체계로 보는 시각이 확산되면서 조직에 대해 투입물과 산출물을 교환하는 환경의 중요성이 부각되게 되었다.

제3부 환경과 조직에서는 환경의 불확실성과 조직적응, 조직의 성장과 쇠퇴, 조직 간 관계이론, 국제화에 따른 조직설계의 내용을 다룬다.

제 7 장 환경의 불확실성과 조직적응

Opening Knowledge Cafe : Communication! Communication! Communication!'

미국 실리콘밸리에 있는 세계 굴지의 전자업체인 휴렛팩커드의 기나긴 공장 복도에 유일하게 쓰여 있던 문구는 바로 'Communication! Communication! Communication!'이었다. 이 말의 의미는 커뮤니케이션이 조직에서 거의 전부라고 해도 과언이 아니라는 상징적인 문구이다.

현대사회에서 조직의 중요성이 강조되는 현재 조직의 IQ를 높이는 것은 중요한 과제다. 하지만 엄청난 변화의 시대에 진정한 경쟁력의 원천은 역시 종업원의 저력을 극대화하는 길에 있다. 그 비결은 이른바 '의사소통지수', 즉 CQ(communication quotient)를 높이는 데 있다.

이는 CRM(고객관계관리), ERP(전사적 자원관리), BSC(균형성과평가제도) 등 각종 첨단 경영관리 비법으로 무장한다고 되는 일이 아니다. 조직의 주인은 사람이지, 시스템이 아니다. 문화적 접근이 아닌 그러한 시스템적 강화는 오히려 시스템의 노예를 만들어 조직 내 커뮤니케이션 수준을 더욱 저하시키기도 한다. 첨단 미사일이 속속 도입되고 있는 군부대 내에 의사소통이 잘 안 되는 것을 생각해보면 그 답이 보인다.

하나같이 똑같은 형태로 구워낸 벽돌로 이루어진 조직에서 발상의 전환과 창조성을 기대하기란 불가능하다. 더욱이 일사불란을 강조하는 군대 같은 조직문화로는 거세게 밀려드는 글로벌 전쟁을 치를 수 없다. 사실 우리 사회 속엔 은연중 자신과 다른 행동양식에 대한 근본적 배타심이 숨어있다. 아무리 수출을 많이 해도 우리 스스로가 선진국 되기는 멀었다고 자조하는 이유 중 핵심은 바로 우리 사회 안에 똬리를 틀고 있는 '다름'에 대한 거부감이며 '다양성'에 대한 몰이해다. '다르다'와 '틀리다'는 다른 것이며, 이 세상에서 다양한 것만큼 강한 것은 없다. 우리가 바라는 선진화의 핵심이 바로 이것이다.

나와 다름을 인정하지 못하는 곳에서 즐거움이 자랄 수 없으며, 즐거움이 사라진 곳에서 창조는 커녕 생산성이 오를 리 없다. 국내 대부분의 조직에서 자주 들리는 "절이 싫으면 중이 떠나라" 또는 "모난 돌이 정 맞는다"라는 말들은 그 싹을 밑동부터 자르는 일종의 폭력이다. 이젠 엄숙한 상사, 지겨운 회의, 단조로운 일상 업무 등 '고통의 우상숭배'라고까지 불리는 한국인만의 고질병에서 빠져 나와야 한다. 결국 조직원을 존중하고 마음으로 인정할 때 즐거운 직장이 이루어지며, 즐거운 마음이 들어야 머리도 돌고 창의성도 나오는 법이다. 우리에게 침묵은 더 이상 금이 아니며, 소통은 서로 닫혀 있던 무한대의 가능성을 여는 비밀의 열쇠다. 따라서 조직의 CQ(의사소통지수)를 높이는 일이야말로 그 어떤 혁신보다 중요한 테마가 아닐 수 없다.

제1절 환경의 불확실성

1. 조직환경과 환경의 불확실성

조직환경은 "조직 밖에 있는 모든 것", "대상조직이 아닌 모든 것"이라고 정의할 수 있다. 사전적으로는 "생물을 둘러싸고 있는 외부", "유기체에 직접, 간접으로 영향을 주는 모든 것"으로 해석되어 지며, J. Barney와 R. Griffin은 '조직환경'을 조직에 영향을 줄 수 있는 조직외부의 모든 요소와 상태로 구성된다고 정의하였다.

오늘날 조직은 조직의 성장과 유지, 발전을 위하여 지속적으로 변화하는 환경과의 끊임없는 상호작용을 통하여 인적, 물적자원, 정보, 에너지 등을 교환하는 개방체제로 인식되면서 '조직환경'은 조직의 경계밖에 존재하는 외계의 총칭으로 조직전체나 조직내부체계의 발전에 영향을 미치면서 그를 둘러싸고 있는 모든 조건이나 상황 또는 영향력으로 정의한다.

[그림 7-1] 조직과 환경

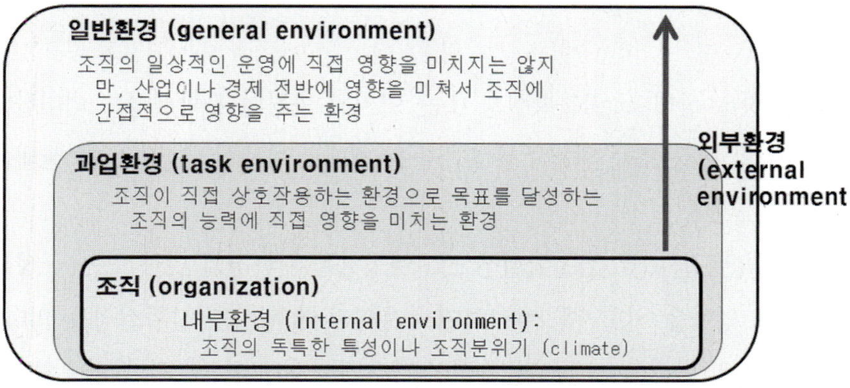

환경(environment)이란 시스템(system)과 구별되는 개념으로 설명할 수 있는데, 환경이란 시스템에게 영향을 주어 어떠한 방향으로 시스템의 변화를 주는 요소로 설명할 수 있다. 이를 기업의 경영환경이란 개념으로 재정의하게 되면, 조직이 성장하고

존속하기 위해 필요한 의사결정을 하는 과정에서 관련되는 모든 주위 여건으로 이러한 조직환경은 정태적으로 정지된 형태의 것이 아니라 조직이 처한 장소나 시간에 따라서 변할 수 있는 동태적인 개념으로 파악할 수 있다.

그러면 오늘날 조직 경영활동에서 환경이 중요한 이유는 무엇인가?

첫째, 기업활동이 인간생활 전반에 미치는 영향력이 증대하고 결과적으로 비판이 증대됨에 따라 기업자체가 사회적 영향력을 고려할 수밖에 없는 입장에 처하게 되었다는 점이다.

둘째, 기업의 경쟁이 치열해짐에 따라 환경조건이 여러 가지로 복잡해졌으며 아울러 환경자체가 급변하는 추세가 이어짐으로써 의사결정을 위한 환경예측과 대책, 적응이 매우 곤란해졌다는 점이다.

셋째, 기업전체를 하나의 시스템으로 파악한다면 환경도 하나의 시스템으로 기업은 상위시스템으로서의 환경에 대한 하위시스템으로 간주된다는 점이다.

한편 경영관리에서 불확실성이란 의사결정자가 충분한 정보를 가지고 있지 못함으로써 외부변화를 예측하지 못하는 상태를 의미한다. 이 가운데 환경의 불확실성이란 불확실성의 원천이 조직의 외부환경에서 발생한 불확실성을 의미하며, 세 가지 유형으로 나누어 살펴볼 수 있다.

첫 번째 유형은 상태(state)불확실성 또는 인지된 환경의 불확실성을 의미한다. 경영자들이 조직의 환경 또는 환경구성 요소들을 제대로 예측할 수 없을 때 상태불확실성을 경험하게 된다.

두 번째 유형은 결과(effect)불확실성으로 경영자들이 환경의 변화 또는 구성요소가 조직에 어떠한 영향을 미칠지를 예측하지 못함으로써 생기는 불확실성을 의미한다.

세 번째 유형은 반응(response)불확실성으로 경영자가 환경변화에 반응하기 위한 대안들에 대한 지식이 부족하거나 반응대안들이 가져올 결과를 예측하지 못함으로써 생기는 불확실성을 의미한다.

2. 환경의 불확실성의 분류

환경의 불확실성은 조직이론에서 중요한 개념으로 다루어져 왔으며, 특히 환경에 적응하기 위한 조직설계관점에서 연구되어 왔다. 대표적인 조직환경론자인 Duncan은 환경의 불확실성을 복잡성과 동태성으로 양분하여 설명하고 있다.

2.1 환경의 복잡성

환경의 복잡성이란 조직이 의사결정을 할 때 고려해야 할 환경요소의 수에 관련된 개념으로서, '환경이 복잡하다'라는 말은 조직이 의사결정을 할 때 고려해야 할 환경요소가 많다는 것을 의미하며, '환경이 단순하다'라는 말은 조직이 의사결정을 할 때 고려해야 할 환경요소가 적다는 것을 의미한다.

2.2 환경의 동태성

환경의 동태성이란 조직이 의사결정을 할 때 고려하는 환경요소들이 얼마나 동태적인가에 관련된 개념으로써 '환경이 동태적이다'라는 말은 잦은 소비자의 욕구변화, 빈번한 경쟁자의 전략변화, 정부의 규제변화, 신제품의 잦은 출현 등과 같이 환경요소들의 특징이 자주 변하는 것을 의미한다. 반면 '환경이 안정적이다'라는 말은 소비자 특성, 정부규제, 기술 특성 등이 몇 달 또는 몇 년이 지나도 거의 변하지 않고 동일하다는 것을 의미한다.

2.3 환경불확실성의 통합적 틀

환경의 복잡성과 동태성 차원으로 환경의 불확실성을 분석하기 위한 통합적 틀을 도출하면, [그림 7-2]와 같이 설정할 수 있다.

[그림 7-2] 환경불확실성의 모형

환경의 동태성 (environmental change)	환경의 복잡성 (environmental complexity): 단순 (simple)	환경의 복잡성 (environmental complexity): 복잡 (complex)
안정적 (stable)	**낮은 불확실성** 소수의 환경요소 낮은 변화성 e.g. 음료병, 컨테이너 제조업	**다소 낮은 불확실성** 다수의 환경요소 낮은 변화성 e.g. 대학, 병원
동태적 (unstable)	**다소 높은 불확실성** 소수의 환경요소 높은 변화성 e.g. 패션의류 제조업	**높은 불확실성** 다수의 환경요소 높은 변화성 e.g. 휴대전화 단말기 제조업

첫째, 낮은 환경불확실성은 환경의 복잡성이 단순하고 환경의 동태성이 안정적인 환경에서 나타나며, 여기서는 소수의 환경요소만 고려되어지고 이들 환경요소들도 거의 변화하지 않는다는 특성을 가지고 있다. 여기에 속한 대표적인 산업은 음료병 제조회사나 컨테이너 제조업의 경우가 이에 해당한다.

둘째, 다소 낮은 환경불확실성은 환경의 복잡성은 복잡하지만 환경의 동태성이 안정적 환경 하에서 나타나며, 여기서는 조직이 의사결정 시에 고려해야 할 환경요소는 많지만 그 변화의 정도는 아주 적은 특성을 가지고 있다. 여기에 속한 대표적인 산업은 대학이나 종합병원의 경우가 이에 해당한다.

셋째, 다소 높은 환경불확실성은 환경의 복잡성은 단순하지만 환경의 동태성이 아주 급변하는 환경 하에서 나타나며, 여기서는 비록 조직이 고려해야 할 환경의 요소들은 소수이지만 그 변화의 속도는 매우 빠르다는 특성을 지닌다. 여기에 속한 대표적인 산업은 패션의류 제조업의 경우가 이에 해당한다. 최근 유니클로, 자라와 같은 패스트 패션 의류 등이 이 사분면에 속하는 좋은 예가 된다.

넷째, 높은 환경불확실성은 환경의 복잡성도 매우 복잡하고 환경의 동태성도 급변하는 환경 하에서 나타나며, 여기서는 조직이 목표설정 시에 소비자, 수요자, 경쟁자

등 많은 환경요소를 고려해야 하며, 그 요인들의 변화 정도도 매우 심하다. 여기에 속한 대표적인 산업은 삼성전자나 LG전자의 휴대전화 단말기 제조사업부 등이 여기에 해당한다.

제 2 절 환경의 불확실성과 조직의 적응전략

1. 환경의 불확실성에 대한 조직의 내부 대응전략

첫째, 경계연결역할(boundary spanning role)이다. 경계연결역할은 환경과 조직 사이의 접촉영역인 환경의 경계에서 활동하는 사람들, 예를 들어 시장조사원이나 구매담당자 등 경계연결 역할을 하고 있는 사람들을 통해 끊임없이 정보를 얻어 불확실성에서 오는 위험을 감소시키는 전략을 말한다.

둘째, 완충전략(buffer strategy)이다. 완충전략이란 투입과 산출 두 가지 측면에서 예기치 못한 상황에 대비해 조직의 활동기능을 보호하기 위한 전략이다. 구체적인 전략수행의 방법은 투입은 조직에서 사용되는 원료나 공급물자를 비축해두거나 새로운 종업원을 모집해 훈련시켜서 예기치 못한 상황에 미리 대비하며, 산출은 판매 수요와 상관없이 일정량의 재고를 유지해 대비하는 전략이다.

셋째, 분화와 통합방법(differentiation and integration)이다. 분화와 통합은 조직을 고도로 세분화, 전문화시켜 복잡한 외부환경에 빠르게 대응할 수 있도록 하되, 세분화되고 전문화된 조직을 통합하는 능력을 동시에 강조하는 방법이다.

2. 환경자체의 변경전략

조직이 환경의 불확실성을 감소시키는 방법으로는 불확실성이 높은 현재의 활동영역에서 보다 안정적인 환경으로 활동영역을 변경하는 방법과 보다 적극적으로 활동영역을 확대하여 환경의 불확실성을 흡수하는 방법이 있다.

환경에 대한 불확실성을 감소시키기 위해서 활동영역 선택전략은 환경자체를 변경시키는 적극적인 전략이다. 즉, 활동영역(domain) 선택전략은 좀 더 호의적인 환경에 맞추기 위해 현재의 활동영역을 변경하여 새로운 환경을 선택하는 전략이다.

활동영역 선택전략에서 사용되고 있는 전략은 크게 공격형과 수비형으로 나눌 수 있으며 공격형은 집중화, 수직통합, 다각화, 합작투자, 기술혁신 등이 있고, 수비형은 긴축 또는 우회, 환수 또는 회수, 청산, 수확, 하청계열사, 현상유지 등이 있다.

공격형 전략의 대표적인 예로 다각화 전략을 들 수 있다. 다각화라는 것은 기존의 활동영역에서 환경의 불확실성이 증가하기 때문에 조직이 다른 활동영역으로 사업활동을 추진하는 것을 의미한다. 다각화 전략의 예는 웅진그룹의 경우 과거 사업영역이었던 책, 화장품, 정수기사업의 한계를 극복하기 위하여 태양광 사업으로 진입하는 전략을 추구하고 있다.

반면 수비형 전략의 대표적인 예로 철수전략을 들 수 있다. 철수란 조직이 활동하는 영역에서 물러나는 것을 의미한다. 철수의 대표적인 예로 필립스 전자가 한국의 합작회사인 LG-필립스 LCD로부터 LCD 사업을 철수하는 경우가 해당된다.

조직은 다각화 또는 철수를 통해 지배・통제가 가능한 활동영역을 모색하게 된다. 이 경우 가장 이상적인 활동영역이란 경쟁업체가 거의 없고, 시장에 진입하는 데 큰 장애요인이 없으며, 정부의 규제도 거의 없고, 원・부자재의 공급자와 소비자들이 풍부한 영역을 의미한다. 그러나 특별한 경우를 제외하면 조직은 환경의 불확실성이 거의 없는 독점조직이 될 수가 없기 때문에, 활동영역의 변경은 환경의 불확실성을 대체하는 효과만을 가져오는 것이 일반적이다.

제 3 절 환경의 불확실성과 조직설계

조직의 목표를 효과적으로 달성하기 위해서는 환경의 불확실성 정도를 고려하여, 그에 적합한 조직설계가 이루어져야 한다. 즉, 조직이 직면한 불확실성의 정도에 따라 부서 수, 경계구조, 내부조정, 공식화 정도 등이 달라져야 할 것이다. 환경의 불확실성에 따른 조직설계에 대한 연구는 기계적 조직과 유기적 조직, 기술핵심조직과 변경조직, 차별화와 통합으로 나누어 살펴볼 수 있다.

1. 기계적 조직과 유기적 조직

번스(T. Burns)와 스토커(G. M. Stalker)는 영국과 스코틀랜드의 20개 산업조직을 대상으로 관리자들과의 면담과 자신들의 직접 관찰을 통하여 자료를 수집하여 조직구조와 관리행태가 상이한 환경조건에 따라 어떻게 달라지는가를 연구하였다.

번스와 스토커는 연구 결과 조직이 직면하고 있는 외부환경에 따라서 조직의 내부구조가 다르다는 것을 발견하였다. 동태적인 환경 속에서 활동을 하는 조직들의 조직구조와 안정적인 환경 속에서 활동을 하는 조직들의 조직구조는 분명한 차이가 있었다.

동태적 환경에 직면한 조직은 문서화된 규칙이나 절차가 거의 없었으며, 의사결정권한도 분권화되어 있고, 토론이나 상호작용으로 종업원들 간의 갈등을 해결하며, 종업원 간 의사소통이 빈번하고, 뜻밖의 상황에 유연하게 대응할 수 있는 유기적 조직구조를 갖추고 있었다.

반면, 안정적 환경에 직면한 조직은 의사소통을 주로 문서에 의존하며, 의사결정도 소수의 경영자에 의해서 행해지며, 정보의 흐름이 제한되어 있으며, 종업원 간의 갈등은 상급자의 의사결정에 의해서 해결되며, 규정된 상황만 적절히 취급할 수 있는 기계적 조직구조를 갖추고 있었다.

기계적 구조는 복잡성・공식화・집권화의 정도가 높고, 과업이 일상적이며, 정형화된 행동에 익숙하고, 새로운 상황에 대응하는 속도가 느린 관료제적 조직구조이다. 이에 비해 유기적 구조는 비교적 유연성이 있고 적응적이다. 수직적 의사소통보다는 수평적 의사소통을 강조하고, 지위・권한보다는 전문성과 지식에 기반을 둔 영향력을 행사하며, 구체적인 책임보다는 포괄적인 책임을, 그리고 정보의 흐름에 있어서도 지시보다는 정보의 상호교환에 비중을 두는 비관료적 조직구조이다. 이러한 유기적 조직구조와 기계적 조직구조의 특성을 요약하면 다음의 표와 같다.

〈표 7-1〉 기계적 조직과 유기적 조직의 비교

	유기적 구조(organic)	기계적 구조(mechanistic)
적합한 환경	동태적 환경(rapidly changing)	안정적 환경(stable)
작업의 분업화	낮음(부서 공통과업에 기여)	높음
공식화	낮음(팀워크에 의한 조정)	높음(문서화된 규칙과 절차)
권한의 위치	능력과 기술을 가진 구성원 (최고위층이 아닐 수 있음)	조직의 최고위층에 집중
갈등해결방식	토론, 기타 상호작용	상급자의 의사결정
정보의 흐름	상하로 자유로움	제한적, 하향식
커뮤니케이션(내용)	충고, 자문	명령, 지시

번스와 스토커는 기계적 구조 또는 유기적 구조 가운데 어떤 조직구조가 더 효과적인가를 밝히고자 한 것이 아니다. 이들 연구 결과의 시사점은 조직환경의 특성에 따라 그에 적합한 조직구조가 달라져야 한다는 점이다. 즉, 효과적인 조직구조란 환경의 특성과 적합관계를 이루는 조직구조이기 때문에 환경과의 적합성에 따라 기계적 조직구조나 유기적 조직구조 모두 효과적인 구조가 될 수 있다는 것이다. 기계적 조직구조는 안정적이고 불확실성이 낮은 환경에 적합한 조직구조이고, 유기적 조직구조는 동태적이고 불확실성이 높은 환경에 적합한 조직구조이다.

이들의 연구 결과는 여러 실증적 검증에 따라 지지를 받고 있으며, 특히 미항공우주국(NASA)의 조직구조 연구에서 그 타당성이 입증되었다. 계속 예측 불가능한 문제를 다루지 않으면 안되는 미항공우주국에서는 계속적인 변화에 대응하고 적응할 수 있는 조직구조를 필요로 하게 되었고, 이에 조직구조가 유기적 구조의 특성을 그대로 따르고 있다는 사실을 발견하게 된 것이다.

2. 기술핵심조직과 변경조직

Burns와 Stalker의 연구는 직면한 환경의 특성에 따라 기계적 구조 또는 유기적 구조와 같이 조직의 모든 부분이 일관성 있는 형태를 취하고 있는 것으로 보았다. 반면, Thompson은 조직이 환경의 불확실성을 감소하기 위해 부서의 수를 증가시켜 나간다고 하면서 조직을 부문별 역할특성에 따라 구조유형을 기술핵심조직(technical core)과 이를 보호하기 위한 변경조직(boundary-spanning units)으로 구별하였다.

첫째, 기술핵심조직이란 조직에서 중요한 생산활동을 수행하는 곳으로서, 제조업의 경우는 생산현장 또는 조립 라인에 해당된다.

둘째, 변경조직이란 기술핵심조직이 효율적으로 운영되어질 수 있도록 외부환경의 영향력을 흡수하는 부서를 의미하는데, 제조업의 경우에는 원부자재를 구입하는 구매부, 제품의 판매를 전담하는 영업부, 시장조사부, 연구개발부 등이 이에 해당된다.

톰슨은 조직을 기본적으로 개방적 환경 하에서 투입-과정-산출로 구성된 개체로 보았으며, 여기서 조직성과를 결정짓는 가장 중요한 요인은 '과정'변수, 즉 기술핵심부서로 파악하였다.

특히 톰슨은 그의 저서인 『*Organizations in action*』에서 '합리성의 규범'(norms of rationality)을 통하여 조직은 그 생산과정의 예측가능성을 높여주는 방향을 선호하게 되는데, 이는 최대한 기술핵심부서를 다른 영향요인들로부터 보호하게끔 해준다. 즉, 합리적 예측이 가능하기 위해서는 다른 영향요인을 배제하여야 한다는 것이다. 이 과정에서 세 가지 역할이 대두되는데, 이들은 각각 완충(buffer), 평탄화(level), 예측(forecast)의 전략이 필요하다.

첫째, 완충은 충격완화 기제이다. 원료산지의 수급이 불안정하다면 미리 원료를 비축해 두는 것과 같이 갑작스런 시장충격을 완화시켜주는 것이 전략이다.

둘째, 평탄화는 불안정한 요소를 평평하게 만들어서 늘 일정하게 유지시켜주는 역할이다. 완충이 그저 환경변화에 수동적으로 대응하기 위한 장치인데 반해, 평탄화는 아예 환경에 영향력을 행사하여 우리 조직의 기술핵심부서가 보존되고 원활히 작동하게끔 하는 적극적인 환경대응전략이다.

셋째, 예측은 경영자가 환경변화의 진폭을 미리 예측하여 불확실성을 감축시키는 것을 말한다. 예측은 완충과 평탄화가 안된다면 미리 대비라도 하기 위해 필요한 전략이다.

한편, 변경역할은 "조직경계(boundary)에 걸치는(spanning)"이라는 의미인데, 이는 외부환경의 핵심고려요인들과 우리 조직을 연결하고 서로를 교류시키는 역할이다. 우리 기업의 정보를 밖으로 전파하는 홍보실이나, 소비자의 불만을 조직 내로 흡수하는 서비스 부서 모두 변경역할이라 할 수 있다.

3. 차별화와 통합

로렌스와 로쉬(Lawrence와 Lorsch)는 조직구조와 외부환경의 관계를 실증적으로 밝혀냄으로써 개방체제적 조직이론의 형성에 지대한 공헌을 하였고, 상황적응적 관점을 조직설계이론에 확고히 정착시켰다. 따라서 그들의 연구는 하위환경과의 적합한 관계를 추구할 것이라 생각하고, 차별화(differentiation)와 통합integration)이라는 개념으로 조직설계를 설명하였다.

차별화란, 기능적으로 상이한 부서에 속한 관리자들은 그 기본성향이 서로 다르고, 또 부서 간의 공식적 구조도 서로 다르다는 것을 의미한다. 이들은 세 가지 사업별로 각각 10개 조직을 대상으로 하여 연구개발부서, 생산부서, 영업부서의 특징에 대해서 연구하였다.

첫째, 연구개발부서의 경우에는 장기적 안목 하에 신제품개발과 제품의 질을 추구하는 목표를 가지고 있으며, 종업원 간의 성향은 대체로 과업지향적이지만 구조의 공식성은 낮게 나타났다.

둘째, 생산부서의 경우에는 단기적 안목 하에 원가를 절감하기 위한 효율적 생산문제에 가장 많은 관심을 두었다.

셋째, 영업부서의 경우에는 종업원 간에 관계지향성이 두드러지며 소비자와 만족을 부서의 목표로 설정하고 있는 것으로 나타났다.

Lawrence와 Lorsch는 이처럼 부서 간의 차별화가 존재하는 것은 목표성향, 시간성향, 종업원 간 성향, 구조의 공식성에 따라 각 기능부서 간에 태도와 행동수행면에서 큰 차이가 있음을 의미하며, 이러한 차이는 각 하위부서가 직면한 하위환경의 특성이 서로 다르기 때문에 나타나는 것이라 하였다.

그들은 환경의 불확실성이 높을수록 차별화가 많이 되어 있다고 하였는데, 이것은 환경의 불확실성이 높은 플라스틱산업 내에 있는 기업들의 연구개발부서, 생산부서, 영업부서 간에는 목표성향, 시간성향, 종업원 간 성향, 구조의 공식성이 현격히 차이가 나지만, 환경의 불확실성이 낮은 컨테이너산업 내에 있는 기업들의 기능부서 간에는 목표성향, 시간성향 등이 별로 차이가 나지 않음을 의미한다.

〈표 7-2〉 부서 간의 차별화 특성

특징	연구개발부서	생산부서	영업부서
하위환경	과학적 환경	제조환경	시장환경
목표 성향	신제품개발, 품질	효율적 생산	소비자 만족
시간 성향	장기	단기	단기
종업원 간 성향	과업 지향 (mostly task)	과업 지향 (task)	관계 지향 (social)
구조의 공식성	낮음	높음	높음

조직의 통합이란 차별화된 부서 간의 행동이 조직 전체의 목적과 일치하는 방향으로 움직여 나가도록 하는 공동의 노력을 의미한다. 환경의 불확실성이 높은 산업 내에 있는 조직일수록 차별화 정도가 높으며 이를 조정하기 위한 통합방법도 많다.

예를 들어, 환경의 불확실성이 높은 플라스틱 산업의 경우에는 사전에 설정된 규율, 방침, 계획과 같은 기계적 통합 방식뿐만 아니라, 임기응변적인 태스크포스팀, 통합스탭, 위원회, 연락담당자 등과 같은 유기적이며 다양한 통합방법이 이용되고 있다. 반면, 컨테이너산업의 경우에는 주로 규칙, 방침, 계획과 같이 이미 정해진 기계적 방식에 의해 통합이 이루어지고 있다.

〈표 7-3〉 부서 간의 통합 특성

특징	플라스틱산업	식료품산업	컨테이너산업
환경 불확실성	높음	중간	낮음
통합방법	규율 계층, 권한 목적, 방침, 계획 개인적 접촉 태스크포스팀 계층별 통합팀 통합부서 위원회 연락담당자	규율 계층, 권한 목적, 방침, 계획 개인적 접촉 태스크포스팀 통합스탭	규율 계층, 권한 목적, 방침, 계획 개인적 접촉

이들의 연구에 의하면 외부환경의 불확실성의 정도가 조직분화의 정도를 결정짓는다고 하였다. 즉, 어떤 조직의 외부환경이 불확실할수록 그 조직은 환경에 적응하기 위하여 더 높은 정도의 분화를 필요로 한다는 것이다. 문제는 조직의 분화가 심화되

면 될수록 그만큼 하부조직 또는 하부시스템 간의 의사소통이나 의견조정이 곤란해진다는 것이다. 따라서 조직환경이 불확실할수록 조직은 심한 분화를 경험하게 되고 그만큼 강력한 통합의 필요성이 요청된다. 따라서 조직환경과 조직의 분화・통합기능 사이에 적합한 관계가 유지되어야만 조직의 성과를 높일 수 있다고 규명하였다.

〈표 7-4〉 차별화와 통합의 관계

	플라스틱산업	식료품산업	컨테이너산업
환경의 불확실성	높음	중간	낮음
차별화의 정도	높음	중간	낮음
관리자의 통합역할비	22%	17%	0%

이처럼 차별화와 통합은 상호 반대되는 개념이지만 산업 내에서 성공적인 기업은 환경의 불확실성 정도에 적합한 차별화와 통합 방법을 동시에 확보하고 있다. 환경의 불확실성이 가장 높은 플라스틱산업의 경우 변경조직의 차별화가 가장 높을 뿐만 아니라 부서 간의 통합을 위한 관리자의 역할비중 또한 가장 높은 것으로 나타났다. 반면에 환경의 불확실성이 가장 낮은 컨테이너산업의 경우에는 변경조직의 차별화가 낮을 뿐만 아니라 부서 간의 통합을 위한 관리자의 역할도 거의 없는 것으로 나타났다. 환경의 불확실성 정도가 중간 정도인 식료품산업은 변경조직의 차별화와 관리자의 통합 역할도 중간 정도로 나타났다.

사례 도요타의 대기업병과 조직개편

도요타는 1993년 기업의 규모가 커짐에 있어 직원의 수가 8만명에 이르게 되었으며 10년에 비하여 기업규모에 있어서도 1.5배나 성장하였다. 이러한 성장은 도요타가 느끼지 못하는 사이에 대기업병을 만들어 내었으며 이 병은 조금씩 도요타의 경쟁력 약화라는 문제를 낳게 하였다. 하지만 도요타는 그러한 대기업병이 깊어가는 것을 보고 있지 않았으며 병의 원인을 찾아내기 위해 항상 스스로 위기감을 조성하였다. 도요타의 경영혁신에 대해 기자들의 질문에 도요타의 사장이었던 쇼이치로는 다음과 같이 답하였다.

> *"도요타가 경영혁신을 잘하는 것은 항상 이대로면 큰일 난다는 위기감이 그 이유이다."*

이러한 위기감이 다음과 같은 도요타의 대기업병을 찾아낸 것이다. 먼저 조직이 커져감에 있어 조직 내의 의사결정의 지연이다. 기업규모가 커지면서 조직의 세분화와 중·층화되었으며 이는 경직되고 유연성이 떨어지는 조직으로 변화되어 갔다. 이에 따라 조직내부의 의사소통이 자연스럽게 어렵게 되고 경영층의 의사가 반영되지 않는 조직운영이 이루어지고 있었다. 다음으로 안주하려는 보수주의 경향이 나타나게 되었다. 많은 이익이 발생함에 따라 그 이익을 바탕으로 새로운 사업에 도전하기보다 이익을 지키기 위한 보수주의 경향이 기업전반에 나타나게 되었다. 마지막으로 자신을 과신하는 오만함이 발생하게 된 것이다. 세계적 기업으로 성장이라는 안일함에 빠져 뒤에서 따라오는 경쟁기업의 역량을 살피지 못하는 결과를 낳고 있었다.

도요타는 이러한 대기업병이라는 근본적인 문제를 바탕으로 조직내부에 발생하고 있는 문제를 사무직과 생산직에서 찾아내었다. 먼저 사무직의 구성원 노령화로 실무인력이 급격히 감소하고 있음을 찾아내었다. 또한 관리직 축소로 직장생활에서의 관리직 사원들이 비전을 상실하고 있으며 관리직 업무에 있어서도 부하 육성 및 성과 관리뿐 아니라 글로벌 비즈니스 개척과 같은 과거의 업무보다 복잡하고 고도화된 직무로 의욕을 상실하고 있음을 알게 되었다.

이러한 문제점으로 인해 사무직의 생산성이 점차 저하되고 있음을 인식하였다. 생산직에 있어서는 성장둔화로 인하여 생산직에서 승격할 수 있는 관리직이 부족하게 되었으며 자동화로 인해 기능직의 중요성이 떨어졌다는 인식이 생산직 조직내부에 생겨나게 되었다. 또한 단순 기능공보다 자동화, 표준화 속에서 시스템과 조직을 활용하여 물건을 만들어내는 종합적인 제조를 할 수 있는 숙련공의 숙련된 기능이 더욱 중요하게 요구되어졌다. 그리고 일본의 과거 신분제 사회에서부터 자리 잡아온 관리직·생산직에 역시 만연하고 있었다.

1. 사무직에서의 개혁

도요타의 조직개혁은 먼저 사무직에서 이루어졌다. 먼저, 부장, 부부장, 과장, 계장 등으로 이루어진 연공서열 방식을 타파하였다. 신분적 직위단위를 개인의 능력과 성과에 따라 처우와 승격을 결정하는 능력주의를 도입하였다. 하지만 일본 사회에 남아있는 서열문화를 인식하여 과장급 아래의 사원들에 대해서는 연공서열을 적용하였다. 두 번째로 프로 인재로 육성사원을 육성하였다. 과거의 과·부제는 성장, 확대 시기와는 달리 모든 구성원이 관리자가 되기는 어려움이 있음을 인식하고 조직을 프로젝트 조직으로 변화시켰으며 이에 따라 관리자가 되지 않더라도 근무 보람을 제시하기 위해 프로 인재를 육성하였다. 세 번째는 계획적 인재 육성이다. 관리자에게 부하를 계획적으로 육성할 책임을 부여하고, 이를 평가에 포함시킴으로 관리자의 공백을 부하가 할 수 있도록 육성하였다. 네 번째로 새로운 관리자 모델을 제시하였다. 새로운 환경에 적응하지 못하는 사원들에게 자신의 능력이나 경험에 적합한 직무를 발굴하고 찾아줌으로써 직무만족을 유도하였다. 이외에도 새로운 관리자상을 관리자들에게 제시, 사원과는 차별적으로 평가하고, 관리직 적격자 선발을 위해 적성평가 연수를 도입함으로서 사내·외 활약의 장으로 활용조직 개발을 하였다.

① 연공서열의 타파

미국식 성과주의 사고가 일본기업 풍토에 달성하기 쉬운 낮은 목표설정을 들 수 있다. 일본의 여러 기업들은 신분적인 연공 서열방식의 문제점을 인식하고 이를 미국식 기능조직을 도입함으로 해결하고자 하였다. 그러나 이러한 기능조직은 목표자체가 단기적으로 잡아 성과에 치중하며 장기 목표를 외면하는 현상을 낳았다. 또한 자신의 목표달성을 우선하여 노르마(기준노동량)주의에 빠지는 경향(팀워크 저해)이 나타나게 되었다. 이는 기능적 성과주의가 미국 기업과 달리 결과 수치뿐만 아니라 노력·공헌 등 과정을 중시하는 조직문화를 도외시했으며 또한 과정 중시를 통해 동기부여하고 동일직급 내 임금차이를 축소함으로써 조직원의 일체감과 협력 관계를 유도하는 일본 기업의 고유문화마저 무시하였기 때문이다. 따라서 성과주의 도입으로 인해 일본 조직의 장점마저 사라지는 결과를 낳게 되었다.

도요타는 무조건적인 기능적 성과주의를 개선하여 일본 풍토에 적합한 성과주의 정착을 위해 장기적인 개선을 위해 일할 의욕과 같은 인간적인 면을 고려한 개혁을 하였다. 연공서열 기반의 신뢰관계를 성과주의 기반의 신뢰관계로 전환하였으며 결과보다는 프로세스를 강조하였다. 그리고 업무수행 과정 중에 발휘되는 능력과 노력을 평가 및 처우에 반영하는 것이다.

② 프로인재의 육성

도요타는 인재육성에 관해 최근 구성원들의 의식이 변하고 있음을 파악하고 도요타는 구성원들의 니즈를 반영하여 회사가 바라는 새로운 인재상을 프로 인재로 정의하고 이에 따라 고도의 전문능력과 스스로 과제를 창출하여 해결할 수 있는 능력, 사업을 추진하는 능력, 세계를 무대로 활약하려는 의지 및 노동시장에서 연간 1천만 엔 이상의 가치가 나가는 실력을 갖춘 프로 인재를 육성하고자 하였다.

③ 관리자의 모델을 제시함

사무직 생산성 저하의 가장 큰 원인 가운데 하나가 사무 관리직의 비대화와 역할 모호성임을 통하여 도요타는 생산직에서 발생하는 문제점으로 정확히 인식하였으며 이에 따라 조직 수평화 등을 통해 사무 관리직을 축소하고 새로운 관리자상을 제시하여 역할을 명확히 하였다. 즉 불필요한 중간계층을 제거함으로써 담당직의 관리자가 실무자로서 역할이 확대되고 일의 처리에서 유연성과 신속성을 제고하였다. 이에 발생할 수 있는 직무에서의 상대적인 상실감을 없애기 위해서 5년 간의 과장 및 계장의 대우를 해주었으며 이러한 시간을 통해 스스로 생각하는 관리자가 될 수 있도록 하였다. 즉 관리자의 모호했던 역할을 보다 명확하게 제시하였다.

〈표〉 도요타의 변화된 조직도

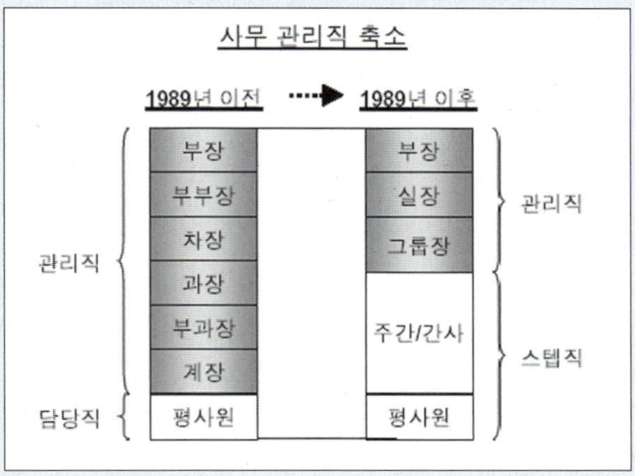

〈표〉 도요타의 새로운 관리자상

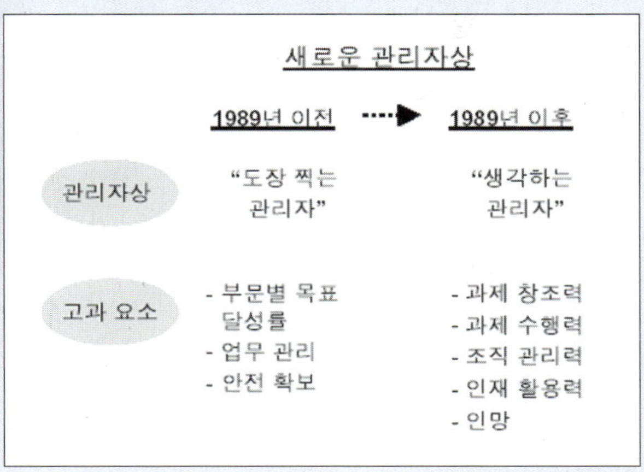

2. 생산직에서의 조직의 활성화

도요타는 생산직에 있어서는 조직의 개혁보다 조직이 활성화할 수 있는 방안을 마련하였다. 이에 따라 생산직의 직원들이 일에 보람을 느끼는 요인을 파악하였다. 생산직의 직원들은 권한이양을 받아 책임감을 갖고 일하게 될 때, 일의 성취감을 느낄 수 있을 때, 일이 나의 적성에 맞을 때, 일을 통해 나의 실력을 향상시킬 수 있을 때, 근무 태도나 능력 향상을 인정받을 수 있을 때 보람을 느끼게 된다는 사실을 알고 일을 통한 능력개발과 자기만족을 이룰 수 있도록 하였다. 이를 위해서 먼저 인재의 요건을 명확히 제시해주었으며 일을 통한 능력개발 방안을 마련, 그리고 책임의 명확화를 제시하였다.

① 인재의 요건의 명확화

도요타는 T자형 인재라는 인재의 요건을 생산직 직원에게 요구하였다. 여기서 말하는 T자형 인재란 여러 공정을 다룰 수 있고 설비 자체에 기초지식을 가지고 있으며 미경험자도 지도할 수 있는 통상적인 업무능력과 자신이 맡은 분야에서의 전문화된 지식과 어학능력의 특기분야 능력을 갖춘 인재를 말하는 것이다. 이를 통해 도요타는 소수의 정예로 생산에 있어서의 낭비를 줄일 수 있는 인재를 생산직 직원에게 제시하였다.

② 일을 통한 능력개발

일을 통한 능력개발에 있어서는 개인의 능력을 고려하여 직원의 니즈를 파악 도전적인 업무와 교육의 기회를 제공하였다. 정기적으로 이루어지는 상사와의 상담을 통해 자기평가와 상사의 평가를 피드백하고 이를 통해 생산직 직원이 원하는 직무를 파악하여 순환 근무하게 함으로써 업무에 있어 만족을 유도하였다. 또한 능력이 부족한 경우에는 기능교육이나 연수를 통해 직원이 자기를 개발할 수 있는 기회를 부여했으며 우수한 사원을 선발하여 연수를 실시하였다.

〈표〉 생산직에 있어서의 직위체계도

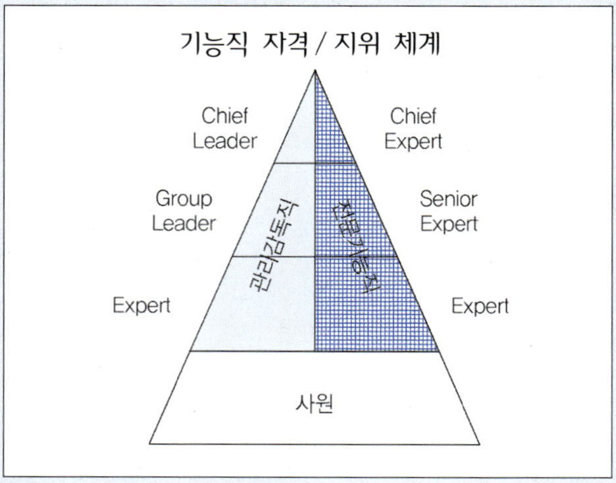

③ 역할과 책임의 명확화

과거 생산직에 있어서 반장이라는 한계에 따라 리더와 전문가로서 관리직을 나누었으며 이에 따른 책임을 명확화하였다. 즉 과거 반장이라는 단순한 관리직에서 전문가로서의 역할과 책임을 분리하여 리더급에서는 조직의 관리에 있어서의 책임을 Expert는 실무에서의 책임을 명확화 하였다.

<표>에 따른 직위체계에 따라 전문지식을 갖춘 고급직 전문 종업원을 생산직에서도 개발하였다. 생산직에서 발생하는 관리직의 감소로 발생하는 생산직 직원들의 직무 불만족을 전문가 양성이라는 과정을 요구함으로써 생산직 직원의 사기저하를 막고 지속적인 고급인력을 생산직에서도 유지할 수가 있었다.

3. 도요타의 조직개혁의 성공요소

도요타의 조직 성공요소는 3가지로 생각할 수 있다.

먼저, 현실에 안주하지 않고 위기감을 바탕으로 항상 문제점을 찾고 지속적으로 개선한다는 것이다. 즉 즉시시스템(JIT)과 전사적 품질관리(TOQ)의 바탕이 위기의식이며 이를 기회로 바꾸는 도요타만의 경영철학이다. 1950년대의 노동쟁의에 따른 위기감이 위기 과민증으로 불리게 만들만큼 도요타를 강하게 만드는 요인이 된 것이다. 이러한 위기감은 1970년대의 오일쇼크가 기회를 만드는 원동력이 되었으며 어려울 때일수록 문제를 더 잘 개선해나가는 강한 기업으로 만든 것이다.

두 번째로 도요타만의 강한 실행력이다. 초기 경영방식인 토론방식이 의사결정에 저해요인이 된다고 인식하고 거대조직임에도 불구하고 효율적이며 강한 의사결정과 추진력은 도요타를 세계적으로 성공하게 만든 또 하나의 조직개혁 성공요인이다. 생산방식에서의 낭비요소뿐 아니라 의사결정 방식에서도 신속한 결정과 개선이라는 도요타의 '창조적 개선'을 만들어낸 원동력인 것이다.

마지막으로 인간존중 의식이다. 생산에 있어서도 사람인변의 요소를 가미하여 단지 기계적으로 모든 것을 파악한 것이 아니라 인간적인 요소를 반영한 것처럼 조직의 관리에 있어서도 내부고객을 관리함으로서 구성원의 고통을 최소화하고 이를 바탕으로 경쟁력을 강화한 것이다. 즉 다른 일본의 기업이 단지 직원을 부품으로 인식한 것과는 달리 도요타는 신체의 기관과 같이 인식하여 직원 하나 하나가 자기의 능력을 최대한 발휘할 수 있도록 기회를 제공하고 개발한 것이다.

4. 21세기를 위한 또 다른 조직개혁

도요타를 급변하는 내・외적인 환경의 변화와 글로벌화된 경영환경 그리고 세계의 여러 자동차 경쟁사와의 경쟁에서의 승리를 위하여 지속적인 조직개발과 개선을 하고 있다.

현재 도요타가 추진하고 있는 새로운 기업문화는 '도요타 웨이 21'과 '글로벌웨이 21', '글로벌 연수', '글로벌 스톡옵션 제도'가 있다.

① 도요타 웨이 21

이미 도요타는 세계각지에 생산공장을 만들어 현지화를 이루고 있으며 이에 따라 전 세계에 도요타의 정신을 일관되게 전달하는 지침서로 '도요타 웨이 21'을 마련하였다. 이 지침서를 통해 세계에 있는 도요타의 지사에 권한이양 지침을 줄 뿐 아니라 의사결정의 신속함도 제고하였다.

② 글로벌 연수

도요타는 '도요타학회'라는 교육기관을 만들어 글로벌 시대에 발맞추는 경영인재의 육성뿐 아니라 중간 간부로써 '도요타 정신'을 실천할 수 있는 기관을 만들었다. 즉 중간관리자의 양성을 통해 지속적인 도요타의 정신이 전달될 수 있도록 하는 것이다.

③ 글로벌웨이 21

도요타는 글로벌 경쟁환경 하에서 어학실력과 자기 분야에서의 전문기능을 필수로 인식하고 있다. 따라서 개인이 도요타 사내에서 이러한 능력을 개발할 수 있도록 일괄적으로 관리하고 있으며 이러한 인재를 가장 적합한 곳으로 배치하여 상황에 맞는 인재를 양성하여 활용하는 것이다.

④ 글로벌 스톡옵션

도요타는 1997년 일본 본사 이사급에만 지급하던 스톡옵션을 2002년에는 현지 법인에 채용한 간부사원에게도 확대 적용함으로써 직무의욕을 향상시켰다.

이처럼, 도요타가 이룬 개혁은 조직이 거대화되어가면서 발생하던 구조적인 문제를 수평화를 통해 사무직과 생산기능직에 발생하는 군살들을 제거하면서 지방과 같은 조직이 근육과 같이 탄력 있는 조직으로 변화시켰다. 또한 과거의 고통을 잊지 않고 지속적으로 자기의 문제점을 연구함으로써 인간존중의식을 바탕으로 하는 지속적인 개선 경영철학을 세계에 알리는 강한 기업으로 성장할 수가 있었다.

토의 과제

1. 도요타의 대기업병은 무엇으로 인해 발생하였는가?
2. 도요타의 사무직의 조직개편의 특성은 무엇인가?
3. 도요타의 생산직의 조직개편의 특성은 무엇인가?
4. 도요타의 21세기를 위한 조직개편의 특성은?

제 8 장 조직성장과 쇠퇴

Opening Knowledge Cafe

Opening Knowledge Cafe : 스타트업의 조직관리

일반 기업에 적합한 조직관리 기법은 스타트업 조직과 맞지 않는다. 특히 작은 조직에는 적합하지 않다. 전혀 준비가 안된 상태에서 비즈니스가 잘되면 조직은 커지고 회사가 급속도로 비효율적으로 변하게 마련이다. 비즈니스는 잘 되는데 이런 문제로 어려워진 회사를 많이들 알고 있을 것이다.

일반적인 기업도 마찬가지지만 특히 스타트업이라면 외형적인 조직관리는 관리를 위해 필요한 몇 가지 요소가 있다.

첫째, 기반 시스템 활용

스타트업 조직에 일반관리를 제외한 거의 모든 관리부담은 기반 시스템이 다 흡수를 한다. 이를 통해 별도 지시, 보고서 작성, 보고에 들어가는 품을 대폭 줄일 수 있다. 잘만 활용하면 10분의 1까지 줄일 수 있다.

둘째, 문서관리다.

흔히 혼자서 또는 2, 3명이 개발을 하면 문서가 필요 없다고 생각한다. 이는 사실이 아니다. 문서를 잘 작성하지 못하거나 제대로 작성해본 경험이 없거나 작성하기 싫어서 대는 핑계일 뿐이다. 문서를 작성하면서 개발을 하는 것이 더 빠르고 효율적이다. 조직이 적다고 변변한 문서도 없이 개발을 한다면 그 자체로 비효율적이고 조직이 커질수록 커뮤니케이션 비용이 급속도로 늘어나고 커뮤니케이션 오류로 인한 재작업 비용이 크게 증가한다.

셋째, 역할구분이다.

스타트업에서는 개발자 한 명이 많은 역할을 한다. 기본적으로 기획, 분석/설계, 구현, 테스트, 디자인(종종), 기술영업, 기술지원 등 이루 말할 수 없는 많은 일을 한다. 그렇게 준비 없이 회사가 성장하면 개발자 인원수는 몇 십배로 늘었는데 하는 일을 별반 다르지 않은 경우가 허다하다. 디자인과 테스트를 분리하기도 하지만 제대로 분리가 안되고 나머지 일들은 그대로 수행하는 경우가 많다.

이유는 개발자의 역할을 정확하게 정의를 하지 못해서 발생한다. 많은 경영자들은 이 모든 일들이 개발자가 원래해야 할 일이라고 착각한다. 이를 방지하려면 조직의 전문성에 대한 이해가 먼저 필요하다.

지금까지 얘기한 방식은 스타트업에도 해당하지만 일반적인 기업들도 별반 다르지 않다. 처음부터 이런 조직관리를 준비해야 회사가 커져도 효율성을 계속 유지할 수 있다. 일반적인 회사는 인원이 20명, 50명, 100명, 300명을 넘어갈 때 큰 위기를 한번씩 맞는다.

관리 패러다임이 바뀌고 이때마다 여러 가지 관리기법을 추가한다. 오히려 일반적인 회사의 관리 패러다임을 스타트업 조직에 적용하면 효율이 더 떨어진다. 스타트업 조직에는 스타트업 조직에 알맞은 관리가 필요하다.

제 1 절 조직수명주기

조직진화연구는 인간이 탄생하여 죽는 것처럼 조직도 같은 역사를 거치기 때문에 생기게 되었다. 조직은 탄생하여 목적을 달성하면 소멸한다. 또는 목적달성 이전에 도태되면서 소멸하는 경우도 있고 달성 이후 지속적 성공을 유지하는 경우도 있다.

조직수명주기는 시간의 흐름에 따른 조직의 진화과정을 지칭하는 개념이다. 특히, 조직수명주기 모형은 조직이 창업-성장-성숙-쇠퇴과정을 거치는 동안에 조직구조의 예측 가능한 특성을 파악하는 데 중점을 두는 조직성장에 관한 모형을 의미한다.

1. 그라이너의 조직수명주기 모형

Greiner는 조직은 모든 유기체와 마찬가지로 어떤 개체의 생존능력은 유전적으로 타고 나는가? 아니면 환경의 영향을 받느냐? (nature or nurture)하는 쟁점과 같이 개체의 생존기간 동안 사전에 정해진 일정한 규범적 문제를 성공적으로 통과해야 한다는 관점에서 파악하고 있다.

이것을 조직의 발전과정에 적용해 보면, 우리는 기업들이 성장해가면서 거치게 되는 일련의 발전단계를 그릴 수 있다. 각 단계는 지속적인 성장과 안정으로 대변되는 진보(또는 진화, evolution)의 시기로부터 시작해서, 권한집중체제가 나중에 권한분산의 요구에 밀려나는 것과 같이, 조직 내에 근원적인 혼란과 변화가 발생하는 변혁(revolution)의 시기로 끝난다. 이 변혁의 시기에 대한 대응은 그 회사가 위기를 맞아 몰락하지 않고 다음 진보의 단계로 이동할 수 있는지 여부를 결정한다.

조직성장에 관한 Greiner 모형은 근본적으로 조직적응에 관한 이론이다. 그에 따르면 성장하는 조직은 발전의 5단계를 연속적으로 경험하게 된다는 것이다. 그의 모형의 특징은, 기업의 성장은 성장기와 변혁기의 순환을 통해 이루어진다는 것이다. 여기서 각각의 성장기는 기업이 성장하는 과정에서 요구되는 대표적 기능(창의력, 업무지시, 권한위임 등)으로 설명되고 있다. 반면에 각각의 변혁기는 성장의 결과로 나타나는 경영문제 중에서 다음 단계로 성장하기 위해서 해결해야 될 특정한 문제점(리더십 부족,

하부조직의 자율성 결여, 하부조직에 대한 통제 곤란 등)으로 파악되고 있다.

[그림 8-1]의 조직성장의 5단계에서 보는 바와 같이, 각 진화의 시기에는 조직이 성장하기 위해 사용할 핵심적인 경영스타일이 있고, 또한 각 변혁의 시기에는 계속 성장하기 위해 반드시 해결해야 하는 경영상 문제에 부딪힌다는 것이다. [그림 8-1]에서 제시된 각 단계는 장기간에 걸쳐 꾸준히 성장을 하고 있는 산업에 속한 기업 특히 제조기업에 적합할 것이다. 고속성장을 구가하는 산업의 기업들은 이 다섯 단계를 빨리 거쳐갈 것이고, 반면에 저속성장을 하는 산업의 기업들은 수년 동안 기껏 2~3단계만 경험하고 몰락할 수도 있을 것이다. Greiner의 성장단계별 경영관리 특성은 다음과 같다.

[그림 8-1] 그라이너의 조직성장단계

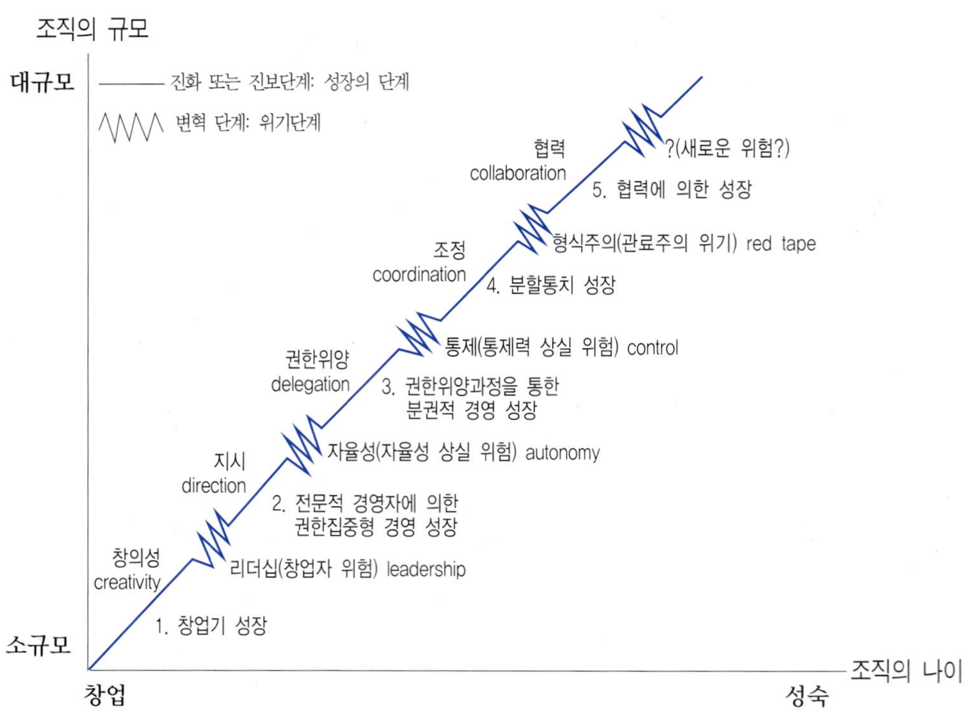

1 단계: 창의성

조직의 창업단계에서 강조해야 할 것은 제품과 시장을 창출하는 것이다. 창의성에 의한 진화의 시기는 다음과 같은 특징을 갖는다(벤처기업의 창업과도 유사함).

① 회사 설립자들은 대개 기술에만 신경을 쓰거나 기업가정신만 잔뜩 갖고 있고 경영활동은 흔히 무시해 버린다. 그들의 육체적, 정신적 에너지는 새로운 제품을 만들고 파는 것에 모두 소모되어 버린다.

② 종업원 상호 간의 커뮤니케이션은 빈번하나 비공식적으로 이루어진다.

③ 근무시간이 길지만 급여는 그리 많지 않고, 소유권을 나누어 가질 수 있다는 약속(최근 우리나라에서도 유행하는 스톡옵션과 성과급이 좋은 예)으로 보상으로 대신한다.

④ 의사결정과 동기부여는 시장에서 돌아오는 피드백에 대단히 민감하게 이루어진다. 경영자는 고객의 움직임에 따라 움직인다.

2 단계: 지시

유능한 전문경영자를 초빙하여 첫 단계를 극복한 회사는 능력 있고 지도력 있는 리더십 하에서 안정적인 성장기를 맞이하는 것이 보통이다. 이 진화의 시기는 다음과 같은 특징을 보인다(벤처기업의 경우 시장진입이 시작되고 조직구조의 초기분화 단계에 해당함).

① 기능별 조직구조가 도입되어 생산을 마케팅 활동과 분리하며, 직무할당은 점점 더 전문화의 원리에 따라 이루어진다.

② 재고와 구매부문을 위한 회계제도가 도입된다.

③ 인센티브제, 예산제도, 그리고 작업표준이 도입된다.

④ 커뮤니케이션은 직위체계가 늘어남에 따라 점차 공식적으로 이루어지고 제도화된다.

⑤ 새로운 경영자와 그의 직속부하들이 지휘명령을 내리는 권한을 대부분 갖고, 하급관리자들은 자율적으로 의사결정을 내리기보다는 기능별 전문가로 간주된다.

3 단계: 권한위양

세 번째 단계의 성장은 권한분산형의 조직구조를 도입함으로써 시작된다. 이 구조는 다음과 같은 특징을 지닌다(벤처기업의 경우, 생산의 아웃소싱과 M&A가 시작되는 시기).

① 생산현장과 시장에서 영업활동을 하고 있는 관리자들에게 더 많은 책임이 부과된다.

② 이익중심점(profit center) 개념의 도입과 보너스가 직원들을 동기유발하는 데 사용된다.

③ 본사의 최고경영자들은 현장으로부터 주기적으로 받는 보고를 바탕으로 예외에 의한 경영(management by exceptions)에만 치중한다.

④ 자사 내에서 자율적으로 움직이는 사업부와 유기적으로 관계를 맺을 수 있는 다른 회사를 인수하는 데 많은 노력을 한다(M&A의 활성화).

⑤ 최고위층으로부터 내려오는 커뮤니케이션은 간혹 있을 뿐이고, 대개 문서나 전화로 이루어지거나 현장을 잠시 방문하는 정도에 그친다.

4단계: 조정

조정단계에서 진화의 시기는 조정력을 높이기 위해 공식제도를 사용하고, 최고경영자가 이 새로운 제도를 설치・운영하는 책임을 맡는 것이 특징이다. 그 외 특징은 다음과 같다(1980년대 애플의 경우처럼 외부 영입 CEO와 창업세대 간에 갈등이 잦고 조정의 문제가 최대의 관건).

① 분권화된 사업부들은 제품별 팀으로 통합된다.

② 사업계획은 공식적인 절차에 의해 수립되고 심도있게 검토된다.

③ 본사에 다수의 스탭 직원들이 채용・배치되어 라인 관리자들에게 통제와 평가를 할 수 있는 전사차원의 프로그램을 마련해 제공한다.

④ 자금지출을 면밀히 재검토하고, 조직 전체의 관점에서 분배한다.

⑤ 각 제품별 팀은 투자자본 수익률(ROI)이 자금배분에 중요한 기준이 되는 투자중심점(investment center)으로 간주된다.

⑥ 자료처리와 같은 기술적 업무는 본사에서 집중적으로 수행하고, 일상적인 업무에 관련된 결정은 분권화를 유지한다.

⑦ 직원들이 회사와 일체감을 가지도록 스톡옵션이 보편화되고, 전사적 차원의 이익분배제도를 도입한다.

5 단계: 협력

마지막 단계는 관료주의 위기를 극복하기 위해 개인 상호 간 강력한 협력체제를 강조하는 단계다. 단계 4가 공식적인 시스템과 절차에 의한 경영을 주시한다면, 단계 5는 팀제를 통한 자발적 행동과 개인 간 차이에 대한 적절한 대처를 강조한다. 공식적인 통제 대신에 사회적 통제와 자기규율을 강조한다. 이런 전환은 공식적인 절차를 통해 해답을 구해왔던 라인 관리자뿐만 아니라 조정제도를 설계했던 전문 스탭들에게도 어려운 일이다. 따라서 단계 5의 진화는 경영을 좀 더 유연하고 행위론적으로 접근함으로써 달성된다. 단계 5의 특징들은 다음과 같다.

① 팀 활동을 통해 문제를 빨리 해결하는 데 초점이 모인다.
② 팀은 특정 과제를 처리하기 위해 여러 기능부문에서 직원들을 모아 구성한다.
③ 본사의 스탭 전문가들은 수가 줄고 재배치되며, 현장부서에 지시하는 것이 아니라 협의하는 다기능팀에 통합된다.
④ 특정 문제 해결을 위해 적절한 팀구조로 매트릭스 구조가 종종 형성된다.
⑤ 공식적인 통제기구들은 단순화되고 하나의 다목적 시스템에 통합된다.
⑥ 여러 핵심 경영자회의가 주요 문제들을 해결하기 위해 종종 개최된다.
⑦ 경영자들에게 팀워크 개선과 갈등해소를 위한 행위론적 기법들을 교육시키기 위해 교육 프로그램들이 개발 운영된다.
⑧ 실시간 정보시스템이 일상적인 의사결정과 통합된다.
⑨ 경제적 보상은 개인 업적보다 팀 업적에 더 연계되어 있다.
⑩ 새로운 제도와 방식을 도입・실험하는 것이 전사적으로 권장된다.

진화 또는 진보(evolution)의 시기란 조직의 안정성을 유지하면서 지속적인 성장을 추구하는 시기를 의미하고, 변혁(revolution)의 시기는 조직의 존속에 영향을 미칠 근본적인 변화・혼란・고통이 야기되는 시기를 뜻한다. Greiner는 지속적인 진화를 위해서는 변혁의 과정이 필수적으로 요구된다는 것을 의미한다. 물론 조직은 변혁기의 문제점들을 성공적으로 해결하지 못한다면 결국 몰락의 과정을 겪게 될 것이다.

이상과 같이 그라이너가 주장한 각 성장 단계별 조직운영 관행을 규범적으로 제시하면 〈표 8-1〉과 같다.

〈표 8-1〉 성장의 5단계별 조직운영특징

항 목	제1단계	제2단계	제3단계	제4단계	제5단계
경영의 초점	생산과 판매	운영효율성	시장확대	조직의 통합	문제해결 · 혁신
조직구조	비공식 구조	권한집중 · 기능별 조직	권한분산 · 지리적 분산구조	라인/스탭 제품별 팀구조	매트릭스팀 구조
최고경영자의 스타일	개인주의 · 기업가정신	지시형	권한위양	감시감독	참여형
통제기구	시장에서 결과 평가	표준화 · 원가중심적	보고 · 이익중심적	계획 · 투자중심적	참여를 통한 공동목표설정
관리자 보상	소유권	기본급 · 성과급	개인별 보너스	이익분배 · 스톡옵션	팀보너스

2. 퀸-카메론의 조직수명주기 모형

퀸과 카메론(Quinn and Cameron)의 조직수명주기 모형은 기존의 여러 학자들이 제시한 서로 다른 조직수명주기 모형들을 검토하고 이를 포괄하는 통합모형을 제시하였다.

이들은 [그림 8-2]에서 보는 바와 같이 기존의 조직수명주기 모형을 창업단계, 집단공동체단계, 공식화 단계, 정교화 단계로 구분하고 각 단계별 특징을 규명함으로써 조직의 성장과정에 따른 조직설계의 방향을 제시하고 있다. Quinn과 Cameron의 조직수명주기 모형은 조직도 사람과 마찬가지로 태어나고 성장하며 사멸하는 연속적인 과정을 거친다는 면을 보여주고 있다.

첫째, 창업단계란 조직이 창업되어 창의력을 바탕으로 성장하는 단계를 말한다. 창업가의 창의력에 바탕을 둔 신제품이나 서비스의 개발 및 판매를 통하여 이익이 창출된다. 이 단계에서는 중간에 리더십이 필요하다고 나오는데, 이는 창의적이고 기술지향적인 창업자는 종업원의 수가 증가하면 관리적 문제를 다루어야 하는데 제품의 생산 및 판매에만 전념하여 조직이 와해되는 경우를 말한다. 따라서 이 단계에서는 조직의 지속적인 성장을 위해 적절한 관리기법들을 도입할 수 있는 강력한 관리자가 필요하다.

둘째, 집단공동체단계란 창업주 혹은 외부영입 리더가 강력한 리더십을 발휘하여 조직의 목표 및 관리방향을 적극적으로 제시하고 설정함으로써 성장하는 시기를 말한다. 권한체계, 직무할당, 분업화에 의한 부서화 등의 조직체계편성을 통해 종업원들이 개인이 목표와 회사의 사명, 목표를 동일시하여 이를 달성하기 위해 헌신한다. 이 단계에서는 다소의 공식적인 시스템이 나타나기 시작하지만 커뮤니케이션과 통제가 비공식적이다. 하위관리자는 자신의 기능분야에 대한 자신감을 획득하여 보다 많은 재량권을 요구하거나 강력한 리더십을 통해 성공을 거둔 최고경영자가 권한을 포기하지 않음으로써 위기가 발생한다. 때문에 의사결정권한의 위임과 그에 따른 통제 메커니즘이 필요하다.

셋째, 공식화 단계는 최고경영자가 전략과 회사 전반에 관련된 계획에만 관심을 가지며 기업의 일상적인 운영사항은 중간관리자에게 위양하는 경우를 말한다. 또한 내부효율성 통제를 위해 공식적인 제도, 규정, 절차 등의 내부 통제시스템을 도입하여 성장하는 시기이다.

이전단계에서 지나친 관료주의 때문에 위기가 발생하고 때문에 관료주의 탈피가 요구된다. 공식적인 시스템 및 프로그램의 확산으로 중간관리자를 억압하고 조직이 경직되어 혁신이 이루어지지 않기 때문이다. 조직은 공식적인 프로그램을 통해 관리될 수 없을 만큼 비대해지고 복잡해진다.

마지막으로 정교화 단계는 관료주의로 경직된 조직을 협동과 팀웍이 강조되는 팀제, 모험사업부, 전략적 사업단위, 매트릭스 조직과 같은 소규모 혹은 정교한 구조로 조직을 개편함으로써 성장하는 단계이다. 공식적인 시스템들이 단순화되고 관리자 팀 및 태스크포스로 대체되고, 조직문화가 중요한 관리요소로 부각된다. 조직이 성숙기에 도달한 후 일시적인 쇠퇴기에 진입하는데 이는 다시 조직이 관료주의화됨에 따라 환경변화에 적응하지 못함을 말한다. 때문에 혁신과 내부합리화를 통한 조직의 재활이 필요하다.

이상의 Quinn and Cameron의 조직수명주기 모형과 각 단계의 특징을 도표로 정리하자면 다음과 같다.

[그림 8-2] Quinn and Cameron의 조직수명주기 모형

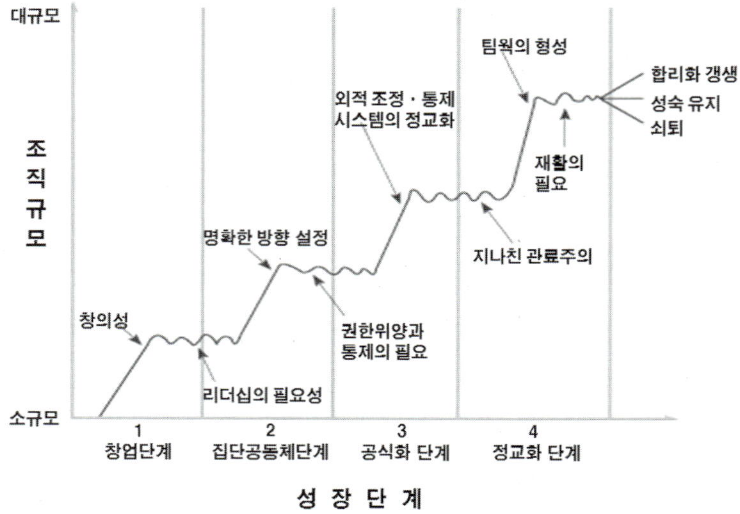

3. 조직수명주기와 기업의 정체성

기업의 정체성(company identity: CI)과 조직수명주기의 관련성을 살펴보면, 기업브랜드의 리브랜딩 시점을 기업의 성장과정에서 살펴볼 필요가 있다. 이를 위해서는 조직이 성장하면서 거치는 다섯 가지 단계와 네 가지 위기상황을 미리 알고 있는 게 유용하다. 래리 그레이너는 1972년 「하버드 비즈니스 리뷰」에 기고한 논문에서 "조직은 성장하면서 창의성, 관리, 권한위임, 협의, 상호협력에 의한 성장단계 등 5단계를 거치게 되며 각각의 단계 사이에 리더십, 자치(autonomy), 통제, 관료화의 위기 등 네 가지 위기를 맞게 된다"고 설명했다.

예를 들어 리더십의 위기는 창업자가 커진 조직을 혼자 힘만으로는 지휘할 수 없기 때문에 그 이상의 리더십이 필요한 상황을 말한다. 이때 기업은 전문경영 체제를 도입해 위기를 해결하고 다음 단계인 관리에 의한 성장단계로 나아가게 된다. 이렇게 각 위기상황에서 새로운 단계로 진입하면서 기업 지배구조나 문화에 변화가 생기게 되는데, 이러한 위기상황이 기업브랜드 리브랜딩의 기회가 될 수 있다.

특히, 1990년대 중반부터 2000년대 초반 국내 그룹 사이에 유행처럼 번졌던 그룹 이미지 개선 작업은 창의성에 의한 성장단계에서 관리에 의한 성장단계로 진화하는 과정에서 중앙집권적 통제기구 설치 시 발생한 리브랜딩의 대표적인 예라고 해석할 수 있다. 당시 국내 주요 그룹들은 다양한 사업을 운영하는 기업들을 계열사로 편입해 그룹으로서의 위용을 갖추려고 했다. 럭키화학과 금성사가 합쳐 이루어진 럭키금성 그룹, 한국 이동통신과 유공을 인수한 선경 그룹 등이 대표적인 예다. 이후 럭키금성그룹은 LG그룹으로, 선경그룹은 SK그룹으로 기업명을 교체하고 새로운 로고와 심벌을 개발해 사용하게 된다. 이러한 리브랜딩 작업을 통해 이들 그룹은 소속 자회사들의 일체감을 제고하고 그룹의 규모를 강조하는 등의 효과를 거두었다.

이러한 발전단계 이론에 비춰볼 때 이들 기업이 관리에 의한 성장단계에서 자율성을 요구하는 권한위임의 단계로 진화하게 되면 또 다른 리브랜딩 기회가 발생할 수 있을 것으로 예상할 수 있다. LG그룹에서 GS그룹이 분리 독립해 새로운 브랜드를 탄생시킨 것이나, 최근 삼성그룹이 계열사 임직원들의 명함 색상을 업종별 특성을 살려 다르게 한 시도(예: 전자 계열사는 옅은 파란색, 중화학 계열사는 은색 등) 역시 이러한 변화를 반영한 리브랜딩 노력의 일환이라고 해석할 수 있다.

부정적 이미지 개선을 위해 브랜드를 교체한 사례로는 필립모리스를 들 수 있다. 이 회사는 담배생산 업체로서 담배가 건강에 미치는 영향에 대한 잇단 소송에 휘말리자 부정적인 여론에 대응하고 기업 이미지를 보호하기 위해 기업명칭을 알트리아로 변경했다.

기업 리브랜딩이 언제나 새로운 이름으로 바뀌는 것만은 아니다. 시장상황과 사업 전략을 반영하기 위해 비교적 소규모의 변경을 거치기도 한다. 대표적인 기업으로 IBM과 GE를 들 수 있다. 이들 기업은 둘 다 미국기업의 역사를 증명하는 오랜 역사를 자랑하며, 원래는 International Business Machine과 General Electric이라는 기업명을 가지고 있었다. 그러나 시간이 지나면서 생산제품 및 사업구조가 변하자 머리글자만 딴 명칭으로 변경한 후 사업환경 및 목표고객의 니즈에 따라 서체, 컬러 등 시각적 측면에서 전달 메시지를 바꿔왔다.

[그림 8-3] IBM의 조직주명주기에 따른 로고변화

특히 GE는 최근 '에코매지네이션(Ecomagination: 생태계를 뜻하는 'ecology'와 상상력을 뜻하는 'imagination'의 합성어)으로 대표되는 환경경영 및 창의성 위주의 경영을 강조하면서 원래 검은색이었던 모노그램의 주 색상을 청색으로 변경했다. 사업비전 및 전략변화에 따라 적절한 변화를 추구함으로써 브랜드의 신선도를 유지하는 한편 주력사업을 상징하는 아이콘으로서의 역할도 할 수 있게 전략적으로 관리하는 리브랜딩 사례라 할 수 있다.

좀 더 역동적이고 거대한 외부변화에 따라 리브랜딩을 한 사례도 많다. 이들은 대부분 M&A 등을 통해 기업의 사업구조와 사업방향이 변경되거나 강력한 외부 영향에 의해 기업이 분할 또는 없어지는 등의 변화가 생겼을 때 이뤄진다.

대표적인 예로 AT&T를 들 수 있다. AT&T는 한때 미국에서 가장 큰 공기업 중의 하나였으나 당국의 독점규제 조치로 회사가 분할되는 운명을 맞이했다. 이 조치에 따라 '엄마 벨(Ma Bell)'로 불리던 AT&T와 '아기 벨(Baby Bell)'로 통하던 7개 지역 전화회사가 탄생했다. 당시 7개 지역 전화회사 중 현재까지 살아남은 것은 SBC를 비롯해 버라이즌, 벨사우스, 퀘스트 등 4개 회사다. 이후 AT&T는 2005년 AT&T의 7개 지역회사 중 하나인 SBC커뮤니케이션스에 인수됐다. SBC는 비록 인수기업이긴 했지만 새 회사의 브랜드명으로 인지도가 높은 피인수기업의 브랜드 AT&T를 이용하기로 했다. 새롭게 태어난 AT&T는 2006년 벨사우스, 싱귤러, 엘로우스페이지스닷컴을 인수한 후 현재 미국 유무선, DSL(디지털가입자회선) 인터넷 분야에서 미국 내 1위 사업자 위치를 차지하고 있다.

이러한 변화과정을 거치면서 AT&T는 심벌과 로고뿐 아니라 브랜드 정체성도 진화시켜왔다. SBC와 합병해 새로운 AT&T 로고를 사용했던 기간에는 혁신, 공평 등을 주요 가치로 내세우며 백색과 청색을 중심으로 차분한 이미지를 강조했다. 벨사우스,

싱귤러 등을 합병해 사세를 확장하던 시기에는 이동성, 서비스에 대한 열정, 진보적 혁신 등을 추구하며 기존 백색과 청색 중심의 이미지에 오렌지색을 사용하기 시작했다. 마지막으로 최근에는 통신업계의 아이콘 브랜드가 되기 위해 창의적이고 자유스러운 이미지를 추구, AT&T 로고를 배제한 채 심벌만 사용하고 있다.

제 2 절 조직쇠퇴모형

"성공에 대한 자만심, 과거의 성공방식에 대한 집착은 환경변화에 적응하지 못하고 결국 역량 함정(Competence Trap)에 빠져 실패한다"라는 이카루스의 역설(Icarus Paradox)은 캐나다의 전략경영 전문가 대니 밀러(Danny Miller)의 주장이다. 대니 밀러(D.Miller) 교수는 이카루스의 역설(The Icarus Paradox)이라는 표현을 통해 조직의 쇠퇴를 설명하고 있다.

이카루스 신화의 내용은 다음과 같다.

"이카루스는 뛰어난 건축가이자 발명가인 장인(匠人) 다이달로스와 크레타 섬의 왕인 미노스의 여종 사이에서 태어난 아들이다. 그런데 미노스의 왕비 파시파에가 포세이돈이 보낸 황소와 간음하여 황소머리에 사람의 몸을 가진 미노타우로스를 낳자, 미노스왕은 다이달로스에게 이 괴물이 영원히 빠져 나오지 못하도록 미궁을 만들게 하였다. 그런데 미노스가 나중에 다이달로스가 파시파에의 간음을 방조한 사실을 알게 되자 그는 다이달로스와 이카루스를 미궁에 가두었다.

여기서 다이달로스는 새의 깃털과 밀랍으로 날개를 만들어 붙이고 이카로스와 함께 하늘로 날아오르는 탈출을 시도했다. 이카로스는 새처럼 나는 것이 신기하여 하늘 높이 올라가지 말라는 아버지의 경고를 잊은 채 태양을 향해 높이 날아올랐고, 결국 태양 열에 날개를 붙인 밀랍이 녹아 바다에 떨어져 죽었다."

이카루스는 그리스 신화에 나오는 한 소년의 이름인데, 그는 바다 가운데에 있는 어느 섬에 갇혀 있다가 그의 아버지가 만들어 준 날개를 어깨에 붙이고 바다 위를 날아서 탈출하려 했다. 이카루스는 날개를 어깨에 붙이고 하늘로 솟아 올랐는데, 처음엔 불안했지만 차츰 능숙하게 날 수 있었다. 곧 마음대로 날아다닐 수 있게 되어서 아주 높이까지 날아오르게 되었다. 그런데 그것이 문제였다. 이카루스는 너무 기쁜 나머지 뜨거운 태양이 그의 어깨와 날개 사이의 접착제를 녹이는 것을 알지 못했다. 결국 날개는 이카루스의 어깨에서 떨어져 나갔고, 이카루스는 바다에 빠져 죽고 말았다는 신화이다. 만약, 이카루스가 너무나 능숙하게 날지 못했더라면 바다에 빠지지는 않았을 것이라는 의미에서 역설이라는 표현을 사용하고 있다.

Miller는 조직의 쇠퇴형태를 분류하기 위하여 생산품과 목표시장의 범위를 나타내는 활동영역(scope)차원과 상품구색과 제공방법의 변동성의 정도인 변화(change)차원의 두 차원을 제시하였다. 그리고 성공한 기업들이 이 두 차원의 각 극단으로 진전되면서 쇠퇴하는 유형을 집중형 쇠퇴, 모험형 쇠퇴, 발명형 쇠퇴, 이완형 쇠퇴의 네 가지로 제시하였다. 이를 그림으로 제시하면 [그림 8-4]와 같다.

[그림 8-4] 조직쇠퇴의 4가지 유형

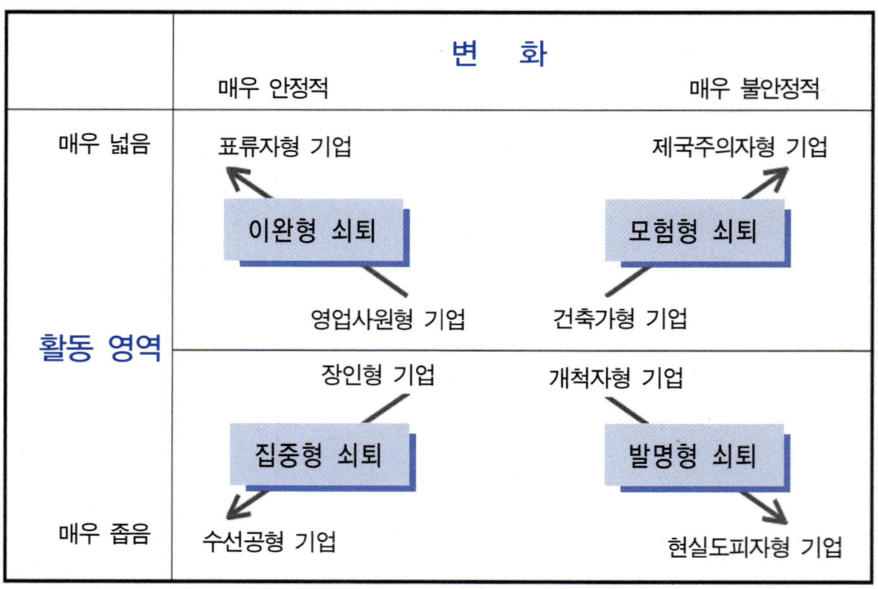

제한된 사업영역을 가지고 있으면서 변화가 안정적인 기술 중심의 '장인형 기업'과 변화가 불안정한 연구개발(R&D) 중심의 '개척자형 기업', 그리고 다양하고 광범위한 사업영역을 추구하면서 변화면에서는 안정적인 마케팅 중시의 '영업사원형 기업'과 변화가 불안정한 창업 및 사업확장 중시의 '건축가형 기업'과 같이 4가지 형태가 쇠퇴의 유형이다.

1. 집중형 쇠퇴 : 장인형 기업에서 수선공형 기업으로의 변화

장인형 기업은 품질이나 원가주도형 전략을 위주로 하는 기업으로서 철저한 기술중시 문화와 중앙집중의 통제형 리더십을 통해 성공해 온 기업이다. 그러나 이러한 장인형 기업은 품질 및 원가우위의 지나친 추구가 기술적 수선공으로 전락되고 기술중시는 기술자의 고집에 의한 기술관료주의로, 효율적인 통제와 질서의 리더십은 경색된 초집권화를 통한 '집중형 쇠퇴'의 길을 걷게 된다.

이처럼 치밀하고 완벽한 것을 선호하는 장인형 기업은 매우 사소한 기술문제에 사로잡혀 집중형 쇠퇴를 경험하게 된다. 그리고 품질의 목적이 소비자들을 만족시키는데 있다는 것조차 잊어버리게 된다. 그래서 지나치게 과다한 성능을 지닌 비싼 제품과 과거에는 훌륭했지만 시간의 흐름에 따라 시대에 뒤떨어진 제품을 생산하게 된다. 이와 같은 극단적인 집중성향으로 인하여 장인형 기업은 극도로 절약을 추구하다가 품질을 손상시키거나 혁신을 하지 않는 기업 또는 대부분의 소비자들과는 무관한 기술적 기준에 사로잡혀서 품질만 너무 강조하는 수선공형 기업으로 변하게 된다.

즉, 조직구성원들의 창의력을 억압하는 과거 지향적인 관료제적 통제가 발전하게 되고, 이로 인하여 선택적 판매와 최소한의 기술혁신마저도 사라져 소비자들과의 괴리는 심화되고 고립되어 쇠퇴하게 된다. 수선공형 기업은 과도한 절약으로 인한 소비자 욕구와 무관한 제품을 생산하고, 변화가 없는 제품 라인과 마케팅을 중시하지 않는 기업을 말한다. 이런 조직의 지도자는 협박적이고 지배적이며 편협하고 단선적인 기술관료주의가 팽배해 있다.

따라서 집중형 쇠퇴의 문제점은 편협한 경영자 및 획일적 문화와 그로 인한 집중화되고 지나치게 관료적인 조직구조를 들 수 있다. 또한 시장환경에 관심이 없고 극단적인 절약 혹은 소비자의 기호와 무관한 품질을 추구하여 시대에 뒤떨어진 제품을 생산한다.

집중형 쇠퇴를 극복하기 위한 방안으로는 다른 가치들에 대한 포용을 통해 시장과 경쟁자에 대한 분석을 하는 것이다. 통제체계를 완화시켜 다각화를 추구하고 기술혁신을 통해 소비자의 니즈에 맞는 제품을 생산하는 것이 필요하다.

2. 모험형 쇠퇴 : 건축가형 기업에서 제국주의자형 기업으로의 변화

건축가형 기업은 새로운 사업의 창업이나 흡수합병 등을 통해 사업의 확장·구축을 전략으로 하여 성공한 기업이다. 왕성한 기업가정신과 확장되는 사업을 관리하기 위한 재무통제 중심의 책임경영 시스템 등이 이러한 성공을 뒷받침한다. 그러나 극단적이고 과도한 확장으로 치닫는 경우 사업가적 문화는 투기적 문화로, 통제시스템은 분산된 조직구조로 통제력을 상실하고 쇠퇴에 이르는 비효율적인 제국주의형 기업으로 전락하여 '모험형 쇠퇴'의 길을 걷게 된다.

특히, 과도한 모험주의는 과거의 성공뿐만 아니라 제국주의자형 기업들의 지도자, 문화 그리고 조직구조의 변화에 의해서도 기인한다. 불확실한 대형 프로젝트를 추구, 재무, 법률 및 회계전문가들을 중심으로 한 기업문화의 추구 등 확장과 다각화에만 관심을 쏟을 뿐, 생산, 판매 그리고 R&D에 대해서는 관심을 두지 않게 된다. 또한 엄청난 모험에 파묻히게 됨으로써 폭발적으로 늘어난 업무들을 늘어나는 업무의 복잡성으로 인하여 통제체계가 무용지물이 됨에 따라 경영자들은 기업의 문제들에 무감각하게 되어 쇠퇴의 길로 접어들게 된다.

이러한 모험형 쇠퇴는 공식화 단계에서 주로 발생하게 된다. 공식화 단계의 기업에서는 최고경영자들은 주로 전략 및 계획과 같은 사항들에 관심을 갖고, 세부운영 사항들은 하부로 이양한다. 또한 제품별 혹은 지역별 등으로 사업단위가 분권화되고, 이 사업단위들을 조정하기 위한 공식적인 체계가 확립되며 이윤에 기초한 보상체계가 도입된다.

그러나 조직이 성장함에 따라 다양한 관리프로그램의 폭발적인 도입으로 인하여, 조직규모가 너무 방대하고 복잡해져 공식적인 관리체계로는 통제하기가 어렵게 된다. 이는 건축가형 기업의 특성과 유사하다. 즉, 건축가형 기업들은 보상과 처벌을 엄격히 적용하는 능력위주의 조직을 만들어 나간다. 이를 위하여 건축가형 기업들은 분권화된 조직구조를 선호한다. 그리고 건축가형 기업들은 급속히 팽창된 업무를 관리하기 위하여 정교한 경영정보시스템을 도입한다. 그러나 폭발적으로 늘어나는 업무의 복잡성으로 인하여 통제체계가 무용지물이 됨에 따라 경영자는 기업의 문제에 무감각하게 되고 결국 쇠퇴의 길로 접어들게 된다.

모험형 쇠퇴의 문제점으로는 경쟁우위를 상실하고 혼란스럽고 너무 세분화된 조직구조를 가지고 있다는 것이다. 또한 극도로 팽창된 조직은 극도로 다각화되어 자원의 중복을 피할 수 없다.

이에 대한 극복방안으로는 R&D, 판매, 생산부문의 인재를 확보하고 조정과 통제체제의 확립이 필요하다. 전망없는 사업의 매각과 핵심사업에 대한 집중화를 통해 핵심사업에서의 경쟁우위를 확립하는 것이 필요하다.

3. 발명형 쇠퇴 : 개척자형 기업에서 현실도피주의자형 기업으로의 변화

개척자형 기업은 발명을 통한 기술혁신을 전략으로 연구개발 중심의 문화와 유기체적 조직구조를 통해 성공해 온 기업이다. 이러한 개척자형 기업은 지나친 기술혁신의 추구가 현실을 외면한 무리한 첨단기술 추구를 통해 기술지상주의의 현실도피형 기업으로 전락하게 되고 두뇌집단 중심의 문화와 혼돈스러운 조직구조는 쇠퇴에 이르는 요인으로 작용하게 된다는 것으로 이른바 '발명형 쇠퇴'를 의미한다.

개척자형 기업은 새로운 틈새시장을 개척하여 기술을 통한 기존시장확대를 추구하고 적극적인 혁신을 중시한다. 또한 집중화된 마케팅을 통해 제품의 판매를 촉진시킨다. R&D를 중시하고 비전있는 경영자가 이끈다. 반면, 현실도피주의자형 기업은 신제품의 급격한 증가, 과도한 기술을 추구하며 엄청난 거대프로젝트를 수행시킨다. 또한 근시안적 마케팅을 통해 소비자에게 접근하며, 과도한 비공식화와 통제부재에 따른 무질서 상태를 경험하게 된다.

발명형 쇠퇴의 문제점은 맹목적이며 공상주의적인 문화와 혼란한 조직구조, 새로운 제품에 대한 맹목적 개발, 시장환경과 무관한 기술추구, 무모하고 과도한 프로젝트 수행 등이 있다.

이에 대한 극복방안으로는 판매, 경리, 생산부서에 대한 동등한 권한을 부여하여 조정 및 통제체제의 확립을 추구한다. 소비자의 요구에 부응하는 제품을 개발하고 시장을 다변화하여 적극적인 판매노력을 해야한다.

4. 이완형 쇠퇴 : 영업사원형 기업에서 표류자형 기업으로의 변화

영업사원형 기업의 전략은 현란한 마케팅전략 중심의 기업으로서 조직일체형 문화와 분권화된 관료제를 토대로 성공해 온 기업이라 할 수 있다. 그러나 지나친 마케팅 중심의 기업은 제품이나 서비스의 질이 뒷받침되지 못하는 진부한 연줄이나 네트워크 중심의 정치인 중심 문화를 가진 혼돈스러운 표류자형 기업으로 전락하여 '이완형 쇠퇴'의 궤적을 그리게 된다.

영업사원형 기업의 전략은 이미지 차별화, 폭넓은 제품 라인 등이며, 문화로는 전문 경영인에 의한 관리와 부서 간 건설적 경쟁 등을 추구한다. 조직구조는 분권화되어있다. 표류자형 기업은 제품내용보다는 이미지, 무차별적 제품출시 등을 하며, 리더십이 상실되어 혼돈 또는 부정한 술수에 의한 경쟁이 심화된다. 목표수치만을 지향하여 관료제 및 분파주의가 생긴다.

이완형 쇠퇴의 문제점으로는 리더십의 이완상태, 맥이 빠진 문화, 군웅할거식의 조직구조, 제품내용보다는 제품의 이미지에 치중, 시대에 뒤떨어진 제품들, 쓸데없이 많은 제품으로 인한 판매초점이 없어지는 현상 등이 있다.

극복방안으로는 전사적인 전략과 목표의 수립, 하부층으로의 권한이양, 조정과 통제체계의 향상, 품질향상, 제품종류 집중화, 소비자 요구에 부응하는 판촉활동 등이 있다.

이상에서 살펴본 봐와 같이 장인 기업, 건설가 기업, 개척자 기업 및 영업사원 기업 모두는 제대로 된 전략과 리더십, 기업문화와 조직구조가 잘 조화된 통합의 실체(configuration)를 갖추고 있었으므로 성공할 수 있었다. 이러한 구성형태는 그 구성요소가 기업의 개념에 맞춰 잘 조화를 이루는 모습으로 구성된 실체이므로 어느 한 부분만의 변화를 꾀할 수가 없다. 예컨대 성공적인 기업은 전략이 바뀌면 리더십이나 조직문화 및 구조가 전략방향에 맞춰 변하기 마련이다. 그러므로 변하려면 통합의 실체 전체가 변해야 하는데 그것은 더더욱 어려운 일일수밖에 없다. 이것이 변화를 어렵게 하는 이른바 관성(momentum)이다. 아무리 조직을 변화시키려 해도 그 조직이 진화해 온 궤도를 이탈해서 획기적으로 변할 수가 없고 그 궤도의 관성을 받으면서 변화할 수밖에 없다. 업무구조, 조직구조, System적 속성이 관성으로 작용하거나 기업을 구성하고 있는 사람들의 사업에 대한 사고방식이나 변화에 대한 감정적인 저항으로 새로운 움직임에 제동이 걸리고 만다.

'밀러'는 이카루스의 패러독스를 통해 과도함이 가지는 문제점을 말한다. 기존에 가지고 있는 우수함에 대한 과도한 추구가 곧 추락궤도로 연결됨을 설명한다. 리더의 편협된 자기합리화나 자기과신, 자기방어적 메커니즘에 빠져 환경의 변화에 둔감해질 때 그 우수성은 추락의 궤도로 접어든다. 강한 조직문화가 편협되고 획일적 문화로 변질되어 이른바 집단적 사고가 만연될 때 그 조직은 이미 추락의 길을 가고 있다고 볼 수 있다. 일상업무를 둘러싼 정치적 타성에 탐닉하여 조직이 그 방향이나 자신의 모습에 대한 진지한 성찰이 결여될 때 쇠퇴는 깊이 진행되고 있는 것이다.

5. 이카루스의 역설 극복방안

그러면 조직이 우수성을 추구하면서도 추락궤도를 피해가는 길은 없는가?

우선 항상 자신을 되돌아보는 노력이 필요하다. 정해진 목표를 쫓아 일상업무에 몰입하면서도 지금 가고 있는 이 길이 추락의 궤도에 접어드는 것은 아닌지 방향과 목표에 대한 확인과 수정을 지속해야 한다.

또한 조직이나 구성원이 밖을 향해 깨어 있어야 한다. 환경의 변화를 감지하고 경쟁자들의 경험을 참고하며 고객에 대한 훌륭한 지식을 쌓고 이를 경영에 활용하는 것이야말로 과도한 우수성 추구의 폐해를 피해가는 방법이 될 것이다.

그리고 무엇보다도 능동적이고 적극적인 변화노력을 통해 전략・문화・조직・시스템의 제 영역에서의 문제를 도출하고 개혁해가는 것이야말로 기업의 지속적 생존과 발전을 담보하는 길이 될 것이다.

기업들의 세계에서도 이카루스의 역설과 같은 현상을 볼 수 있습니다. 대체로 성공적인 기업들은 자기가 가장 잘 할 수 있는 사업영역에 집중해서 강점을 쌓아가는 기업들이다. 우리는 보통 선택과 집중이라는 말로 이것을 표현한다. 즉, 자기가 가진 핵심역량, 영어로는 core competence를 찾아내서 그 역량을 이용할 수 있는 사업들만을 수행하는 것이다. 핵심역량과 별로 관계가 없는 사업들은 직접 하지 않고 아웃소싱 등을 통해 다른 기업에게 맡긴다. 많은 경영 모델과 전략들이 핵심 역량의 발견과 이용을 위해 개발되어 왔다.

그런데, 어떤 기업의 핵심역량이 저렴한 제품을 효율적으로 생산하는 것에 있다고 해 봅시다. 그 기업이 자신의 핵심역량을 십분 활용하기 위해 계속 타의 추종을 불허하는 저렴한 제품을 개발한다고 할 때 그 전략이 항상 성공하기만 할까요? 물론 그렇지 않을 것이다. 그 예를 미국의 자동차 회사인 포드사나, 전자계산기 등의 제조 회사인 텍사스 인스트루먼트사의 실패에서 볼 수 있다. 제품생산에서의 역량을 너무 강조한 나머지, 시장에서의 구매자의 선호를 읽는 것을 소홀히 했던 것이다. 마치 이카루스처럼, 자사제품의 강점을 너무 믿고 하늘 높이 솟아올랐다가 바다에 빠지고 만 것이다.

비단 기업 뿐만 아니라 우리 개개인들도 이 이야기에서 교훈을 얻을 수 있다. 자신만의 강점을 깨닫고 그것을 집중적으로 키우는 것은 물론 중요하다. 하지만 인생에 있어서 한 가지만 잘 하는 것이 과연 그 사람을 온전한 인간을 만드느냐 하면, 꼭 그렇지는 않은 것 같다.

사례 JP모건의 성장과 성공전략

JPMorganChase

JP모건 체이스라는 초대형 종합금융지주회사는 'JP모건'과 '체이스맨해튼은행'이라는 두 개의 유구한 역사를 가진 금융기관에 뿌리를 두고 있다. JP모건은 미국에 중앙은행이 없었던 1913년 이전에 사실상 중앙은행 역할을 담당했을 뿐만 아니라 철도산업의 M&A 추진, 에디슨전기회사 및 GE 설립, US스틸 인수 등 실물경제계에서도 큰 영향력을 행사했다. 제1차 세계대전 및 대공황 시에는 위기를 적극적으로 활용, 1930년대 중반 JP모건은 상장기업 자산총액의 40%를 차지하는 거대기업으로 성장했다.

체이스맨해튼은행의 전신은 1799년 설립된 맨해튼은행과 1877년 설립된 체이스내셔널은행이다. 뉴욕의 수도 공급회사인 '맨해튼 컴퍼니'(The Manhattan Company)의 자회사로서 모회사 지원 역할을 주로 수행한 맨해튼은행과는 달리 체이스내셔널은행은 1920년대까지 수많은 소형 은행들과의 M&A를 거치며 성장했다. 특히 1930년에는 '에퀴터블 트러스트 컴퍼니 오브 뉴욕'을 합병하여 당시 세계 최대의 은행으로 도약했다.

• JP모건체이스의 성장과정

1933년, 상업은행과 투자은행의 겸업을 금지하는 '글래스-스티걸법'(Glass-Steagal Act)이 제정되면서 당시 여느 은행들과 마찬가지로 두 업무를 모두 수행하고 있었던 JP모건과 체이스 맨해튼은행의 사업영역에 큰 변화가 발생했다. 결과적으로 두 은행 모두 투자은행 업무를 분리하고 이후 1999년 글래스-스티걸법이 폐지될 때까지 공식적으로는 상업은행 업무를 영위하는 은행으로 성장했다. 그러나 투자은행부문이 부진하여 미련 없이 증권부문을 매각했던 체이스 맨해튼은행과 같은 부문의 경쟁력이 높았던 JP모건은 상업은헝이라는 비즈니스 테두리 하에서도 서로 다른 부문을 공략하며 성장했다.

● JP모건체이스 성장과정

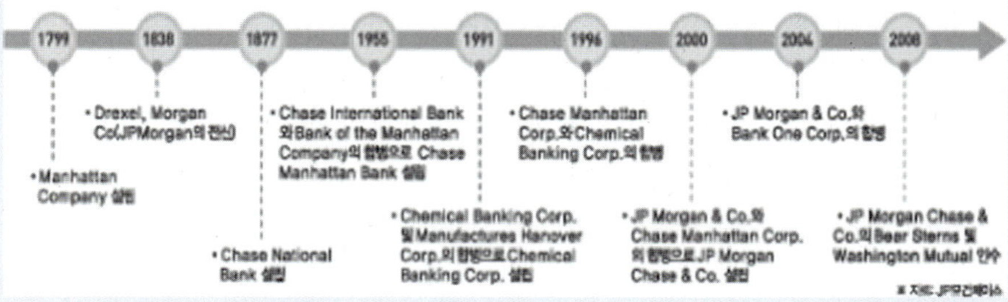

※ 자료: JP모건체이스

• 초대형 유니버셜뱅킹의 탄생

1987년 CP, MBS, 지방채 등의 인수업무를 허가받은 후 1989년에는 기업부채 인수 업무를, 1990년에는 주식인수 업무를 허가받은 JP모건은 글래스-스티걸법 제정 이래 최초로 일부 투자은행 업무를 겸업하는 상업은행이 되었다. 이후 1990년대 대대적인 규제완화 움직임 속에서 투자은행 업무를 더욱 확대한 JP모건은 1990년대 후반에는 증권 및 채권 인수부문에서 높은 경쟁력을 보유하게 된다.

반면 1955년, 맨해튼은행과 체이스내셔널은행이 합병하면서 탄생한 체이스맨해튼은 JP모건과는 대조적으로 끊임없는 M&A를 실행하며 소매금융, 모기지, 신용카드 업무 등을 중심으로 미국 내 가장 큰 규모의 상업은행으로 성장하였다. 그러나 1990년대 초반의 부동산경기 침체를 계기로 실적이 부진해지면서 1995년에는 업계 6위로 밀려났고 급기야 당시 4위 은행이었던 케미컬은행에 의해 합병되기에 이른다. 그러나 체이스맨해튼이라는 브랜드가 가진 높은 인지도를 고려하여 이후에도 체이스맨해튼이라는 사명은 그대로 유지된다. 합병을 계기로 체이스맨해튼은 다시금 미국 최대 규모의 은행으로 등극한다.

금융 겸업화의 금지로 미국 은행들이 글로벌 경쟁력을 상실해 간다는 우려가 높아진 가운데 1999년, 금융지주회사를 통한 겸업을 공식적으로 허용하는 금융서비스현대화법(Financial Services Modernizations Act)이 통과된다. 이는 미국 금융산업의 대대적인 재편으로 이어졌고 대다수의 미국 금융기관들이 자구책으로 M&A를 시도하였다. 이러한 미국 금융가의 합병 흐름 속에서 2000년, 상업은행부문이 강했던 체이스맨해튼은 투자은행업의 강화를 위해 당시 엔론 사태의 여파 등으로 영업실적이 급격히 악화된 JP모건을 전격 인수한다. 이로서 현재의 초대형 종합금융그룹인 JP모건체이스가 탄생한다.

합병 이후 JP모건체이스라는 지주회사 아래 JP모건은 투자은행으로 특화되고 체이스는 소매금융을 전담하는 체제를 구축하였다. 합병에 따른 중복사업의 정리가 더디게 이루어지는 등 합병 이후 한동안 상당한 시행착오를 겪은 JP모건체이스는 2003년 말까지 모든 사업영역의 영업력을 전반적으로 제고하는 데 성공, 제2의 도약을 준비하게 된다.

2004년 JP모건체이스는 기업금융에 비해 상대적으로 부진한 소매금융부문을 보완하기 위해 소비자 금융 및 신용카드에 강점을 지닌 '뱅크원'을 인수한다. 당시 뱅크원은 자산규모 6위의 대형 은행으로 중서부와 남서부 일대에 1800개가 넘는 지점을 보유하고 있어 뱅크원의 인수는 미국 동부를 주 활동무대로 하던 JP모건체이스의 영업활동 범위를 크게 확대시켰다. 뿐만 아니라 JP모건체이스는 당시 뱅크원의 CEO였던 제이미 다이먼(Jaime Dimon)을 영입했는데 그의 뛰어난 경영능력과 리더십은 JP모건체이스가 M&A 후 성공적인 조직통합을 이루고 금융위기를 기회로 더욱 성장하게 되는 밑거름이 됐다.

• 금융위기를 기회로 미국 최대 은행 등극

서브 프라임 모기지 사태는 모기지 회사뿐만 아니라 헤지펀드, 투자은행, 보험사 등 금융기관의 부실을 불러왔으며 민간상업은행에까지 여파를 미쳐 세계 최대 은행인 씨티은행마저 파산신청을 하기에 이르렀다. 반면 JP모건체이스는 금융위기의 영향을 거의 받지 않은 미국 내 몇 안 되는 대형 금융기관으로 오히려 금번 위기를 경쟁력 강화의 기회로 활용하였다.

먼저 2008년 3월 JP모건체이스는 파산위기에 처한 베어스턴스를 헐값에 인수함으로써 투자은행부문의 경쟁력을 크게 강화하였다. JP모건체이스는 주식 위탁매매 등을 주력으로 하는 미국 5위 규모의 투자은행인 베어스턴스를 인수함으로써 채권부문에 비해 상대적으로 취약했던 주식부문의 역량을 제고한다. 이어서 6월에는 미국 최대 저축은행인 워싱턴뮤추얼의 은행 업무부문을 인수한다. 중상층 이상의 고객을 위주로 영업해 온 JP모건체이스는 서민금융 위주의 워싱턴뮤추얼을 인수함으로써 소매금융기반을 크게 확대하였을 뿐만 아니라 5400개의 영업망을 보유한 미국 최대 은행으로 등극하게 되었다.

- **JP모건체이스의 성공비결**

금융위기의 여파로 대형 투자은행들이 연이어 파산하고 대형 상업은행들도 자본 확충과 자산감축에 나서야 하는 상황에 처했지만 JP모건체이스의 순익은 위기 이전보다 10% 이상 증가하면서 글로벌 종합금융그룹으로서의 위상을 공고히 하고 있다. 200년 이상 지속되어 온 JP모건체이스의 성공배경에는 어떠한 요인들이 작용하고 있는 것일까?

- **균형잡힌 사업 포트폴리오로 안정적 수익**

JP모건체이스의 200년 역사는 500개 이상 은행들의 M&A 과정이라 할 수 있다. 설립 초기 채권과 주식, 외환거래를 중심으로 성장해 온 JP모건체이스는 1930년대 대공황 이후 투자은행을 분리하면서 도매금융 중심의 상업은행으로 변신했다. 이후 금융 겸업화의 흐름 속에서 체이스맨해튼, 뱅크원과의 합병을 통해 소매금융부문을 강화하면서 종합금융그룹으로 도약하였고 최근에는 베어스턴스, 워싱턴뮤추얼 등의 인수를 통해 취약한 부문을 강화하여 글로벌 종합금융그룹으로서 기반을 갖추었다. JP모건체이스의 성장은 적절한 시기에 과감한 선택을 통한 끊임없는 M&A의 결과라 할 수 있는 셈이다.

오늘날 JP모건체이스는 투자은행, 소매금융, 신용카드, 상업은행, 기업금융, 자산운용 등 6개 사업분야가 균형을 이루는 이상적인 사업모델을 보유하고 있다. 금융위기의 영향을 받기 이전인 2007년 기준으로 투자은행, 소매금융, 신용카드 등 주요 사업부문이 전체 매출과 이익의 15~20%를 차지하면서 균형적인 포트폴리오를 구성하고 있다.

각각의 사업부문은 모두 해당 분야에서 충분한 경쟁력을 보유하고 있어 업무집중화에 따른 리스크를 감소시키는 동시에 수익의 안정성을 제고하는 데 기여하고 있다. 성공적인 사업다각화를 통한 안정적인 수익창출이야말로 JP모건체이스가 글로벌 금융위기에도 충분한 자본여력을 유지하여 또 다른 M&A를 도모할 수 있는 원동력으로 작용하고 있다.

- **매트릭스 조직으로 시너지 극대화**

JP모건체이스의 각 사업부문은 서로의 성장에 긍정적인 영향을 미치면서 효과적인 시너지를 창출하고 있다. 투자은행은 기업을 대상으로 한 자금관리 서비스의 수익성을 높여주고, 높은 투자수익률은 소매금융이 예금유치 실적을 높이는 데 결정적인 기여를 하고 있다. 소매금융의 성공은 다시 신용카드 사업의 확대로 이어지는 등 그야말로 선순환의 성장구조를 구축하고 있는 것이다.

이와 같은 효과적인 시너지 창출은 JP모건체이스가 구축한 매트릭스 조직의 유기적인 운영을 통해 유도되고 있다. 2000년 합병을 통해 JP모건체이스로 재탄생하는 과정에서 JP모건체이스의 조직구조는 현재의 3개 지역 및 6개 사업부문으로 구성된 매트릭스 조직으로 재편된다. 소매금융과 카드 서비스, 상업은행 관련 부문은 체이스 브랜드를, 투자은행과 자산관리, 자금 서비스 관련 사업은 JP모건의 브랜드를 사용하고 있다.

● JP모건체이스의 매트릭스 조직

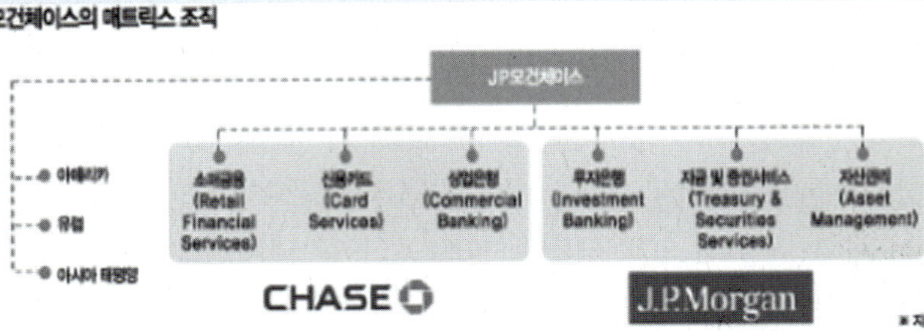

※ 자료: JP모건체이스

이들 6개 사업부문은 전 세계적으로 연계되어 상호 간에 고객기반을 공유하는 동시에 독립적으로 운영된다. 지역적으로는 아메리카, 유럽, 아시아 3개 지역으로 구분되며 각 국가별로 해당 지역 내 모든 사업부문을 총괄하고 기업고객 및 정부기관 등과 긴밀한 관계를 형성할 수 있도록 국가별 대표를 선정하여 관리하고 있다. 이처럼 JP모건체이스는 전업주의 하에서 개별 업종 위주로 운영되어 온 조직을 철저하게 고객의 관점에서 매트릭스 조직체계로 재편성하여 사업부문 간 시너지 창출을 극대화함으로써 종합금융그룹으로서의 입지를 강화하고 있다.

• 견고한 대차대조표에 근거한 리스크 관리

JP모건체이스의 리스크 관리는 기본적으로 '견고한 대차대조표'(fortress balance sheet)를 유지하는 데 초점이 맞춰져 있다. 대차대조표를 견고하게 유지하려면 대손충당금을 충분하게 설정하고 회계처리기준을 보수적으로 적용하며 대차대조표상의 모든 자산과 부채에 관심을 기울여야 한다.

견고한 대차대조표는 수치 데이터를 엄밀히 분석하고 현존하는 리스크 및 잠재적인 리스크를 확인하고 모든 사업부문과 상품라인을 면밀하게 체크한 다음 이 모든 정보들을 구성원들과 공유할 것을 요구한다. 이는 금융위기 속에서도 두 건의 대형 M&A를 성사시킨 CEO 제이미 다이먼의 오래된 경영철학이기도 하다.

사실 위기가 닥치면 어느 회사라도 이러한 리스크 관리 정책을 실천하고자 노력할 수밖에 없다. 중요한 것은 JP모건체이스의 경우 금융위기 이전 경제적 여건이 좋았던 시기에도 CEO의 강력한 경영 리더십 하에 단기적인 수익 악화를 감수하고라도 이러한 보수적인 리스크 관리 접근방식을 취하고 있었다는 점이다. 이러한 리스크 관리 정책의 유지를 통해 JP모건체이스는 금융위기 중에도 경쟁은행들이 감당할 수 없는 기회를 포착할 수 있었다.

[자료: 유니버설뱅킹의 선두주자 JP모건체이스, 조선비즈, 2010.]

토의 과제

1. JP모건의 사업구조는 무엇으로 구성되어 있는가?
2. JP모건의 성장과정을 설명해보시오.
3. JP모건의 미국의 서브프라임 금융위기에서 어떠한 전략을 선택하였는가?
4. JP도건이 향후 매트릭스 조직을 지속적으로 운영할려면 극복해야 할 과업은?
5. JP도건의 성공전략이 국내 금융지주사들에 주는 교훈은?

제 9 장 조직 간 관계

Opening Knowledge Cafe
제 1 절 조직생태시스템
제 2 절 조직 간 관계이론
사 례

Opening Knowledge Cafe : "모든 리더(leader)는 리더(reader)다"

기업 경영은 종종 버스 운전에 비유된다. 우리네 인생처럼 기업경영도 그 목표 지점인 종착역을 향해 달려가는 버스 여행에 다름 아닌 것이다. 이때 가장 중요한 것은 운전사의 역할이다. 기업의 입장에서 보면 운전사는 바로 CEO를 비롯한 경영진이다. 아무리 그 버스가 최고급 첨단으로 설계되었다고 해도 운전사가 무면허이거나 음주운전, 난폭운전을 한다면 그 버스의 운명은 뻔하다.

한편 기업의 종업원은 버스의 엔진, 즉 조직의 역량에 해당되며, 고객과 시장정보는 연료에 해당한다. 주행거리에 따라 연료를 계속 주입해야 하듯이 고객과 시장에 관한 정보는 계속 새롭게 공급되어야 한다. 또한 목적지까지 가기 위한 정교한 지도는 기업의 전략에 해당하며 가는 경로는 기업의 업무 프로세스에 해당한다. 자격 있는 운전사라면 이러한 요소를 모두 갖추고 승객을 빠르고도 안전하게 모셔야 한다.

여행에서 선택한 목적지(전략 목표)까지 확실하게, 그것도 경쟁사 버스보다 늦지 않게 도착하기 위해서는 운전대를 잡은 사람이 반드시 들어야 할 목소리(voice)가 있다. 그것은 바로 **고객의 소리(VOC), 직원의 소리(VOE), 그리고 업무 프로세스의 소리(VOP)**다.

첫째, 기업경영에서 무엇보다 중요한 것은 자신의 고객들이 원하는 바를 바로바로 파악하는 일이다. 이제 웬만한 기업치고 고객만족도 조사를 안 하는 곳은 거의 찾아보기 어렵다. 이러한 고객의 소리는 해당 기업에 중요한 경영정보이자 자산이 되고 있다. 자사 제품(서비스)에 대한 호감, 칭찬은 말할 것도 없거니와 그와 관련한 불만제기 또한 소중한 것으로서 고객의 문제제기가 아니어도 따로 비용을 들여 조사를 해야 한다. 이제 불만, 불평 고객은 부분적으로는 직원의 역할도 하는 회사의 중요한 자산으로 인식되어야 한다. "만족한 고객은 우리의 적이다"라는 말은 이를 역설적으로 표현한 것이다. 고객만족에 대한 전문 연구기관인 미국 TARP 조사에 따르면, 불만 고객의 단 4%만이 자신의 불만을 제기한다고 한다.

빙산처럼 수면에 나타나지 않는 나머지 문제점들을 끈질기게 파고들고 해결해 나갈 때 진정한 고객만족 경영(Total Customer Satisfaction)에 다가갈 수 있다. 따라서 기업은 온라인, 오프라인 할 것 없이 모든 채널을 동원하여 이러한 고객의 니즈와 불만 등을 리얼타임으로 수집하고 분석하는 체계를 갖춰야 한다. 이것이 마케팅의 기본이다. CRM 등 각종 마케팅 시스템에 의해 분석, 파악된 고객의 소리는 경영목표 설정에서부터 신제품 개발, 내부 프로세스 혁신에 이르기까지 경영활동의 생생한 근거이자 밑거름 역할을 할 것이다.

둘째, 기업은 직원의 목소리에 귀를 기울여야 한다. 직원은 '최초의 시장'으로서 고객보다 그 조직의 내부사정에 밝다. 기업의 최고자산인 직원들의 의사와 요구는 직원만족도 조사 등을 통해 지속적으로 파악되어야 하며 그 결과를 경영에 반영해야 한다. 내부고객으로서 직원의 불만족은 바로 외부고객의 불만족으로 이어지기 때문이다.

셋째, 기업은 프로세스의 소리에 집중해야 한다. 고객을 만족시키기 위한 업무 흐름이자 작업체계인 프로세스를 지속적으로 개선하고 혁신하고자 하는 노력만큼 중요한 것도 없다. 그동안 국내 기업현장에서 가장 인기를 끌었던 혁신기법인 식스시그마도 이러한 업무 프로세스의 획기적 개선을 겨냥한 것이다. 요컨대 조직의 내부 프로세스에 귀를 기울여 일하는 방식을 지속적으로 개선해나가지 않는다면 그 조직의 경쟁력은 순식간에 저하되고 만다.

이러한 3가지 소리는 따로따로 존재하는 것이 아니라 서로 긴밀하게 연관되어 있다. 사실 경영이란 이 소리들을 어떻게 파악하고 그 진실을 이해할 것인가에 관한 문제라고 해도 과언이 아니다. 결국 경영자들이 이 3가지 소리만 제대로 듣는다면 일단 안전운전에는 큰 문제가 없을 것이다. 문제는 그러한 소리를 지속적으로, 그리고 제대로 듣고자 하는 조직의 마음 자세다. 높은 성과를 실현한 CEO들의 공통적 특징을 보면 그들은 항상 부하직원의 충고를 구하고, 다른 사람의 이야기를 경청하는 특성을 동시에 가지고 있다는 것이다. 경청이야말로 두 귀로 남을 설득하는 기술이다.

우리가 귀는 2개, 입은 하나인 이유 역시 듣는 일이 중요하다는 조물주의 뜻이리라.

제 1 절 조직생태시스템

오늘날 기업에서 조직변화가 왜 그렇게 중요한 것일까? 기업의 상황이론성 관점에서 볼 때 가장 중요한 이유는 환경의 변화다. 모든 기업은 자원과 정보, 시장, 인력 등 생존에 필요한 모든 요소들을 외부환경에서 조달한다. 따라서 시장·경쟁·기술·정치규제·사회문화 환경 등 외부 환경의 요구에 조직의 구조와 역량, 문화 등을 일치시키는 '환경 적합성'(environmental fit)이 생존과 성과에 가장 중요하다.

일단 환경의 요구에 적합하게 조직의 구조와 역량, 문화 등을 일치시키면 경영자들은 그 적합성(fit) 상태를 계속 유지하고 싶어 한다. 문제는 환경이 그대로 있지 않고 항상 변한다는 점이다. 환경이 바뀌면 애써 확립한 기업과 환경 간 적합성이 붕괴된다. 그 결과 기업은 환경 부적합성(mis fit)으로 위기를 맞게 된다. 이렇게 볼 때 조직변화는 환경변화로 인해 깨어진 기업과 환경 간 적합성을 회복하려는 시도로 정의할 수 있다. 이를 '환경 적응적 조직변화'(adaptive organizational change)라고 부른다. 따라서 환경이 변하면 기업도 항상 환경과 같이 변화하고 혁신해야 한다. 이것이 바로 경영학에서 가장 폭넓게 공유되고 있는 이론인 상황 적합성 관점에서 설명하는 조직변화의 불가피성이다.

조직의 규모와 산업에 관계없이 혼돈스러운 환경을 맞이한 오늘날의 조직들은 기존의 사업수행 방식에 대해서 근본적으로 의문을 제기하고 있다. 최근 널리 확산되는 현상 중에 하나가 기업 사이의 경계를 허물고 서로 융합하는 것이다. 자원은 한정되어 있고, 한 기업이 자신의 생존에 필요한 모든 것을 갖고 있을 수는 없기 때문에 필요한 원자재, 정보 등을 다른 조직으로부터 공급받지 않을 수 없는 것이 현실이다. 또한 환경적인 불확실성으로 조직의 위험은 더욱 더 커졌으며 이에 대응할 수 있는 전략이 조직외부와의 협력전략이 요구되고 있다. 이 모든 것이 조직 간 관계의 관리의 영역이다.

조직생태시스템(organizational ecosystem)은 조직의 집합체와 환경 사이의 상호작용으로 구성되는 시스템을 의미한다. 본 절에서는 조직생태시스템을 복잡적응계로서의 조직과 조직의 진화이론적 관점에서 살펴보자.

1. 복잡적응계로서의 조직

기업조직은 구조적 불확실성에 적응해가야 하는 하나의 복잡적응계이다. 기업은 급변하는 시장환경에 대응해 생태학적 적소(ecological niche)를 획득하기 위해 끊임없이 적응하면서 생존을 도모한다.

개체군과 환경의 상호의존적 관계를 설명하는 중요한 생태학적 개념이 다름 아닌 '적소' 개념이다. 적소의 사전적 의미는 '적합한 장소'라는 뜻으로서 Ricklefs는 "개체 혹은 개체군과 상호작용하는 모든 요소들"이라고 정의내렸다. 즉, 적소는 한 개체군과 환경 간에 상호작용이 일어나는 요소 또는 자원을 공간적 형태로 표현한 것이다.

적소(niche)라는 용어는 개체군이 가지는 특성 중의 하나로서 개체군이나 조직이 유지되고 활동하며 상호작용하는 장 또는 공간이다. 적소이론에서는 한 적소가 차지하는 영역의 크기를 적소폭(niche breadth)으로 나타낸다. 즉, 적소폭은 한 개체군이 이용하는 자원의 수와 양을 의미하는 것으로서 개체군과 환경 간의 관계를 설명하기 위한 개념이다.

기술혁신과 산업발전, 제품의 다양화, 가격하락 등이 모두 기업의 적응적 변화의 결과이다. 역설적으로 기업이 현재의 성공을 즐기면 즐길수록, 환경의 변화로부터 생겨나는 소멸의 위협에 더 많이 노출된다. 이 문제는 위험상황에서 빠져 나오는 것과 유사하고 당신이 지나온 다리를 무너뜨리는 것과도 유사하다.

예를 들면, 필름 사진 산업에서 폴라로이드 사진기와 디지털 사진의 출현 그리고 아날로그 필름산업의 대부인 코닥사의 쇠락은 복잡적응계로서의 생태학적 적소의 중요성을 말해준다.

2. 조직진화이론

기업과 경영환경 모두를 중첩된 복잡적응계로 간주하는 관점에서 경영전략의 기본적 틀은 카우프만(Kauffman)의 적합도 지형 또는 NK지형에서 찾을 수 있다.

여기서 변수 N은 선택할 수 있는 전략의 수이고 변수 K는 전략변수 간의 상호 의존성의 정도를 나타낸다. 적합도 지형은 선택된 N개의 전략이 낳는 성과들을 보여준다. K값이 낮고 전략 간의 상호작용이 미미하다면 N개 전략의 변화가 기업의 성과에 미치는 영향이 상대적으로 적다.

NK모형에서 N은 생물의 유전인자의 수를 나타내는 변수이다. 이 변수는 조직·경제의 경우 체제요소의 수, 부서의 수, 조직구성원 수, 혹은 조직 루틴 수(organizational routines), 생산요소의 수로 볼 수 있다.

Kauffman 모형의 복잡성은 K 변수에서 일어난다. K는 유전자들 간의 상호작용 정도를 나타내는 변수이다. K가 크면 클수록 유전인자들 간에 상호작용이 커지게 된다. 상호작용이 전혀 없는 경우, 즉 K=0인 경우 탐색공간은 경사가 고르고 정상이 하나인 후지산 지형(Fujiyama landscape)과 같은 단일 봉우리 적합도 지형(uni-peaked fitness landscape)의 산세를 띤다.

이러한 적합도 지형의 형태가 바로 하나의 정점(최적해)을 갖고 있는 시지프스 지형이다. 여기서 경영자가 하는 일은 저항하는 종업원과 조직적 관성으로 구성된 지형을 거스르며 매일 언덕 위로 돌을 굴려 올리는 것으로 그려진다.

[그림 9-1] 시지프스 지형

시지프스 지형과는 반대로 K값이 높은 경우에는 N개 전략에서의 사소한 변화가 기업의 전반적 성과에 큰 변화를 초래한다. 전략적 변수 간에 상당한 상호작용이 존재할 때 수많은 국지적 정점이 존재해 울퉁불퉁한 지형이 형성된다. 즉, 하나의 최적해가 아니라 수많은 차선의 해법이 존재한다. 이런 생각은 계획자의 역할을 탐험가로 바꾼다. 최적의 전략을 발견하려 하기보다는 시행착오를 받아들이고 충분히 만족스러운 국지적 정점을 찾은 뒤 잠시 쉬고, 이어서 조직의 여건을 생각해 다시 새로운 정점을 찾아 나서는 탐험가의 행동패턴을 가지고 있다.

[그림 9-2] 울퉁불퉁한 지형

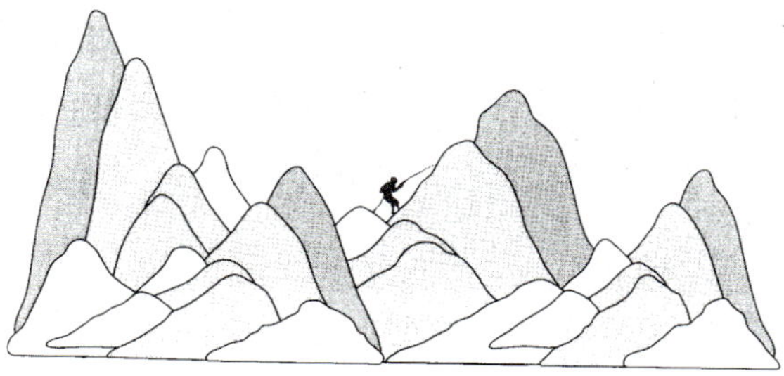

이상에서 설명한 적합도 지형을 조직설계에 적용하여 해석해 보면 조직 진화의 역동성을 설명해 주는 유용한 도구로 사용할 수 있다. 적합도 지형상에서 개별적인 조직의 형태로 구성되는 조직개체군은 봉우리에 가까운 조직이 더 높은 적합도를 갖는 여러 가지 가능한 조직형태의 적합도 지형상에서 움직이고 있는 것으로 간주할 수 있다. 이 적합도 지형상에서 조직은 합리적 과정을 통하여 현재 위치에서 적합도를 향상하기보다는 산봉우리로 올라감으로써 근시안적으로 환경에 적응한다.

제 2 절 조직 간 관계이론

1. 조직 간 관계의 분석틀

거대한 조직생태 시스템을 이해하기 위해서는 조직 간 분석을 통해 그동안 자신만의 수직적인 경영에서 조직 간 경계를 초월한 수평적인 경영으로 변화시킬 수 있는 좋은 기회이다.

조직 간 관계는 둘 혹은 그 이상의 조직 사이 자원의 거래, 이동, 연결이 지속적으로 이루어지는 관계를 의미한다. 조직 간 관계에 대한 연구는 자원의존 관점, 네트워크 관점, 조직군 생태학 관점, 제도론적 관점 등 다양한 관점에서 이루어지고 있다. 조직이론에서 조직 간 관계를 분석하는 틀은 [그림 9-3]에 제시되어 있다.

분석틀에 의하면, 조직 간 관계는 조직들이 서로 유사한가 아니면 그렇지 않은가 하는 차원과 서로 협력적인가 아니면 경쟁적인가 하는 차원을 기준으로 하여 구분할 수 있다. 이러한 관점을 이해하여 조직의 운영자들은 환경을 평가하고 그에 따라서 자신의 필요에 적절한 전략을 선택할 수 있을 것이다.

[그림 9-3] 조직 간 관계의 분석틀

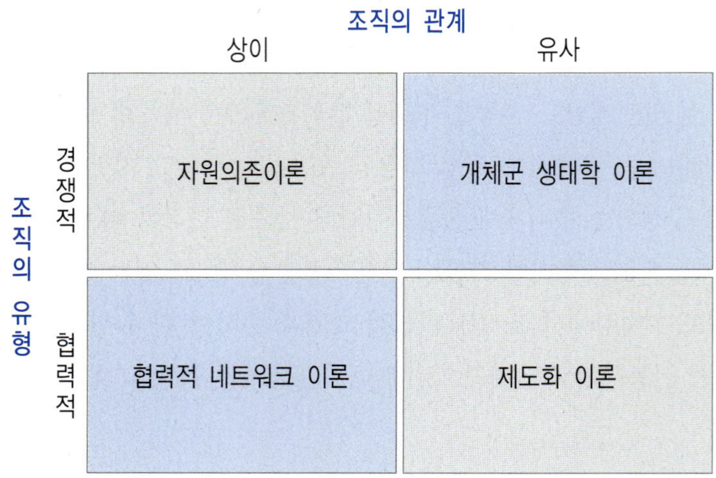

2. 자원의존이론

2.1 의의

Pfeffer와 Salancik(1978)는 조직이 상황에 단지 반응하는 것이 아니라, 상황적 제약조건들을 어느 정도까지는 전략적 조정을 통하여 완화시킬 수 있다고 주장하면서 자원의존이론(resource dependence theory)을 제시하였다.

자원의존이론은 희소한 자원과 외부환경조직과의 상호의존성을 전제로, 희소한 자원을 획득하고 이를 통제·관리하는 관리자의 능력을 중시하기 때문에 외부환경에의 의존성을 인정하면서도 환경을 관리자에 의해 규정되고 조작될 수 있는 영역으로 파악하고 있으므로 결국 임의론에 속한다고 할 수 있다.

환경에 대한 관점은 상황이론과 전략적 선택이론이 일반적인 환경을 대상으로 하는 반면, 자원의존이론은 조직 간 관계인 과업환경을 대상으로 하는 이론이다.

자원의존이론(Resource dependence theory)에 따르면 조직은 핵심자원을 통제하여 생존하기 위해서는 다른 조직이나 집단의 요구에 적절히 반응하거나, 환경의 제약으로부터 더 많은 자율성과 재량권을 획득하기 위해서 외부적인 의존관계를 관리해야 한다.

2.2 특징

첫째, 조직 간 의존성을 강조한다.

조직은 조직이 필요로 하는 자원들에 대해서 자급적일 수가 없기 때문에 조직 외부의 다양한 조직들과 거래관계를 형성하게 된다. 이러한 거래관계는 상호의존적이다.

둘째, 자원확보능력을 중시한다.

조직은 자원을 완전히 통제할 수 없기 때문에 자원의존이론은 필수불가결한 자원을 확보하고 유지할 수 있는 능력을 조직생존의 핵심요인으로 파악한다.

셋째, 조직 간 권력성을 강조한다.

자원의존이론은 조직 간 성격을 권력관계로 규정한다. 조직은 다른 조직에의 의존성을 극소화하거나, 자기조직에 대한 의존성을 증대시킴으로써 의존관계를 변경시키고자 한다.

넷째, 자율적 · 능동적 전략을 강조한다.

자원의존이론은 필요한 자원에 대한 관리자의 적극적 환경관리를 중시함으로써 환경과의 관계에 있어서 주도적 · 능동적 · 자율적 전략선택 행동을 중시한다.

이처럼 자원의존이론은 환경의 영향을 인정한다는 점에서 상황이론과 동일하나 상황이론과 같이 상황이 조직구조를 결정한다는 결정론은 받아들이지 않는다. 그리고 전략적 선택이론과 마찬가지로 관리자의 인지가 중요하고 또 관리자가 환경에 영향을 미칠 수 있다고 생각하지만 전략적 선택이론과 달리 환경에 대한 의존성을 인정한다.

3. 협력적 네트워크 이론

3.1 의의

협력적 네트워크 관점은 자원의존이론에 대한 대안으로 떠오르는 이론이다. 전통적으로 구매기업과 공급기업 사이의 관계는 적대적이었다. 그러나 점점 국제적 불확실성이 높아지는 가운데 기업 간 관계를 조정해야 할 필요가 커지고 있다. 최근 기업들의 경쟁력을 높이고 희소한 자원을 공유하기 위하여 공동체를 구성하고 있는데 이것이 협력 네트워크라고 볼 수 있다.

협력적 네트워크의 장점으로는 기업 간 전략적 제휴를 통하여 새로운 시장진출의 위험을 줄일 수 있고 개발 비용도 절감할 수 있다. 또한 소비자들로 하여금 협력 기업 간의 장점을 모두 제공함으로써 하나의 서비스로 두 가지의 이상의 만족을 기대할 수 있다는 점에서 큰 매력이라고 할 수 있다. 기존의 자원의존이론에 대안으로 떠오르며, 기존의 단점을 보완하고 더 큰 시너지효과를 낼 수 있는 이론이기에 현재 기업들의 전략적 제휴나 합병사례는 계속해서 증가하고 있다.

협력적 네트워크에서 공진화(co-evolution)는 “어떤 개체(entity)가 다른 개체들의 진화에 부분적으로 의존하거나 다른 개체들과의 맥락에서 진화하는 것”으로, 사회적으로 봤을 때 행위자 또는 행위자 집단의 전략적 행동(strategic action)들의 조합이라고 할 수 있다.

3.2 특성

첫째, 협력적 네트워크는 협력적 또는 이타적(cooperative or mutualistic) 공진화로 생태계의 공생관계나 협력업체 간 공동발전 등을 가져올 수 있다.

둘째, 경쟁우위(competitive advantage)가 네트워크의 다른 구성원과 협력하고 공진화하는데서 나온다. 그러므로 경쟁자와의 일상적인 경쟁에 매몰되는 대신 생태계라는 큰 그림(big picture)을 보면서 경쟁보다 공진화가 모두를 더 강하게 만들 수 있다는 점을 인식해야 한다.

4. 개체군 생태학 이론

4.1 의의

개체군 생태학이론(population ecology of organization, Hannan과 Freeman, 1977)은 생태학과 적자생존론을 조직이론에 적용하여 환경에 의하여 선택된 조직은 살아남고 선택되지 못한 조직은 도태된다는 이론이다. 이 이론은 조직군 생태학이론이라고도 한다.

개체군 생태학이론은 조직변화가 조직의 적응노력에 의한 것이 아니라, 외부환경의 선택에 의해 좌우되므로 장기적인 관점에서 보면 관리자의 역할은 무작위적(inactive)인 것에 불과하다는 극단적 환경결정론으로서 관리자의 전략선택이나 공동노력 등 능동적 요소들을 배제한다.

또한 이 이론은 기존 이론들(상황이론, 전략적 선택이론, 자원의존이론)이 개별 조직을 단위로 하는 이론인 반면, 조직군생태학이론은 조직군(組織群)으로 분석단위를 확대한다. 예를 들어 토끼 한 마리가 환경에 적응하는 것에 관심을 두지 않고, 토끼라는 종(種)의 환경에 대한 적응 여부에 초점을 두고 있다.

개체군 생태학이론에서 사용하는 용어들은 다음과 같다.

첫째, 조직군(개체군)은 추구하는 목표, 전략, 공식적 구조 등이 유사한 조직들의 의미이다.

둘째, 생태학이란 생물이 외부환경의 영향으로 어떻게 생성되고 분포되며 그 형태 및 행태는 어떠한지를 연구하는 학문이다.

셋째, 환경적소(environmental niche)란 환경들이 조직들의 생존을 허용하는 자원공간이자 활동공간이다. 즉, 환경의 수용능력을 의미하며 환경적소의 크기가 클수록, 밀집도는 낮을수록 조직이 생존하고 성장할 가능성이 크다고 본다.

4.2 특성

개체군 생태학이론에서는 첫째, 조직의 적응 무능력을 주장하고 있다.

구조적 상황이론에서는 조직이 환경에 적합한 조직구조를 설계함으로써 환경에 적응할 수 있는 존재라고 보는 반면, 조직군 생태학이론에서는 조직의 적응능력에 대하여 회의를 갖는데, 이는 조직이 내부요인(매몰비용, 관행 등)과 외부요인(법적·정치적 제약 등)으로 구조적 타성(structural inertia)에 빠진다고 보기 때문이다. 즉, 적응능력을 제한하는 구조적 타성개념이 조직론에서 지배적이었던 적응관점을 도태관점으로 대치시키는 근거를 제공하였다.

둘째, 동형화의 원칙(principle of isomorphism)을 주장하고 있다.

Hannan과 Freeman에 의하면, 환경에 적응하려는 조직들의 노력과 상관없이 환경은 스스로 최적인 조직을 선택하기 때문에 환경과 조직 간의 구조 동일성은 필연적이다. 조직구조와 환경적소는 동일성의 원칙에 의하여 환경에 비동질적인 조직은 조직군으로부터 도태되고, 환경에 동질적인 조직은 조직군에 편입된다.

따라서 조직의 성공은 조직의 합리적인 설계와 노력에 달려 있는 것이 아니라, 어떤 환경에 속하고 이 환경이 어떤 선택을 하는가에 달려 있다고 본다.

셋째, 환경의 선택과정을 주장하고 있다.

먼저 변이(variation)의 특성으로 조직마다 동일하지 않고 조금씩 차이가 있다. 다음으로는 선택(selection)으로서 조직형태 상에 변이가 발생하면 환경과의 적합수준에 따라 환경적 적소로부터 선택되거나 도태된다. 이는 적자생존 및 환경결정론적 입장을 고수한다.

마지막으로는 보존(retention)으로 이는 환경에 의하여 선택된 조직은 제도화되면서 구조를 유지하게 된다.

5. 제도화 이론

5.1 의의

제도화 이론(institutional theory)의 중요한 개념의 분석틀은 기능 혹은 역할 네트워크가 조직구조를 결정한다는 구조적 기능주의이다. 조직은 사회문화적 규범이나 가치체계 등의 제도적 환경과 부합되도록 형태나 구조를 적응해야만 하는 압력을 받는다. 제도화 이론은 조직의 정당성 및 생존을 확보하는 데 있어 적절하거나, 문제의 소지가 없는 것으로 간주되는 조직형태 및 구조에 대한 사회적 구성을 강조한다. 자극

반응이론에 입각한 합리적 행동관점이나, 외부적으로 제약된 행동관점과는 대비되게 무작위적 행동관점은 쌍방적 인과관계를 강조하여, 종속변수와 독립변수를 구분하기가 어려우므로 질적 방법론에 의거한다. 비록 독립변수와 종속변수를 구분하기가 쉽지는 않지만 구조의 사회적 구성이 제도화되는 정도를 결정하는 것이 무엇인지를 규명하는 것은 가능하다.

제도화 이론(institutional theory)이란 조직 간의 유사성을 강조하고 조직이 영향을 강하게 받는 개방체제이지만 조직에 가장 결정적으로 작용하는 요인은 보다 효과적인 성과를 위한 합리적 압력의 결과가 아니라 인습적인 이념에 부합되도록 하는 사회적 혹은 문화적 압력의 결과라고 보는 이론이다.

이 이론은 사회적 현실이 조직구성원에 의하여 구성되며 이러한 사회적 현실이 공식조직의 창설로 정치화의 기틀을 제공한다고 주장하고 제도화를 행위가 반복되고 자기와 타인에 의하여 유사한 의미가 부여되는 과정으로 이해한다. 제도화 이론의 중요한 개념의 분석틀은 기능 혹은 역할 네트워크가 조직구조를 결정한다는 구조적 기능주의이다.

5.2 특성

첫째, 제도적인 동형화(institutional isomorphism)이다.

'신제도주의'(new institutionalism)라는 사회이론을 주창한 미국의 사회학자 Powell과 DiMaggio는 이러한 조직 간 유사성이 세 가지 동인에서 발생한다고 밝혔다.

디마지오와 포웰(DiMaggio와 Powell)은 어떤 형태로의 조직변화도 합리성과 무관하다고 인식한다. 조직구조의 변화는 경쟁때문이거나 또는 효율성의 필요때문이 아니라, 조직을 더 유사해지도록 하는 과정, 즉 동형화(isomorphism)의 결과때문에 나타난다는 것이다. 조직이 동질화되는 과정을 설명하는 개념이 동형화이다. 이것은 조직의 장(field) 안에 있는 한 조직단위가 동일한 환경조건에 직면한 다른 조직단위들을 닮도록 하는 제약적인 과정(constraining process)이다. 여기서 '조직의 장'이란 유사한 재화와 서비스를 산출하는 조직들의 총체로서, 동질적인 제도적 삶이 인지될 수 있는 분석단위를 뜻한다.

예컨대 자동차 생산업계, 각종 도서관, 중앙부처, 규제기관 등이 그 범주로서, 이것이 바로 제도적 동형화가 이루어지는 사회적 단위이다. 조직의 장이 형성되고 구조화되는 것은 다양한 조직들의 활동의 결과이며, 일단 장이 형성되면 기존 조직들 뿐만 아니라 새로운 진입조직들까지도 동형화된다는 것이다.

제도적 동형화는 효율성과는 무관하게 세 가지 이유 때문에 나타난다.

첫째는 정치적 영향력과 정당성 문제로부터 도출되는 강압적 동형화이다. 강압적 동형화는 어떤 조직이 의존하고 있는 다른 조직과 그 조직이 소속된 사회의 문화적 기대에 의한 공식적이고 비공식적인 압력의 결과로서 나타난다.

둘째, 불확실성에 대한 표준적인 대응에서 오는 모방적 동형화이다. 불확실성도 모방을 조장하는 강력한 힘이 된다. 조직의 행동과 환경의 반응 간의 인과관계가 불명확하거나 조직의 목표가 모호할 때, 또는 환경이 불확실성을 야기할 때, 다른 성공적인 조직을 본받으려는 모방적 동형화가 일어난다.

셋째, 동형화는 규범적인 것 때문에 나타날 수 있다. 이는 전문화에서 도출된다. 대학의 전문학과 신설과 같은 공식교육과정 신설, 학위인정, 자격증제도 등은 직업의 전문화에 기인한다. 전문직의 자격조건을 충족시키는 사람들은 동일한 속성을 가진 표준적인 교육과정을 거치기 때문에 문제를 보는 시각이 비슷하게 된다. 따라서 그들은 주어진 정책, 절차, 그리고 구조를 규범적으로 정당화된 것으로 보며, 동일한 방식으로 행동하게 된다.

둘째, 제도채택에 있어서 사회적 정당성을 강조한다.

신제도주의에서는 제도와 개인적 행위 사이의 관계는 상호작용적이며 상호구성적이다. 개인들이 사회적 관습에 따라 행동할 때, 각 개인들은 사회적으로 의미있는 행동을 하게 된다는 점에서 사회적 행위자가 되는 것이며, 이를 통해 관습을 강화시킨다는 의미이다. 사회학적 신제도주의에서는 개인들이 '합리적 행동'이라고 보는 것 자체가 사회적으로 구성된다는 것을 강조한다. 조직은 제도적 환경이 요구하는대로 조직구조를 형성함으로써 외부로부터 정당성을 확보하면서도 내부구성원으로부터도 권위를 획득하게 된다. 반대로 조직구조가 환경이 요구하는 요소를 결여하게 되면 조직은 그 활동에 대한 정당성을 갖추지 못한 것으로 간주되어 불합리하거나 불필요하다는 비판을 받을 수 있다.

셋째, 제도의 채택에 있어서 문화적 인지를 중시한다.

조직의 제도화란 조직이 사회 속에서 널리 합리화되고 정당화된 관행과 절차를 채택하여 조직의 공식구조로 형성하는 것, 즉 특정 조직으로의 제도의 확산을 의미한다. Zucker는 민속방법론을 토대로 현상학적인 논의를 가미하여 제도화의 의미를 설명한다. 그는 제도화란 어떤 사회관계와 행위가 당연시되는 현상학적 과정이며, 이러한 제도화가 어떤 의미를 가지며 무슨 행위가 가능한가를 정의한다고 본다. 그런데 제도화는 과정적 차원의 제도화와 속성적 차원의 제도화로 나뉜다. 과정적 차원의 제도화란 행위자들이 사회적 관계와 행동을 상호주관적으로 정의하고 당연한 것으로 수용·전수하는 과정을 의미하고, 속성적 차원의 제도화란 제도화된 이념·신념·관행·규율 등이 당연한 것으로 받아들여지게 되는 사회적 사실구조를 말한다.

신제도주의에서는 조직이 환경으로서의 제도를 당연시된 사실구조로 채택한다는 점을 강조하며, 정착된 제도에 대한 조직의 순응에 초점이 있기 때문에 속성적 차원의 제도화를 더 중시한다. 또한 신제도주의에서는 조직의 공식구조를 제도화의 대상으로 보고, 문화적 인지에 의한 채택에 초점을 두어 제도는 당연시되는 사실로서의 의미를 지닌다.

5.3 유형

1) 강압적 동형화(coercive isomorphism)

법규 등으로 대표되는 강압적 동형화(coercive isomorphism)가 조직 간 유사성을 만든다. 기업도 사회조직의 한 형태이므로 사회에서 요구하는 법규나 규범에 위배되는 활동을 할 수 없다. 이는 현재 수행하는 사업전략에 직접적인 영향을 미칠 뿐만 아니라 미래전략을 설계함에 있어서도 고려할 수밖에 없는 요소다. 많은 기업들이 21세기 미래사업으로 환경분야를 주목하는 것도 강압적 동형화의 시각에서 보면 쉽게 이해가 된다. 교토의정서와 같은 산업을 망라하는 글로벌 규제가 만들어지고, 각 국가별로 실질적인 환경규제가 제정되고 있기 때문이다. 이러한 강압적 가이드라인은 과거에 없던 새로운 사업기회를 만들어 줄 뿐만 아니라, 기존의 사업양태를 '강제적'으로 변화시킨다.

법규나 규제뿐만 아니라, 표준화와 같은 비법률적 요소도 강압적인 동형화의 주요한 원인이 된다. 과거 소니와 마츠시타 간의 비디오 표준(베타 방식 대 VHS 방식) 경쟁과 같은 사례는 어떻게 표준화가 기업전략에 영향을 미치는지 여실히 보여준다. 이러한 산업계 표준화는 산업의 글로벌화가 진행되고, 산업 간 컨버전스가 활발히 이루어지면서 보다 더 자주, 더 다양한 분야에서 나타나고 있다.

2) 모방적 동형화(mimetic isomorphism)

모방적 동형화는 우수하다고 '생각'되는 조직을 모방하려는 동형화가 조직간 유사성을 이끈다. 19세기 영국의 유명한 경제학자이자 언론인이었던 월터 바조트가 역설한대로 눈 앞에 있는 것을 모방하려는 것은 인간의 본성 중 가장 강한 부분 중 하나다. 기업운영의 시각에서 분석해보면, 심리적 동조현상과 설득의 용이성, 혁신적인 이미지 확보 등의 이유로 모방활동이 나타난다.

새롭고 혁신적인 이미지를 만들어냄에 있어서도 모방은 효과가 있다. 하버드 경영대학원의 니틴 노리아 교수는 경영자들이 대외적으로 혁신적인 이미지를 보여 주는 것에 집착하는 모습을 보고 다음과 같이 이야기했다. "새로운 혁신기법의 모방을 통해 기업은 자신들이 계속해서 발전하고 있다는 것을, 실패와 실수로 얼룩진 과거를 극복하기 위해 정면으로 맞서고 있다는 것을, 그리고 새로운 모습으로 거듭나기 위해 적극적으로 변화에 몰입하고 있다는 것을 세상에 알린다." 사회구성원들이 우수하다고 '생각'하는 경영기법에 편승함으로써 조직이 발전하고 있다는 것을 대외적으로 알리고 싶다는 동형화의 욕구가 나타난다.

3) 규범적 동형화(normative isomorphism)

규범적 동형화는 '마땅히 그러해야 한다'라는 사회의 가치가 조직 간 동질화를 이끈다는 것이다. 느슨해 보이지만 사실 가장 강력한 힘을 발휘하는 동인이다. 사회의 규범은 대학교육과 같은 공식교육, 조직의 경계를 뛰어 넘는 협회 등 전문단체의 행태, 신문 및 방송과 같은 미디어의 논조 등으로 생성되고 강화된다. 교육과 언론을 통한 이데올로기적 규범은 조직의 인력충원 기준을 비슷하게 만들고, 결국 입, 중간관리자, 최고경영진 등 구성원 모두가 비슷한 시각으로 문제를 보며, 정책결정, 업무수행, 조직구조의 설계에서 규범적으로 정당화할 수 있는 것을 수용하게 되는 것이다. 규범적 동형화의 예로서 한국사회에서의 연봉제 확산을 살펴 볼 수 있다. 우리나라 100인 이상 사업장의 연봉제 도입률은 IMF 이전 1997년 3.6%에서 2004년 43%로 폭발적으로 증가하였다. 이러한 급격한 확대는 연봉제의 효과가 뚜렷이 나타나서 발생한 것이 아니다. 오히려 오랫동안 지배해온 사회적 규범이 IMF라는 충격적 사건과 미국식 경영이념의 빠른 확산을 통해 변화되었기에 가능했던 것이다. 연봉제의 핵심은 연공서열이 아닌 성과에 의한 차별이다. 성과에 의한 차별은 과거 한국사회에서 그 효과성을 떠나 규범적으로 맞지 않는 방침이었다. 하지만 IMF를 위시한 외국 전문기관의 압력, 미국식 경영교육을 받은 리더의 급증, 언론 미디어의 미국식 경영소개, 인수・합병을 통한 선진 외국기업의 한국진출 확대 등을 통해 성과에 의한 차별은 글로벌 스탠다드의 당연한 수용으로서 사회규범적으로 정당성을 획득하게 되었고, 그 결과 연봉제의 급격한 확대가 나타난 것이다.

6. Make-or-Buy 의사결정과 조직 간 관계이론

6.1 Make-or-Buy 의사결정의 의의

일상생활에서 수많은 'Make-or-Buy' 의사결정 순간을 경험하면서 살고 있다. 많은 주부들은 김치를 직접 담글 것인지(make), 아니면 대형마트나 온라인 등을 통해 다른 사람이나 기업이 담근 김치를 구매할 것인지(buy) 선택의 순간을 경험했을 것이다. 사업가라면 누구나 독자적으로 사업을 꾸려 나갈지, 아니면 신뢰할 만한 다른 기업으로부터 특정 제품이나 서비스를 구매할 것인지 고민에 빠져 본 경험이 있을 것이다.

'Make-or-Buy' 혹은 '생산-또는-구매' 의사결정은 경영학 및 경제학을 접하고 있는 학자, 학생뿐 아니라 경영실무자, 공공기관 종사자에 이르기까지 조직을 구성해 재화나 서비스를 창출하며 생산활동을 영위하는 모든 경제주체들이 항상 고민해야 할 효율성과 관련된 주요 개념이다. 물론 개인 및 기업이 단독으로 이룰 수 있는 일이란 이 세상에 거의 없다. 우리는 어떠한 형태로든 다양한 공식・비공식 조직과 직・간접적으로 인연을 맺고 각자의 목적을 달성하기 위해 이들과 필요한 정보와 도움을 주고받으며 살고 있다. 그러나 어떤 결정적인 일을 수행함에 있어 개인・기업이 단독으로 수행할지, 혹은 다른 개인이나 조직과 공식적으로 계약을 맺고 공동으로 수행할지 택일해야 하는 경우 'Make-or-Buy'는 핵심의제가 된다.

'Make-or-Buy'는 우리말로 '생산-또는-구매'로 해석된다. 그러나 이는 다분히 사전적 의미이며 실제로 'Make'와 'Buy'에 해당되는 기업활동들은 매우 다양하다. 'Make'는 경우에 따라 'In-House', 'Hierarchical Governance', 'Internalization', 'Internal Governance Mechanism' 등과 같은 의미로 사용된다. 기업 내부자원이나 역량을 활용해 경제활동을 독자적으로 수행하는 형태의 지배구조(Governance Structure)라고 할 수 있다. 경제활동 수행에 있어 기업외부의 제3자 개입이 완전히 배제된 지배구조 형태로서 해당기업이 100% 소유권(Ownership)과 통제력(Control)을 보유하게 된다. 타 기업의 지분을 인수하거나 합병해 소유권과 통제권을 자신의 기업으로 넘겨받아 경제활동을 추진한다면 이 역시 'Make'에 해당된다. 반면 'Buy'는 'Arm's Length Market Transaction'과 혼용되며 일부 학자는 'Outsourcing'의 의미까지 포함시키고 있다. 기본적으로 'Buy'는 필요한 역량이나 자원, 원재료 등을 내부조달이 아닌 제3자로부터 취득하는 것을 뜻한다. 생산에 필요한 설비나 서비스를 직접 마련하지 않고 타 기업으로부터 구매하는 것 등이다. 구매 시 필요조건, 요구사항 등은 계약을 통해 명시하고 공급자는 계약서에 명시된 대로 일정 기간 공급할 의무를 지니게 된다.

'Make-or-Buy Decision'은 다양한 기능별 활동에서 광범위하게 요구된다. 제품에 필요한 각종 부품을 부품업체로부터 공급받을지(buy), 아니면 회사 내부에서 직접 생산할지(make), 기술개발에 필요한 지식을 내부인력으로부터 습득・조달할지(make), 아니면 외부기관으로부터 습득할지(buy), 원자재는 계속해서 외부 공급업체로부터 조달받을지(buy), 아니면 독자적으로 생산할지(make), 마케팅/판매활동은 직접 수행할지(make), 아니면 전문가 그룹에게 맡길 것인지(buy) 등이 모두 그 대상이다. 문제는 'Make'와 'Buy' 중 어떤 선택이 합리적인지 판단하기가 쉽지 않은데다가 그 결정에 따라 기업의 범위(Organizational Boundary)가 확장되거나 축소되는 결과를 가져오면서 현금흐름, 비용구조, 경영전략 등에 영향을 준다는 데 있다. 결국 'Make-or-Buy Decision'은 기업의 경쟁력과 흥망을 결정짓는 가장 중요한 전략적 판단 중 하나라고 할 수 있다.

6.2 Make-or-Buy와 조직 간 관계

'Make-or-Buy' 연구에서 자주 등장하는 다른 이론적 틀로는 신고전주의적 모델

(neoclassical economics)과 제도이론(institutional theory)이 있다. 이들은 'Make'와 'Buy'를 동시에 추구할 수 있는 방안에 관심을 가지고 있다. 신고전이론에서는 'Make-or-Buy Decision'을 기업이 규모 및 범위의 경제를 실현하기 위해 보유자원을 얼마나 잘 활용할 수 있는가에 따라 판단할 사안으로 보고 있다. 기본적으로 규모 및 범위의 경제를 실현하기 위해서는 충분한 크기의 내부적 역량과 투자(make)가 선행돼야 한다. 그러나 갈수록 불확실해져가는 시장상황과 수요를 무시하고 투자에 몰입하는 것 역시 합리적인 선택은 아니다.

한편 제도이론에서는 제도환경의 여러 요소들(법률, 규범, 규칙, 관습 등) 혹은 기업 내외부의 제도적 압력이 'Make-or-Buy Decision'에 어떤 영향을 끼치는가를 주된 연구대상으로 삼고 있다. 이 이론에서는 기업이나 조직의 이해관계자(stakeholder)의 특성, 공급자의 영향력, 소비자들의 지역적 특성 등이 'Make-or-Buy Decision'에 적지 않은 영향을 끼치는 것으로 보고 있다. 합리성에 기초한 기존 경제학의 논리와는 매우 상반된 논리를 제시하고 있다.

한편 많은 사회학자들은 경제학적 개념위주로 진행돼온 'Make-or-Buy Decision' 연구가 관계적 계약(relational contracting), 신뢰(trust), 평판(reputation), 사회구조 안에서의 위치(social network position) 등 기업이 가지고 있는 사회적 변수를 전혀 고려하지 않고 있음을 비판하고 있다. 이들은 기업이 의사결정 과정에서 거래의 특성이나 기업의 전략적 목표, 시장의 특수성 등만을 고려하는 것은 아니라고 지적한다.

일본 자동차산업에서의 제조업체와 부품업체 간 장기 공급계약이 좋은 예다. 기존의 경제학적 논리에 의하면 자동차산업의 경우 자산특화성이 높은 투자가 요구되고 핵심부품을 한 두 업체로부터 장기간 조달받을 경우 부품업체의 기회주의적 행동 가능성이 매우 높아질 수 있기 때문에 자동차 제조업체는 수직적 통합을 통해 부품을 조달하는 것이 합리적 선택이다. 그러나 실제로 일본 자동차업계는 30년이 넘는 장기간 동안 제조업체와 부품업체 간 무리 없이 계약을 지속해 오며 세계 최고의 고품질·저비용 구조로 성장했다. 사회학자들은 일본 자동차산업의 사례에서처럼 제조업체와 공급업체가 상호신뢰를 바탕으로 관계적 계약을 형성한다면 자본비용과 사업 리스크를 크게 줄임과 동시에 파트너 기업과의 시너지 효과를 기대할 수 있다고 주장한다. 따라서 사회학자들은 파트너 기업과의 상호신뢰를 형성하기 위한 방안에 많은 관심을 가지는 한편 기업의 신뢰도, 평판, 사회적 네트워크 안에서의 지위(position)가

'Make-or- Buy Decision'에 어떤 영향을 주는지 규명하는 데 연구의 중점을 두고 있다.

현재와 같은 기술 및 산업환경의 변화시대에 기존의 'Make-or-Buy Decision' 연구를 어떻게 재고해야 할지에 대한 논의도 활발하다. 기업 간 고유 사업영역과 경계가 사라지고 아웃소싱이 크게 늘어나면서 과거와 다른 조직구조(예를 들면 network structure, team-based structure, modular structure 등)를 가진 기업형태들(예를 들면 Hollow Organization, Virtual Organization 등)이 탄생하고 있다. 또, 시공간을 초월해 필요에 따라 언제 어디서든 자유롭게 조직을 구성하고 해체할 수 있는 이른바 '경계없는 조직'(borderless organization)이 일반화되고 있다. 일부학자들은 이 같은 상황에서 기업들이 'Make'와 'Buy' 간 양자택일을 할 것이 아니라 'Make'와 'Buy'를 번갈아 오가며 진화를 추구해야 한다고 주장한다. 즉, 산업 혹은 기술의 수명주기를 감지해 초기단계의 것으로 판단되면 과감한 내부화 과정을, 후기단계에 위치한 것으로 판단되면 시장계약을 추진해 기술단절로 인한 보유역량 파괴를 사전에 차단해야 한다는 것이다.

한편 또 다른 학자들은 인터넷의 광범위한 활용이 기업의 'Make-or-Buy Decision'에 어떤 행태적 변화를 가져왔는지에 대해 연구하고 있다. 인터넷을 통해 공급자 및 협력업체들의 역량과 정보를 쉽게 확인할 수 있게 되면서 구매를 통한 경제활동이 더욱 용이해지고 수직적 통합이 불필요한 산업환경이 실현됐다. 또 인터넷을 통해 많은 생산, 관리에 관한 지식을 손쉽게 획득할 수 있어 과거에 비해 독자적 기술습득이 용이해지고 조직관리에 소요되는 관료비용(bureaucratic costs)도 크게 낮출 수 있게 됐다. 따라서 이들은 인터넷이 지배하는 산업환경에서는 공급자, 소비자, 경쟁자들이 끊임없이 자신의 조직경계에 대한 확장·축소를 반복하면서 변화에 대응하고 있기 때문에 기업 자신이 처한 상황에 따라 'Make', 'Buy', 'Ally' 등 다양한 형태의 지배구조를 자유자재로 취사선택할 수 있는 '동적인 역량'(dynamic capability)이 요구되고 있음을 강조한다.

사례 Microsoft의 하이브리드 조직구조

스티브 발머 CEO는 직원들에게 보낸 편지에서 "우리 전략은 전세계 사용자가 가정과 직장에서 가치 있는 일을 할 수 있도록 기업을 위한 장치, 서비스, 일관된 제품군을 만드는 것에 집중할 것"이라고 했다. 우리가 관심을 가져야 할 메시지는 "디바이스와 서비스 중심" 회사로 변화하겠다고 선언한 것이다.

조직은 크게 엔지니어링 조직과 마케팅 등 기능 중심으로 바뀐다. 기존에 오피스, 엔터프라이즈, 윈도우, 하드웨어 기반의 독립사업부였던 것이 회사 전체를 "하나의 마이크로소프트, 하나의 전략"으로 가기 위한 변화라고 말한다. 여기서 "하나의 전략"에 주목할 필요가 있다. 엔지니어링 조직은 크게 OS, 디바이스, 앱과 서비스, 클라우드 등으로 나누어진다. 디바이스 그룹에서는 본격적으로 "하드웨어 제조사"로서의 경쟁력을 키워가겠다는 의지가 확실하며, 앱과 서비스 그룹, 클라우드 그룹은 모두 소비자용 서비스와 기업용 클라우드 서비스를 강화하겠다는 것을 알 수 있다.

마이크로소프트는 자신의 운명을 다른 회사에 맡기지 않겠다는 것을 읽을 수 있다. 윈도우 8이 판매되지 않는 것이 한때 그들의 생태계 파트너였던 델(Dell), HP 그리고 레노보가 제품을 제대로 만들지 못한 것이 기인하고 있다고 생각하고 있다.

사실 마이크로소프트는 스티브 잡스가 선언했던 "포스트 PC 시대"를 공식적으로 인정한 적이 없다. 마이크로소프트 입장에서 태블릿은 PC의 약간의 변종일 뿐이다. 심지어 태블릿 PC라는 생태계를 구축하려고 지난 10년간 마이크로소프트가 투자한 것은 잘 알려진 사실이다. 마이크로소프트는 아마도 다음과 같은 믿음을 갖고 자신의 태블릿 하드웨어인 "서피스" 제품을 만들었다.

- 윈도우와 오피스로 인한 이익률은 어떤 희생을 치르더라도 지켜야 한다.
- 윈도우 자체에 대한 브랜드 시장가치는 아직도 높다.
- 우리는 얼마든지 경쟁자를 따라 잡을 수 있고 더 잘 할 수 있다.
- 오피스는 데스크톱 PC뿐만 아니라 모바일 기기에서도 분명히 킬러 앱이다.
- 태블릿은 생산성 소프트웨어가 중요한 또 다른 PC의 변종일 뿐이다.

문제는 시장이 마이크로소프트의 믿음과는 다르게 흘러가고 있다는 점이다. 마이크로소프트가 서피스 제품을 직접 만든 목적은 단순히 그들의 매출을 늘이기 위한 것은 아니라는 것이다. 윈도우 운영체제로 과거 25년간 PC 생태계를 발전시켜온 주역인 마이크로소프트가 그들의 파트너인 제조사와 경쟁하는 것이 올바른 길이라고 생각하지는 않았을 것이다. 보다 중요한 목적은 마이크로소프트의 태블릿 시장에 대한 전략인 "하이브리드 모델"의 성공을 증명하고 싶었을 것이다. 즉 아이패드나 안드로이드 태블릿처럼 콘텐트를 소비하는 엔터테인먼트 태블릿이 아닌 생산성 도구와 엔터테인먼트를 동시에 즐기는 "하이브리드 모델"이 시장에서 성공할 수 있음을 증명하고 싶었을 것이다. 시장을 리드하는 혁신적인 이미지를 만들면서도 하이브리드 노트북이라는 시장을 정의함으로써 경쟁자와 차별화를 이루고 싶었던 것이다.

하지만 결과적으로 그 전략적 실험은 실패했다고 볼 수 있다. 그들의 믿음과는 달리 아직까지 태블릿이 생산성 도구로서 소비자들에게 받아들여지지 않고 있으며 따라서 태블릿에서 오피스 소프트웨어는 킬러 앱이 아닌 것이다. 오히려 스티브 잡스가 절대 인정하지 않았던 시장인 7인치 태블릿 시장이 성장하는 것을 보면 보다 명확한 마이크로소프트의 "생산성 도구로서의 태블릿"의 믿음에 대한 반증이다.

마이크로소프트는 그들만의 독특한 사업 모델인 운영체제와 오피스라는 패키지 소프트웨어로 PC 생태계를 25년 동안 성장시킨 회사이다. 그런 회사가 지금 회사의 핵심 사업 모델을 변화시키려고 하고 있다. 물론 이러한 변화가 지금 갑자기 이루어지고 있는 것은 아니다. 마이크로소프트는 최근 10년간 Xbox 플랫폼으로 패키지 소프트웨어회사에서 콘솔 제품 플랫폼을 저렴하게 판매하고 대신 콘텐트 유통 플랫폼에서 이익을 만드는 소니를 벤치 마크해서 성공적으로 이 시장에 진입했다. 하지만 이 사업의 지속가능성에 대해서는 외부에서도 회의적이다.

마이크로소프트는 빙 검색, MSN, 아웃룩(이전 핫메일)을 시작으로 해서 최근에는 핵심 사업모델인 오피스 소프트웨어 판매를 서비스 모델로 바꾸려고 최근 5년간 엄청난 투자를 하고 있다. 사실 그들의 핵심 수익 모델인 오피스 판매와 이를 서비스로 제공하는 것은 자기 파괴적인 혁신이다. 누구도 쉽게 성공할 수 없는 사업 모델의 변화이다. 구글이 서비스 회사에서 모토롤라를 인수해서 제조사로서 성공하지 못하는 것과 같은 상황으로 이해할 수 있다.

기존의 마이크로소프트의 조직구조는 회사 내에 서로 다른 사업 모델을 가진 독립채산 기반의 여러 회사가 있는 형태였다. 특히 이러한 구조에서는 내부경쟁이 있을 수 밖에 없고 특히 그 제품이 서로 시장을 잠식시키는 것들이 있다면 내부협력은 매우 요원한 얘기가 된다. 따라서 이번 하이브리드 형태의 조직개편은 바로 이러한 "내부경쟁"을 없애기 위한 것이 핵심적인 목적이다.

하이브리드 조직은 조직들은 다양한 형태의 조직구조를 동시에 유지하게 되는 것이다. 시장지향적 경제성장이 급속히 일어나면서 많은 조직들이 하이브리드 조직으로 전환하고 있다. 하이브리드 조직은 사업부 혹은 시장별로 매우 중요한 부문은 분권화하여 신속한 반응을 보이도록 하는 반면, 크게 중요하지 않은 부분은 집권화하여 시간과 자원의 절약을 구하는 조직형태이다.

기술혁신의 물결이 모든 분야에 미치고 있으면서, 과정도 동시발생적으로 이루어진다.

따라서 마이크로소프트 역시 기능개발의 종적 구조로는 대응할 수 가 없어서 프로젝트 팀의 네트워크와 계층형 조직을 결합한 하이브리드형 조직으로 변화한다.

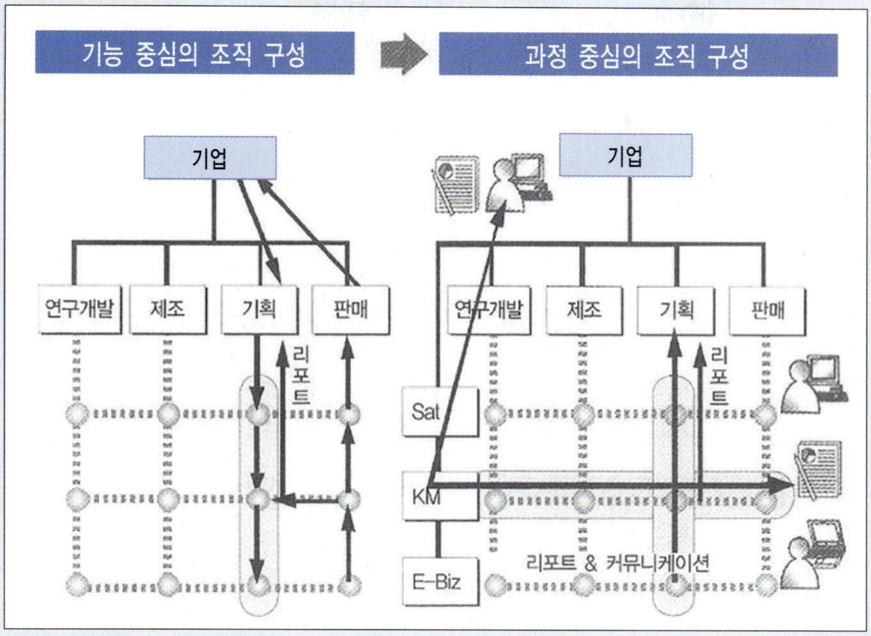

토의 과제

1. 마이크로소프트 CEO인 스티브 발머가 주장하는 "디바이스와 서비스 중심"회사의 의미는 무엇인가?
2. 마이크로소프트의 하이브리드 제품인 '서피스'의 실패요인은 무엇인가?
3. 마이크로소프트의 사업부제가 왜 하이브리드 조직구조로 변화하였는가?
4. 마이크로소프트의 하이브리드 조직구조는 '만병통치약'인가? 이에 대한 자신의 견해를 밝히고 설명해 보시오.

제 10 장 국제화와 조직설계

Opening Knowledge Cafe

제 1 절 글로벌 시장과 국제화

제 2 절 국제화 단계와 특징

제 3 절 글로벌 전략에 적합한 조직구조

사 례

Opening Knowledge Cafe : Philips와 Matsushita의 재구조화

네덜란드의 Philips와 일본의 Matsushita는 지역시장에 대한 대응능력과 통합적 글로벌 역량을 동시에 갖추기 위해 조직의 재구조화를 시도하였다.

운송수단과 정보통신의 발전으로 인해 가속화된 시장의 글로벌화에 따라 Philips와 Matsushita는 기존의 조직구조를 재구조화할 필요성을 느끼게 되었다. 여기에서 주목할 점은 두 기업의 서로 다른 역사적 배경과 조직운영 방식에 따라 시장의 글로벌화에 대응하기 위해 전혀 다른 방향으로 조직을 재구조화하고 있다는 것이다.

Philips는 1892년 Gerarld Philips가 창업하였고, 내수시장의 한계로 인해 20세기 초반부터 세계 각지로 진출하였다. 이후 무역장벽과 관세문제로 각 지역에 생산설비를 확충하였고, 지역조직들이 기술 및 제품 개발 역량까지 가지게 되었다. 이러한 역사적 배경으로 인해 Philips는 각 지역조직의 자율성이 극대화된 다국적조직으로 발전하게 되었다. 그러나 1960년대 점차 낮아지는 무역장벽으로 인해 국가별 생산 시스템의 비효율성이 나타나기 시작했으며, 글로벌 생산역량을 가진 일본 기업들과의 경쟁으로 인해 문제가 더욱 심각해졌다. 또한, 지나친 분권화로 인해 통합적 의사결정에 큰 어려움을 겪게 되었다.

이를 해결하기 위해 1960년대부터 지역조직의 비효율성을 제거하고 글로벌 역량을 강화하기 위한 재조직화가 이루어지게 되었다. 글로벌 생산역량 확보를 위해 생산거점을 구축하고, 생산계획과 자원분배 기능을 사업부 조직으로 이전함으로써 사업부 조직의 통합적 글로벌 전략실행 역량을 강화해왔다.

한편, Matsushita는 1918년 Konosuke Matsushita가 창업하였으며, 1980년대 VCR 시장에서의 성공으로 세계시장에 진출하게 되었다. Matsushita는 본사 제품사업부가 해외생산을 통제하는 등 중앙집권으로 조직을 운영하였다. 이러한 조직운영은 세계화 초기에 효율적인 글로벌 생산과 사업부의 글로벌전략 수행을 원활하게 해주었다. 하지만, 수출이 증가할수록 사업진출 국가의 설비투자 압력이 증가되었으며, 본사에 의존적인 지역조직들의 역량이 제한되는 결과가 나타났다.

이에 따라 1982년 Matsushita의 사장은 해외생산을 크게 늘리고 사람, 기술, 원재료, 자본의 현지화를 추진하는 “생산의 지역화”를 주장하였다. 이후, 생산통제 기능을 지역 본사로 이전하고 지역 자회사에 제품선택권을 이전하는 등 지역조직 강화 노력이 추진되었다.

위에서 보듯이 Philips에서는 지나치게 현지화, 분권화된 다국적조직의 비효율성을 제거하고 전사관점에서의 글로벌 생산 및 사업역량 강화를 위한 재구조화가 진행된 반면, Matsushita에서는 지역별 역량을 강화하기 위한 재구조화가 진행되었다.

하지만 두 기업의 재구조화 노력은 지역시장에 대한 대응능력과 통합적 글로벌 역량을 동시에 갖추기 위한 시도라는 공통점을 가지고 있다. 글로벌 전략을 추구하는 기업들은 이처럼 글로벌 통합과 지역조직의 자율성 간의 균형점을 찾아야만 하며, 이런 점에서 Matsushita의 사례가 국내기업들에 주는 시사점이 크다고 할 수 있다.

[자료: Christopher A. Bartlett, “Philips versus Matsushita: A New Century, a New Round”, Harvard Business School Case, June 2003.]

제 1 절 글로벌 시장과 국제화

1. 글로벌 시장으로의 확장

오늘날 세계경제의 특징은 굉장히 빠른 속도로 변화하고 있다는 것이다. 특히 기업의 국제화가 과거와는 달리 전 세계 기업으로 빠르게 확산되고 심화되고 있으며, 이에 따라 국가 간 상호의존도 역시 커지고 있다. 상품과 서비스는 국경을 넘어 아무런 제약 없이 드나들고, 기업들은 세계 도처에 걸쳐 생산입지를 선택하여 생산 및 판매 활동을 하고 있다. 이렇듯 이제 글로벌 기업들은 국경이 경제적 의미로서 의미 없는 시대에서 활동하고 있다.

기업국제화는 국경을 초월하는 기업의 국제경영활동, 그리고 이에 따른 기업의 변화 및 기업 경영관리의 변화를 의미한다. 기업국제화는 국제마케터가 국내 시각에서 벗어나 그들의 마케팅활동을 전 세계적 관점에서 통합하고 전개하는 과정으로 해석될 수 있다.

국제화 개념에는 구분하여 설명되어야 하는 글로벌화 개념이 있다. 사실 이들 개념에 대해서는 엄밀한 정의로 구분되어 있지는 않다. 글로벌화(globalization)란 개념은 1983년 Levitt 교수가 'Globalization of Markets'라는 논문을 발표한 이후 등장하여 많은 학자들 간에 글로벌 시장의 존재에 대한 논란이 있어 왔다.

90년대 중반에 들어오면서 글로벌화란 개념이 폭넓게 사용되기 시작했다고 할 수 있다. 이 두 개념은 동일한 개념으로 사용되기도 하고 또 상이한 개념으로 사용되기도 한다. 상이한 개념으로 보는 경우, 국제화는 특정 국가에 거점을 두고 있는 기업이 해외시장으로 그들의 경영활동범위를 넓혀 나가는 과정을 의미한다. 반면, 세계화는 기업의 국적이 특정 국가에 속한다는 인식 없이 전 세계시장을 하나의 시장으로 파악하고 국경을 초월하여 기업활동을 효율적으로 조정 통합하는 과정으로 이해된다.

최근 교통・통신의 발달과 제품 수명주기 단축은 기업으로 하여금 국제시장에 대한 관심을 증폭시키고 있으며, 이제 대다수의 국내기업도 내수시장 의존 전략에서 탈피, 적극적으로 세계시장에 진출하고 있다.

조직이 제대로 짜여 있지 않은 기업체는 그 성장에 한계가 있을 수밖에 없다. 특히, 상황적 조직구조이론(structural contingency theory)에 의하면 기업은 어느 상황에서나 동일한 형태의 조직구조를 가지기보다는 기업의 내·외적 환경에 적합한 조직구조를 갖추어야 한다는 것이다.

그러므로 기업이 국제화를 추진하여 국제시장에 개입하는 수준이 높아질수록 여기에 상응하는 조직형태를 갖출 필요가 있다. 즉, 국제기업에게 있어서 순수한 국내경영을 위해 설계된 조직구조는 한계를 가질 수밖에 없으므로 국제적인 활동과 환경에 적합한 규모나 체계를 갖춘 능동적이고 유연한 조직구조로 전환하여야 한다.

하나 국내와 달리 글로벌 환경은 극심한 변화와 불확실성이 연속되는 상황 속에서 기업의 조직설계 역시 달라질 수밖에 없는데 이하에서는 글로벌 시장의 특색과 기업의 조직설계 유형에 대해 살펴보기로 한다.

2. 글로벌 시장의 확장이유

2.1 규모의 경제

먼저 규모의 경제 측면이다. 국제경영 분야에서 규모의 경제란, 2개 국 이상에서 이루어지는 기업활동(생산, 마케팅, 연구개발 등)을 통합하여 생산단가를 낮추는 것을 의미한다.

기업이 글로벌 기업이 되면 조직운영 규모의 확대를 통해 규모의 경제 달성이 가능해진다. 즉, 기업의 대량생산이 가능해 짐으로써 단위생산비용 최소화를 추구할 수 있다. 현재 국내시장 만으로는 충분한 규모의 경제를 달성할 만한 수준이 되지 못하는 것이 현실이다.

따라서 글로벌화 제품의 성격이 강한 산업일수록 적정수준의 규모의 경제를 이룰 수 있는 생산규모나 판매지역을 확보해야 한다(예: 자동차, 화학, 전자산업 등).

2.2 범위의 경제

두 번째는 범위의 경제 측면이다. 여기서 범위란 한 기업이 활동하는 지역, 국가, 시장의 수와 기업이 제공하는 제품, 서비스 수, 종류 등을 의미하며, 범위의 경제란 기업이 2종 이상의 제품을 함께 생산할 때 개별기업이 각 제품을 따로 생산할 때 보다 평균비용이 작아지는 것을 의미한다.

범위의 경제의 적용 예는 첫째, 연구 개발, 생산, 판매 등의 활동을 공동으로 행하는 경우, 둘째, 부품과 완제품을 함께 운영하여 물류비용을 줄이고 기술개발의 상승효과를 창출하는 경우, 셋째, 판매망을 함께 사용하는 경우, 넷째, 생산요소 비용의 차이에 따라 제품 생산지역을 달리하여 기업활동의 지리적 범위 확대를 통해 생산 단가를 낮추는 경우가 해당한다.

이같이 여러 국가에 진출한 기업은 범위의 경제를 통하여 마케팅 파워, 시너지 측면의 효과, 다양한 고객에 영향을 미치는 요소에 대한 지식획득 등으로 다양한 고객욕구에 맞는 특화된 상품서비스 제공이 가능해짐으로써 시장영향력 증대를 이루고자 하고 있다.

2.3 값싼 현지 생산비용

이 또한 가장 대표적인 해외투자 동기 중 하나로 저렴한 가격으로 원자재, 기타 자원이 용이하게 획득 가능한 측면이 있으며, 상대적으로 현지국의 정부규제가 낮은 곳을 찾아서 해외진출을 모색한다.

최근에는 근로자 교육, 기술수준, 노동력, 원자재 비용 및 기타 생산요소들을 복합적으로 고려하여 경제적이고 합리적이라고 여겨지면 세계 어느 지역이던지 설비투자를 통해 생산비용을 줄이려고 하고 있다.

제 2 절 국제화 단계와 특징

기업의 국제화란 개념을 단순한 수출활동에서 시작해서 복잡하고 방대한 세계적 경영활동에 이르기까지 실로 다양한 내용을 담고 있다.

오늘날 전 세계를 활동무대로 거대한 규모의 사업활동을 전개하고 있는 다국적 기업이라 하더라도 처음부터 세계지향적인 기업형태로 출발한 것은 아니다. 물론 몇 몇 기업의 경우 처음부터 세계시장을 표적시장으로 삼고 현재와 같이 고도로 국제화된 다국적기업으로서 면모를 갖추게 된 예도 있다. 그러나 현존하는 기업 대부분의 다국적기업들은 국내지향기업에서 시작해 수출을 통해 해외시장에 진출하고, 나아가 수출에서 얻은 경험을 바탕으로 해외생산설비에 대한 직접투자를 통해 개입의 정도를 확대하면서 범세계지향적인 다국적기업 활동을 전개하는 식으로 점진적인 국제화 단계를 거치는 것이 보통이다.

기업의 국제화 단계는 글로벌 시장 진출 정도에 따라 그 단계를 4단계로 구분해 볼 수 있다.

기업의 국제화 과정에는 제1단계인 국내지향기업단계, 제2단계인 해외지향기업단계를 거쳐 제3단계인 현지지향기업단계로 마지막 4단계에서는 세계지향기업 단계로 발전하는 국제화 단계를 밟게 된다.

1. 1단계 : 국내지향기업 단계(국내생산/국내판매)

많은 기업들이 처음 설립될 때는 국내시장을 목표로 생산 및 판매활동을 전개하게 되는 것이 일반적이다. 국내시장의 목표달성을 위해서도 대부분의 기업이 일상적인 국내활동에도 적지 않은 노력을 기울여야 할 뿐 아니라, 상대적으로 멀리 떨어져 있고 정보수집이 어려운 해외시장에 눈을 돌릴 일이 쉬운 일이 아니기 때문이다.

국내시장규모가 방대한 미국 제조업체들은 80% 이상이 아직도 국내지향적인 기업으로 머물고 있음은 많은 불확실성과 위험이 따르는 해외시장으로의 진출이 얼마나 어려운가를 간접적으로 시사해주고 있다. 그러나 국내시장이 협소한 우리나라는 기업이 해외시장을 대상에 포함시키지 않고 성장을 도모하는 것은 무리이고 바람직하지 않다. 이미 서구의 스위스, 벨기에, 네덜란드 등 서구의 조그만 나라들은 본국을 거점으로 해외에 진출한 다국적기업들을 다수 보유하고 있어서 한국기업들이 벤치마킹해야 할 성공적인 예라 할 수 있다.

2. 2단계 : 해외지향기업 단계(국내생산/해외판매)

시간이 흐름에 따라 기업의 규모는 커지는 반면, 국내시장의 한계와 국내수요의 침체 등으로 경쟁이 심화되면서, 판매부진으로 과잉생산품이 창고에 쌓이거나, 조업의 단축으로 유휴생산설비가 발생하게 된다. 이와 같은 내부적 요인 외에도 해외의 고객이나 국내의 수출대행기관으로부터 예기치 않은 주문이 날라드는 등 외부적인 요인으로 이제까지 국내에만 머물렀던 기업은 차츰 해외시장에 보다 깊은 관심을 기울이게 되고, 초기 시범적 수출을 통해 국제화 과정의 첫 단계라 할 수 있는 해외지향기업의 단계로 전환이 된다. 초기단계의 해외지향기업들은 비교적 지리적이나 문화적으로 가까운 나라들을 주요 대상으로 수출을 전개한다. 한국의 초기 해외지향기업들은 대부분 중국이나 일본을 주요대상으로 출발하는 것이 좋은 예이다.

3. 3단계 : 현지지향기업 단계(현지생산/현지판매)

수입국 정부가 관세 혹은 각종 비관세장벽으로 국내기업을 보호하기 위해 수입규제를 강화한다거나, 임금인상 등 해외지향기업이 수출에 많은 어려움을 느끼는 단계가 되면 수출위주로 활동하던 기업은 무역장벽을 우회하거나 생산원가를 절감하기 위해 현지시장 내부에서 생산활동을 전개해 이를 현지에 판매하는 해외직접투자전략을 채택하게 된다.

그러나 현지기업단계에서는 막대한 자본과 인력, 경영층 노력 등이 해외운영에 투입되어야 하며 그만큼 기업의 위험도 커지게 된다. 그러나 위험부담을 안고서도 해외직접투자를 한다는 것은 기업의 국제화 과정에 있어 매우 중요한 전기를 마련하게 되고 다국적기업으로의 방향성을 설정할 수 있다.

4. 4단계 : 세계지향기업 단계(해외생산/해외판매)

해외직접투자에서 성공을 거둔 현지지향기업은 그때까지 얻은 경험을 토대로 투자대상국과 투자규모를 확대해 나가게 된다. 현지지향기업의 다국적기업들은 여러 나라에 산재해 있는 자회사들의 생산, 재무, 인사, 조직, 정보, 마케팅능력을 유기적으로 결합하여 세계에서 가장 저렴한 원가구조를 갖는 나라에서 제품을 생산하고 이를 다양한 세계시장에 내다파는 등의 방식으로 경영을 합리화 단계로 접어들게 된다. 예를 들어 월마트의 경우 이와 같은 경영방식을 통해 할인점 업계에서 가장 물건을 싸게 팔 수 있는 시스템을 구축할 수 있었다.

따라서 현지지향기업들이 다국적기업 전체의 경영성과를 극대화하기 위한 범세계적 경영전략을 추구하게 된다면, 이러한 기업의 국제화 단계의 마지막 단계인 세계지향기업 단계로 발전하게 된다.

이상에서 기업의 국제화 과정에서 일반적으로 거치게 되는 4단계의 국제화 과정을 살펴보았는데, 하지만 모든 기업들이 이러한 단계들을 전부 거쳐야 하는 것은 아니다. 어떤 기업은 수출단계를 생략하고 바로 해외직접투자를 시행하는 기업이 있는가 하면, 수출과 해외직접투자의 중간단계로서 기술이전 방식으로 국제화 과정을 지속하기도 한다.

제 3 절 글로벌 전략에 적합한 조직구조

글로벌화가 21세기 기업들의 성장과 생존을 위해 필수요건으로 등장하고 있다. 따라서 기업들은 글로벌 경영을 위해 많은 노력을 기울이고 있다. 기업들이 글로벌 경영을 성공적으로 추진하기 위해서는 무엇보다도 조직구조, 경영 프로세스, 문화 등 기업 인프라의 글로벌화가 중요하다.

조직구조는 기업의 글로벌 전략에 가장 명확하고 직접적인 영향을 주는 요소이다. 기업 구성원들은 조직변화를 피부로 쉽게 느낄 수 있는 반면, 기업에 일시적으로 큰 혼란을 가져올 수도 있는 사안이므로 신중한 접근이 필요하다.

글로벌 조직구조의 구축에 있어서 주요한 이슈는 지역환경에 대한 빠른 대응을 위한 지역별 분권화와 전사 글로벌 전략의 효율적 실행을 위한 통합 사이의 균형을 이루는 것이다. 많은 기업들이 지역별 유연성과 대응역량을 갖춤과 동시에 세계적으로 통합된 조직을 구축하기 위해 노력하고 있다.

조직설계 결정은 차별화와 통합 사이의 선택으로 요약될 수 있다. 국제화 과정에서 차별화 요구는 상이한 지역과 사업단위로부터의 다양한 요구에 근거를 두고 있다. 또한 통합의 요구는 전체적인 조정과 통제를 유지하고 전략실행을 감시하는 관리적 의무와 최적의 자원배치를 통하여 시너지를 획득하는 것으로부터 시작된다.

최적의 조직설계를 창출하기 위해 기업은 자신들의 위상을 글로벌화와 현지화를 따라 연속적으로 변화시켜야 할 뿐만 아니라 조정과 통합 그리고 통제를 위해 차별화되고 다양한 메커니즘의 다른 형태들 사이에서 최고의 방법을 선택해야 한다.

거대 국제기업은 상이한 다양한 형태를 유지한다. 예를 들어 거대 글로벌 기업들은 제조, 운영을 위한 생산조직과 판매와 마케팅을 위한 지리적인 조직을 고려한 설계를 활용한다.

기업이 글로벌화 할수록 기업의 구조는 사업의 규모와 범위를 증가시키는 것 뿐 만 아니라 고객의 다양화를 증가시키는데 편의를 제공하도록 변화한다. 따라서 기업의 발전국면은 조직선택에 영향을 주는 요인의 하나이다. 전략, 본국과 현지국 환경, 시장성장률, 사업의 특성, 그리고 인적자원의 활용도 등이 기업이 조직구조를 선택하는데 영향을 미치는 요인들이다.

따라서 제품과 지리적 확장이 유사한 기업들 간에도 다른 구조를 발견하는 것은 보기 드문 일이 아니다. 글로벌 기업의 경영자는 조직설계 선택에 대해 고려할 줄 아는 시각을 가져야 하고 지속적으로 발전적인 운영과 사업환경 변화를 위한 것으로써 조직의 적합성을 감시해야 한다.

1. 해외 자회사 조직구조(The National Subsidiary Structure)

1970년대 초반까지 많은 글로벌 기업들이 독립적인 국가별로 자회사 구조를 이용하였다. 이러한 해외 자회사 조직구조의 배치는 본사와는 독립적으로 관리되며 직접 최고경영자에게 보고하며 현지책임자에게 자율권을 부여하는 구조이다. 이 조직구조는 이질적인 해외 경영환경에서 모기업에 멀리 떨어진 해외에서 활동을 수행하는데 적합하며, 현지책임자로 현지인을 고용하면 적응성이 높고, 국가별 자회사들은 직접

본부에게 보고하는 체제였다.

그렇지만 해외 자회사 조직구조의 단점은 기업이 통제하기 어려운 자회사들을 극복하고 확장하고자 할 때 이러한 구조 하에서는 조정과 통제가 어렵게 된다. 각 자회사들은 사업을 지휘하는데 자신의 방법을 발전시키고 기업 본부는 전체 기업 목표 내에서 그들을 지휘하는데 강한 압력을 받게 된다. 즉, 현지자회사별로 자율관리체제로 범세계적인 문제에 대해서는 적절한 대응이 어려움에 봉착하게 된다.

[그림 10-1] 해외 자회사 조직구조

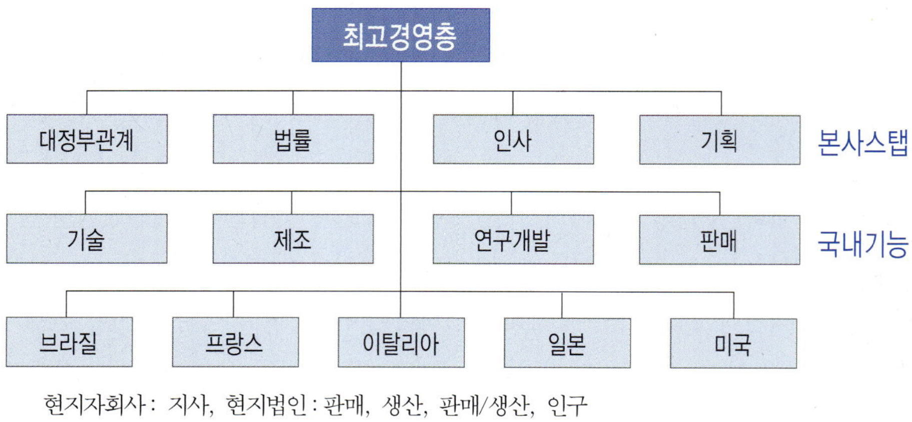

2. 국제사업부제 구조(international division structure)

국제사업부란 기업의 글로벌 경영 비중이 커지고 취급제품이 다양해지면서 등장한 조직형태로서, 국제사업부가 바로 다른 제품 사업부와 같이 하나의 독립된 전략사업 단위로 운용되는 특징을 가진다. 이러한 구조는 대부분이 한국 대기업들이 수출에 주력하고 있던 단계의 조직구조라고 볼 수 있다.

특히 국제사업부 체제는 주로 국내에 비해 국외사업이 수익에서 차지하는 비중이 적고 국외사업부의 변화가 적은 기업에 의해 사용되고 있으며, 여전히 현재도 사용되고 있다.

국제사업부제 조직구조에서 가장 큰 특징은 기업의 활동이 국내업무와 국제업무로 분리된다는 점이다. 국제사업부서는 국내업무와는 별도로 주로 기업의 해외사업을 담당한다. 또한 해외에서 사업을 자체적으로 개발하는 역할도 수행하기 때문에 국제사업부서를 지휘, 감독하는 본사의 경영진은 집행권한을 가지며, 국제사업부의 수익성에 직접적인 책임을 진다. 이 조직구조는 국제부에 응집성과 통일성을 제공하고 해외자원을 집중 관리하여 다국적시장과 기회에 반응할 수 있는 조직능력 향상에 도움을 줄 수 있다는 장점을 가지고 있다.

예를 들어 Wal-Mart는 알칸사스에 소재한 국제지원 사업부에게 신규매장 개발의 책임을 주었고 현재는 이 과업은 외국 자회사를 개발하는 것으로 위임되었다. 성장단계에 있는 기업들은 세계적인 조직을 효과적으로 운영할 수 있는 숙련된 경영관리인들이 부족하기 때문에 이 조직구조를 선호한다.

기업은 또한 공급업자에 대한 구매력을 확대하고자 국제와 국내 구매를 조합하도록 변경되었다. 일본과 한국기업들은 마케팅, 판매 그리고 유통에 전념하기 위해 국제사업부를 유지하고 있다. 국제사업부는 기업의 외국 전초기지에서 새로운 사업개발과 판매에 대해 책임을 진다.

[그림 10-2] 국제사업부 조직

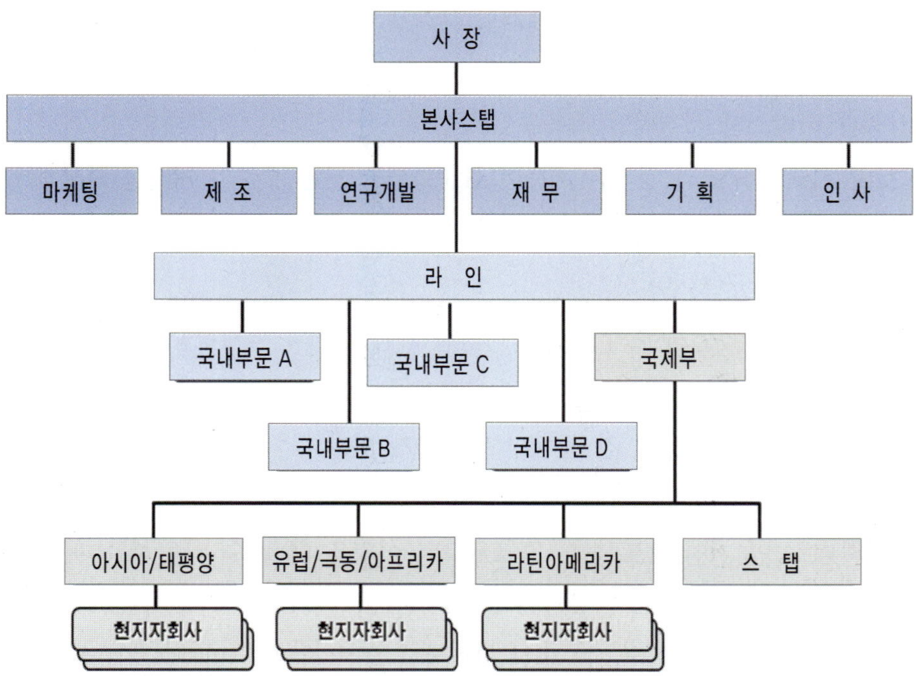

반면, 이 조직구조의 단점은 국내활동과 국제활동 간 갈등(we-they syndrome)의 문제가 계속 심화될 수 있으며, 국내와 국외부서 간의 기능과 제품에 대한 지식공유 어려움이 존재하며, 이들의 자원의 할당과 사용의 비효율성이 제기될 수 있다.

오늘날 기업은 전 세계 활동으로부터 제품다양화 확대와 수익극대화 노력의 전략을 추구하기 때문에 국제사업부 구조는 점차 줄어들고 있다. 그러나 국제사업부 구조는 개발도상국 국제기업들에 있어 국제화의 첫 단계로서 여전히 매우 매력적인 사업구조이다.

3. 글로벌 지역별 구조(The Global Geographic Structure)

글로벌 지역별 구조에서 지역별 사업부 또는 본부는 그 지역 내에서 만들어진 모든 제품 또는 서비스에 대해 책임을 갖는다. 지역별 사업부는 정치적 경계뿐만 아니라 문화적 유사성, 경제적 현실, 사업전망, 지역통합(예: EU) 그리고 세금과 물류의 고려 등을 기초로 한다. 지역단위는 그런 다음 지역별(예를 들어 한 지역 내의 국가 단위), 제품별 또는 기능별 하위단위로 차례로 세분된다.

지역별 구조는 현지기호변화, 규제제도 그리고 환율과 관세의 변동에 대한 반응을 신속히 할 수 있게 한다. 이 구조는 마케팅 본위의 기업에게 유용하며 현지시장에 대한 상품과 서비스의 실질적인 적응을 요구한다.

글로벌 지역별 구조의 장점은 제품이 표준화되고 낮은 수준의 기술을 요구하는 최종소비재인 경우에 유리하며, 현지상황에 유연하게 대응하는 지역별 책임경영체제의 구축에는 유리한 구조이다.

반면, 글로벌 지역별 구조의 단점은 다양한 제품 라인과 마케팅방법을 가지는 경우 곤란할 수 있으며, 제품 중시의 사고를 약화시켜 제조와 마케팅 간의 제품흐름을 방해하며 이로 인한 지역조직 간 문제발생 소지가 있다.

글로벌 지역별 구조는 상대적으로 국제시장에 대해 초기진입하거나 또는 그런 시장에서 확대 중인 기업은 또한 이 구조로부터 이익을 얻을 수 있을 것이다. 과거에 이 구조는 동질의 성숙하고 안정된 생산 라인을 가진 기업에 의해 주로 이용되었지만, 오늘날 글로벌 지역별 구조는 또한 차별화된 생산 라인, 급변하는 기술환경, 그리고 글로벌 과정이 축소되는 기업에 대해서도 적용되고 있다.

[그림 10-3] 글로벌 지역별 조직

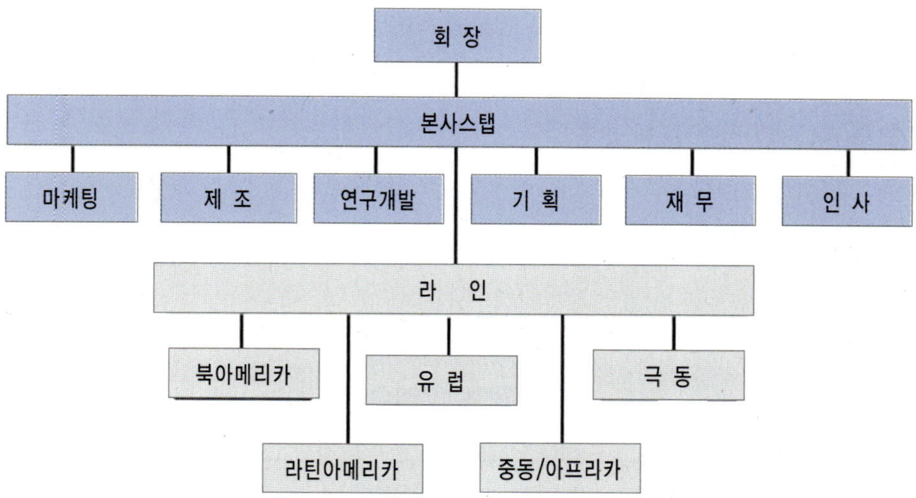

4. 글로벌 제품별 구조(The Global Product Structure)

글로벌 제품사업부는 전 세계 제품의 개발, 생산, 그리고 마케팅에 대해 책임을 갖는다.

제품그룹 본부는 제품그룹 내에서 국내와 해외 사업부의 활동을 조정한다. 본국에 있는 제품그룹 관리자들은 글로벌 기준에서 가치창출의 모든 국면을 조정하는 책무가 있다.

제품그룹 구조는 경영자에게 가장 좋은 글로벌 전략을 결정하는 것을 허용한다. 예를 들어 경영자들은 제조와 제품설계와 같은 가치창출 활동들이 효율성을 증가시키기 위해 어떤 나라에서 수행되어야 할 것인가를 결정한다. 예를 들어 미국과 일본 기업들은 각각의 능력우위를 얻기 위해 인도 또는 중국과 같은 저원가 국가들에서 제조하기 위해 이동하고 있다. 반면, 저원가 국가들은 유럽 또는 미국에 제품디자인센터를 설립 중에 있다.

글로벌 제품구조는 국경을 넘어 고객들에게 제품을 제공할 필요성이 커지는 것에 대한 적합한 조직구조이며, 진출 가능한 수많은 거대시장과 고객들에게 확대되기를 원하는 기업의 제품개발 투자에 있어서도 또한 글로벌 제품구조가 추진된다. 이런 구조는 급변하는 환경에서 사업의 포트폴리오를 관리하기 위해 분산된 기업에게 특히 유용하게 고려되어진다. 통신기술의 진보와 여행비의 감소는 물리적으로 떨어져 있는 개인들로 구성된 다국적제품 개발팀을 설립하는 것이 가능하게 만들어 글로벌 제품구조가 좀 더 매력적이게 하였다.

[그림 10-4] 글로벌 제품별 조직

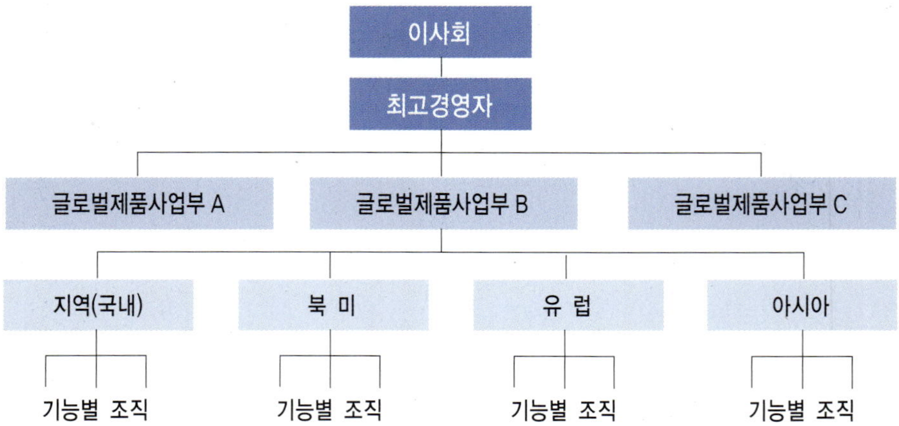

5. 혼합형 구조(The Mixed Structure)

거대 글로벌 기업의 구조는 거의 혼합적인 조직형태인데, 글로벌화와 현지화의 균형을 맞추기 위해 노력한다. 이 조직구조는 제품, 지역, 국제부분이 혼합된 형태이며, 기능, 지역, 제품 간의 상호의존성을 적절히 조정해 줄 수 있는 장점이 있다.

예를 들어 유럽의 포드는 자체적인 제품개발, 법인설립, 마케팅, 판매, 서비스 단위를 가진 실체적 법인으로 분류되어 있다. 이것은 유럽에서 지역통합 뿐만 아니라 이 시장의 규모와 특성을 가장 잘 반영한 것으로 보인다. 포드 그룹은 스웨덴(볼보)과 영국(재규어, 랜드로버 그리고 Aston Martin)에 있는 고급차 브랜드의 운영에 있어 혼합적인 조직구조를 갖는다.

한국기업들도 일본기업들과 마찬가지로 수출 중심으로 성장해 왔으며, 조직구조 측면에서는 본사 기능조직과 해외사업부 중심으로 혼합하여 운영되어 왔다. 최근 국내 기업들이 중국, 미국, 유럽 등의 지역본사를 확대 재편하고, 각 지역본사의 기능을 강화하는 일련의 활동들도 이러한 본사 위주 전략의 한계를 극복하기 위한 것이다.

[그림 10-5] 혼합형 조직

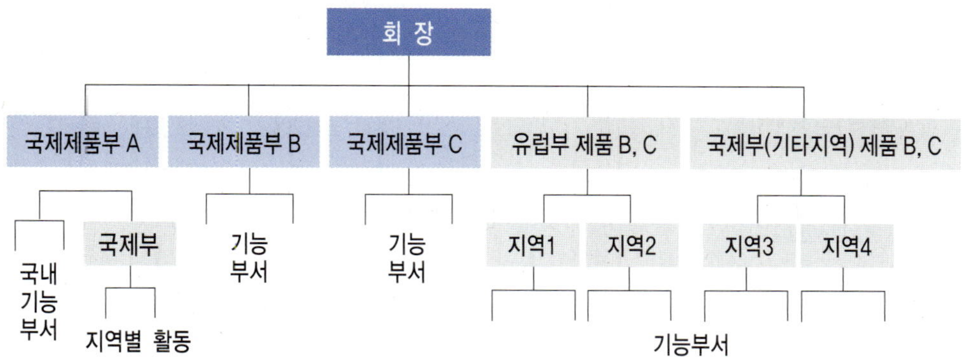

6. 글로벌 매트릭스 구조(The Global Matrix Structure)

매트릭스 설계는 많은 종업원들이 둘 또는 그 이상의 감독관에게 동시에 보고하도록 하는 동시에 교차하는 차별화 기반을 포함한다는 점에서 독특하다. 글로벌 매트릭스 구조를 사용한 글로벌 기업은 두 차원(예: Caterpillar, ABB) 혹은 세 차원 설계(예를 들어, IBM)의 하나를 선택한다. 두 차원 조직설계는 제품과 지역, 또는 제품과 기능의 결합을 포함한다.

세계시장에 진출한 역사가 긴 다국적기업들은 사업, 지역, 기능의 세 가지 차원을 적절히 결합한 매트릭스 형태의 조직구조를 활용해 왔다. ABB사를 보면 사업부와 국가별 조직의 두 가지 차원을 혼합한 국제 매트릭스 조직 형태를 활용하고 있다. 각 사업부는 글로벌 영업전략을 수립하며, 문제발생 시 다국적 팀을 구성하여 이를 해결하는 역할을 담당한다. 국가별 지역본사의 관리자는 해당 국가 내 회사들을 관리한다. ABB사는 이러한 국제 매트릭스 조직을 통해 1,300여개의 지역회사들이 글로벌 사업전략과 지역시장에 대한 대응을 동시에 추구할 수 있도록 하고 있다.

[그림 10-6] 글로벌 매트릭스 구조

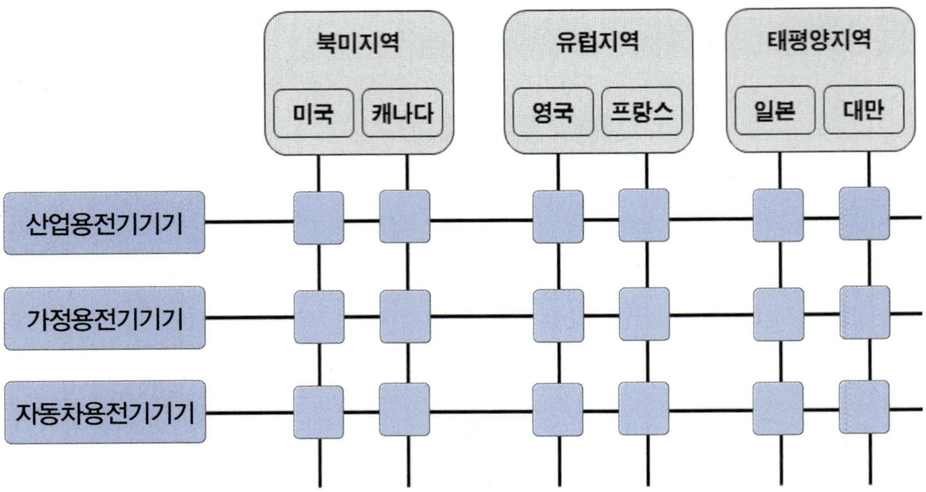

사례 혼다처럼 생각하고 마쓰시다처럼 실행하라

• 혼다 - 자유와 평등을 중시한 독창적인 조직

혼다 소이치로의 경영이념의 근간을 말해주는 키워드가 있다. 그것은 '자유'와 '평등'이다. 소이치로는 자택에 사원을 절대로 부르지 않았다. 상사가 특정 사원을 자기 집에 부르는 일은 파벌 조성으로 이어지고, 이 파벌이 회사 조직을 경직시킨다고 생각했기 때문이다. 그래서 그는 '학벌', '지연' 등 모든 파벌을 부정했다. 또 이른바 연고에 의한 사원채용도 금지했고, 채용시험 때는 신상명세서에 자기 소개란을 없앴다.

• 혼다 - 세계를 향한 적극적 현지주의

혼다 소이치로가 타계한 1991년 8월 5일, 세계 각국의 유력한 매스컴들은 그의 타계 소식을 경쟁이나 하듯이 일제히 보도했다. 미국에서는 「뉴욕타임스」가 1면 톱으로 그의 사진과 함께 상세한 기사를 실었으며, 3대 TV방송은 대대적으로 아침 뉴스에서 소이치로의 타계 소식을 보도했다. 한편 친교가 있었던 프랑스의 발레리 지스카르 데스탱 전 대통령도 소이치로의 타계를 애도하는 담화문을 발표하는 등 일본의 민간인으로서는 이례적인 예우를 받았다.

세계 각지에 진출해서 국제적으로 비즈니스를 전개하는 일본기업들은 수없이 많다. 하지만 그 가운데서도 소이치로가 이처럼 세계인들에게 예우를 받은 이유는 무엇일까? 물론 맨손으로 세계적인 기업 '혼다'를 만들었다는 성공담이 외국인들의 호감을 갖게 한 일면도 있다. 그러나 가장 큰 이유는 소이치로가 진정한 국제인이었기 때문이다.

• 좋은 제품에는 국경이 없다

"혼다 소이치로는 일개 동네 공장 시절부터 '나는 세계인이 된다!'라고 거리낌 없이 말하곤 했다. 물론 당시 그의 말을 곧이곧대로 믿는 사람은 아무도 없었다. 그렇기 때문에 '허풍쟁이 소이치로'라는 비아냥도 들었다." 혼다기연이 일명 '딸딸이' 오토바이를 만들던 시절부터 친해진 혼다크리오도쿄의 나카다 도시로 사장은 당시를 이렇게 회고했다. 또 그 무렵 혼다에 입사한 가와시마 기하치로 혼다기연 고문은 다음과 같이 말했다. "소이치로 사장은 늘 '좋은 제품에는 국경이 없다', '세계 제일이 아니고서는 일본 제일이 될 수 없다', '국제화의 시대는 곧 온다'"고 말하곤 했다.

소이치로는 1954년에 혼다가 존립하는 목적과 기본운영방침의 하나로 '시야를 세계로 넓힐 것'을 제창했다. 이 짧은 문장 안에 소이치로가 지향한 참다운 기업의 모습이 잘 나타나 있다. 그리고 당시 이러한 소이치로의 경영이념을 집대성해서 1956년에 작성한 것이 "우리 회사는 세계적인 시야에서 고객의 요청에 부응하여 성능이 우수하고 저렴한 제품을 생산한다."라는 그 유명한 혼다의 사시다.

• 마쓰시타 - 사회적 사명을 실천하는 조직

고(故) 마쓰시타 고노스케를 떠나보내는 마쓰시타그룹의 합동장이 거행된 1989년 5월, 마쓰시타 마사하루 마쓰시타전기산업 회장에게 미국 부시 대통령으로부터 이례적으로 조전(弔電)이 왔다. 조전은 "마쓰시타는 성공한 사람이 완수해야 할 더욱 큰 사명과 책임을 확고히 인식하고 있었다."라는 말로 경영자로서의 고노스케의 유덕(遺德)을 기렸다. 미국과 일본 간의 경제마찰이 심각성을 더해가고 있는 시기였지만 일찍이 "생활의 질적 향상과 개선을 도모하고 세계 문화 발전에 기여한다."는 높은 차원의 기업이념을 내걸고 그 실현에 노력해온 고노스케의 자세는 미국의 입장에서 보아도 빛나는 것이었다. 고노스케의 성공요인에서 배울 점은 수 없이 많지만 가장 중요한 것은 역시 경영이념의 확립일 것이다.

• 마쓰시타 - 해외에서도 실천한 '수도철학'

혼다 소이치로가 창업 초기부터 세계로 눈을 돌리고 있었던 것처럼 마쓰시타 고노스케도 일찍부터 세계시장을 염두에 둔 기업경영을 지향하고 있었다. 1929년에 고노스케가 정한 마쓰시타 전기의 '강령'에는 이렇게 씌어 있다. "산업인으로서의 본분을 다하고 사회생활의 개선과 향상을 도모하여 세계 문화 발전에 기여토록 한다."

• 고노스케 방식의 해외사업 추진

고노스케는 1973년 회장에서 상담역으로 물러났는데, 이 무렵에는 이미 국제화에 대한 그의 생각이 사내에 깊이 침투되고 있었다. 이것을 집대성한 것이 마쓰시타전기의 '해외사업전개의 기본' 등의 내용이다. 1985년 경영방침발표회에서 당시 야마시타 도시히코 사장(현 상담역)은 이와 같은 마쓰시타 전기의 해외사업을 다음과 같이 설명하고 있다.

"이 모든 것을 곰곰이 생각해보면 '그 나라에서 환영 받는다'라는 단 한 마디로 귀착된다. 아무리 그 나라가 필요로 하는 상품일지라도 품질과 성능이 나쁘고 또 이익을 창출하지 못하는 기업이라면 절대로 그 나라에 도움이 되지 못한다. 그리고 무엇보다도 중요한 것은 그 회사에서 일하는 사람들이 그 나라 사람들에게 호감을 주고 환영받아야 한다는 것이다. 구성원들이 그 회사에서 일을 함으로써 그 나라의 경제·사회에 공헌하고 있다는 자각과 인식을 갖게끔 해야 한다. 그리고 새로운 기술, 새로운 목표에 도전할 수 있는 활기차고 유능한 회사로 키워가야 하는 것이다. 그래야 비로소 그 나라에서 환영받는 기업이 되는 것이다."

• 일본식 경영의 교과서가 되다

오사카 가도마시에 있는 마쓰시타 전기 내에는 마쓰시타 전기 역사관이 있다. 1968년에 개설된 이 역사관을 찾은 관람객들은 지금까지 109만 명에 이르는데, 그 중 6만 명이 외국인이다. 외국인에게도 고노스케가 실천한 경영사상은 흥미로운 측면이 있는 모양이다. 일본과 미국의 기업경영에 정통한 평론가 아베글린은 그 배경을 다음과 같이 지적한다.

"최근엔 마쓰시타 경영으로 대표되는 '일본식 경영' 기법을 많은 미국기업이 배우게 되었고 적극적으로 평가하는 자세로 바뀌어가고 있다. 함부로 해고하지 않는 종신고용에 의한 인본주의적 인사 정책, 경영자를 중심으로 한 가족적인 조직, 종업원이 자주적으로 실수나 손실을 없애고 생산성 향상에 힘을 쏟는 QC(Quality Control, 품질관리) 활동 등 일본기업들이 갖고 있는 강점을 미국기업들이 받아들이는 현상이 나타나고 있는 것이다."

이러한 일본식 경영의 교과서로서 고노스케의 사상을 연구하는 해외의 학자들이나 경영자들이 늘어나고 있다. 실제로 고노스케의 저서 중 열 권 정도가 영어나 스페인어, 포르투갈어, 말레이시아어 등으로 번역되어 각국에서 읽혀지고 있다. 이는 고노스케가 주장한 '수도철학'과 '공존공영' 그리고 그것을 바탕으로 마쓰시타 전기가 실천해온 '그 나라로부터 환영받는 기업'이라는 사고가 세계 각국의 사람들에게도 받아들여지고 있다는 증거이다.

'혼다'와 '파나소닉'이라는 세계적인 브랜드를 만들어낸 소이치로와 고노스케. 제품이 사람들의 사랑을 받고 있을 뿐만 아니라 그 제품을 만든 두 사람은 일본이 자랑하는 훌륭한 경영자로서 세계에서도 크게 평가받고 있다. 물론 당대에 거대기업을 일궈낸 것이나 또 많은 사재를 사회활동에 기부했다는 점에서 '재패니즈 드림'을 실현한 성공자로서 국민들의 이해와 공감을 얻었다고도 할 수 있을 것이다. 그러나 주지하다시피 두 사람 모두 창업 초창기부터 '세계를 염두에 둔' 원대한 경영을 목표로 했고, 시대를 초월한 사상을 가지고 있었기에 세계인의 마음을 사로잡을 수 있었다.

[자료: 경영의 맞수, 비즈니스북스, 2010년]

토의 과제

1. 혼다의 적극적 현지주의의 국제화 전략은 무엇인가?
2. 마쓰시다의 수도철학의 국제화 전략은 무엇인가?
3. 혼다와 마쓰시다의 국제화 전략의 차이는 무엇인가?
4. 자유와 평등을 강조하는 혼다와 사회적 사명을 강조하는 마쓰시다의 조직상의 특징은 무엇인가?

제 Ⅳ 부

조직혁신과 조직진단

조직은 적응하거나 선택적으로 선행해야 하는 환경 속에서 활동하고 있다.

조직은 생존을 위하여 원칙적으로 계획적 행동을 수행하게 되는 것이다. 조직이 생성한 초기에는 이러한 합리적 계획보다는 상황에 따른 무작위적인 행동을 하게 된다. 그러나 조직이 성장 발전하면서 경험과 노하우를 축적하고 이를 체계적으로 관리해 나가게 된다. 이러한 조직이 생존과 성장을 위해서 관리해야 하는 부분은 먼저 조직내부 관리이고, 다른 하나는 조직의 외부, 즉 환경에 대한 관리라고 볼 수 있다.

아무리 환경에 대한 관리기술과 경험이 뛰어나다 하더라도 내부관리가 허술하면 결국에는 조직이 쇠퇴하게 된다. 이것은 조직의 기본적인 업무를 수행하는 내부의 구성원이나 일하는 방식이 그만큼 중요하다는 것을 말하며, 합리적인 관리가 선행되지 않으면 조직은 내부로부터 붕괴를 면하기 어렵게 된다는 것이다. 즉, 조직의 내부관리를 원활하게 하기 위해서는 조직의 혁신과 문화 및 조직 진단의 문제를 통하여 해결할 수 있다.

제4부 조직혁신과 조직진단에서는 조직혁신, 조직재설계, 조직문화, 조직진단의 내용을 다룬다.

제 11 장 조직혁신과 조직설계

Opening Knowledge Cafe

제 1 절 조직혁신

제 2 절 개방형 혁신과 양면형 조직

사 례

Opening Knowledge Cafe : 스컹크 조직

오늘날 기업들의 최대 경영화두는 바로 '신사업 발굴'이다. 앞으로 10년 또는 그 이후를 먹여 살릴 새로운 성장 엔진을 찾기 위해 태스크포스를 만들고, 전문기관으로부터 컨설팅을 받는 등 다양한 노력을 기울이고 있다.

▸ 스컹크 조직을 만들라

글로벌 선진기업들은 신사업 발굴을 위해 어떤 전략을 펼쳤을까? 가장 눈에 띄는 것은 별도의 조직을 만들었다는 것이다. 즉 실험적인 기술이나 응용제품을 도맡아서 개발하는 소수의 전문가 그룹을 운영한다는 것이다. 이런 조직을 이른바 '스컹크 조직'이라고 부른다.

스컹크 조직이라는 이름이 붙게 된 사연은 이렇다. 미국의 방위산업체인 록히드사는 극비 프로젝트를 연구하고 있었는데 보안문제가 가장 중요했다. 고민 끝에 록히드사는 연구팀을 텐트에 격리시켜 합숙하게 했다. 연구원들이 한여름에 그것도 24시간 내내 붙어 지내면서 연구에 연구를 거듭하다보니 텐트에서는 당연히 악취가 진동할 수밖에 없었다. 악취에 시달리던 한 연구원이 "여긴 스컹크가 일하는 곳" 이라고 자조 섞인 푸념을 내뱉었고 이 말이 그 프로젝트의 정식명칭이 되었다고 한다. 록히드사는 스컹크 조직을 활용해서 고공정찰기 U2, 나이트 워크라고 불리는 스텔스 F-17 등 혁신적인 제품들을 만들어냈다.

그런데 놀랍게도 P&G, IBM, 시스코 같은 선진기업들도 록히드사의 스컹크 조직과 같은 별도의 신사업 발굴조직을 가동하고 있다.

▸ P&G의 FutureWorks

먼저 혁신의 대명사 GE조차 벤치마킹하는 기업으로 유명한 P&G의 스컹크 조직을 살펴보자. P&G는 2000년 래플리 회장이 취임한 직후 새로운 성장엔진을 발굴하기 위해 퓨처웍스(FutureWorks)라는 조직을 신설했다. 퓨처웍스는 새로운 사업영역을 찾고 M&A 등을 통해 새로운 사업을 추진하는 역할을 한다. 특별히 눈여겨보아야 할 것은 퓨처웍스가 CFO가 직접 관리하는 'P&G 혁신펀드'에서 별도의 자금을 지원받고 있다는 점이다. 재정을 분리한 덕분에 퓨처웍스는 기존 사업조직과의 충돌이나 간섭으로부터 자유롭게 되는 것이다. CEO의 전폭적인 지원 역시 매우 중요한 성공요인이다. 래플리 회장은 적어도 두 달에 한 번은 퓨처웍스를 직접 방문하여 직원들을 독려한다. CEO가 직접 관심을 표명하고 자신의 경험과 견해를 사업개발 초기단계부터 반영시킴으로써 실패위험도 줄이고 사업 실행력도 높이는 효과를 얻는 것이다. 퓨처웍스를 가동한 결과, 현재 P&G는 신개념 세차용품 등 신상품을 출시했고, 헬스케어 등으로 사업영역을 확장하고 있다.

▸ IBM의 EBOs

IBM 역시 신사업 발굴을 위해 별도의 조직인 EBO(Emerging Business Opportunity)를 운영하고 있다. EBO는 경영진의 위기의식으로부터 출발했다. 루 거스너 회장은 단기성과와 기존 시장만을 중시하는 방어적인 사업기조로는 IBM에 미래가 없음을 깨달았다. 실제로 IBM은 매년 수천 건의 특허를 내고 있었지만 실제 사업으로 연결된 것은 거의 없었기 때문이다. 또는 신규사업 발굴을 강조하지만 실제로 잘 되지 않는 이유는 인력 때문이었다. 신규사업 발굴을 위한 조직을 만들 때는 가장 유능한 인력을 투입해야 하는데, 실제로는 각 부서에서 중요한 일을 맡고 있지 않은 유휴인력을 투입하곤 했던 것이다. 이런 문제들을 타개하기 위해 루 거스너 회장이 야심차게 내놓은 카드가 바로 EBO이다.

EBO는 전략담당 부사장이 총괄한다. 사내 핵심임원에게 지휘를 맡긴다는 것은 그만큼 그 조직에 힘을 실어준다는 의미이다. EBO가 가동되는 시스템은 다음과 같다. 전략담당부사장은 사내는 물론이고 실리콘밸리의 벤처캐피털리스트 등 다양한 채널을 통해 사업아이디어를 수집해 이 중에서 EBO에서 추진할 아이템을 선택한다. 사업 아이템을 선정할 때는 보통 본격적으로 시장이 형성될 때까지 2~3년 정도 남은 사업을 이상적인 사업으로 본다. 아이템이 결정되면 사업경험이 풍부하고 가장 유능한 인력에게 EBO를 맡긴다.

▸ 성공하는 신사업 개발 성공 원리

글로벌 선진기업들이 가동하고 있는 신사업 발굴조직을 살펴보면, 몇 가지 공통점을 발견할 수 있다. 첫째, 최고경영진이 직·간접적으로 관여하면서 신사업 개발에 힘을 실어준다. 둘째, 조직을 구성할 때는 사내외를 막론하고 가장 유능한 인력을 선발한다. 셋째, 별도의 예산과 평가체계를 마련함으로써 기존 사업조직과의 충돌 및 간섭을 최소화하고 있다는 점도 눈여겨봄 직하다. 넷째, 신사업개발 및 평가 프로세스를 체계적으로 개발해서 성공확률을 높이고 있다는 점이다. 다섯째, 대다수의 글로벌 선진기업들은 도전을 장려하고 실패를 용인하는 조직문화를 갖고 있다는 점이다. 기업의 새로운 미래를 만드는 신사업 발굴조직, 여섯 가지의 성공 원리에 입각해서 스컹크 조직을 만들어보자.

[자료: 동아비즈니스 리뷰, 2008, 2월호 vol. 03]

제 1 절 조직혁신

1. 혁신의 성격

경영환경의 급속한 변화에 따라 향후 기업들이 담당해야 할 과업과 당면하는 문제는 모두 과거와는 매우 다른 양상을 보일 것이다. 따라서 이같은 경영환경의 변화에 대해 조직의 혁신능력의 보유는 향후 조직의 성패를 결정하는 중요한 조건이 될 것이다.

혁신의 사전적 의미를 살펴보면, 가죽 혁(革)과 새로울 신(新)으로 구성된 한자로 형성된 단어이다. '가죽을 새롭게 하다'라고 직역을 할 수도 있을 것이다. 일견 보면 혁신이란 사물의 겉, 보이는 형태를 의미하는 가죽을 새롭게 하는 것이라고 생각할 수 있지만 그런 가죽의 의미로는 가죽 피(皮)를 사용한다. 여기서 사용된 혁(革)은 이미 벗겨낸 가죽을 의미하는 것으로서, 정확하게는 사물과 물체의 겉표면을 의미하는 것이 아니라는 것을 알 수 있다. 결국, 혁신의 사전적 본 의미는 벗겨낸 가죽을 무두질[동물의 원피(原皮)를 용도에 맞게 가공하는 행위]하여 쓸모 있도록 만드는 새로운 과정이라고 할 수 있다.

'혁신'(innovation)은 그 관점에 따라 여러 가지로 정의될 수 있다. 그러나 경영조직에서는 혁신을 '변화를 창조하는 과정'(the process of creating change)으로 정의하기로 한다. 다시 말하면, 여기서 강조하려는 혁신은 신제품 · 신제도 · 신개념 등과 같은 변화의 결과 또는 그 내용이 아닌 그러한 새로운 사물의 개발을 촉진하고 실현시키는 역량과 요인 및 그 과정을 말한다.

예컨대, 한 제조기업이 신제품을 설계하거나 개발하기 위해서는 시험제조와 시험사용 그리고 시험판매를 거친 후에 정식으로 시장에 내놓을 것인지를 결정하게 되는데, 그러한 일련의 과정이 곧 혁신이다. 또한 한 조직이 새로운 계획기법을 사용하여 그의 업무에 응용해나가는 과정 또한 혁신이라고 할 수 있다. 따라서 혁신은 종래의 방식에서 적극적으로 탈피, 이를 파괴해서 새로운 방식을 확립하거나 새로운 관계를 설정하는 과정이라고도 이해할 수 있다.

이상과 같은 혁신에 대한 정의를 근거로 하면 혁신은 다음과 같은 성격을 갖는다.

첫째, 혁신은 미래에 욕구의 결핍을 나타낸다. 그러한 욕구의 결핍은 과거에서부터 이미 존재해오는 것에 대한 불만으로부터 생긴 것일 수도 있다. 예를 들면, 과거의 교통 및 운송수단의 속도·쾌적감·안전성 등에 대한 불만은 이들 측면에 대한 앞으로의 필요성을 증대시킨 것이다. 최근 전기자동차의 출현은 오염방지와 에너지 절약의 필요성과 같이 미래에 있어서의 필요성이 과거에는 존재하지 않았던 것으로부터 생긴 혁신의 수단이다. 어쨌든 미래에 있어서 모든 조직의 존재가치는 이와 같은 필요성에 대하여 기여할 수 있어야 한다는 데 있다.

둘째, 혁신은 실천지향적인 것이다. 혁신은 이론이나 새로운 개념적 정리를 통해 학설을 증명하는 것이 아니고 불확실한 외부환경에 대하여 어떤 영향을 미칠 수 있는 일련의 실제적 행동을 말한다. 따라서 아무리 위대한 발견이나 발명이라고 할지라도 필요한 자원이나 실제적인 뒷받침이 부족하여 현실 세계를 조금이라도 변화시키지 못했다면 그것을 혁신이라고 할 수 없는 것이다.

셋째, 혁신은 사회적·심리적 요인을 중요시 한다. 사람들이 새로운 사물이나 행동을 받아들이는 이유가 그것의 기술적 요인이나 경제적 요인에 있는 것이 결코 아니다. 사람들이 새로운 사물을 수용한다는 것은 그들이 지금까지 지니고 있던 관념과 지식 그리고 행위방식을 변화시킨다는 것을 의미하기 때문에 많은 저항에 부딪치게 된다. 특히 계획적 조직혁신은 인위적으로 현상유지를 타파하는 행동과정이므로 거의

[그림 11-1] 혁신의 성격

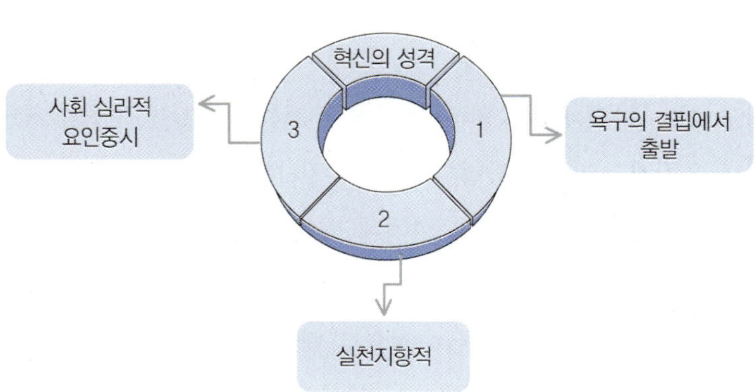

언제나 현상유지적 세력의 저항을 다소간에 받기 마련이다. 따라서 저항의 원인과 양태를 진단하고 거기에 대처하여야 한다. 따라서 성공적인 혁신을 위해서는 이와 같은 사회적·심리적 요인을 중시해야 한다.

2. 조직혁신의 정의

혁신(innovation)이나 개혁(reform)이라는 용어는 바람직한 방향의 변화를 계획적·의도적으로 달성하고자 하는 개념이다.

조직혁신(organizational innovation)이란 조직이 바람직한 방향을 설정하고 그러한 방향으로의 의도적·계획적인 변화를 유도하기 위하여 새로운 아이디어(idea) 등을 창출하여 이를 도입·실천함으로써 조직을 보다 바람직한 상태로 전환시키는 관리방법이라고 정의할 수 있다. 또한 조직혁신은 포괄적이고 급진적인 변동을 추구하는 변혁적 접근방법으로서 조직을 어떤 하나의 상태에서 그보다 나은 바람직한 상태로 변동시키는 것을 말한다.

조직은 부단히 변동하는 환경 속에서 존재하는 동태적 체제이므로 조직이 변화하는 환경을 극복하지 않으면 조직은 스스로 자멸에 빠지게 된다. 따라서 부단히 혁신하여야 하며 좀 더 바람직한 방향으로 변화시켜야 한다. 이와 같이 조직을 어떤 하나의 상태에서 그보다 더 나은 상태로 전환시키는 것을 조직혁신이라고 파악할 수 있다.

그러면 오늘날 기업들이 왜 조직혁신을 강조하고 혁신하지 않으면 존재할 수 없는 상황으로 바뀌고 있는가? 이에 대한 대답은 조직혁신의 필요성과 등장배경을 파악하면 알 수 있을 것이다.

우리가 살고 있는 사회에는 수많은 조직이 존재한다. 그 조직들은 처해져 있는 사회적 환경에서 유기적으로 적응하면서 조직을 유지해 나가고 있다. 사회적 환경이 변화하게 되면 조직의 생존을 위해 그 환경에 발맞추어 조직을 변화할 필요성이 있는 것이다. 산업혁명 이후 사회는 급속도로 변화하기 시작해 현대에 이르러서는 정보화 혁명으로 인해 그 변화속도가 기하급수적으로 빨라지고 있다. 기존의 조직변화는 조금씩 바뀌어 가는 사회적 환경에 발맞추어 천천히 그 조직을 변화시켜 나가면 되었으나 이제껏 경험해보지 못한 사회적 변화속도에 지금까지의 조직변화의 양상과는 사뭇 다른 조직의 급속한 변화의 필요성이 대두하게 된 것이다. 기존의 환경과는 전혀 다른 환경에서 기업은 기존의 조직의 형태에서 벗어나 조직혁신이 필요하게 된 것이다.

오늘날 기업환경의 급격한 변화, 과학기술발전 현상 속에서 새로운 아이디어에 의한 신제품 개발경쟁이 매우 치열해지고 있다. 이러한 상황 속에서 장기적인 경쟁력 유지를 위해서는 신제품을 지속적으로 개발할 수 있는 근본적으로 다른 새로운 변화가 요구된다고 할 수 있다. 피터 드러커(Peter Druker)는 그의 저서에서 조직 최고의 목적은 "자기의 장점을 강화하고 상대방의 약점을 무력하게 만드는 것"이라고 언급한 바 있다. 다시 말해 조직의 목적은 조직원들의 장점을 강화하고, 핵심역량을 길러 경쟁에서 승리하고 발전하는 것에 있다는 것이다. 결국, 조직이 그들의 목적을 달성하기 위해서는 현재와 같은 매우 불확실하고 빠른 변화의 시대에 적절히 대응하고, 나아가 변화를 주도할 수 있어야 한다. 끊임없는 조직혁신이 필요한 이유도 이와 같은 맥락에 있다. 이와 관련하여 피터 드러커는 현대 경영환경 전반과 관련하여 변화의 시대, 3C의 시대(change, competition, customer)라고 칭하고 있다.

조직혁신이란 개념은 1980년대 미국에서 처음으로 사용하기 시작했다. 미국에서 조직혁신의 개념이 태동하게 된 배경은 시장 및 경쟁 환경의 변화와 이로 인해 기존 조직 패러다임이 위기에 직면한 것에 있다. 시시각각 변화하는 시장과 점점 더 격화되는 경쟁상황 속에서 기존의 생산체제로는 더 이상 경쟁력을 유지할 수 없게 되었고, 이에 따라 기존의 조직 패러다임 자체를 뒤엎는 새로운 조직의 모색이 요구되었다. 이것이 미국기업들이 혁신을 꾀할 수밖에 없었던 근본이유였던 것이다. 조직혁신의 내용은 경쟁력 없는 사업부의 매각, 기업 매수 및 합병, 비효율적인 공장의 폐쇄와 함께, 대대적인 고용조정 등으로 시작되었으며 이는 '다운사이징', '사업 재구축'(corporate reengineering), '린 생산방식'(lean production), '총체적 품질 경영'(Total Quality Management) 등의 개념으로 우리에게 소개되었다. 이러한 미국 기업들의 조직혁신 과정은 이전에 비해 전례 없는 규모로 진행되었으며 과거의 생산체제를 넘어 새로운 형태의 생산체제를 지향하는 경우가 많았다. 이러한 변화의 움직임은 미국기업의 생산체제를 새로운 산업생산체제로 이동시켜왔다.

최근의 조직혁신의 등장배경은 다음과 같다.

복잡화, 융복합화, 통합화 등의 패러다임이 대두되면서 오늘날의 사회는 매우 빠른 속도로 변화하고 있다. 이러한 급격한 변화는 우리에게 새로운 기회를 제공해주기도 하지만, 한편으로는 그것이 갖는 불확실성으로 인해 위협요인으로 다가오기도 하였으며 기업들은 조직혁신을 통하여 외부의 불확실성에 대처하지 않으면 생존이 어렵게 되면서 혁신의 가속화가 이루어지고 있다.

한국의 경우에는 IMF 외환위기를 겪으면서 기업내부와 외부에서 동시다발적으로 조직혁신에 대한 요구가 이루어져, 많은 조직이 조직혁신을 통해 조직의 대대적인 정비를 이루게 되었다. IMF라는 특수상황은 경영환경 및 인사 패러다임에 큰 변화를 가져왔으며, 기업은 더 이상 기존의 비정상적인 구조와 Business process를 고집할 수 없게 했다. 이러한 불가피한 상황 하에서 구조조정의 노력이 시작되었으며, 이후 더욱 능동적이고 적극적인 조직혁신의 노력이 발생하게 되었다.

3. 조직혁신의 목적

조직혁신은 상황의 변화에 대한 적절하고도 신속한 대응에 그 목적이 있다고 할 수 있다. 다시 말해, 동태성과 불확실성의 증가, 복잡화, 변화의 가속화라는 경영환경의 변화에 적응하고 이러한 변화를 주도하는데 조직혁신의 목적과 당위성이 있다. 이러한 조직혁신은 변화하는 시대에 진정한 경쟁우위를 창출할 수 있도록 도와주고, 지속적인 조직의 발전을 도모할 수 있도록 것이다.

조직혁신은 변화하는 사회환경에 기업이 발 빠르게 적응하거나 기업이 변화를 주도하여 경쟁력을 유지 혹은 창출할 수 있도록 하기 위한 목적에서 등장하게 된 개념이다. 그런데 종종 조직혁신과 조직개편의 개념이 혼동되어 사용될 때가 있다. 따라서 조직혁신(Reengineering)과 조직개편(Restructuring)의 개념을 명확히 이해하고 접근할 필요가 있다. 리스트럭처링이라고 하면 사업을 축소하거나 인원을 정리하는 등의 방법으로 불황에 대응하기 위한 방책의 대명사처럼 불리어지고 있으나 본래는 불황기만을 위하는 것이 아니다. 인수합병이나 사업다각화, 분권화 등 호황기에 행하는 것들 또한 리스트럭처링에 속한다. 리스트럭처링의 본질은 "시대변화나 기업 환경변화에 적응하기 위하여 사업형태나 사업문화의 방법을 조직적, 구조적으로 수정을 가하는 것"이라고 정의할 수 있다. 그리고 어떤 일의 현상의 분석으로부터의 개선과 아울러 과감한 대처를 하는 것을 말한다.

한편, 이에 대하여 리엔지니어링은 이상(理想)을 비전(Vision)으로 하여 출발한다. 현상은 무시하고 '이렇게 했으면 좋겠다'라고 생각되는 부분을 설정하고 거기에 접근해 가기 위하여 백지상태에서 재설계한다는 것이다. 이러한 접근방법의 차이가 바로 리스트럭처링과 리엔지니어링의 차이이다. 리스트럭처링을 보다 깊숙이 추진시키면 점차 리엔지니어링 요소가 강화되나 절대로 리엔지니어링의 기본 특징이라 할 수 있는 백지로부터의 재설계는 기대할 수가 없다. 리엔지니어링이란 비지니스 프로세스(Business Process)를 근본으로 하며 밑바탕에서부터 재설계하여 혁신적인 성과를 거두기 위해 최신 정보기술을 사용하는 것이다. 여기서 비즈니스 프로세스를 업무라고 번역하여서 리엔지니어링을 업무개선의 뜻으로 해석하는 사람도 있지만 비지니스 프로세스는 단순히 업무가 아닌 "일을 처리하는 기법"이라고 파악해야 옳다. 업무개선도 리엔지니어링의 대상이기는 하지만, 그것 자체는 아니기 때문에 좁은 의미가 되고 말기 때문이다.

또한 리엔지니어링이란 수단이 아니라 기업 그 자체를 혁신하는 것을 목적으로 하기 때문에 수단, 방법으로 잘못 생각하면 큰 착오를 초래할 수 있다. 따라서 개념정의를 확실히 해둘 필요가 있는 것이다. 리스트럭처링은 불황대책의 일환으로 실시할 수 있지만, 리엔지니어링은 불황을 타개하기 위한 대책과는 맞지 않으며 어디까지나 새로운 시대를 맞이하여 그 시대에 걸 맞는 기업이 되기 위하여 변혁을 꾀하기 위해 실행하는 것이다. 리엔지니어링을 단행하면 기업이 근본적으로 변신하는 것이 가능하지만 모든 기업이 리엔지니어링을 단행해야 하는 것은 아니다.

제 2 절 개방형 혁신과 양면형 조직

1. 개방형 혁신

생존하기 위해서는 끊임없이 혁신을 추구해야 한다는 강박감에 젖어있는 많은 기업들이 오늘날 남모르게 앓고 있는 병명이 바로 혁신 피로증이다. 혁신의 중요성은 이미 너무나 많이 강조된 나머지 이제는 누가 혁신을 하느냐가 아닌, 누가 먼저 혁신을 달성하느냐가 기업의 경쟁력을 좌우하는 핵심요소가 되고 있는 양상이다. 문제는 오늘날의 경영환경이 어느 한 기업의 독자적인 혁신 노력만으로는 따라잡기 힘들 정도로 빠르게 변화하고 있다는 것이다. 이러한 상황에서 새로운 대안으로 개방형 혁신이 주목 받고 있다.

1980년대까지 기업은 내부 R&D 역량을 중심으로 사업을 전개하였고, 이를 통해서 성공적으로 성장해왔다. 하지만 기업들이 더 이상 내부의 자원만으로 성장할 수 있는 한계에 이르렀다고 판단하게 되었다. 따라서 많은 글로벌 기술혁신 선도기업들은 강력한 중앙연구소만을 자신들의 핵심역량을 만들어내는 혁신의 원천으로 간주하지 않고, 개방형 혁신(open innovation)에 눈을 돌리고 있다.

개방형 혁신이란 2003년 하버드대학의 헨리 체스브르 교수가 그 개념을 처음 소개한 것으로 혁신적 아이디어나 지식이 여러 곳에 분산되어 있기 때문에 기업외부의 아이디어, 지식, 기술을 적극적으로 획득해 혁신활동을 해야 하고 기업내부의 아이디어, 지식, 기술들을 상업화해야 한다는 것이다. 전통적이고 독자적인 R&D를 통한 혁신을 폐쇄형 혁신이라 칭하였고 이에 반하여 혁신을 할 수 있는 여러 옵션들이 생겨나 기업 간의 여러 제휴를 통하여 혁신을 효과적으로 이루어 낼 수 있게 된 지금의 환경을 개방형 혁신이라 부르고 있다.

전통적인 폐쇄형 혁신은 기업내부의 조사를 통한 아이디어가 오직 한 방향으로만 흐를 수 있는 반면 개방형 혁신에서는 한 기업의 아이디어가 여러 곳으로 갈 수 있고 다른 곳의 아이디어를 도입할 수도 있다. 또한 헨리 체스브르 교수는 점점 늘어나는 R&D 비용과 혁신을 성공하더라도 제품의 수명주기가 점점 짧아지기 때문에 한 기업이 이러한 환경 하에서 이전과 같은 혁신을 꾀한다면 살아남을 수 없을 것이라 주장하였다.

이는 전통적으로 대부분의 혁신이 하나의 조직 내에서 독자적으로 이루어져 왔다는 사실을 고려해 볼 때 상당히 파격적인 주장이 아닐 수 없다. 일반적으로 대부분의 기업연구 조직은 자신들이 직접 개발하지 않은 기술이나 연구성과에 대해 매우 배타적인 성향을 보이기 때문에 특정 지식을, 그것도 기업의 경쟁력을 좌우하는 핵심 지식 및 기술을 개발함에 있어 외부인과 협업한다는 것은 상상하기 어려웠기 때문이다.

개방형 혁신은 기업들에게 R&D 투입 자원의 절감과 추가적인 매출기회를 제공함으로써 R&D 효율을 높일 수 있는데, 개방형 혁신이 오늘날 기업조직에게 주는 효과는 4가지로 요약할 수 있다.

첫째, 외부의 새로운 아이디어 도입을 통해 투입 자원 및 시간을 절감할 수 있을 뿐 아니라, R&D 효과를 배가시킬 수 있다. 세계적인 식음료 포장업체인 Tetra Pak은 획기적인 살균 포장재의 개발을 시도하였으나, 내부 역량만으로는 불가능하였다. 이에 병원기기 소독 회사와 협력하여 원하는 제품을 개발하였다. 이를 통해 제품개발 기간을 2~3년 단축하였고, 유통점 점유율도 50% 향상시켰다.

둘째, 내부 지식의 라이센스 아웃은 추가적인 매출을 창출해 주고, 내부 인재에게 동기를 부여함으로써 인재 유지에도 도움을 준다. IBM 하나의 회사가 연간 특허 로열티로 20억 달러의 수입을 올리고 있고 이러한 기술 라이센싱은 또한 연구 개발 인력들에게 자신들이 개발한 기술이 사장되지 않고 다른 기업, 다른 업종에서 매출을 창출한다는 자부심을 줌으로써 동기부여하고 사기를 진작시키는 역할을 한다.

셋째, 내부 아이디어를 외부의 시각으로 평가함으로써 현재 추진중인 연구개발 프로젝트의 가치를 측정하고 향후 방향을 정하는데 도움을 준다. 제약회사인 Eli Lilly는 개발 중인 신약에 대해 과감히 라이센스 아웃을 실행함으로써 제품의 가치를 측정하고 이를 개발전략에 반영하고 있다.

넷째, 내・외부 간 아이디어 교환을 통하여 기업의 핵심역량을 확인할 수 있다. 대부분의 기업은 자사의 핵심역량에 대해 과신하기 쉽고, 이로 인해 모든 것을 내부에서 개발하려고 시도하는 경향이 있다. 항공기 제조 기업인 보잉은 외부와 다양한 시험을 통하여 자사의 핵심역량은 생산이 아니라 시스템 통합과 디자인이라는 사실을 깨달았다. 이에 연구개발 자원을 시스템 통합 기술과 디자인에 집중하고 대부분의 부품을 아웃소싱함으로써 전체적인 이익을 향상시킬 수 있었다.

개방형 혁신이 각광을 받기 시작하면서, 개방형 혁신 방식이 결국 아웃소싱과 동일하지 않느냐고 지적하기도 하지만 아웃소싱은 단지 개발비용을 낮추기 위해 단가가 싼 외부업체에 업무를 의뢰하는 것인 반면, 개방형 혁신 방식은 보다 뛰어난 아이디어를 조직 외부에서 찾아낸 후 이를 조직 내로 가져옴으로써 내부역량을 활용, 강화하는 역할을 수행하기 때문에 차이가 분명히 존재한다. 이는 곧 전 세계에 흩어져 있는 다양한 조직과 인재들과 협업체제를 구축하는 것을 의미하는 것이기도 하다. 개방형 혁신을 성공적으로 도입하기 위한 고려사항은 다음과 같다.

[그림 11-2] 개방형 혁신의 효과

첫째, 명확한 목표의 설정으로 우선 외부에서 무엇을 찾을 것인지에 대한 명확한 목표를 설정해야 한다. 이것이 분명하지 않을 경우 넘쳐나는 아이디어 속에서 실제로 기업에 도움이 되는 아이디어를 얻는 것은 매우 어려운 일이기 때문이다.

둘째, 내 · 외부 네트워크의 효과적 관리로 조직 내 · 외부 전문가를 중심으로 한 글로벌 네트워크를 구축하고 이를 적극 활용해야 한다. 고객의 니즈, 기존 상품과의 연계성, 기술적 보완성 등을 충족시킨다면 어떤 아이디어라도 적극 수용해야 하기 때문에 조직 내부인원들을 중심으로 구축된 폐쇄적 네트워크와 전세계 다양한 개인 및 정부조직, 학계 등과 형성한 개방형 네트워크를 동시에 활용해야 한다.

셋째, 열린 기업문화의 구축이 중요하다. 아무리 뛰어난 외부 아이디어를 확보한다 하더라도 이를 검토하고 연구하고 신제품으로 개발하여 최종적으로 마케팅해야 하는 역할은 내부 조직원들의 업무이다. 자신이 개발하지 않은 아이디어에 대해 거부감을 가지고 비판만 하려는 기업문화가 존재한다면 개방형 혁신은 결코 성공할 수 없다.

개방형 혁신은 단순히 혁신이 양방향으로 이루어지는 혁신이기 때문에 개방형이라고 이름 붙인 것은 아니다. 여기에는 외부의 기술과 아이디어에 대해 열린 마음으로 받아들일 수 있는 기업이야 말로 진정한 의미의 혁신을 달성할 수 있다는 뜻도 담겨 있음을 인지해야 한다.

[그림 11-3] 개방형 혁신의 성공조건

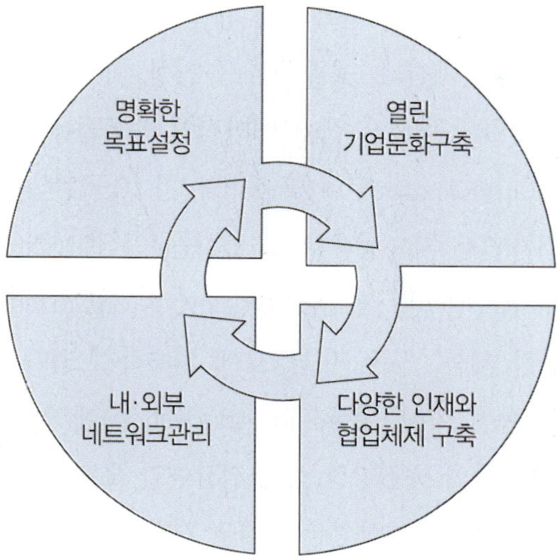

2. 양면형 조직의 의의

과거와는 달리 최근 기업 내외의 환경을 보면 매우 모순적인 것을 알 수 있다. 소비자들의 기호는 다양하고 제품의 수명주기는 단축되고 있어, 시장은 끊임없는 변화와 혁신을 기업에 요구하고 있다. 그러면서 품질은 올리고 원가는 낮추어야 한다는 안정과 효율에 대한 압력도 가중된다. 새로운 기술로의 변화속도는 가속적으로 빨라지지만 제품기술과 공정기술을 안정시켜 생산의 효율도 도모해야 한다. 신제품을 신속히 도입하는 것이 성공의 관건이 되었지만 잘못된 투자 의사결정이 초래할 수 있는 위험은 기업을 파멸시킬 수 있을 만큼 커졌다. 어느 하나를 채워주려면 다른 하나는 포기해야만 하는 상충적인 요구가 동시에 요구되고 있는 것이다.

현대 지식정보화 사회에서 기업환경은 점점 더 진화속도가 빠르고 복잡하게 진행되고 있어, 기업 경영자들은 조직의 관성을 극복하고 변화와 혁신을 실행하여야 하는 과제에 직면하고 있다. 이러한 상황에서 외부환경에 효과적으로 대응하면서 기업이 경쟁력을 획득하고 유지하는 방안이 매우 중요시되고 있다. 이러한 상황에 대해

Tushman & O'Reilly(1996)에 의하면 조직은 단기적으로는 전략, 구조, 문화와의 정합성(alignment)을 지속적으로 높여 성과를 유지하는 점진적 변화와 함께 장기적으로는 조직을 성공으로 이끈 전략, 구조, 문화와의 정합성을 파괴하는 것이 필요하다.

조직운영에는 양면성이 존재한다. 효율성과 유연성, 차별화와 저비용, 혁신과 안정 등이 바로 그 대표적 예이다. 이같은 상호 배타적인 속성들을 조직 내에 동시에 가져오는 양면성 조직설계(ambidextrous organization)가 요구된다. 양면성 조직이 여러 가치들의 균형을 이뤄가면서 지속성장할 수 있다는 인식이 높아졌기 때문이다.

혁신을 잘하기 위해서는 양면형 조직(ambidextrous organization)이 돼야 한다. 조직은 생리적으로 성공한 제품, 기존 기술경로에 익숙하기 쉽다. 당연히 단기간에 쉽게 성공할 수 있는 '존속적 혁신'(sustaining innovation)에 안주한다.

존속적 혁신은 기존 제품의 품질향상, 원가절감에만 초점을 맞춘다. 안타깝게도 신성장 동력 개발은 어렵다. 우리는 신성장 동력을 개발하기 위해서 '존속적 혁신'에 머무는 조직을 '오른손 잡이'이라고 부른다. 여기에 진짜 성공적인 혁신을 하려면 와해적, 급진적 혁신을 주도하는 왼손잡이 혁신의 개념이 덧붙여져야 한다. 왼손잡이 조직은 최고경영자(CEO)의 확고한 지원 아래에서 보다 창의적이고 도전적인 인력, 개방적인 문화, 장기적인 평가 시스템 등을 통해 오른손잡이 조직과는 차별적으로 설계돼야 한다.

양손잡이의 조직인 양면형 조직은 이처럼 "기존의 업무를 수행하는 조직과 별도로 혁신적 제품을 기획 · 제작하는 조직을 두는 조직"을 말한다. 이 조직은 장기적 관점에서 성과를 평가해주고, 단기적으로 손실이 나더라도 사원 보상에 불이익을 주지 않는 등 기존 조직의 관리와 다른 방식으로 이끌어야 성과를 낼 가능성이 커진다. 애플의 끊임없는 변화추구도 현대의 시장경쟁이 과거와 달리 매우 빠르고 크게 변화하기 때문에 과거와 같이 점진적 변화로는 시장에 적응하면서 새로운 제품혁신을 시도할 때 별도의 제품 개발조직을 두고 여러 해의 시간을 들여 제품을 개발해왔기 때문에 성공할 수 있었다.

3. 양면형 조직구조의 설계

외부환경에 대응해야만 하는 기업들 역시 내적인 모순 속에서 혼란을 겪고 있다.

기업들이 실제 고민하고 있는 모순들을 잘 살펴보면 왜 간단히 방향을 결정하지 못하고 혼란에 빠질 수밖에 없는지를 알 수 있다. 예를 들면, 효율과 혁신, Globalization과 Localization, 안정과 적응 등 이러한 모순적인 요소들이 서로 상충되지만 실제 기업경영에 있어서는 어느 것 하나라도 소홀히 해서는 안될 필수적인 요소라는 특징이 있다. 모든 모순들이 기업경영에 중요하지만, 전략과 조직운영 측면에서 특히 많은 고민을 하는 두 가지 모순에 대해서 정확하게 파악하여야 양면형 조직설계의 방향을 설정할 수 있다.

최근 조직설계의 방향이 기계적 조직(생산성 중시)에서 학습조직(생존 중시)으로 변화되고 있다. 기계적 조직에서는 효율적인 생산과 통제가 가능한 수직적 구조를 가지며, 일상적 과업, 공식적 통계 중시가 그 특징이라고 할 수 있다.

효율적 관리에 초점을 두고 외부 경영환경과의 상호작용이 덜 하기 때문에 경직된 조직문화를 갖게 되는게 일반적이다. 이에 비해 최근의 학습조직은 팀에 기반한 수평적 구조와 구성원들의 역할이 강조되면서 재량과 책임이 동시에 주어지는 임파워먼트, 정보공유, 그리고 구성원들이 전략수립에 참여하는 형태를 보인다. 이런 학습조직은 개방과 지속적 변화가 강조되기 때문에 적응적 조직문화라는 특징을 보인다. 하지만 양면성 조직을 통해 기계적 조직의 '합리적 속성'과 학습조직의 '적응적 속성'의 균형을 이루는 것이 기업의 성장에 절실한 상황이다. 경제성과 안정성, 유연성과 혁신성을 함께 가질 수 있는 조직이기 때문이다.

양면형 조직구조의 설계의 구축에서 고려해야 할 요소를 살펴보면 다음과 같다.

첫째, 모순적 전략으로서 효율성과 혁신성의 동시추구이다.

우선 전략적인 면에서 보면 효율성과 혁신성을 동시에 달성해야 하는 모순이 있다. 즉, 원가를 최소화하고 품질을 극대화하면서도 신제품을 끊임없이 시장에 출시해야만 살아남을 수 있게 된 것이다. 과거에는 효율성과 혁신성은 서로 상충되는 성격이어서 동시에 달성할 수 없다는 인식이 지배적이었다. 저명한 경영학자인 Porter는 이 두 가지 전략을 동시에 추구할 때 '어정쩡한 상황'(Stuck in the Middle)에 빠져 실패할 수밖에 없다고 주장하기도 하였다.

그러나 효율성만을 추구하는 기업에서는 이미 개발된 제품과 기술 측면에서 최적 균형만을 추구하다 보니, 제품이나 시장 영역에서 경쟁의 원천이 급격히 변화하는 경우 시장에 적응하지 못하고 쇠퇴할 수 있다. 예를 들면, 전 세계 컴퓨터업계의 제왕이었던 IBM이 1980년대 초반 개인용 컴퓨터의 상용화에 대처하지 않고 기존의 강점인 메인 컴퓨터에만 집착하다 몰락의 위기를 겪었던 적이 있다.

또한, 혁신만을 추구하는 기업에서는 상품화가 보증되지 않는 아이디어와 실험들로 자원의 낭비가 심하거나, 신제품의 효율적인 대량생산이 정착되지 않을 경우에 시장에서 경쟁우위를 상실할 수 있다. 우수한 기술력을 바탕으로 차별화된 신제품을 개발한 신생기업들이 후발 주자인 대기업들의 효율생산 체제로 인해 고전하게 되는 것도 이 때문이다. 따라서 기업이 외부환경의 변화에 재적응하면서 장기적으로 생존할 수 있으려면 혁신과 효율을 동시에 달성하는 전략을 구사해야 한다.

둘째, 모순적 조직운영 방식으로서 일의 성취와 사람에 대한 배려의 동시추구이다.

조직운영 측면에서 보면 일의 성취와 사람에 대한 배려의 모순이 있다. 힘들고 어려운 일을 끈질기게 해내면서도 사람들이 지치거나 사기가 떨어지지 않도록 해야 한다는 것이다.

과거 산업사회에서는 대체로 사람을 여러 생산요소 가운데 하나로 간주했으며, 이를 비용으로 보는 경향이 있었다. 따라서 성공을 위해서는 구성원들이 지쳐 있는지, 조직의 피로도가 쌓여 있는지 등은 상관없이 과업만을 추진하는 경우가 많았다. 너무 지친 구성원들이 회사를 떠난다 해도 또 채용을 하면 된다고 여겼기 때문이다. 그러나 지식사회로 접어들면서 사람이 중요한 경쟁력의 원천이자, 미래 성공을 위한 투자의 대상으로 인식되기 시작하였다.

최근 ‘인재 전쟁’(The War for Talent)이나 ‘천재론’ 등이 등장하는 것도 기업이 사람을 얼마나 중요하게 여기는지를 잘 보여주는 예라 할 것이다. 건물이나 자본 없이도 구성원 개개인이 갖고 있는 창의적인 지식과 누적된 스킬만으로 Facebook이나 구글과 같은 기업이 탄생할 수 있는 시대가 된 것이다.

한편, 사람이 아무리 중요하다 하더라도 일보다는 구성원들에 대한 관심과 배려에만 치중하다 보면 온정적이고 느슨한 조직문화가 형성되어 강한 승부근성이나 끈기가 부족해질 수 있다. 그리고 고달픈 경쟁상황을 이겨내지 못하고 쉽게 좌절할 수도 있다. 전사적인 측면에서 볼 때 이러한 기업은 많지 않겠지만, 리더나 중간관리자의 측면에서 보면 주변에서 이런 사례를 흔히 볼 수 있을 것이다. 그리고 이러한 개인이 조직에 많으면 많을수록 조직 스트레스는 낮아지고 사람 관계는 편해지겠지만 조직의 생존 가능성은 그 만큼 낮아진다고 봐야 할 것이다.

따라서 일의 성취를 위한 Challenge와 사람에 대한 관심과 배려는 어느 하나라도 포기할 수 없는 필수적인 성공요소이다. 하지만 이 두 가지 요소가 상충적이라는 점이 기업들이 쉽게 관리하기 어렵게 만드는 중요한 이유이다.

4. 양면형 조직구조의 성공포인트

혁신을 잘하기 위해서는 양면형 조직(ambidextrous organization)이 돼야 한다.

그렇다면 기업들은 어떻게 양면형 조직들을 관리해야 할까? 역설 경영(paradox management)으로 유명한 경영학자인 Quinn은 기업들이 우선 사고의 전환을 해야 한다고 주장한다. 과거 우리 기업들이 모순에 처했을 때 어쩔 수 없이 어느 하나만을 선택하는 '딜레마'(Dilemma)적인 사고를 하였다면, 이제는 모순된 요소들을 조합하여 새로운 대안을 만들어내는 '역설'(Paradox)적인 사고를 해야 한다는 것이다.

예를 들면, 딜레마적인 사고에서는 '효율성'과 '혁신성' 가운데 하나를 선택하는 것이라면, 역설적인 사고는 '효율성'과 '혁신성'을 동시에 만족시키는 시스템을 만들어 내는 것을 말한다. Toyota의 사례가 대표적인데 동사의 JIT(Just-in-Time) 시스템은 무재고와 즉시대응 체제를 갖춤으로써 효율성과 혁신성을 모두 만족시키는 다품종 대량생산 체제를 가능하게 했던 획기적인 방법이다.

둘째, 양면형 조직을 성공적으로 관리하기 위해서는 사고의 틀을 바꾸는 노력과 더불어 조직의 형태도 바꿀 필요가 있다. 그 이유는 첫째, 기존의 조직 내에서는 구성원들이 과거의 사고방식에서 벗어나기가 쉽지 않기 때문이다. 둘째, 기존 조직이 효율적인 운영방식에 최적화되어 있는데, 여기에 혁신성을 불어 넣게 되면 변화에 대한 적응력은 높아지는 대신 기존의 강점인 효율성은 떨어질 수 있기 때문이다. 지식경영의 대가인 Nonaka 교수도 기존 조직은 효율적인 관리에 초점을 두고 혁신을 위한 조직은 독립적으로 운영하는 것이 더 바람직하다고 주장한다.

[그림 11-4] 양면형 조직구조의 설계

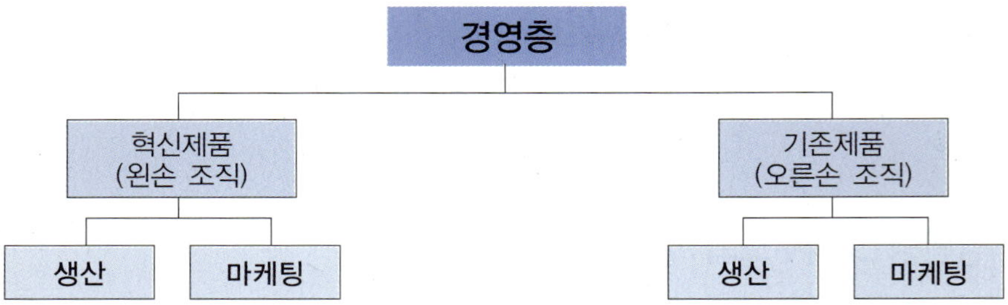

양손잡이인 양면형 조직의 두드러진 특징은 새로운 사업이나 제품개발 업무를 기존 조직과 분리하여 운영한다는 점이다. 효율과 점진적 개선에 초점을 둔 업무와 성장 및 급진적인 혁신에 초점을 둔 업무 사이에는 요구되는 역량이나 문화가 대조적이어서 하나의 조직 내에서 함께 수행되기가 어렵기 때문이다. 그리고 기존 조직을 모두 성장 및 급진적 개선업무 위주로 변화시킬 때, 기존의 효율과 점진적 개선의 강점을 잃어버릴 수 있기 때문이다.

예를 들어 IBM은 획기적인 컴퓨터 360시리즈를 개발할 때, 혼란에 가까울 정도의 자율성이 주어진 혁신조직을 운영하여 성공한 것이 좋은 예이다. 그리고 360시리즈가 개발되고 난 후 기존 조직의 효율화 능력을 활용하여 신제품 출시에 따른 시행착오의 낭비를 최소화시킨 것도 양면형 조직의 좋은 본보기라 할 수 있다.

한국의 LG전자도 양면형 조직의 대표적인 사례가 있다. 1990년대 들어 LG전자는 약 40%에 달하는 우수한 인재들을 기존 조직에서 차출, TDR(Tear-down & Reengineering)이라는 상시 혁신팀 조직을 구성하여 혁신적인 업무를 맡겨놓고 있다. 그리고 여기서 나온 냉장고나 로봇 청소기 등과 같은 창의적인 아이디어들은 기존 조직의 안정적인 제품 및 공정기술에 기반하여 재빨리 시장에 출시되고 있는 것이다.

셋째, 양면형 조직은 야누스(Janus)적 리더십을 갖추어야 한다.

모순되는 전략을 추진하고 양손잡이 조직을 제대로 운영하기 위해서는 여러 가지 유형의 리더십을 복합적으로 갖춘 리더가 필요하다. 과거에는 대체로 리더십 스타일을 몇 가지 유형으로 나눈 다음 상황에 따라 이들 중 적절한 하나가 선택되는 것이 바람직한 것으로 여겼다. 그러나 최근 많은 경영학자들은 특정 리더십 유형만을 지향하는데 대해 지나치게 단선적인 선택의 문제로 리더십을 이해하고 있는 것이라고 경고하고 있다. 사실 리더가 지도성을 발휘하기 위해 한 가지 스타일만 고수해야 한다는 것은 지나친 단순화가 아닐 수 없다. 다양하고 상충적인 리더십이 동시에 활용될 수 있고 또 그래야만 효과적으로 리더십이 발휘될 수 있다.

예를 들면, Harvard 경영대학의 Kotter 교수에 의하면 경영자는 관리적 리더십과 변혁적 리더십을 동시에 갖춘 야누스(Janus, 2개 얼굴을 가진 로마의 신)적 리더가 되어야 한다고 주장한다. 경영자가 관리적 기능을 수행하지 않으면 조직이 혼란에 빠질 것이고, 변혁적 리더십을 발휘하지 않으면 조직이 환경의 변화에 능동적으로 대처할 수 없기 때문이다. 효율성과 혁신 등 상충된 목표를 추구하는 오늘날의 기업에서는 변화의 비전을 설정하는 리더로서의 역할과 합리성과 효율성에 근거하여 계획을 수립하고 예산을 편성하며 종업원을 지시, 감독하는 관리자로서의 역할은 어느 것도 희생될 수 없음을 시사한다.

5. 양면형 조직의 전략

조직과 인사 운영에 있어 양손잡이 전략이 주목받는 이유는 양손잡이 전략이 고유의 유용성과 활용성을 갖고 있기 때문이다. 이로 인해 양손잡이 전략은 장기 저성장시대를 극복해 나갈 수 있는 조직과 인사운영의 원천이 될 수 있다. 통상적인 조직(범용적인 산업 특성을 갖는 집단에 속하는 단일 기업)은 단일한 조직과 인사 운영의 논리를 갖게 된다.

예를 들어, 전문성의 안정적인 축적과 단위조직 간의 명확한 R&R(역할과 책임) 확보를 핵심적인 조직과 인사 운영의 논리로 갖는 조직은 기능형 조직구조라는 단일한 논리로 조직과 인사운영의 매커니즘을 설계하는 것이 가장 타당하다. 그러나 장기 저성장이라는 새로운 외부의 충격은 기능형 조직구조라는 단일한 논리의 적용만을 허용하지 않는다. 왜냐하면 기존 기능형 조직구조 하에서는 성장동력을 개별 단위조직이 갖는 기능 전문성을 통해 단계적으로 확보해 나아가는 과정이 가능했지만, 장기 저성장에 따른 자원활용 패턴의 변화로 인해 안정적인 단일논리만으로는 미래의 성장동력과 현재의 운영효율을 모두 확보할 수 없게 됐기 때문이다. 따라서 조직과 인사 운영의 리스크를 분산시키면서도, 미래의 성장과 현재의 효율을 균형적으로 확보해 나아가기 위해서는 양쪽이 전혀 다른 조직과 인사 운영의 논리를 선택해야만 한다. 여기에서 양쪽은 좌측과 우측을 의미할 뿐만 아니라 조직과 인사 운영에 있어 기존의 패턴과 새로운 패턴을 의미한다.

양손잡이 전략은 좌측의 상황과 우측의 상황에 따라 조직과 인사 운영의 방식을 다르게 가져간다는 측면에서 모순적일 수 있다. 하지만 지속적인 고유사업의 운영 효율성 확보뿐만 아니라 미래 성장동력 확보를 고민해야 하는 것이 장기 저성장시대의 과제라고 한다면, 양손잡이 전략이 최선일 수밖에 없다. IBM의 'EBO'(Emerging Business Opportunities), 3M의 '30% & 15% Rule'이 기존의 조직, 인사 운영과는 모순된 방식과 기준을 운영하는 양손잡이 전략의 구사를 통해 고유사업 중심의 운영효율과 더불어 신규사업 중심의 미래성장을 모두 실현함으로써, 결과적으로 경영 리스크를 극복했다는 점이 이를 보다 잘 설명한다.

예를 들어, 코닥은 세계 최초로 디지털 카메라 기술을 개발하고도 필름시장에 대한 미련을 버리지 못해 결국 파산하고 말았다. 1981년 소니가 처음으로 디지털 카메라를 출시했을 때 코닥은 과감히 대응해야 했으나 주력 사업이던 필름시장을 위축시킬 수 있다는 판단에 따라 디지털 카메라 출시를 포기했다.

결국 1990년대 초 많은 기업이 디지털 카메라를 출시하자 코닥은 1994년에야 디지털 카메라를 내놨지만 이마저도 경쟁사의 제품보다 기능이 떨어지는 수준에 머물러 최초로 개발한 디지털 카메라 시장에서 두각을 나타내지 못했다.

그렇다면 코닥은 왜 몰락했을까? 뛰어난 성공을 거둔 기업이 몰락하는 과정을 연구한 짐 콜린스의 책『위대한 기업은 다 어디로 갔을까』(*How the Mighty Fall*)에서 제시된 기업몰락의 모형으로 어느 정도 설명할 수 있다.

콜린스에 따르면 먼저 성공한 기업은 성공 후 자만심에 빠지고 현실에 안주하는 오류를 보인다. 모든 성공기업이 콜린스의 모형을 따르는 것은 아니지만 상당수 기업이 유사한 경로를 거치고 있다. 특히 콜린스 모형에서 배울 점은 성공이 조직에 자만심을 가져온다는 점이다.

반면, 애플이 보여준 지속적 혁신은 주목할 만하다. 애플은 1997년 잡스가 복귀한 이후, 아이맥(1998)을 시작으로 아이팟(2001), 아이폰(2007), 아이패드(2010), 아이클라우드(2011) 등 지속적으로 혁신적인 제품과 서비스를 내놓았다.

각각의 제품이나 서비스를 준비하기 위해 여러 해에 걸친 연구개발과 준비가 필요하다는 점을 고려할 때, 애플은 새로운 제품이나 서비스가 성공해 각광받던 바로 그

시점 혹은 그 전에 이미 '다음의 혁신적 제품'(Next Big Thing)'을 기획하고 있었다. 코닥과 대비되는 대목이다.

애플은 새로운 제품혁신을 시도할 때 별도의 제품 개발조직을 두고 여러 해의 시간을 들여 제품을 개발해왔다. 이는 '양손잡이 조직'의 개념을 효과적으로 실천에 옮긴 예다. 양손잡이 조직이란 기존의 업무를 수행하는 조직과 별도로 혁신적 제품을 기획·제작하는 조직을 두는 조직을 말한다.

이 조직은 장기적 관점에서 성과를 평가해주고, 단기적으로 손실이 나더라도 사원 보상에 불이익을 주지 않는 등 기존 조직의 관리와 다른 방식으로 이끌어야 성과를 낼 가능성이 커진다. 애플의 끊임없는 변화추구도 현대의 시장경쟁이 과거와 달리 매우 빠르고 크게 변화하기 때문에 과거와 같이 점진적 변화로는 시장에서 도태될 수 있기 때문이다.

기존의 핸드폰 강자 노키아도 출시하기 어려워하던 스마트폰을 애플이 개발하겠다는 것은 혁명적 변화를 추구한 것이다. 그러나 혁명적 변화는 생각보다 실천하기가 어렵다. 그 이유로는 첫째, 혁명적 변화는 대부분 선제적 대응이 쉽지 않다. 가령 아이폰을 개발하던 애플의 입장에서는 노키아도 하지 않는 제품혁신을 과연 성공할 수 있을까 하는 의문에 휩싸이기 쉽다. 앞서가는 제품을 내놓아 시장에서 실패하는게 아닌가 하는 두려움이 생길 수 있기 때문이다. 둘째, 혁명적 변화는 실험적이다. '실험적'이라는 것은, 신제품이 시장에서 성공여부는 시간이 지나봐야 안다는 것이다. 이러한 이유로 기업은 커다란 변화를 추구하기보다 점진적 변화를 추구하게 된다.

새로운 강자는 애플처럼 '무모하게' 혁명적 변화를 추구할 때 나온다. 이러한 시도가 성공할 경우 시장에 커다란 변혁이 일어나게 되고 기존의 강자가 무너지는 현상이 나타나게 마련이다. 따라서 기업은 혁명적 변화를 주기적으로 추구하는 노력이 필요하지만 앞서 기술한 대로 기업은 대체로 점진적 변화를 추구하는데 익숙하다.

그래서 혁명적 변화를 위해서는 양손잡이 조직의 개념을 활용할 필요가 있다. 크게 성공했다가도 몰락하는 많은 기업과 이런 몰락을 불러일으킨 혁신기업의 사례에서 뭘 배워야 할까. 성공한 기업이 현실에 안주하지 않고 지속적 혁신을 이루려면 '세상을 바꾸겠다'는 원대한 비전을 품고, 혁신적 제품을 꿈꾸고 실현하기 위한 양손잡이 조직설계와 이의 실천이 필수적으로 요구된다.

사례 와비파커의 혁신

매년 '가장 혁신적인 기업' 50곳을 발표하는 미국 월간지 패스트컴퍼니는 최근 호에서 다소 뜻밖의 순위를 내놨다. '핀테크(금융+기술)'로 돌풍을 일으킨 알리바바도, 자동차 개발까지 사업영역을 확대하고 있는 애플도 아닌 매출 1억달러(약 1100억원) 남짓의 안경 판매회사를 1위로 꼽았다. 주인공은 2010년 뉴욕에서 창업한 '와비파커'이다. 로버트 새피언 패스트컴퍼니 편집장은 와비파커를 1위로 선정한 이유에 대해 "어느 곳에서도 찾아볼 수 없던 방식으로 수백년간 변화가 없던 안경 판매 시장을 바꿔놨기 때문"이라고 설명했다. 즉, "수백년간 변화가 없던 안경 판매시장을 바꿔놓았다"는 평가다.

와비파커 홈페이지에서 최대 5가지를 골라 5일 정도 써본 뒤 이 중 가장 마음에 든 안경을 고른다. 2010년 미국 뉴욕에서 창업 후 한 달 만에 목표한 연간 매출을 달성한 스타트업(신생 벤처기업) 기업인 와비파커가 내놓은 성공요인은 듣는 이의 귀를 의심케 했다. 기발한 아이디어로 무장한 신생 기업이 '대박과 쪽박을 건 도전'에 나섰을 거란 세간의 생각과 정면으로 배치됐기 때문이다.

1. 사업동기와 사업구조의 설계

와비파커의 CEO인 데이브 길보아는 와튼 스쿨 입학 직전에 태국으로 배낭여행을 갔다가 안경을 잃어버렸다. 시력이 나빠 안경이 필요했지만 너무 비싼 안경 탓에 학기 내내 안경 없이 보내게 되었죠. 길보아와 3명의 친구들은 비싼 안경에 대해서 이야기 하게 되었고 친구들 또한 시력이 떨어져도 안경을 바꿀 수 없다고 불평했다.

이들은 교내 벤처 강좌를 수강하며 사업구조를 만들어갔다. 그러다가 그들은 안경산업이 독점기업에 의해 운영되고 있다는 충격적인 사실을 알게 되었다. 50개의 안경 브랜드가 사실은 한 회사였고 판매유통채널까지 장악하고 있었다. 이 네 명은 교내 벤처프로그램을 통해 2500달러를 투자받았다. 이들은 어떻게 되었을까요? 대박 성공이 났다.

와비파커는 독점기업이 지배하고 있는 시장에서 어떻게 성공을 일으켰을까요?

2. 철저한 리스크 관리와 준비를 통한 도전

와비파커 창업자인 대학원생 네 명은 거대기업이 독점하던 미국 안경시장에 도전장을 내밀기로 했다. 시력을 재고 직접 착용해본 뒤 사게 마련인 안경을 온라인으로 팔겠다는 아이디어였다. 학창시절 내내 온라인 안경 판매사업을 준비하던 이들은 뜻밖에도 창업을 미룬 채 취업을 택했다. 성공할 준비가 부족하다고 판단했기 때문이었다.

애덤 그랜트 와튼스쿨(펜실베이니아대 경영대학원) 교수는 와비파커의 성공을 '계산된 리스크'라고 설명했다. 불확실성을 인식하는 데 그친 게 아니라 '해볼 만하다'는 수준으로 리스크를 낮추기 위해 적극적으로 노력했다는 말이다. 기존 질서에 도전장을 내밀었기 때문에 과감해 보이지만 오히려 미래 리스크를 최소화하기 위해 철저히 준비한 것이다.

고위험의 불확실성을 해소하지 않으면 고수익을 누릴 수 없다는 평범한 진리는 성장을 위해 수출로 눈을 돌리는 내수기업이나 수출초보기업에도 시사하는 바가 크다. 넓은 시장과 높은 마진만 보고 수출에 나섰다가는 무역거래의 다양한 불확실성에 발목 잡히기 십상이다. 환율변동으로 예상치 못한 환차손이 생기기도 한다. 어렵게 수출하고도 대금을 받지 못해 애를 먹기도 한다. 불확실하다는 사실 외에는 전부 다 불확실한 지금의 교역 환경에서 '불확실성'(uncertainty)을 '관리 가능한 리스크'(manageable risk)로 바꾸기 위한 노력이 절실한 이유다.

3. 혁신의 동인과 과정

와비파커의 대표적 '혁신'은 3단계로 이뤄진 판매방식이다. 우선 안경을 사고 싶은 소비자가 와비파커 홈페이지(www.warbyparker.com)에 가입해 착용하고 싶은 안경을 최대 5종류까지 고르면 집으로 배송된다. 소비자는 3~5일간 안경을 써본 뒤 와비파커로 반송한다. 이후 가장 마음에 들었던 안경을 고르고 자신의 시력과 눈 사이 거리를 홈페이지에 입력하면 2주 뒤 맞춤 제작된 안경을 받을 수 있다.

총 세 번의 물품 배달에 드는 비용은 모두 와비파커가 부담한다. 온라인 구매 특성상 500달러짜리 안경을 5분의 1 가격도 안 되는 95달러에 구매할 수 있다. 여러 모델을 충분히 써보고 살 수 있어 안경점에서 잠깐 보고 산 안경이 마음에 안 들어 속썩을 필요가 없다. 소비자들의 반응은 폭발적이다. 창립 첫해 2만개, 이듬해 10만개, 2013년 25만개에 이어 지난해에는 100만개 이상을 판매했다.

소비자가 본인의 시력을 측정하고 눈 사이 거리를 재는 것이 번거롭진 않을까. 와비파커는 이 같은 불편을 해소하기 위해 2013년 뉴욕을 시작으로 10곳에 오프라인 매장을 냈다. 상품판매 이상으로 소비자 서비스를 중요시한다는 점에서 애플의 애플스토어와 비슷하다.

온라인에서 시작해 오프라인으로 사업을 확장한 것을 두고 남성잡지 지큐(GQ)는 와비파커를 온라인 DVD 판매에서 동영상 스트리밍 서비스로 옮겨간 넷플릭스에 비유했다.

와비파커의 공동 창업자는 펜실베이니아대 와튼스쿨 동기생인 길보아, 레이더, 블루멘털, 헌트 총 4명이다. 이들은 "대량 생산이 가능하고, 대부분 플라스틱으로 재료값이 비싸지 않은 데다 제작 공정도 복잡하지도 않은 안경이 왜 아이폰 만큼 비싸야 하나"라는 의문이 창업의 시작이었다. 길보아는 CNBC와의 인터뷰에서 "일상에서 마주치는 문제를 조금 다르게 생각했을 뿐"이라며 "혁신은 생각보다 멀리 있지 않다"고 말했다.

4. 착한 기업 착한 마케팅: 와비파커

안경 1개를 맞추는데 필요한 가격은 95달러(한화 약 10만원)으로 책정했다. 오프라인 매장 가격과 비교해 절반이 채 안 되는 저렴한 가격이었다. 더 큰 관심을 끈 것은 '와비파커'의 이른바 '착한 마케팅'(do-gooder)이다.

돈이 없어 안경을 구매하지 못하고 있는 저소득층을 위해 안경 하나를 판매하면 또 다른 안경 하나를 기증했다. '와비파커'는 세계 전역에 안경을 구매하지 못하는 저소득층이 약 7억 명에 달하고, 이들에게 안경을 기증할 경우 생산성이 35% 향상된다고 보았다.

이 같은 사실이 언론으로부터 관심을 불러일으켰다. 사업을 시작한지 얼마 안 돼 영국의 패션잡지 보그(Vogue)가 혁신적인 온라인 안경판매업체의 등장을 알렸다. 수준 높은 패션 안경을 판매하면서 자선사업까지 하고 있다는 내용이었다.

패션 잡지 GQ는 '와비 파커'를 '안경 산업의 넷플릭스(Netflix)'란 제목으로 특집 기사를 실었다. 넷플릭스는 영화나 드라마를 볼 수 있는 미국의 회원제 주문형 비디오 웹사이트를 말한다. 이 온라인 안경점을 통해 패션 안경 판매에 대혁신이 일어나고 있다는 내용이 주류를 이루었다.

'와비 파커'의 소식이 알려지면서 거액의 투자유치가 이루어졌다. 신용카드사 아메리칸 엑스프레스(American Express), 믹키 드렉슬러(Mickey Drexler) 등 거물 금융사들이 투자를 주도했다. 사업이 커지면서 '와비파커' 사업이 글로벌화하기 시작했다.

[자료: https://www.warbyparker.com]

토의 과제

1. 와비파커의 창업의 동기는 무엇인가?
2. 기존 대기업 주도의 안경산업의 유통구조를 설명하고 신생기업 와비파커는 어떻게 유통구조의 변화를 시도하였는가?
3. 와비파커의 혁신의 방향은 무엇이고 어떻게 혁신을 이루었는가?
4. 와비파커가 공유가치창출(CSV)을 위한 착한 기업의 전략은 무엇인가?

제 12 장 조직재설계

Opening Knowledge Cafe

Opening Knowledge Cafe : 실패로부터 얻는 경영노하우

'실패는 성공의 어머니'라는 격언이 있다. 그 동안 실패한 사람에게 좋은 위로와 격려의 한마디로 애용되어 온 유명한 말이다. 한번쯤은 누군가를 위로하고 격려하기 위해 이 말을 사용해 봤을 거고, 누군가에게서 이 말로 위로와 격려를 받아 봤을 것이다. 이 말은 에디슨의 일화에서 유래했다고 한다. 어느 날 에디슨이 무려 2천번의 실패 끝에 전구 발명에 성공했을 때 한 기자가 계속된 실패에 어떤 기분이 들었는지 에디슨에게 물었는데, 에디슨은 태연하고 단호하게 "난 단 한번도 실패한 적이 없다. 단지 2천번의 단계를 거쳐 전구를 발명했을 뿐이다."라고 대답했다고 한다. 그런데 이 말을 잘 되짚어 생각해 볼 필요가 있다. 자칫 실패를 되풀이 하더라도 도전만 계속하면 언젠가는 성공할 것이라는 막연한 기대를 가질 수 있기 때문이다. 본질적으로 실패란 반복적이거나 되풀이 되어서는 안 된다. 하지만 실패의 원인과 과정을 깊이 있게 생각하지 않으면 역설적이게도 '실패는 실패의 어머니'일 뿐이다.

기업도 마찬가지다. 어느 누구나 어느 기업이나 실패할 수 있다. 하지만 그것이 끝은 아니다. 실패를 어떻게 받아들이느냐에 따라 실패는 성공의 어머니가 될 수도 있고, 실패의 어머니가 될 수도 있다.

▸ 실패학이란

'실패학'이란 용어는 일본 도쿄대 하타무라 요타로 교수에 의해 처음 사용되었다. 실패학이란 역설적으로 '실패하지 않는 방법 등 실패에 대한 지식을 공유하고 연구하는 학문'으로 실패학에서 본 실패는 '어떤 행위의 결과가 바람직하지 않거나 기대하지 않는 것이 되는 것'을 말한다.

실패를 하타무라 요타로 교수는 좋은 실패와 나쁜 실패로 구분하고 있는데, 좋은 실패는 새로운 일에 도전하고 성공과 발전을 위해 추진하는 과정에서 일어난 실패이고, 나쁜 실패는 단순한 부주의나 오판으로 반복되는 실패로 좋은 실패는 용서할 수 있는 실패이지만 나쁜 실패는 용서받을 수 없는 실패라고 한다. 다시 말하면 나쁜 실패는 철저히 막아야 할 대상이지만 좋은 실패는 적극적으로 장려해야 할 대상이라는 것이다.

하지만 비록 좋은 실패라고 해도 희생이 따르는데 굳이 장려할 필요까지 있을까? 하타무라 요타로 교수는 성공사례를 학습하고 모방해서 실패하지 않고 성공하는 방법은 매우 위험하다고 경고한다. 이런 방법은 예전에 성공한 기업과 똑같은 길을 가지 않거나 주위환경이 조금만 바뀌어도 실패하기 쉽다는 것이다. 반면 도전해서 실패하고 성공하게 된다면 예상치 못한 상황이 벌어져도 살아남을 수 있다는 것이다.

결국 실패학의 본질은 실패가 갖는 긍정적 측면을 활용하여 제2의 실패를 막고 성공의 발판으로 삼기 위한 노력이라 할 수 있다.

▸ 실패학 성공포인트

첫째, 가장 성공했을 때를 가장 실패할 확률이 큰 시기로 규정한다. 예컨대 기업이 성공을 경험하게 되면 현재의 성공을 유지하는 데에만 중점을 두려는 유혹을 받게 되고, 별다른 노력 없이도 과거의 성공을 현재에 다시 재현할 수 있다고 쉽게 생각하는 경향이 있다. 성공의 최대 적은 성공 그 자체라는 점을 명심해야 한다. 환경의 변화에 대응해 부단히 노력하는 대신에 과거 성공경험에 안주해 버리기 때문이다.

둘째, 실패를 학습의 대상으로 삼는다. 실패라고 생각되는 상황에서 배우려고 노력한다면 중단이나 좌절은 있을 수 없다. 기업의 장기적 성공은 이와 같은 실패로부터의 학습에서 나오는 것이다.

셋째, 실패 DB를 활용한다. 실패학의 핵심은 마지막 1개의 성공에 있는 것이 아니라 이전의 99개의 실패에 주목한다는 데 있다. 99개의 실패를 통해 지식이 습득되지 않고서는 마지막 1개의 성공은 발생할 수 없다. 따라서 마지막 1개의 성공을 위해 실패 DB를 축적하고 활용할 수 있도록 해야 한다.

넷째, 감성지수를 활용한 실패 정서관리에 초점을 맞춘다. 실패정보를 의미있게 만들기 위해서는 실패정보의 원천인 조직구성원의 마음을 여는 것이 중요하다. 누구나 실패를 할 수 있다는 사실을 인정하고 실패감정에 잘 공감할 수 있어야 실패지식도 얻을 수 있기 때문이다. 예컨대 국내 모 서비스업체는 실패파티를 열어 실패사례를 공유하고 있다.

다섯째, 가상 실패체험으로 성공가능성을 높인다. 가상 실패체험이란 실패의 고통스러운 순간을 마음 속 깊이 새기는 것인데, 이러한 가상 실패체험을 통해 새로운 지식을 받아들일 수 있는 여지가 생기게 된다. 다시 말해서 가상 실패체험으로 실패를 반복하거나 치명적인 실패를 일으키지 않고서도 실패에 대한 지식을 얻을 수 있다는 것이다. 국내 모 제조업체의 경우 일종의 가상 실패체험으로 '위험예지훈련'을 실시하고 있다.

여섯째, 경영자는 현장에서 활동해야 한다. 조직구성원들이 어려움에 직면하여 실패에 대한 두려움이 앞설 때 좌절하지 않고 더 많은 유연성을 확보하고 창의적인 사고를 가질 수 있도록 용기를 북돋아 줄 수 있어야 한다.

일곱째, 실패를 헤쳐나갈 원칙을 만든다. 조직의 비전, 핵심가치, 미션, 전략방향 등의 기본 방향성 정립은 실패를 극복하는데 큰 도움이 될 것이다.

제 1 절 조직재설계

1. 조직재설계의 필요성 및 의의

'잘 짜여진 조직 구조', '톱니바퀴처럼 빈틈없이 돌아가는 각 부서와 기능들' 이같은 조직형태가 대부분의 경영자들이 바라는 조직운영의 이상적인 모습이지만 오늘날 경영현실은 안정적이지 않다. 따라서 불확실한 미래와 급변하는 경영환경에 대처할 방안 마련에 수 많은 경영자들이 머리를 싸매고 고민하고 있음을 알 수 있다.

맥킨지 컨설팅사가 전 세계의 1,500여 명의 경영진을 대상으로 실시했던 설문조사 결과를 보면, 10명 중 9명의 경영자는 "향후 비즈니스에서 성공하기 위해서는 어떻게 변할지 모르는 경영환경의 변화를 예측하고 이에 맞춰 신속하게 대응할 수 있는 민첩성(agility)과 스피드가 가장 중요하다"고 응답했다. 그러나 어떻게 하면 조직의 민첩성과 스피드를 높일 수 있는지에 대해서는 만족할 만한 답을 찾지는 못했다고 한다.

여기서 한 가지 주목할 만한 점은 응답자 중 50%가 "과도하게 집중화된 의사결정 및 관리 프로세스가 민첩성과 스피드를 높이는데 오히려 방해가 된다"고 이야기했다는 점이다.

과거의 경영의 패러다임이었던 효율성(operational excellency)이 핵심 성공요인이었던 기존의 경영환경 하에서는 상부의 명령에 따른 일사불란한 실행, 그리고 불필요한 낭비요소를 제거하기 위한 관리는 분명 강점이었다. 그렇기 때문에 많은 기업들이 수직적으로 잘 정렬된 조직구조와 중앙집중식 의사결정 시스템을 구축했다.

그러나 지금 기업들이 처해 있는 상황은 과거와는 사뭇 다르다. 상부조직에 보고를 하고 의사결정을 기다리는 경영 시스템으로서는 변화의 속도를 따라가기가 쉽지 않을 뿐더러, 미래의 불확실성에 적절히 대응할 수가 없다. 어쩌면 이제는 변화하는 시대에 기업들이 살아남기 위해서는 과거 50년 간 절대적인 진리처럼 믿어 왔던 '명령과 통제'(command & control)에 의한 체계적 조직관리를 버려야 할 것이다.

기업이 강한 조직이 되기 위해서는 기업이 오랫동안 경쟁력을 유지하며, 미래의 환경변화를 정확히 감지하고 최적의 대비책을 준비해야 한다. 이를 위해 조직은 자율적이고 다양성과 유연성을 지녀야 하고, 적은 계층구조와 지속적 학습능력을 갖춘 학습조직이어야 하고, 정보의 공유가 가능해야 하고, 긴장감과 도전감이 부여되어야 하고 조직 간 네트워크가 관리되어야 한다.

조직재설계는 "경영전략, 과업, 사람, 기업문화라는 전반적인 내용을 고려하여 조직역량이 최대한 잘 발휘되어 경영성과를 달성할 수 있도록 기존의 조직구조의 요소를 재배치하는 과정"이라고 정의할 수 있다.

오늘날 기업경영에서 조직재설계가 필요한 이유는 다음과 같이 요약할 수 있다.

첫째, 기존의 조직구조와 경영전략 간의 부조화의 이유이다. 변화의 불확실성이 높은 경영환경에 효과적으로 대응할 수 있도록 조직구조를 설계하는 것은 전략실행력을 높이는 견인차역할을 한다. 전략적 변신을 충실히 실행할 수 있는 조직구조를 설계하기 위해 단지 조직도 상에 새로운 부서를 만든다거나 보고 라인을 조정하는 것을 넘어, 전략적 요구사항들을 충실히 실행하여 고성과를 달성할 수 있는 구조를 설계하는데 초점을 맞추어야 한다. 그런데 이와 같이 전략과 조직구조의 부조화가 발생하면 당연히 조직재설계를 통하여 이들의 정합성을 유지하는 노력을 해야 한다.

둘째, 고객과 시장의 요구에 초점을 맞추기 위해 조직재설계는 필요하다. 기업경영의 중심에 고객이 자리잡게 되면서, 보다 고객지향적인 조직구조에 대한 요구가 증대되고 있다. 기업경영의 중심에 고객이 자리잡게 되면서, 최근에는 보다 신속하고 유연하게 고객의 니즈에 반응할 수 있는 형태로 조직을 재편하여 고객과의 관계를 새롭게 재설정해야 한다는 요구가 증대되고 있다. 기존의 제조중심 조직운영으로는 고객의 새로운 요구사항들에 적절하게 대응하는데 한계가 있기 때문에 보다 고객대응력을 강화할 수 있는 조직으로의 변화를 모색하고 있는 것이다. 제품중심의 사업부제나 기능식 구조로 조직을 운영해 온 대부분의 기업들에게 경영 전반의 초점을 고객중심으로 옮기는 문제는 하나의 도전이 조직재설계를 필요로 한다.

셋째, 비효율적이고 배타적인 조직구조의 탈피를 위해 조직재설계를 필요로 한다.

글로벌 경쟁이 심화되고 시장상황이 급변하면서, 불안정한 경영 환경을 돌파할 수 있는 튼실한 조직체계에 대한 관심은 더욱 증가하고 있다. 아무리 좋은 비전과 전략이 있고 우수한 인재를 확보했다 하더라도 조직 시스템이 탄탄하지 못하면 애초 기대했던 성과를 내기 어렵다. 최신기술로 제작된 수준 높은 설계도와 품질 좋은 재료가 있더라도 건물의 뼈대가 부실하면 결국 붕괴되고 마는 건축물의 이치와 같다. 이처럼 전통적인 조직구조로부터 새로운 경영환경에 유기적으로 대응할 수 있는 조직을 만들어 나가기 위해서는 조직의 재설계가 요구된다.

[그림 12-1] 조직재설계의 필요성

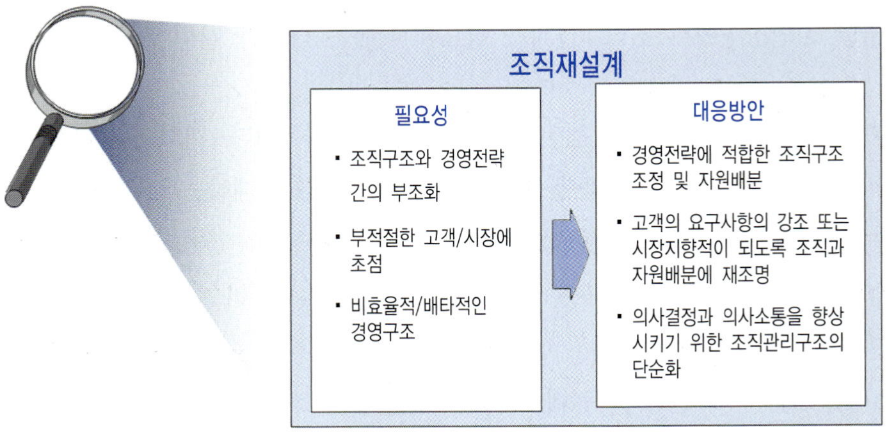

미래 조직의 성공을 위해 필요한 조직재설계의 방향은 무엇인가?

첫째, 과거와 같이 업무의 기능이 아닌 업무의 절차(process) 위주로 재조직하는 것이 중요하다.

둘째, 조직의 초점을 기능이나 제품으로부터 고객중심으로 초점을 변화하는 것이 중요하다.

셋째, 업무의 프로세스에서 조직의 중복을 제거하며 의사결정구조나 관리단계를 축소하는 노력도 필요하다.

넷째, 각 업무의 단위에 책임과 권한을 명확히 하는 직무단위의 설계가 매우 중요하다.

[그림 12-2] 조직재설계의 방향

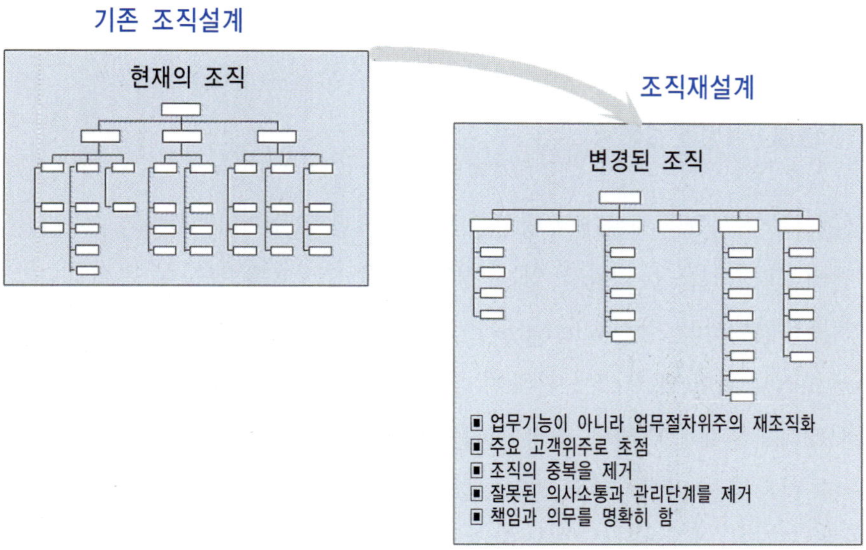

2. 조직재설계의 절차

미시간 대학교의 로버트 퀸(Robert E. Quinn) 교수는 조직변화에 대처하는 유형을 4가지로 정리했다. 첫 번째는 버티기 유형으로, 뒤늦게라도 변화의 필요성을 알았지만 당장의 변화를 회피하다가 결국은 서서히 위기에 빠지는 사람을 일컫는다. 두 번째는 위기를 가장 먼저 감지하지만 조직을 먼저 생각하지 않고 개인적인 생존전략을 구사하는 유형이다. 세 번째는 도덕적 해이에 빠지는 유형이다. 위기가 다가오는 것을 알고 있지만 자신이 있는 동안에는 위기가 닥치지 않을 것이라 생각하고 침묵해 버리는 스타일이다. 심지어 조직의 문제를 묵인하기도 한다. 마지막은 적극적으로 나서서 변화를 이끌어 나가는 유형이다.

조직구조의 변화는 조직구성원에게 새로운 이념이나 목표달성에 요구되는 새로운 역량(competency)을 요구한다. 그리고 지금 변화가 왜 필요한지, 변화과정에서의 조직구성원들의 역할과 그 결과에 대한 이미지와 보상은 무엇인지를 분명히 밝혀야 한다. 조직이 변화를 추진하는 과정에서 조직구성원들의 불안과 혼란을 야기시킬 수 있기 때문에 조직변화의 배경과 목적이 명확히 설명되고 전달되어야 하며 조직구성원들의 동의를 확보하는 것이 성공의 지름길이라 할 수 있다.

조직재설계의 단계별 추진 세부절차를 살펴보면 다음과 같다.

2.1 1단계 : 경영환경분석

경영환경분석은 조직재설계의 방향설정에 중요한 요소이다. 조직의 문제점을 파악하기 전에 그 기업을 둘러싸고 있는 경영환경을 SWOT를 통하여 분석하여야 한다. 내부역량 측면에서의 강점(Strength)과 약점(Weakness), 외부환경 측면에서의 기회(Opportunity), 위협(Threat)에 관하여 분석하여야 한다.

또한 조직재설계를 위해서 조직혁신을 추진하는 스탭들은 조직구성원들에게 조직재구축의 필요성을 인식시키고 공감대를 형성하도록 하는 것이 중요한 역할이다.

그리고 조직의 과거자료를 분석하여야 한다. 과거 5년 정도의 인력구조의 변화추이, 조직의 변천, 기존의 핵심업무 현황을 파악하고 경쟁사와의 비교분석을 통해 경쟁력을 갖추기 위한 경영현황을 파악・분석하여야 한다.

(1) **내부분석**: 내부자원 및 능력분석(내부자원, 조직능력, 핵심역량, 조직구조, 조직문화)
(2) **외부분석**: 환경 및 산업분석(소비자욕구, 환경변화요인, 산업매력도, 핵심성공요인), 경쟁기업분석(현재전략, 미래전략, 강점과 약점, 산업의 인식)

2.2 2단계 : 직무 현황조사

직무 현황조사 단계에서는 현재 직무현황을 직무기술서를 통해 직군별(경영지원직, 영업직, 전문기술직, 생산직, 연구개발직) 직원들을 대상으로 개인별 직무조사를 실시한다. 조직구성원들의 직무기술서를 통하여 조직 및 직무상의 문제점을 분류해 개선점을 찾아낸다.

이 단계에서는 조직의 문제점과 개선방안을 조직의 구성원들에게서 의견을 도출하여 충분히 검토하고 조직재설계 단계에서 반영하도록 하여야 한다. 이 단계에서 중요한 것은 이를 통하여 조직구성원들이 조직변화에 적극적으로 동참하게 되기 때문이다.

2.3 3단계 : 직무의 분석 및 문제점 분석

3단계에서는 조직구성원들이 기술한 직무기술서를 바탕으로 현재의 직무가 기술한 대로 이루어지고 있는지를 확인하고 조직 간의 중복되는 업무와 불합리한 문제점을 파악하여야 한다. 문제점을 파악하는 방법으로서는 현장의 실사와 실무담당자를 대상으로 한 인터뷰가 이루어져야 한다. 조직의 문제점을 발견하는 기법으로서는 현재의 업무가 조직의 전략적 경영목표와 연계되어 있는지, 업무의 프로세스에 중복 및 불필요한 절차가 없는지, 업무의 수단인 정보기술의 활용은 제대로 되어있는지 등의 요인을 대상으로 분석하여 문제점을 파악하여야 한다.

업무의 문제점을 파악하기 위한 인터뷰는 최고경영층과 임원, 팀장, 대표직무로 선정된 조직구성원을 대상으로 이루어져야 한다. 면담이 완료되면 문제점과 개선대책을 집단화하여 정리하여야 한다.

2.4 4단계 : 조직재설계

4단계에서는 조직문제점 분석을 통하여 추출된 조직기능의 중복, 불필요한 요소를 제거하기 위한 방안을 모색하고 이에 따른 팀별 업무를 재 분장하는 단계이다.

개선방안의 요인은 이 업무가 꼭 필요한가, 업무의 중복은 없는가, 다른 부문으로 이관하는 것이 더 효율적이지 않는가, 아웃소싱할 업무는 없는가 하는 관점에서 검토하면 더 효율적일 수 있다. 이때 업무 프로세스 개선도 동시에 이루어져야 한다. 업무프로세스 개선은 먼저 현행 프로세스를 파악하고 이의 문제점을 발견하여 개선 프로세스를 설정하여야 한다. 이때 개선의 우선순위를 경영전략과 연계한 중요도에 따라 개선해 나가는 것이 바람직하다.

2.5 5단계 : 적정정원 산정

적정정원 산정은 조직재설계에 따른 적정정원을 산정하고 업무 프로세스 개선과 업무 재분장 및 업무 분담 조정에 따라서 팀별 업무량 대비 필요인력이 조정되어야 한다.

이상과 같이 조직재설계의 절차를 경영층 수준에서부터 부서수준으로 변환됨에 필요한 조직설계의 절차의 내용은 다음 표와 같이 나타낼 수 있다.

[그림 12-3] 조직재설계의 절차

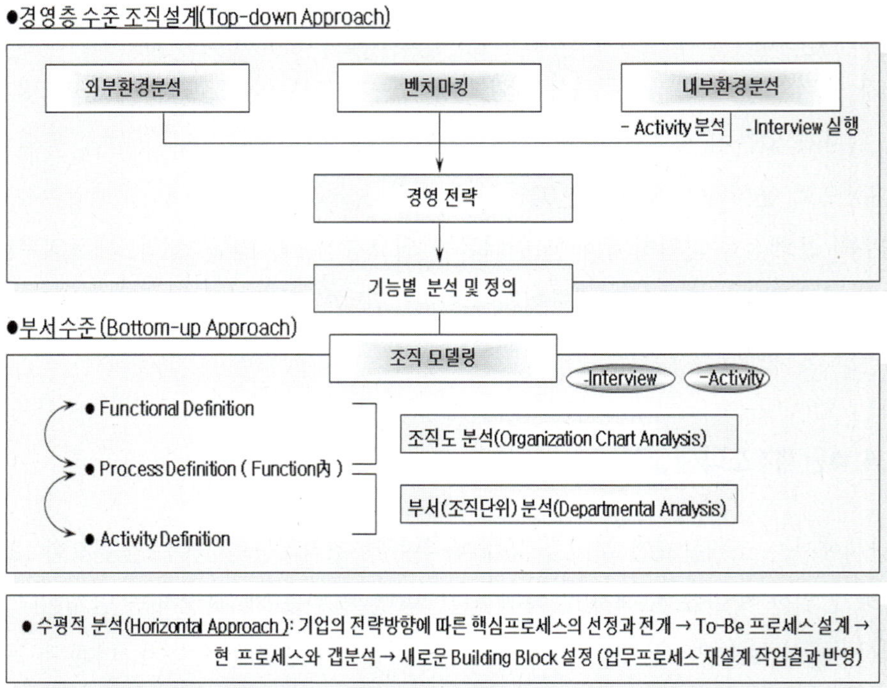

3. 조직의 재설계 전략

기업들은 조직이 커지면, 즉 인원이 늘어나면 이상하게도 낭비가 많아지고 생산성이 떨어지는 기현상을 보여왔다. 이러한 현상을 일찍이 영국의 역사학자 파킨슨이 발견하였고 사회생태학적 법칙으로 개념을 정립하였다.

3.1 파킨슨의 법칙

파킨슨 법칙이란 영국의 역사학자 파킨슨이 제창한 사회생태학적 법칙으로 “사람은 상위직급으로 올라가기 위해 부하직원의 수를 늘릴 필요가 있으므로 조직구성원의 수는 업무량의 유무나 경중에 관계없이 일정한 비율로 증가한다"라는 현상을 수학적 법칙으로 정리한 것이다.

파킨슨이 자신이 근무한 영국 해군성 사례를 연구하다가 이러한 법칙을 발견하게 된 것이다. 1914년 62척이던 영국의 주력 군함이 1928년 20척으로 67.7%나 줄었지만 해군성 공무원 수는 2,000명에서 3,569명으로 78.4% 급증했다. 객관적인 직무는 줄었는데 사람은 늘어난 것이다. 또 제2차 세계대전 이후 전 세계 식민지 국가들이 잇따라 독립하면서 거의 기능을 잃어가던 영국 식민성이 1935년 직원 수가 372명에서 1954년에는 1,661명으로 사람을 늘린 사실도 발견했다. 파킨슨 법칙에 의하면 직원의 수는 업무량 변화와 상관없이 해마다 5.17~6.56% 범위에서 증가한다고 한다.

다시 말하면 조직은 주어진 구실이나 업무와는 관계없이 항상 사람을 늘어나게 하는 속성이 있다는 것이다. 바로 대기업병이나 관료조직의 병폐도 이 같은 조직의 속성 때문이라고 할 수 있다. 일례로 어떤 사람에게 보고서를 제출할 기한으로 1주일을 준다면 그 일을 끝내는데 1주일을 다 쓸 것이다. 만일 똑같은 일을 2주일에 끝내도 괜찮다면 그 일을 완료하는데 2주일이 소요될 것이다. 업무자체가 복잡하거나 힘들지 않더라도 말이다. 이것은 직장 내에서 흔히 일어나는 불변의 법칙이다. 즉, 업무는 그에 할당된 시간만큼 늘어지는 경향이 있다는 것이다.

3.2 조직비대화와 조직성과

어느 정도 사업궤도에 올라선 기업은 비용관리에 소홀해지기 쉽다. 조직은 자신을 보호하기 위해 끊임없이 새로운 조직을 만들어내는 특성을 갖고 있고 이러한 조직은 다시 직원을 늘리려는 생리를 갖고 있어 서로를 위해 일을 만들어내기 때문에 조직은 자연히 비대해지게 마련이다.

구성원의 수가 많아지면 일이 더욱 잘되어야 하는 데 오히려 엉망이 되는 경우를 주위에서 흔히 보곤 한다. 관리자 혼자서 하던 일을 부하직원 몇 명을 두면 이들을 위해 새로운 형식의 문서가 만들어지고 이를 고치고 다듬느라 여러 사람이 바쁘게 움직인다. 결국 일은 관리자의 입맛에 따라 결정되며 결과물은 관리자 혼자 하는 것과 별 다를 바 없게 된다.

기업의 사례를 살펴보면, 현재 잘 나가는 기업들도 과거에는 대부분 이런 경험을 가지고 있었다. 1990년대에 IBM이 맞았던 위기가 바로 비대해진 조직의 문제 때문이었는데 IBM은 1970년대 말에서 80년대 초반 세계에서 가장 큰 기업이었다. 당시의 주식가치는 469억 달러로 2, 3위 기업이었던 AT&T와 코닥의 주식가치를 합친 것과 비슷한 정도였다. 그러던 IBM이 1992년에 20대 기업에도 들어가지 못했으며 1993년에는 전성기 가치의 1/4로 추락하게 되었다.

내막을 들여다보면 조직의 비대화와 그로 인한 낭비, 그리고 시장의 변화 때문이었다. 1986년에는 관리자만 40만 명이 넘었고, 시장을 보면 대형 컴퓨터 위주의 시장은 눈 깜짝할 사이에 개인용 컴퓨터(PC)로 대체되어 갔다. IBM은 발빠른 개미군단을 추격하기에는 몸집이 너무 비대해져 있었던 것이다.

3.3 디지털 시대의 조직재설계 전략

20세기 산업의 시대에서 가장 성공적인 조직구조는 사업본부의 업무영역이 명확히 구분된 사업부제도였다. 위계질서를 명확히 한 가운데 상부로부터의 지시사항과 전략적 추진사안을 효과적으로 처리하기 위해서는 명확한 소속감을 강조하는 사업부제도가 불가피했다.

그러나 20세기 말에 접근하면서 사업부제도의 한계가 드러나기 시작했다. 정보화 사회로의 변환이 급속도로 전개되면서 고객의 니즈는 급변하기 시작했다. 과거에는 일정주기를 두고 서서히 진화하는 모습을 보였다면, 정보화 사회에서 고객의 니즈는 빛의 속도로 변이하는 시대가 도래한 것이다. 기업이 이런 상황에 적시에 대응하기 위해서는 그만큼 능동적인 적응능력을 배양할 필요가 생겼고, 영업환경 및 고객정보의 공유와 전파가 사업부라는 장벽을 넘어 용이하게 이루어질 수 있는 시스템 구축이 절실해진 것이다.

사업부제도는 회사의 이익을 극대화하기 보다는 각자가 속해 있는 사업부의 수익목표 달성 및 이익의 극대화에 매진하도록 되어 있기 때문에 직원들의 입장에서 자신이 속해 있는 사업본부 외의 인력들과 자유로운 정보 및 지식의 공유를 추진하기는 현실적으로 어려운 조직구조다. 아무리 고객의 니즈가 둘 이상의 사업본부의 협조를 필요로 한다고 하더라도 매트릭스(matrix) 제도라던지 TFT(Task Force Team)와 같은

超사업부적인 임시구조가 형성되기 전에는 협조를 도출해내기 위한 실질적인 공동업무 추진을 생각하기 어려운 사업구조인 것이다.

그러나 매트릭스 제도의 경우 지휘 및 보고 체계의 명확한 구분이 확실하지 않고, 2명의 상관에게 지시를 받고 보고를 해야 하며, 이기적인 부서장들의 경우 직원들에게 공동 프로젝트보다는 본업에만 충실할 것을 주문하는 등, 급변하는 영업환경 및 고객 니즈의 변화에 대응하기에는 제약사항이 너무 많은 비정상적인 임시방편에 불과하다고 볼 수 있다.

두뇌집약적인 업무에 종사하는 전문직군의 직원들이 사업부제라는 제약을 넘어서 상호 자유롭고 생산적인 지식전파와 정보공유를 할 수 있도록 하려면 그에 상응하는 사내 인프라가 구축되어야 하며, 디지털시대에는 기존의 사업부제도가 가지고 있는 한계를 극복할 수 있는 조직구조가 절대적으로 필요하다.

3.4 구성원들의 마음을 움직이는 조직구조

미국의 오클라우마 대학의 브라이언과 조이스 교수가 펴낸 『*Mobilizing Minds*』라는 책에서는 지식경영의 핵심인 CoP(Community of Practice, 학습공동체)를 활성화할 것을 촉구하고 있다. 자본이 아닌 직원이 가지고 있는 지적 역량을 극대화할 때 기업성과가 높아진다고 분석하고 있다.

실질적인 가치는 지식관리보다는 직원들이 지식을 창출하고 효율적으로 교류할 수 있도록 하는 데서 기인하기 때문에 이제는 산업시대의 전통적 기업조직을 21세기형 조직으로 재설계하고, 무형자산(invisible assets)의 가치를 키우며, 자본수익률 (ROE)보다는 직원당 수익률을 높혀야 할 것이다.

미래의 디지털시대에는 직원의 마인드 파워(mind power), 지적 역량을 활용하는 게 핵심이 될 것이므로 성장가도를 달리고 있는 해외 선진기업들은 이러한 마인드 파워와 지적 역량을 제도적 기술, 지식재산권, 네트워크, 브랜드와 같은 무형자산의 가치를 키우는 데 집중해 직원당 수익률을 증대시키고 있다. 이들 성공기업들은 디지털 기술을 토대로 지식경영(KM) 시스템을 구축해 전사적 차원의 대규모 협업(mass collaboration)체제를 갖추며 조직의 재설계전략을 펼치고 있다.

제 2 절 조직재설계의 성공전략

많은 기업들이 경영환경의 불확실성에 효과적으로 대응하기 위해 조직 구조를 재설계한다. 조직을 재설계하는 이유는 유연성, 신속성, 고객지향성, 전략실행력 등을 높여 시장의 새로운 요구와 외부환경 변화에 적절히 대응하고 성과를 높이기 위해서다. 이하에서는 조직재설계의 성공을 위한 기본원칙과 조직재설계 시 고려할 사항들을 살펴보도록 하자.

1. 조직재설계의 기본원칙

조직재설계는 조직도 상에 단지 신규부서를 만들거나 기존의 하나의 부서를 여러 개로 분리시킨다거나, 보고·결재 라인을 조정하는 것을 넘어 전략, 과업, 사람, 문화 등을 전반적으로 고려하여 조직역량을 최대로 높일 수 있도록 조직구성 요소를 재배치하는 과정으로 볼 수 있다. 이러한 조직재설계는 구성원들의 일하는 방식은 물론, 기업내부의 자원 및 정보흐름이 바뀌는 큰 변화이므로 지향하는 목표가 명확하여야 한다.

또한 조직구조는 사업전략과 조직의 각 부분 및 기능들이 서로 틈새 없이 잘 맞물린 채로 통합된 상태가 최적의 상태이기 때문에, 설계 시 끊임없이 사업전략과 조직구조의 정합성을 고려하여야 한다. 즉, 조직구조는 명확한 목표를 달성하기 위해 유기적으로 운영되도록 설계하여야 한다.

뿐만 아니라, 조직재설계가 성공하기 위해서는 설계방향을 구성원들에게 명확히 보여주어야 한다. 구성원들은 조직재설계가 나에게 어떠한 영향을 미칠 것인가에 대해 궁금해하고 두려워하므로 방향이나 결과가 제시될 때까지 구성원들은 많은 불안감과 스트레스를 느끼고 정치적으로 행동하려고 하기 때문이다. 따라서 설계방향을 명확히 보여주는 기본방침을 설정해야 한다. 기본방침이 정해져야만 중요 포인트를 중심으로 조직재설계의 목표를 좁혀가고 일의 우선순위를 정하는 것이 가능하게 된다. 초점이 없는 조직재설계는 불필요한 활동의 전개, 구성원들의 불안감 고조 등 조직에 오히려 부작용만 불러일으킬 수 있다.

2. 조직재설계의 성공을 위한 방안

2.1 자사의 특성 고려

조직재설계 시 현재 직면하고 있는 기업환경이나 특성을 크게 고려하지 않고 단순히 성공적으로 사업을 운영하고 있는 기업의 조직도를 그대로 활용하는 것은 바람직하지 않다. 기업별로 환경과 전략, 상품의 특성, 회사의 발전단계 수준이 다르기 때문이다.

2.2 기본원칙과 이슈의 도출

조직설계에서는 사업과 조직의 현상을 분석하고 여기서 전략적 목표를 달성할 수 있는 설계의 기본원칙을 제대로 도출해내는 것이 매우 중요하다. 설계의 기본 원칙과 이슈를 도출하는 방식은 크게 Top-down방식과 Bottom-up방식이 있다.

우선, Top-down방식은 시장, 고객, 기술, 경쟁상황, 사업규모 등의 측면에서 사업전략의 성공적인 수행을 위해 요구되는 설계원칙을 도출하는 것이다. 그 다음, Bottom-up방식은 구성원 간의 분업, 의사결정, 권한배분, 기본적인 업무 프로세스 등을 효율적으로 향상시킬 수 있는 방법을 모색하는 것이다. 이 두 가지 방법을 병행하여 데이터를 수집하고 분석하는 것이 효과적이다. Top-down방식만으로는 내부조직의 문제점이라 할 수 있는 부서 간 역할갈등이나 조정 메커니즘의 부족, 모호한 책임소재 등을 파악하기 힘든 측면이 있기 때문이다.

2.3 구성원의 참여

조직의 현상분석 시, 사업전략, 전략목표, 사업규모, 외부환경, 주요 핵심기술, 실제 조직이 운영되는 프로세스, 정보의 흐름 등 다양한 자료를 수집하여야 한다. 또한 이 밖에도 체계적인 분석을 위해서는 조직문화, 권력관계, 비공식구조 등도 제대로 파악하여야 한다. 이를 위해서는 각 부분별로 도움이 될 수 있는 구성원의 참여가 필수적이다. 만약 임원이나 외부 컨설턴트의 생각만으로 조직설계가 이루어질 경우 정합성 부분에서 문제가 발생할 가능성이 높아지며, 심할 경우 힘들게 설계한 조직구조가 작동하지 않을 위험이 높아질 수 있다. 그러므로 조직재설계 시에는 관리자와 중간관리자의 참여 유도가 필요하다.

2.4 지속적인 관리

아무지 잘 설계된 구조라고 하더라도 제대로 실행되지 못한다면, 그 가치를 잃게 된다. 조직재설계의 궁극적인 목적은 기업 내 조직구조 변화를 통해 전략적 목표를 달성하는 것이다. 따라서 새로운 조직구조 개편을 발표하는 것으로 조직재설계 추진 프로젝트가 끝나는 것이 아니라 그 이후부터 더 집중적인 관리와 노력이 필요하다. 실행에 대한 지속적인 모니터링이 있어야 조직재설계의 성과를 달성할 수 있다.

조직재설계는 조직에 변화의 바람을 일으키는 일종의 조직혁신으로 볼 수 있다. 혁신은 기존의 관행, 내부에 깊이 박혀있는 문화, 구성원 간 정치적 입장 등에 의해 여러 저항을 받게 된다. 또한 구성원들은 지금까지 조직형태에 익숙하기 때문에 보다 쉽게 업무를 처리할 수 있는 반면, 새롭게 설계된 조직은 지금과는 다른 행동과 업무처리를 요구하기 때문에 구성원들의 거부감이 큰 경우가 많다. 따라서 조직재설계는 세심한 계획과 지속적인 관리와 함께 구성원들의 마음을 움직이기 위한 끊임없는 노력이 요구된다.

사례 자포스의 홀라크라시 조직

미국 최대 온라인 신발쇼핑몰 자포스(Zappos)의 창업자 토니 셰이는 자포스 본사를 하나의 도시처럼 꾸며 큰 이슈가 되었다. 일명 '다운타운 프로젝트'라고 불리는 이 프로젝트는 본사를 화려한 빌딩이 아닌 도시로 만들었다는 발상 자체도 상당히 창의적이지만, 직원들이 시민이 되어 자연스럽게 예술가, 뮤지션, 창업가 등 다양한 구성원들과 마주치고, 또 협력하면서 조직의 혁신성을 높이고자 하는 토니 셰이의 경영철학이 잘 녹아있어 많은 이들의 찬사를 받았다.

이처럼 자포스가 '다운타운 프로젝트'만큼이나 새롭고 도발적인 시도를 해 다시 한 번 많은 이들의 주목을 끌고 있다.

자포스가 전통적인 조직구조를 버리고 홀라크라시라고 불리는 새로운 형태의 조직구조(structure)를 도입할 것이며, 이미 자포스의 약 10%에 해당하는 직원들이 홀라크라시 구조 하에 있으며, 단계적인 도입을 거쳐 기업 전체에 적용할 것을 계획하고 있다.

홀라크라시란 1967년 Arthur Koestler의 'The Ghost in the Machine'에서 사용된 'holarchy'에서 따온 것으로, Holarchy는 '자율적이고(autonomous), 자급자족의 단위(self-sufficient unit)이면서 더 큰 전체에 의존적인' 단위로 이루어진 시스템을 의미한다. 홀라크라시에서 자율적 단위는 '서클'이라고 불리며, 더 큰 전체는 곧 조직의 목적이라고 할 수 있습니다. 정리하면 홀라크라시는 '개별 서클이 각자의 자율성을 보장받으면서 동시에 조직 목적에 의존적인 형태의 새로운 조직구조'라고 할 수 있다.

1. 홀라크라시의 구성단위, 서클

From Hierarchy to Holarchy

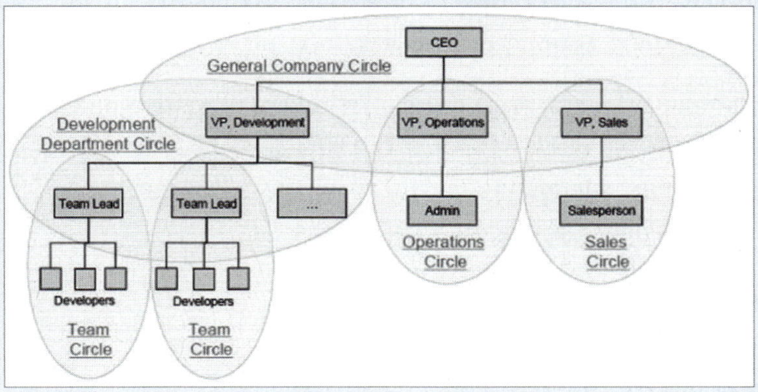

홀라크라시는 자기조직적(Self-Organizing) '서클'들로 구성되어 있다. 이 서클들은 각각의 목적을 가지고, 그 목적을 달성하는 데 필요한 역할을 수행하는 사람들이 자율적으로 모여 만들어지는 팀이다. 서클 구성원은 역할(role)을 기반으로 구성되며, 구성원들이 자율적으로 정해진 프로세스를 거쳐 정의하고, 수정할 수 있다. 서클 구성은 필요에 따라 프로젝트단위, 부서단위, 운영단위 등 다양한 기준으로 형성될 수 있다. 하지만 동시에 서클은 자신보다 포괄적인 목적을 갖고 있는 슈퍼 서클(혹은 Broader Circle)의 목적과 방향이 일치해야 한다. 이렇게 슈퍼 서클의 목적과 끊임없이 일치시키는 과정을 거치다 보면 최종적으로 가장 포괄적인(Broadest) 서클이라고도 할 수 있는 조직 전체에 이르게 되는데, 조직 내 모든 서클은 결국 조직 전체의 목적과 부합하도록 운영되게 된다. 신체-세포의 관계에 빗대자면 신체의 최적상태 달성이 조직 전체의 목적 달성이 된다.

2. 홀라크라시의 정수 : 거버넌스 미팅

거버넌스 미팅은 홀라크라시의 분산화된 권한 구조를 만드는 데 중요한 역할을 담당하게 된다. 서클을 구성하는 역할(role)을 정의, 수정, 폐지하고, 이에 따른 책임(accountabilities)과 권한(authorities)을 분배하는 일련의 과정이 전부 거버넌스 미팅을 통해 일어나기 때문이다. 각 서클은 매달 개별적으로 거버넌스 미팅을 운영하며, 외부로부터 일체 간섭 없이 해당 서클의 거버넌스 관련 의사결정을 할 수 있다.

이런 특징은 의사결정자와 업무수행자가 일치한다는 점에서 각 서클의 목적달성을 위해 훨씬 효율적이고 유연한 대응이 가능한 구조를 만들게 된다. 전통적인 위계형 조직에서는 역할수행자와 의사결정자가 일치하지 않습니다. 따라서 권한이 집중된 의사결정자는 해당 사안에 대해 현장의 목소리를 반영하기가 어렵고, 반대로 실무자는 의사결정에 필요한 정보를 훨씬 더 많이 가지고 있지만 권한이 없어 비효율이 발생하게 된다. 하지만 홀라크라시에서는 그런 문제점이 발생하지 않는다.

3. 운영 이슈에 대처하기, 주간 전략 미팅 & 일간 스탠드업 미팅

한편, 홀라크라시는 거버넌스 미팅 이외에 서로 다른 프로세스와 주기, 결과물(output)을 지향하는 주간 전략 미팅과 일간 스탠드업 미팅을 하도록 설계되어 있다. 거버넌스와 관련된 사안만 다루는 거버넌스 미팅으로는 운영 레벨에서 발생하는 조직 내 다양한 이슈에 적절하게 대처하기 어려우므로 두 가지 미팅을 통해 보완하는 것이다.

주간 전략 미팅(weekly tactical meeting)은 현재 가진 정보와 데이터를 토대로 서클의 목적을 달성하는 데 방해가 되는 이슈, 대응책(next-actions), 그리고 책임자를 정해진 시간 내 결정하는 미팅입니다.

일간 스탠드업 미팅(daily stand-up meeting)은

1) 어제 무엇을 했는가?,
2) 오늘 무엇을 할 계획인가?,
3) 현재 방해되는 요소가 있는가? 라는 세 가지 질문만을 다루게 됩니다.

최대 15분 동안 진행되고, 신속하고 정기적인 미팅을 통해 팀의 목적달성에 필요한 것과 실제 팀원이 하는 업무 간 차이를 지속해서 점검함으로써 목표달성 효과를 높이는 것을 목적으로 하고 있다.

4. 조직의 목적과 개별 서클 연결(Align)하기

지금까지 개별 서클의 자율성을 어떻게 확보하는지, 그리고 이 자율성을 토대로 조직의 민첩성을 어떻게 향상할 수 있는지를 중심으로 보았다. 그렇다면 개별 서클은 어떤 메커니즘으로 조직 전체 목적달성에 기여하도록 연결될까요?

홀라크라시는 역할에 기반을 둔 계층구조를 이루고 있다. 한 서클 내에서 정의된 역할과 책임이 너무 복잡해질 경우 이를 보조할 수 있는 하위 서클(sub-circle)을 만들 수 있다. 이때 더 포괄적(broader)인 목적과 역할을 지닌 상위 서클을 '슈퍼 서클'이라고 부르며, 슈퍼 서클은 자신의 하위 서클의 역할과 책임을 정하고 향후 하위 서클의 거버넌스 미팅에도 참여하여 일정 부분 관여하게 된다. 결과적으로 '목적'과 '역할'의 범위의 증가에 따라 서클 간의 계층구조가 형성되는 것이다. 이와 같은 홀라크라시의 역할을 기반으로 한 자연진화적 계층구조를 'Horarchy'라고 부른다.

이와 같은 이중 연결구조를 통해 각 서클은 슈퍼 서클의 목적에 기여하도록 조정되고, 결국 조직의 가장 넓은(broadest) 서클인 앵커 서클(anchor circle)에 이르게 됩니다. 앵커 서클은 조직 전체의 목적을 정의하고, 조정해나가는 총괄역할을 한다.

이처럼 홀라크라시 는 우선 외·내부 환경변화에 민첩하고 유연한 대처를 가능하게 한다. 여기에 톡톡한 기여를 하는 부분은 무엇보다 분산화된 역할과 책임구조라고 할 수 있다. 직위가 높아질수록 권한이 집중되는 기존 위계조직과는 달리 각 서클로, 그리고 서클에서 정의된 역할에 맞는 책임과 권한이 분산되어 있기 때문에 이슈가 발생했을 때 그 역할을 담당하는 사람은 바로바로 의사결정을 내려 이슈에 대응할 수 있다. 또, 역할과 책임 자체도 필요에 따라 거버넌스 미팅을 통해 수정될 수 있기 때문에 환경의 변화에 따라 대처할 수 있다. 물론 정해진 기준과 과정을 거치게 되므로 모든 변화에 일일이 대응한다는 의미는 아니다. 서클 구성원의 참여가 중요한 홀라크라시에서 지나치게 미팅을 자주 갖거나 사공이 많아 배가 산으로 가버리는 문제를 사전에 방지하기 위해 거버넌스 미팅, 주간 전략 미팅, 일간 스탠드업 미팅 등 모든 미팅은 시간을 한정하고, 거버넌스 미팅에는 거버넌스 관련 이슈를 나머지 두 미팅에서는 운영상 이슈만을 다뤄야만 하며 그 절차와 이슈의 선정기준도 미리 정해두고 있다. 한편 역할 및 책임의 소재와 범위가 명확하므로 위계조직에서 발생하는 보고비용이나 책임소재의 불분명성으로 인해 발생하는 비효율을 방지하여 민첩성을 더욱 높일 수 있다.

토의 과제

1. 홀라크라시의 등장배경은 무엇인가?
2. 자포스가 설계한 홀라크라시의 조직구조의 메커니즘을 설명하시오.
3. 위계조직과 홀라크라시의 장 · 단점을 비교 설명하시오.
4. 홀라크라시가 새로운 조직형태로 성공하기 위한 전제조건을 살펴보자.

제 13 장 조직문화와 조직설계

Opening Knowledge Cafe

제 1 절 조직문화의 의의

제 2 절 조직문화유형과 조직설계

사 례

Opening Knowledge Cafe : 조직문화의 컬러

우리의 일상 대화에는 '조직문화'에 대한 이야기가 많다.

"우리 회사는 너무 신중해. 돌다리를 두드리다가 돌다리가 깨진다는 말이 있어.", "거긴 밀어붙이는 분위기야.", "그 회사는 굉장히 자유로운 분위기라고 하더라. 복장도 그렇고, 윗분들도 그다지 권위적인 스타일이 아니라더라."

이때 언급하는 '조직문화'는 대부분 분위기에 대한 것이다. 개인의 성격 특성처럼 좋다, 나쁘다의 가치를 판단하기 어려운 경우가 많다. 일단 추진하는 분위기와 꼼꼼하게 따져보는 분위기 중 어느 쪽이 '더 경쟁력 있는 조직'을 만드는 답인지는 누구도 단언하기 어렵다.

그런데 경영자들이 조직문화에 관심을 가지며 조직문화팀을 따로 둘 정도로 강조하는 것은 우리 조직의 분위기, 일하는 방식, 직원들의 행동이 조직경쟁력을 담보할 만큼 만족스럽지 않기 때문이다. 조직문화팀은 회사가 원하는 문화를 만들기 위해 다양한 교육과 행사를 기획하고 실시한다.

세계적인 컨설팅 그룹인 휴잇어소시엇츠의 '최고의 직장' 연구결과에서도 산업의 종류와 관계없이 지속적인 조직경쟁력을 확보하기 위해 반드시 갖추어야 할 조직문화가 있었다. 휴잇어소시엇츠가 선정한 최고의 직장은 재무적인 측면에서 보통 기업보다 월등히 좋은 성과를 보이고 있었지만 공통적으로는 다음과 같은 특성을 보이고 있다.

△혁신적 △고객지향적 △신속성 △결단력 △성과지향적 △협업 △상호존중 △윤리성 측면에서 훨씬 높은 점수를 받았다. 즉, 이런 특징은 어느 조직이든 반드시 지향해야 할 조직문화라고 할 수 있는 것이다. 우리 조직의 스타일과 색깔은 선택사항일 뿐 핵심이 되는 특징은 선택이 아니다.

조직문화의 컬러는 우리 직장생활의 곳곳에서 드러난다. 의사결정 방식, 업무 프로세스, 경영진과 팀장의 행동, 회사가 중요하게 관리하는 지표, 인정받는 사람의 유형, 성과평가 방식, 직원들의 일상태도 등 다양하다. 강하고 우수한 조직문화를 만들기 위해서는 경영자의 솔선수범도 중요하지만 회사 전반을 구성하는 각 요소에서 우리가 원하는 특징이 실현될 수 있는지 점검해보는 것도 필요하다. 경쟁력 있는 조직문화를 가진 직장을 만드는 것은 조직문화팀이 기획하는 이벤트로 이뤄지는 것이 아니다. 각자의 업무에서 다루고 있는 정책과 업무 프로세스, 나의 행동이 우리가 원하는 조직의 특성을 반영하고 있는지 성찰하는 데서 시작된다.

제 1 절 조직문화의 의의

1. 조직문화의 정의

1.1 조직문화의 필요성과 정의

한 개인을 알려면 그 사람의 성격과 체질을 파악하면 알 수 있고, 한 국가를 알려면 그 국가의 사회 문화적 특성을 파악하면 그 국가 구성원들의 성향까지 파악할 수 있다. 우리가 중점적으로 다루고 있는 기업에서 경영조직을 알려면 그 조직의 문화를 분석하면 알 수 있게 된다. 모든 조직이 그 구성원이나 경영자에 상관없이 조직 자체가 하나의 '성격'을 가질 수 있다. 마치 하나의 생명체처럼 조직구성원이 바뀌더라도 '그곳에서 일이 이뤄지는 방식'은 똑같이 유지된다. 이렇게 조직구성원들 간에 공유되는 공통의 의미체계를 조직문화라고 한다. '여기서는 이런 식이다'이다. 그런데 조직문화가 왜 경영조직에 있어서 중요할까요? 조직문화는 그 조직특유의 판단기준에 영향을 미치기 때문이다. 이것은 옳고 이것은 아니다, 이런 행동은 좋게 평가되지만 이런 행동은 금기시된다 등의 형태로 각 구성원의 행동을 규정하고 또 만들어 가기 때문이다. 즉, 기업이 추구하고 있는 경영전략에 성공적이려면 기업의 외부환경과 기업내부의 경영자원과 조직구조, 그리고 기업만이 갖고 있는 특유의 기업문화가 서로 일치하지 않으면 안된다. 그 중에서도 기업문화와 기업전략이 일치할수록 그 기업의 종업원들이 전략수행을 보다 효율적으로 할 수 있다고 볼 때, 조직에서 문화의 필요성은 아주 중요한 단초를 제공한다.

조직문화에 관한 주요 연구에서 다루어진 조직문화의 개념을 정리하면 다음과 같이 요약할 수 있다.

우선, H. Schwartz & S. Davis(1981)은 "조직문화는 조직구성원들이 공유하고 있는 신념과 기대의 패턴이며, 조직내부의 구성원과 집단의 행위에 영향을 미치는 규범을 만들어 낸다."라고 정의한다.

유명한 조직문화학자인 E. H. Schein(1985)는 "조직문화는 조직이 외부환경에 대한 적응이나 조직내부의 통합문제를 해결하는 과정에서 창조하거나 개발한 기본가정이며, 이러한 기본가정은 조직구성원들에게는 조직 내・외부의 문제를 올바르게 지각, 사고할 수 있도록 학습되는 것이다."라고 강조한다.

또한 S. Robbins(1989)는 "조직문화는 조직구성원들에 의해 공유되고 있는 조직에 대한 공통된 지각이며, 어떤 한 조직과 다른 조직을 구별할 수 있는 기본적 특징이다."라고 정의한다.

조직문화란, 한 조직체의 모든 구성원들이 공유하고 있는 가치관과 신념, 이데올로기와 관습, 규범과 전통, 그리고 지식과 기술 등을 포함한 종합적인 개념으로 조직구성원과 조직 전체의 행동에 영향을 주는 기본요소로 정의할 수 있다. 또한 조직문화는 한 조직에 있어 창립 이래 역사적으로 형성되어 온 구성원의 공유가치와 경영이념, 관리관행, 상징특성 등을 포괄하여 말할 수 있다.

조직문화에서 특히 중요한 것은 구성원들의 공유가치로 이것이 구성원들에게 폭넓게 형성되어 있을수록 그 기업은 강한 문화를 가지고 있다고 평가되며, 이러한 기업은 일반적으로 구성원들의 사기나 경영성과 면에서 우수한 기업으로 평가되고 있다. 구성원들의 공유가치는 그 기업의 비전과 이념을 토대로 하고 있으며, 이것이 올바른 기업문화정립의 핵심이 되고 있다.

오늘날 한국의 기업들은 IMF 금융위기 이후, 구조조정의 과정에서 심각한 기업문화 붕괴현상을 겪었으며, 이에 따른 새로운 기업문화 정립의 필요성이 각계각층에서 제기되고 있다. 평생직장, 공동체 의식, 긴밀한 동료관계 등 전통적인 요소들이 송두리째 붕괴되는 현 상황에서 조직발전과 개인발전이 동시에 이루어지기 위해서는 경영진과 구성원들 사이에 공유될 수 있는 공통의 가치관과 목표를 새롭게 정비해야 할 것이다. 현재 금융기관을 비롯한 많은 기업들은 외환위기 이후 국제적으로 통용될 수 있는 투명경영과 실속경영을 모토로 소위 'Global standard'를 갖추기 위해 노력하고 있다. 이러한 환경변화 속에서 초래되기 쉬운 획일경영과 모방경영의 우려를 불식시키고 고유의 조직문화 정립을 통한 체질강화와 이미지 차별화로 경쟁력 강화에 총력을 기울여야 할 것이다.

1.2 조직문화의 분류기준

조직문화는 다음과 같은 7가지 특징을 기준으로 구분해 볼 수 있습니다.

1) 혁신과 위험에 대한 태도(innovation and risk taking)

혁신과 위험에 대한 태도는 그 조직이 얼마나 혁신에 대해 관대한가이다. 어떤 회사에서는 실패하더라도 무엇인가 개선하기 위해 새로운 시도를 하는 것을 좋아한다. 어떤 조직은 기존의 룰에서 벗어난 행동을 엄격히 금한다. 혁신적인 조직인 3M같은 회사는 혁신과 위험에 대한 태도가 매우 관대할 것이며, 관료적인 공무원 조직은 혁신과 위험에 대한 태도가 매우 엄격한 경우에 해당한다.

2) 디테일에의 관심(attention to detail)

어떤 조직은 업무의 내용을 세세하게 파악하고 엄밀하게 수행하는 것을 권장하는 분위기인 반면, 어떤 조직은 큰 방향만 잡아 주고 나머지는 각 개인에 맡긴다. 환경이 불확실성이 높은 기술지향적인 벤처기업들은 디테일에 관심이 낮을 것이지만, 회사나 매뉴얼에 엄격한 호텔의 식음료 부서는 양념이나 조리 온도 하나하나를 세세하게 규정하고 있으서 디테일에 엄격한 곳의 예이다.

3) 성과지향(outcome orientation)

어떤 기술을 사용했느냐, 어떤 과정을 거쳐서 일처리를 했느냐 보다는 결과만을 중시하는 곳이 있는 반면 일 처리 과정에 많은 의미를 부여하는 곳이 있다. 성과지향적인 조직은 결과만을 중요시 할 것이지만 과정 중심적인 조직은 결과보다는 결과에 이르는 과정에 더 강조점을 둘 것이다.

4) 인재에 대한 관심(people orientation)

인재에 대한 관심은 경영진이 무엇인가를 판단할 때 직원들을 얼마나 더 고려하는가의 정도이다. 직원을 그저 왔다가 사라지는 부수적 존재로 취급하는 곳이 있는 반면 직원 한 명 한 명의 성장에 깊은 관심을 기울이는 조직이 있다.

5) 팀 지향성(team orientation)

팀 지향성은 조직이 팀워크를 강조하는 정도를 의미한다. 모든 조직은 다 팀워크를 강조하지만 특히 팀 지향성이 높은 조직은 작업을 항상 팀 차원에서 세분하고 조직하는 경향을 보인다.

6) 공격성(aggressiveness)

공격성은 조직이 환경이나 경쟁자에 대해 대하는 반응의 정도를 의미한다. 공격성이 강한 조직은 구성원이 매우 경쟁적이고 공격적인데 반해 공격성이 약한 조직은 느슨하고 여유가 있다.

7) 안정성(stability)

안정성은 조직에서 수행하는 활동이 현 상태를 유지하는 것에 더 초점을 맞추고 있느냐 아니면 성장에 관심을 맞추고 있느냐의 정도이다. 잘 경영되고 있는 대기업은 신입사원에게 기존의 방식을 교육시켜서 빨리 기존 방식대로 일이 진행되는 것을 요구하지만, 신생 벤처기업은 각 구성원들에게 많은 책임을 맡기면서 각자 알아서 일을 개척하고 방법을 찾아내길 원한다.

이상과 같이 조직문화의 분류를 위한 7가지 특징은 조직문화를 파악하는 정도의 문제이다. 예를 들어 우리 조직은 혁신과 위험에 대한 태도는 혁신적이고, 디테일에 대한 관심은 낮으며와 같은 식으로 7가지의 특성에 대하여 반응을 보이면 우리 기업의 조직의 전체적인 조직문화의 프로파일(organizational profile)이 완성된다. 이같은 조직문화의 프로파일이 우리 조직에 대한 전체적인 이해나 느낌을 보여준다. 또한 조직 구성원은 그런 모든 것이 어우러진, 이른바 '분위기'에 맞게 행동을 하게 되고 그것이 조직문화이다.

1.3 강한 조직문화 對 약한 조직문화

조직문화가 강하냐 약하냐의 문제를 생각해 보면, 강한 문화는 직원들의 행동에 보다 더 강력한 영향을 미치는 문화이다. 강력한 조직문화가 있는 곳은 그 조직의 이직률이 낮다는 것이 일반적으로 받아들여지고 있다. 조직에서 가장 중요하게 생각하는 '핵심 가치'를 받아들이고 조직과 자신을 동일시하는 경우, 이직률이 매우 낮아진다.

예를 들어 삼성의 경우, 조직구성원들은 '삼성 직원이라면 이러이러 해야지'라는 나름의 기준을 스스로에게 부과하는 경향이 더욱 강하며, '이러이러 해야지'에 해당하는 것이 그 조직의 핵심가치이다. 그렇게 강력한 소속감과 충성심을 불러일으키는 조직일수록 강한 문화를 갖고 있는 조직이 된다.

조직문화가 아주 흥미로운 이유 중 하나는 이것이 각 구성원의 행동을 상당히 일관되게 해준다. 특별하게 명문화된 규칙이 없이도 '여기서는 이래야 해야 되'가 직원들의 행동을 규정하고 유지하게 한다. 조직문화는 공식적인 규정을 대체할 수 있는 요소로 작용하고 있다.

공식화(formalization) 정도가 높은 조직은 직원들의 행동이 일관되게 정돈되어 있다. 그리고 예측 가능하다. 점심시간 12시부터 1시, 근무 중 절대 자리이탈 금지, 사적인 전화 금지 식으로 엄격한 규정이 정해져 있는 경우이다.

하지만 공식적인 규정이 없어도, "아무도 1시 이전에는 자리를 안 뜬다", "아무도 회사에서 사적인 전화를 하지 않는다"는 '분위기'인 경우도 그런 행동을 하려 하지 않는다. 조직문화의 무서운 힘으로 작용한다. 강력한 조직문화는 엄격한 규정/규칙과 똑같은 효과를 내는 기능을 하고 있다.

그러면 공식적인 규정과 조직문화 중 어떤 쪽이 더 큰 의미를 가질까요? 수많은 시행착오와 데이타로 뒷받침된 표준화된 규정을 만들어서 시행하면 상당한 수준의 일관성을 가질 수는 있다.

'표준화'의 대표적인 사례가 맥도날드이다. 맥도날드는 서비스 산업에서 표준화가 매우 곤란하다는 통념에 도전, 전세계 어디서나 일관된 품질의 햄버거를 신속하게 만들어낼 수 있도록 거의 모든 단계를 표준화, 매뉴얼화해서 성공했다. 그러나 공식적인 규정에 의한 조직의 운용은 갈수록 그 의미가 줄어들어가고 있다. 기업활동이 점점 더 복잡해져가고 있고 시장의 변화가 너무도 빨라지고 있기 때문이다. 급변하는 외부환경 속에서 살아남기 위해서 가장 요구되는 것은 다름 아닌 적응능력이다. 적응을 하기 위해서는 유연한 조직이 필수이다. 조직구조의 유연성을 위해서는 공식적인 규정은 희생이 될 수밖에 없다. 그야말로 조직의 핵심가치를 구현하는 한도 내에서 많은 재량권이 주어지는 방향으로 나아가야 한다. 공식적인 규정이 여전히 의미를 갖기는 하겠지만 갈수록 조직문화의 중요성이 더해갈 수밖에 없게 된다.

2. 조직문화의 기능

앞에서 언급한 조직문화의 정의를 통해서 조직문화의 특성은 다음과 같이 요약할 수 있다.

조직문화는 조직이 보유하고 있는 고유의 것으로서 장기간에 걸쳐서 안정적이고 지속적으로 형성된 것이다. 또한 하나의 단편적인 현상이나 사물이 아닌 총체적이며 통일적인 개념으로서 조직문화의 특성을 살펴볼 수 있다.

한편 조직구조는 정태적인 유형의 산물이라면 조직문화는 조직의 역사와 함께 해온 무형의 것으로서 대부분의 구성원들이 공감할 수 있어야 제대로 된 기능을 수행할 수 있을 것이다.

그러면 조직문화는 어떤 기능을 할까? 조직의 비전 정립과 방향설정을 할 때, 그리고 새로운 환경변화에 적응하기 위해서 혁신을 단행할 때, 조직문화는 중요한 기능을 수행한다. 즉, 조직문화는 구성원들에게 행동지침을 제공하고, 구성원의 조화와 단합(sense of identify)을 요구한다. 또한 환경적응력을 강화시켜 주고 조직몰입을 강화시켜 주는 역할도 수행한다. 조직몰입이 강화되기 위해서는 의사소통과 기업의 정체성과 안정성이 중요한데 조직문화는 통제 메커니즘(control mechanism)을 통해 조직가치의 강화를 가능하게 해준다.

그러나 조직문화가 위에서 제시한 것처럼 순기능만 있는 것일까? 너무 강하면 쉽게 부러지듯이 조직문화가 강하면 이로 인한 역기능도 발생한다.

조직문화의 역기능은 너무 강한 조직문화로 인해 조직변화에 저항하게 되고 집단이나 조직의 강한 응집력은 오히려 획일성을 강화시키며, 새로운 환경변화에 아주 둔감하게 되므로 성장과 도약의 걸림돌로 작용할 수도 있다.

따라서 강한 조직문화로 인한 역기능을 잘 고려하여 유연한 조직문화의 구축에 노력해야 한다.

3. 조직문화의 구성요소

조직문화의 구성요소에는 'Pascale과 Peters의 7S-Model'이 가장 대표적이라고 볼 수 있다. 7S 모형은 세계적인 전략컨설팅 기업인 맥킨지(Mckinsey)에 의해서 개발된 모형으로서, 조직문화에 영향을 주는 조직내부요소를 일곱 가지 요인으로 분류하고 있다. 이 모형의 이름이 7S인 이유는 일곱 가지의 요소들이 모두 S자로 시작하기 때문에 조직문화의 7S 모형으로 일컫는다.

맥킨지의 7S 모델은 순수한 전략 모델이라기 보다도 조직개발 또는 조직변혁 모델이라 할 수 있다. 이 명칭은 매켄지가 조직개발 측면에서 꼭 필요하다고 생각한 일곱 가지 요인, 즉 전략(Strategy), 기술(Skill), 공유가치(Shared Value), 구조(Structure),

시스템(System), 종업원(Staff), 스타일(Style)이 7S로 구성되어 조직의 혁신을 기하고자 할 때 사용하는 모델이다.

3.1 공유 가치(Shared Value)

공유가치는 조직구성원들이 함께 가지는 가치관이다.

3.2 전략(Strategy)

전략은 조직의 장기적인 방향과 기본성격을 결정하고 다른 기업문화 형성에 영향을 미친다.

3.3 조직구조(Structure)

조직구조는 조직체의 전략수행을 위한 기본적인 틀로 조직구조와 직무설계, 권한관계와 방침 등 구성원의 역할과 그들 간의 상호 관계를 지배하는 공식요소들을 포함한다.

3.4 조직 시스템(System)

조직 시스템은 조직경영의 의사결정과 일상 운영의 틀이 되는 보상제도와 인센티브, 경영정보와 의사결정 시스템, 경영계획과 목표설정 시스템, 결과측정과 조정・통제 등 경영 각 분야의 관리 제도와 절차를 포함한다.

3.5 구성원(Staff)

구성원은 조직체의 인력구성과 구성원들의 능력, 전문성, 신념, 욕구와 동기, 지각과 태도, 그리고 행동 패턴 등을 포함한다.

3.6 관리기술(Skill)

관리기술은 조직체의 각종 물리적 하드웨어 기술과 이를 작동시키는 소프트웨어 기술, 이외의 조직경영에 활용되는 경영 기술과 기법 등을 포함한다.

3.7 리더십 스타일(Style)

리더십 스타일은 조직의 구성원을 이끌어가는 경영관리자들의 관리 스타일로서 이는 구성원들의 동기부여와 상호작용 그리고 조직분위기와 나아가 조직문화에 직접적인 영향을 준다.

[그림 13-1] 조직문화의 구성요소

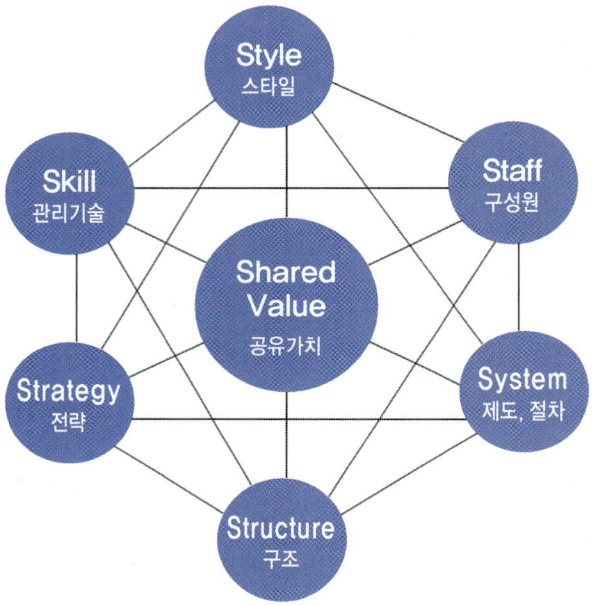

제 2 절 조직문화유형과 조직설계

1. 조직문화유형

조직문화처럼 조직의 성공에 있어서 중요하면서도, 측정하기 어려운 개념은 별로 많지 않다. 이윤은 쉽게 계산될 수 있고, 고객에 관한 정보도 측정할 수 있으며, 경쟁업체 대비 시장점유율도 산출해 낼 수 있다. 그러나 조직문화가 업무수행에 미치는 영향은 느낌으로만 알고 있을 뿐 체계적이고 구체적으로 설명하기는 대단히 어렵다.

그 이유는 어떤 조직문화가 가장 좋고 나쁜지 단정할 수 없다는 점이다. 조직문화는 정확한 정답이 존재하는 것이 아니기 때문이다. 따라서 각 기업에 가장 적합한 문화는 그 기업이 지닌 여러 가지 특징(산업특성, 전략과 비전, 인적자원의 구성 등)에 의해 달라진다. 이렇게 기업에 따라 적합한 문화가 다르기 때문에 경영자는 재빠르게 자기 기업에 적합한 조직문화를 찾아 육성하거나, 필요한 경우 현재의 조직문화를 바꿀 필요도 있다.

하지만 조직문화의 유형을 구분하는 이유는 조직이 가지고 있는 공유된 가치를 비롯한 여러 요소들로 인해 조직성과에 큰 영향을 미치고 있으며, 이를 통해 조직의 문제점을 발견하고 조직 간의 비교를 할 수 있는 유용성 때문이다. 또한 조직문화 유형을 정확히 이해함으로써 당면한 환경에 적응할 수 있고, 환경변화에 대해 효과적으로 대처할 수 있다.

지금까지 조직문화의 유형분류를 시도한 연구자들을 요약하면 다음과 같다.

첫째, Harrison(1972)은 조직의 문화 특성이 그 조직의 이념적 지향에 달려 있다고 보고 조직과 구성원의 이해관계의 일치성 여부 및 조직의 외부환경 적응능력에 따라 조직문화 유형을 권력지향형(power orientation), 역할지향형(role orientation), 과업지향형(task orientation), 인간지향형(person orientation)으로 분류하였다.

둘째, Handy(1978)는 조직문화는 인식되어지는 것이기 때문에 그 환경에 합당한가 아닌가를 중요한 문제로 지적하면서 조직경영이 어느 신을 수호신으로 선택하느냐에 따라 조직문화를 클럽문화(the club culture-Zeus), 역할문화(the role culture-Apollo), 과업문화(the task culture-Athene), 실존문화(the existential culture-Dionysos)로 구분하였다.

셋째, Deal & Kennedy(1982)는 기업환경과의 상호관계에서 기업체가 성과달성을 위하여 얼마나 모험적인 활동을 전개하며, 얼마나 빨리 피드백을 받는지를 기준으로 투기적 문화(bet your company), 남성문화(tough guy/macho), 과정문화(process), 열심히 일하고 잘 노는 문화(work hard/play hard)로 구분하고 있다.

Jones(1983)는 구성원 사이의 교환 혹은 거래를 통제하기 위해서 발전된 제도적 장치인 재산권의 구조에서 조직문화가 생성된다고 보았으며, 조직문화의 유형을 생산문화, 관료적 문화, 전문직 문화 등으로 구분하였다.

넷째, Reimann & Weiner(1988)는 문화를 공유된 핵심가치의 내용에 따라 기능적인지 엘리트 지향적인지로 나누고, 조직의 가치유형이 카리스마적 리더십에서 나오는지 조직의 전통에서 나오는지에 따라 사업가 문화, 전략적 문화, 국수주의적 문화, 배타적 문화로 구분하였다.

다섯째, Kimberly & Quinn(1984)은 조직문화를 환경으로부터 입수한 단서, 정보, 자료에 대하여 각기 달리 인식하는 수준에 따라 구분하였다. 이들은 [그림 13-2]에서와 같이 환경에 대한 인지도, 예측성, 이해성의 정도에 따라 융통성과 통제환경으로 구분하고, 조직의 반응패턴에 따라 내적, 미시적인 차원, 외적, 거시적인 차원에 따라 집단문화(the group culture), 개발문화(the developmental culture), 위계문화(the hierarchical culture), 합리문화(the rational culture)로 구분하였다.

[그림 13-2] Kimberly & Quinn(1984)의 조직문화 유형

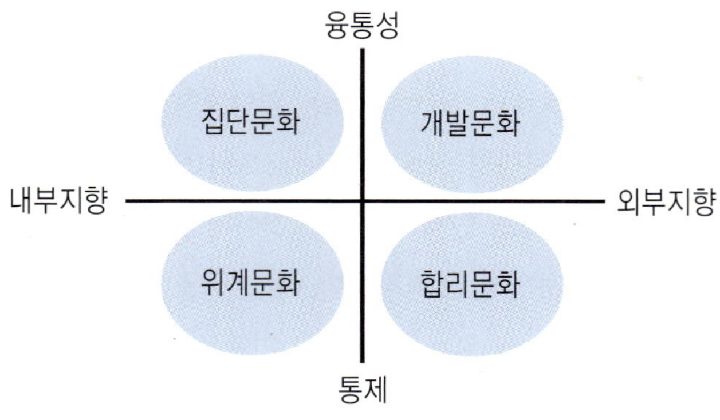

이상과 같이 조직문화의 유형은 여러 선행연구들을 통해 매우 다양하게 제시되고 있으나, 조직문화의 유형에서 가장 많이 참조하는 Kimberly & Quinn(1984)의 모형에 대하여 좀 더 자세히 살펴보자.

2. Kimberly & Quinn의 조직문화유형

Kimberly & Quinn(1984)은 "문화는 구성원들 사이에 지배적으로 나타나는 인식론적 구조 속에서 만들어지고 지속된다"는 입장에서 조직문화를 분류하였다. 이들은 정보처리 방법 및 조직구성원들 사이에서 생성되는 환경변화에 대한 반응에 따라, 환경변화에 대해 장기적인 반응을 보이면서 인간중심적인 집단문화(the group culture), 인간중심적인 업무방식을 지향하면서 변화에 대해 적극적인 반응을 보이는 개발문화(the developmental culture), 과업중심적이면서 변화에 장기적인 반응을 보이는 위계문화(the hierarchical culture), 과업중심적이면서 변화에 적극적인 반응을 보이는 합리문화(the rational culture)로 구분하였다.

2.1 집단문화

집단문화는 현실에 대해 낮은 확실성을 지각하고 즉각적인 반응이 불필요한 패턴에서 나타나는 유형이다. 인간적인 협력관계(human affiliation)라는 전제에서 출발하며, 구성원들의 동기를 유발하여 상호 간의 신뢰감과 화목, 집단의식을 강조하는 반면에 환경변화에 있어서는 비교적 소극적인 경향을 보인다. 집단문화는 조직의 유연성과 내부의 체제유지에 가치를 두고 있으며, 이 문화에서는 조직구성원의 참여와 몰입이 조직효과성에 중요한 영향을 미친다. 따라서 집단문화는 구성원들의 신뢰감, 친밀감, 인간적 유대감, 인간적 배려를 우선시하는 업무수행 방식을 지향한다.

2.2 개발문화

개발문화는 현실에 대해 낮은 확실성을 지각하고 즉각적인 패턴을 나타낼 수 있는 문화이다. 변화(change)라는 전제에서 출발하며, 구성원 상호 간의 협력을 통하여 동기를 유발하고 능력을 최대한 발휘하며, 외부환경에 대하여 적극적으로 대응해 나가는 특징을 지닌다. 따라서 새로운 아이디어의 개발 및 개방적 상호작용, 모험과 도전, 신속하고 융통성있는 업무처리와 같은 특성이 비교적 강하게 나타난다. 유연성과 변화가 강조되며, 성장, 창조성, 외부환경의 적응이 강조된다.

2.3 위계문화

위계문화는 높은 확실성과 즉각적인 반응이 불필요하다고 지각한 상황유형에서 나타난다. 안정성(stability)이라는 전제에서 출발하며, 구성원들이 공식조직과 절차에 의한 안전하고 확실한 업무처리, 조직의 장기적인 존속을 위한 운영의 지속성을 강조한다. 또한 환경변화에 적극적으로 대처하기보다는 현상유지에 더 많은 노력을 기울인다. 따라서 위계문화에서는 명확한 공식절차와 규정, 관습화된 업무처리, 직권과 서열의식과 같은 특성이 비교적 강하게 나타난다. 조직내부의 능률, 통일성, 조정, 평가를 강조하며 고도로 일상적이고 표준화된 활동을 수행하며 고도의 복잡성, 공식화, 집권화, 관료제 등의 구조적 특성을 갖고 있다.

2.4 합리문화

합리문화는 현실에 대해 높은 확실성을 지각하고 즉각적인 반응패턴을 나타낼 수 있는 문화이다. 목표달성(achievement)이라는 전제에서 출발하며, 체계적이고 능률적인 조직관리를 강조하면서 환경변화에 적극적으로 대처해 나가는 특징을 갖고 있다. 따라서 목표설정과 계획수립, 능률적인 과업달성, 실적위주의 업무관리와 같은 특성이 비교적 강하게 나타난다. 생산성, 성과, 목적달성 등을 강조하며, 리더는 지시적이고 목표지향적이다.

〈표 13-1〉 Kimberly & Quinn(1984)의 조직문화 유형별 특성

구 분		집단문화	개발문화	위계문화	합리문화
Kimberly & Quinn(1984)의 조직문화유형 분류	동의	친화	이념	규율	계약
	동기부여	애착	성장	안정	경쟁
	리더십	관심, 후원적	혁신적, 위험감수	보수적, 신중	지시적, 목표지향적
	의사결정	참여적, 지원적	적응, 외적 합법성	문서, 책임	생산성, 효율성
	중심가치	참여적, 지원적	성장, 자원획득	안정, 통제	생산성, 효율성
	조직형태	Clan, Z형 조직	Matrix 조직, 유기적 조직	관료조직, 계급조직	시장, A형 조직

Kimberly & Quinn(1984)은 이러한 네 가지 유형의 문화는 매우 단순한 분류이고, 어떠한 조직도 이렇게 한 가지 문화로만 나타날 수는 없다고 하였다. [그림 13-3]에서 볼 수 있듯이 조직문화는 다양한 가치가 복합적으로 구성되어 있고, 어떠한 가치가 보다 우세하게 나타나느냐에 따라 그 성향이 달라질 수 있는 것이다.

[그림 13-3]에서 A조직의 경우, 융통성을 지향하는 집단문화, 개발문화의 성향이 강하고, B조직은 통제를 지향하는 위계문화, 합리문화의 성향이 강하게 나타났다. Kimberly & Quinn(1984)은 두 조직에서 모두 네 가지 문화의 특성이 어느 정도 나타났지만, 각 조직에서 강조하는 영역이 다르기 때문에 이러한 차이로 인해 한 가지 문화유형으로 구분하기 어렵다고 하였다. 그러나 이러한 차이점을 통해서 조직의 효율적인 관리에 있어서의 접근방향을 제시할 수 있다고 주장하였다.

[그림 13-3] 두 조직에서 나타나는 조직문화 유형 비교

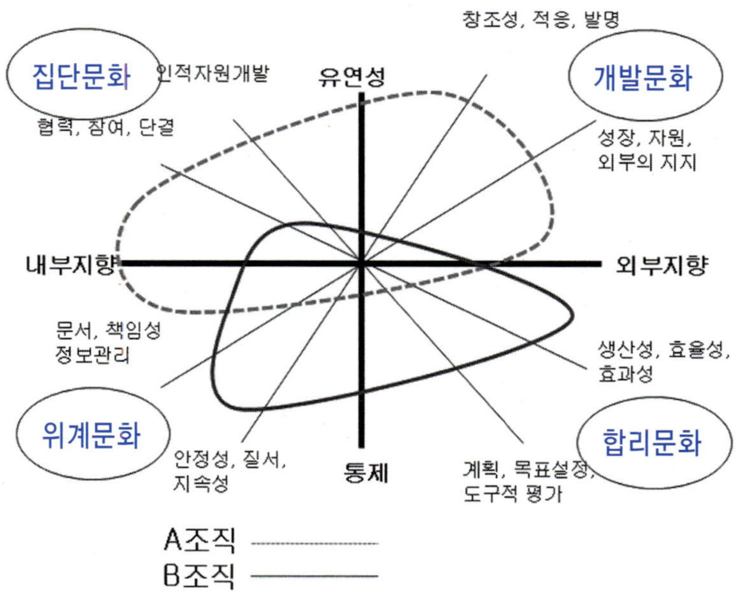

자료: Kimberly, J. P. & Quinn, R. E.(1984), 『*Managing organizational transitions*』, Irwin, p. 300.

3. Rob Goffee의 조직문화유형

롭 거페(Rob Goffee)는 조직문화를 친목(Sociability)과 결속(Solidarity)의 두 개의 축을 중심으로 4가지 조직문화유형으로 구분하였다.

[그림 13-4] Rob Goffee의 조직문화 유형

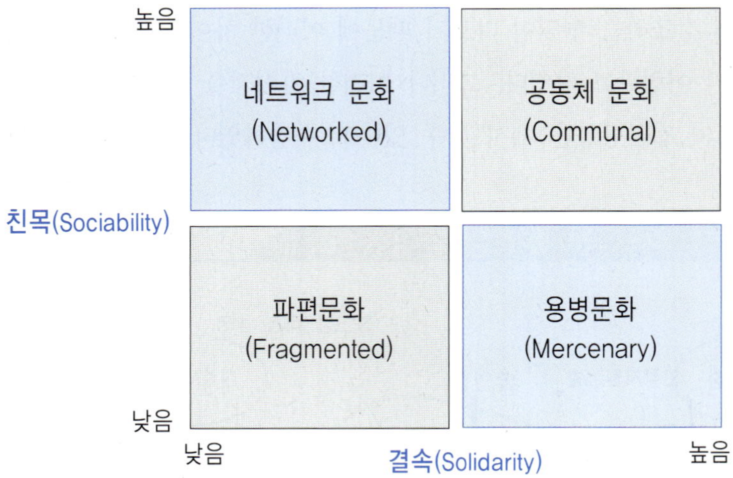

첫째, 친목은 구성원들 간의 꾸밈없는 우호관계를 의미하며 직장 내외에서 직원들이 서로 어느 정도 친한가를 측정하는 기준이다. 높은 사교성을 지닌 기업에서는 동료 직원들끼리 자발적으로 생일을 축하해주기도 하고, 병문안을 가기도 하며, 교제의 자리도 자주 같이 가진다. 사교성이 높으면 서로를 친구로 생각하게 되며, 친구를 실망시키지 않기 위해 열심히 일하게 된다는 긍정적인 효과가 있다.

둘째, 결속은 개인적 관계에 상관없이 공유된 목적을 신속하고 효과적으로 추구할 수 있는 조직의 특성을 의미한다. 따라서 결속이 높으면 구성원 간 친목 수준과 상관없이 목표달성을 위해 단결하여 업무를 처리함으로써 업무가 신속하게 처리되고, 주주나 고객 입장에서 만족스러운 결과를 가져오게 된다.

3.1 네트워크 문화 : 높은 수준의 친목과 낮은 수준의 결속

네트워크 문화는 정보를 집합하고 선별적으로 퍼뜨리는 능력이 뛰어나며, 공식적 및 비공식적으로 자신들을 위해 대변해 줄 회사 내의 후원자나 동맹세력을 수월하게 얻어낸다는 특징이 있다. 그러나 각 사업부 간 또는 기능 간 협력을 유도해야 될 경우에는 어려움을 겪을 수 있다.

이러한 조직에서는 보통 개인이나 파벌로 인한 정치적 특성을 보이므로 하위문화나 파벌의 분열 및 분규를 극복하기 위해서는 강력한 리더십이 필요하다.

네트워크 문화의 높은 친목은 단기적 이해타산으로는 불가능한 조직헌신을 유지하기 때문에 장기적 기업전략이 있는 경우 유용하다. 또한 지역시장의 특성에 관한 사전지식이 사업의 주요한 성공요인일 경우 자기 사업영역에서 나오는 깊고 친밀한 우호관계의 파워로 인해 낮은 결속력은 크게 문제가 되지 않는다.

3.2 용병문화 : 낮은 수준의 친목과 높은 수준의 결속

용병문화에서는 마음을 터놓고 지내는 예가 드물지만, 직무관련 정보를 교환하거나 사업에 대한 의사소통은 빈번하게 발생한다. 이러한 특성은 시장에서의 위협이나 기회요인을 빠르게 알아차리고 신속하게 결집하여 반응할 수 있는 능력으로 나타난다.

용병문화는 공과 사를 명확히 구분하며 낮은 성과를 용납하지 않는다. 그렇다고 조직에 대한 충성이 높은 것은 아니다. 개인의 욕구가 성취되거나 불일치하는 경우 과감히 조직을 떠날 수 있기 때문이다. 또한 특정 목표를 추구하는데 급급하므로, 협력해서 정보를 공유하거나 새롭고 창의적인 아이디어를 교환하는 일들은 잘 일어나지 않는다. 이러한 조직에서는 신속하고 급격한 변화가 일어나는 경우, 기업의 목적이 분명하고 측정가능한 경우, 경쟁의 본질이 명확할 경우 적절하다.

3.3 파편문화 : 낮은 수준의 친목과 낮은 수준의 결속

파편문화의 조직원들은 낮은 소속감으로 인하여 대부분은 자신이 수행하고 있는 프로젝트나 진행사항에 대해 동료들과 거의 말하지 않으며, 단도직입적으로 질문을 받을 때만 최소한의 정보를 제공한다.

이러한 조직문화는 주로 외주 도급작업이 많은 제조기업과 컨설팅 업체나 법무법인과 같이 고급인력들이 있는 전문가 조직에서도 잘 정착된다.

파편문화의 조직들은 과업의 상호 의존성이 낮고(예: 각자 다른 고객을 위해 일하는 세무사로 구성된 회사), 중대한 혁신이 팀보다는 개인에 이루어지며, 개인 간 학습 기회가 별로 없고 전문가적인 자존심으로 인해 지식전파가 방해된다는 점이 특징이다.

3.4 공동체 문화 : 높은 수준의 친목과 높은 수준의 결속

공동체 문화는 보통 구성원들이 오랜 시간 함께 일하면서 서로에게 유익한 목적을 통해 우호적 관계를 형성해 온 성숙기의 기업에서 주로 나타난다. 구성원들은 그 조직의 정체성과 소속감을 강하게 느끼는데, 때로는 그 정도가 과도해 보일 때도 있다.

공동체 문화 내부의 강한 결속은 구성원 사이에서 발생하는 리스크와 보상에 대해 조직 안에서 공평하게 분담하려 한다는 특징을 보인다. 이러한 결속은 기업목표와 가치관에서 분명히 드러난다. 연구에 의하면 공동체 문화는 종교단체, 정치단체, 시민단체에서 가장 잘 나타난다고 한다.

공동체 문화는 혁신을 위해 다양한 상황에서 정교하고 광범위한 팀웍이 요구되는 경우, 기업목표가 가까운 미래에 이루어질 수 없을 정도로 크기 때문에 높은 수준의 헌신과 집중력이 필요한 경우, 기업의 환경이 역동적이고 복잡할 경우에 적합하다.

이상과 같이 조직문화유형에 대해서 살펴보았는데, 문화와 전략 및 조직설계의 관점에서 살펴보면, 기업이 장기적으로 승리하기 위해서는 현재의 조직문화가 시장경쟁환경에 적합한 문화인가를 따져봐야 한다. 만약 기업의 문화가 사업환경에 적합하지 못하다면 바로 어제까지는 잘 맞는 것이었다 하더라도 새로운 변화가 필요한 것이다.

사례 구글 웨이(Google Way)

1998년 차고에서 시작한 구글은 어떻게 세계 최고 검색 엔진이 되었을까?

구글은 세계 검색시장의 65%를 점유하는 세계 최대의 초대형 인터넷 검색 회사로 변신했다. 미국 비즈니스 역사상 최단기간에 급성장한 전도유망한 기업이 됐으며, 통신과 유통, 부동산, 미디어, 동영상, 사진, 지도 등 광범위한 분야로 급속히 사업영역을 확대하고 있다.

구글의 창업자 래리 페이지와 세르게이 브린은 기존의 통념을 깨며 세상을 바꾸고 있다. 인터넷 검색의 최강자인 구글은 세계 어느 곳에서나 통하는 브랜드이고, 사이버공간을 돌아다니는 사람들에게 없어서는 안 될 도구이다. 2007년 5월, 미국 인터넷 검색 시장에서 야후(Yahoo)는 20.7%를, 마이크로소프트(Microsoft)는 7.7%를 차지한 것에 비해 구글은 65.2%를 점유했다. 세계적으로 살펴볼 때, 구글은 웹 검색의 3분의 2 이상을 담당한다.

산업혁명가와 다름없는 구글은 소프트웨어 산업을 크게 바꾸었다. 마이크로소프트와 달리 구글은 제품을 파는 것이 아니라, 웹에 관한 소프트웨어를 온라인 서비스의 형태로 전달한다. 마이크로소프트의 매출이 주로 라이센싱에서 이루어지는 반면, 구글은 다양한 유형의 웹 기반 콘텐츠를 광고와 연결한 클릭 건수 방식으로 수익을 내고 있다. 마이크로소프트는 윈도 운영 시스템과 응용 프로그램이 긴밀하게 통합하여 함께 작동하도록 계획된 반면, 구글 서비스의 대부분은 검색과 지메일(Gmail), 구글맵(Google Maps)과 같이 독자적인 제품을 기반으로 하고 있다. 그 결과, 마이크로소프트가 서로 밀접하게 얽혀 있는 제품 라인을 업그레이드할 때 고민해야 하는 복잡한 개발과정을 구글은 겪지 않는다.

하지만 구글을 독특하게 만드는 것은 웹 중심의 사업 모델이 아니라 극단적으로 혼란스러운 경영모델이다. 그 핵심내용을 일부 예로 들면 아주 얇은 계층 조직, 수평적 의사소통의 밀집된 네트워크, 대단한 아이디어를 생각해낸 사람들에게 큰 상을 주는 정책, 제품개발에 대한 팀 중심의 접근, 어떤 직원에게나 고객 우선의 정신을 심어 주는 기업 신념 등이다.

구글의 두 창업자인 브린과 페이지는 회사의 빠른 성공을 위해 이런 아이디어를 자신들의 핵심 경영 시스템으로 채택했다. 또한 이들은 자신들에게 어느 정도 운이 따랐다는 사실도 인정해야 할 것이다. 두 창업자는 회사를 설립하면서 기업의 성공이 치밀한 노력뿐 아니라 우연에도 크게 좌우된다는 것을 잘 알고 있었다. 그들은 장기전략조차 구축하지 않은 채, 실리콘밸리에서 자체적으로 생성되는 혁신을 거듭 이용하고 발전시키고자 했다. 구글이 앞으로 계속 진화할지 여부는 창업자들이 원하는 적응력을 높일 수 있는 경영모델이 궁극적으로 가능한가에 달려 있다. 구글 비즈니스 모델의 핵심내용은 다음과 같다.

• 구글의 혁신공식

'70-20-10'이라고 알려진 이 방침이 규정하는 것은 다음과 같다. 연구원 인력의 70%는 기초사업을 업그레이드한다. 20%는 온라인쇼핑 단순화 프로그램인 구글 체크아웃(Google Checkout), 사진검색 프로그램인 구글 이미지(Google Images), 주제별로 사이트를 분류한 구글 디렉토리(Google Directory), 외국어번역 프로그램인 구글 트렌스레이트(Google Translate)와 같은 핵심사업을 발전시키는 데 집중한다. 나머지 10%는 정부가 지원하는 공공 네트워크인 와이파이(Wi-Fi)를 설치하는 등의 부가적인 아이디어에 집중한다.

• 너무나 수평적이고, 놀랍도록 분권화된 구글

당연하게도 구글의 의사결정은 협의로 이루어지는 경우가 많다. 당신의 직원이 세상에서 가장 똑똑한 사람 중의 하나일 때, 명령과 통제는 선택할 수 있는 것이 아니다. 동기부여가 높고 유능한 사람들이 공통의 비전을 가지고 있을 때, 그들은 일일이 통제하지 않아도 된다. 이것은 구글이 배운 교훈이다. 사명감에 불타는 구글의 혁신가들은 무한한 창의성의 원심력에 휘둘리지 않고, 균형을 유지하며, 약간의 감독만 받고 있다. 학계나 인터넷에서 그렇듯이, 구글의 통제는 관리자 대 부하가 아니라 동료 대 동료의 입장이 더 많다.

• 스스로 관리하는 소규모 팀

1만 명의 구글 직원들 중 제품개발과 관련이 있는 절반 정도의 사람들은 팀을 조직하는 데, 한 팀의 평균 인원은 3명이다. 지메일과 같은 큰 프로젝트조차 30명의 사람들이 서너 개의 팀으로 나뉘어, 각각 스팸을 거르거나 속도를 개선하는 등 특정 서비스 향상을 작업했다. 각 팀에는 변화하는 프로젝트 요구사항에 따라 팀 멤버의 업무를 바꿔주는 책임자인 '상급 기술자 리더'가 있다. 대부분의 연구원들은 한 팀 이상에서 일하고, 아무도 팀을 바꾸기 위해 인사부의 승인을 받을 필요가 없다. 팀을 소규모로 유지하고 모든 프로젝트의 인원을 약간 감축함으로써, 구글은 가치를 높이지 않으면서도 시간과 비용이 많이 드는 '지나친 장식'을 하지 않는다.

• 차별화된 보상체계

구글의 연간 보너스는 기본급의 30%에서 60% 정도이나, 이윤을 창출한 아이디어를 생각해낸 사람에게는 더 많이 제공된다. 2004년, 구글은 분기별 포상제도를 도입했고 회사의 발전에 기여한 팀에 수백만 달러의 주식을 증여했다. 역대 최고의 포상은 에릭 비치가 이끄는 팀에 수여되었다. 모든 광고의 클릭 비율을 예측하여 수익이 덜 나는 광고를 걸러낼 수 있게 도와주어 구글의 광고 클릭 수를 20% 늘려준 '스마트애드'(SmartAds)라는 광고 아이디어를 찾아낸 에릭 비치가 이끄는 팀이 총 1천만 달러의 포상을 받았다. 구글은 기업가정신을 발휘해야만 보너스를 받을 수 있다고 강조한다. 이 포상은 돈을 위해 직원이 이직하지 않아도 된다는 전제에서 시작한 개념이었다.

• 구글이 주는 교훈

혁신 우호적인 경영모델에도 불구하고, 구글의 행운은 여전히 검색에 따른 광고수입이라는 한 가지 사업에 매여 있다. 구글이 제2의 구글을 발견할 가능성은 거의 희박할 것이다. 세계적인 규모의, 진정으로 혁신적인 사업모델은 매일 또는 10년마다 나타나지 않기 때문이다. 이 회사 역시 마이크로포스트, 야후, 이베이, 그 외 상당히 많은 정보기술 회사들과 마찬가지로 지나치게 비대한 제국의 희생자가 될지도 모른다. 그렇지만 구글 앞에 어떤 미래가 기다리든 지금까지의 성공은 경영혁신가가 되려는 사람들에게 몇 가지 소중한 교훈을 주고 있는 것은 확실하다.

토의 과제

1. 구글의 조직문화의 특성을 요약해보자.
2. 구글의 70-20-10의 법칙은 무엇인가?
3. 구글의 비즈니스모델의 핵심은 무엇인가?
4. 향후 구글이 지속적인 경쟁우위를 확보하기 위해 필요한 비즈니스모델은 무엇인가?

제 14 장 조직진단

Opening Knowledge Cafe : 집단사고와 숙련사고

조직들이 빈번하게 봉착하는 핵심적인 '혁신 억제 요인'은 다음 두 가지이다.

첫째, 집단사고(GroupThink)는 소수의견을 가진 사람들에게 다수가 원하는 쪽으로 보조를 맞추도록 압력을 행사한다. GroupThink는 집단의 일부 구성원이 명백히 다른 의견을 가지고 있을 때조차도 합의의 환상을 만들어 내고자 한다. 경영적 측면에서 GroupThink는 사람들이 자기 생각을 공개적으로 명료하게 진술하는 것을 막는다. 사람들은 움츠려들고, 다수의 의견에 따르게 된다. 이는 극복하기 어려운 인간적 속성의 기본 경향이다.

둘째, 숙련사고(ExpertThink)는 종종 '스테로이드가 가미된 GroupThink'라고 묘사되는데, ExpertThink는 조직 내의 모든 사람들이 동일한 사고방식으로 결정을 내리고 상황을 분석할 때 발생한다. 요약하면, 이는 변화나 조정의 요구 없이 종래에 통용되었던 것, 또는 다른 상황에서 작동되었던 것이 현재의 상황에서도 작동되어야 함을 일방적으로 수용하는 것을 의미한다. ExpertThink는 보통의 조직보다는 괄목할 만한 성공의 경험이 있는 조직에서 더 많이 나타난다.

이와 같이, GroupThink와 ExpertThink는 우리의 시야를 엄청나게 제한할 수 있다. 이는 역설적으로 시장에서 발판을 마련하고자 안간힘을 쓰는 신생기업보다는 오랜 성공의 역사를 가진 조직에 더 해당된다.

다음의 사례는 집단사고와 숙련사고의 예를 보여준다.

▸ 사례연구1: 일회용 기저귀

1946년, Marian Donovan은 천 기저귀의 사용으로 인해 아기의 사타구니가 항상 젖어 있는 것에 짜증이 났다. 시장에 쓸 만한 것이 보이지 않았으므로, 그녀는 손수 일회용 기저귀를 만들기로 마음먹었다. 처음에는 나일론 낙하산 천을 사용했다. 그리고 몇 년간 이리 저리 궁리한 끝에 종이 기저귀의 발상에 생각이 미쳤다. 이에 대해 그녀는 1951년 특허를 얻게 되었다.

그녀는 이 특허를 몇몇 아기용품 제조업체에 팔 길을 모색했다. "나는 온갖 이름난 회사를 다 다녀 봤죠. 그러나 그들은 '이 제품을 원하는 엄마들이 없습니다. 엄마들은 우리 회사의 유아용 팬티에 만족하고 있습니다'라고 말했습니다." 그녀가 만나 본 대부분의 경영자들은 집으로 돌아가 아기나 보고, 기저귀 문제는 '전문가'에게 맡길 것을 권했다.

자기 힘으로는 자신의 발명품을 시장에 정착시키기 힘들게 되자, 그녀의 유아용 일회용 기저귀 아이디어는 근 10년간 방치되어 있었다가, 1960년 Victor Mills라는 사람이 그녀를 찾음으로써 빛을 보게 되었다. Mills는 그녀의 특허를 사서 Pampers라는 상표로 개발했다. 2003년 현재 일회용 기저귀 시장은 미국만 40억 달러가 되어 있다.

▸ 사례연구 2: 애플 컴퓨터

애플 컴퓨터는 1998년 iMac이라는 멋진 모델을 선보였다. 이 컴퓨터는 "기능성이 전부이며, 컴퓨터 사용자들은 기능 이외의 다른 어떤 것에도 개의치 않는다"는 광범위하게 수용되고 있던 컴퓨터 산업의 통념을 정면으로 거슬렀다. iMac은 '근사한 외관'이라는 경쟁력 있는 차별성을 기초로 시장에 출시되었다. 아무나 iMac을 손쉽게 구할 수 있게 됨에 따라 애플사의 미국 소매시장 점유율은 1998년도 5월 6.8%에서 동년 8월 13.5%로 증대되었다.

▶ 사례연구 3: NASA

1986년 1월 28일 우주왕복선 Challenger호 발사 이전에 극한 상황에서 O-ring(고체연료 로켓 부스터의 각 부위를 연결하는 것)의 기능에 대해 경고하는 공학도들이 있었다. 그러나 NASA는 우주왕복선을 일정대로 발사하는 것에 정치・경제적 압력을 받고 있었기 때문에 이들 공학도들의 우려는 주목을 받지 못했다. 동 우주왕복선이 과거 아무런 문제없이 여러 차례 발사되었다는 사실 또한 쉽게 다수의 의견이 받아들여지도록 하는데 기여했다. O-ring 생산자인 Morton Thiocol사 출신의 한 기술자는 동 우주왕복선의 발사가 있기 하루 전에도 이를 중지시켰으나, NASA 고위층은 더 이상의 지연을 불허했다. 이 경우, 다수의 의견이 지배함으로써 참혹한 결과를 가져온 것이다.

제 1 절 조직진단의 의의

1. 조직진단의 필요성과 정의

오늘날 많은 기업들이 더 나은 미래를 위하여 조직진단을 통하여 문제점을 분석하고 개선하면서 지속적인 발전을 추구하고 있다. 그렇다면 이렇게 많은 기업들이 하고 있는 조직진단이란 어떻게 진행되는지를 살펴보자.

1.1 조직진단의 목적과 정의

조직진단(organizational diagnosis)이란 조직의 현황을 분석하여 조직의 문제점을 파악하는 과정을 말한다. 절차상으로 볼 때, 조직진단은 발전적인 조직변화를 위하여 조직에 대한 정보를 수집·정리하고 해석하는 과정이다. 또한, 조직개발 컨설턴트와 조직구성원 간의 상호협력을 통해 현재 조직의 특정 문제를 규명하거나 향후 개발될 수 있는 영역을 찾아내기 위해 조직의 기능과 관련하여 적절한 정보를 모으고, 분석하고, 실행계획과 개입방법에 대한 결론을 도출하는 과정이다. 그리고 조직의 현재상태를 분석·평가하여 파악된 문제의 원인과 결과를 조사하는 문제해결 활동으로서 궁극적으로는 조직의 효과성을 제고시키는 과정이라고 할 수 있다.

역사적으로 볼 때, 조직진단은 조직활동의 어디에 문제가 있으며 그 문제의 원인은 무엇인가 또한 그 문제는 어떠한 체계를 이루고 있는지를 조사하는 것으로서 원래 조직발전(OD)의 과정으로서 자료수집 및 분석 작업단계에서 비롯되었다.

현대사회에서 조직이 차지하는 중요성이 높은 만큼 특정 목표를 달성하기 위해서 의도적으로 형성된 조직이 제대로 기능을 수행하고 있는가에 대한 평가도 매우 중요한 문제가 된다. 조직학 연구에서 가장 논쟁이 많고 핵심적인 주제 가운데 하나가 바로 조직이 제 기능을 발휘하고 있는지의 여부에 관한 것이다. 이에 많은 조직들이 조직개발의 차원에서 조직이 목표달성을 위하여 제대로 운영되고 있는지를 평가하기 위해서 조직진단을 실시한다.

1.2 조직진단의 역할

조직진단을 위해서 컨설턴트는 인터뷰나 설문지를 통한 자료수집을 하게 된다. 이 경우 조직에 대한 기본적인 틀이 없이 개방적으로 질문을 할 수도 있다. 이러한 질문에 의하여 수집된 자료를 간단한 빈도 측정을 통하여 분석한 뒤 기존의 조직분석의 모델에 맞춰 볼 수도 있다. 그러나 이 경우 수집된 자료를 분석하여 체계를 갖추기 위하여 소요되는 시간이 길어질 수 있고, 아무리 잘 구성된 기존의 조직분석의 모델을 사용한다고 해도 수집된 자료를 분석하기에 격이 맞지 않는 경우가 있기 마련이다.

따라서 조직진단에서 미리 조직분석의 모델을 설정하여 놓고 이에 따라 자료수집을 할 경우 훨씬 분석이 용이하게 된다. 이 경우 진단의 범위가 한정된다는 문제가 있을 수 있다. 때로는 정말 분석하여야 할 중요한 면을 놓치고 마는 수도 있을 수 있다. 그러나 조직진단에 대한 연구는 최근 다양한 전사적인 모델을 제시하고 있으며, 조직진단의 목적에 따라 이 모델들을 잘 활용한다면 충분히 포괄적인 진단이 될 수 있을 것이다.

조직진단에서 모델을 사용하는 것에는 다음과 같은 장점이 있다.

(1) 조직에 대한 자료를 분류하는 작업을 용이하게 해준다.
(2) 조직에 대한 이해와 문제점의 발견을 용이하게 한다.
(3) 수집된 자료를 해석할 때 체계적인 분석이 가능하게 해준다.
(4) 컨설턴트와 진단대상 조직의 구성원 간의 대화에서 공통언어를 개발하게 해주며, 이에 따라 서로간의 이해를 돕는다.

1.3 조직진단의 방법

조직진단은 조직의 내부변화 담당자(internal change agent)가 할 수도 있고 외부변화 담당자인 조직개발 컨설턴트(OD consultant)가 할 수 도 있다. 조직진단을 내부담당자가 하는 경우 조직내부의 실정에 정통하지만 문제를 별개로 다루어 상호관련성을 낮게 평가할 우려가 있고 외부 상담자가 담당하는 경우는 객관적 입장을 취할 수 있으나 개인의 주관성이 개입될 우려가 있다.

조직진단을 위한 자료수집 방법에는 1) 관찰법, 2) 설문지법, 3) 면접법, 4) 기록검토법 등이 있다.

첫째, 관찰법은 직접적인 질문을 하지 않고 조사대상을 조사자가 시각 등의 감각작용을 통해서 파악하여 필요한 자료를 수집하는 방법이다. 따라서 관찰법은 사물의 현상이나 인간의 행위에 관한 조사에는 적절할 수 있으나 인간의 태도나 행위의 동기를 파악하는 데에는 불충분하다.

둘째, 설문지법은 미리 준비된 설문지를 조사대상이 응답하고 기입하도록 하게 하여 자료를 수집하는 방법이다. 이 방법은 개인의 태도나 인식을 조사하고자 하는 경우 가장 적절한 자료수집 방법이다.

셋째, 면접법은 조사자가 필요한 정보를 대화를 통하여 수집하는 방법으로서 설문지법과 함께 관찰법이 지니는 여러 가지 결함들을 수정할 수 있으므로 실태조사를 위한 자료수집 방법으로 널리 이용되고 있다.

넷째, 기록검토법은 생산고, 이익, 고충건수, 학력구성 등의 기록에서 필요로 하는 자료나 정보를 얻는 자료수집방법으로서 특정한 자료의 원인을 규명하기 어려운 단점이 있다. 자료의 수집에는 조사에 필요한 시간, 비용, 필요성, 대상조직의 성격 등을 고려하는 것이 중요하다.

1.4 조직진단의 프레임워크

조직진단이란 현재 조직이 어떻게 기능을 하는지 이해하여 변화 중재(intervention)를 설계하는데 필요한 정보를 제공하는 프로세스이며, 조직진단은 조직수준의 진단, 그룹단위 수준의 진단, 개인수준의 진단으로 구성되며 그 프레임워크는 다음과 같다.

첫째, 조직수준의 진단은 일반환경 및 산업구조 하에서 전략과 문화, 기술, 인적자원 시스템, 구조가 어떻게 설계되어 있는지를 평가하여 조직유효성을 진단한다.

둘째, 팀 및 그룹단위 수준의 진단은 조직설계 하에서 목표와 기능, 과업구조 및 구성, 팀의 규범(norm)이 어떻게 설계되어 있는지를 평가하여 팀(그룹)의 유효성을 진단한다.

셋째, 개인수준의 진단에서는 조직설계와 그룹설계 그리고 개인의 특성이라는 조건 하에서 스킬다양성, 자율성, 성과에 대한 피드백, 과업의 중요성, 과업정의가 어떻게 설계되어 있는지를 평가하여 개인 수준의 유효성을 진단한다.

[그림 14-1] 조직진단 프레임워크

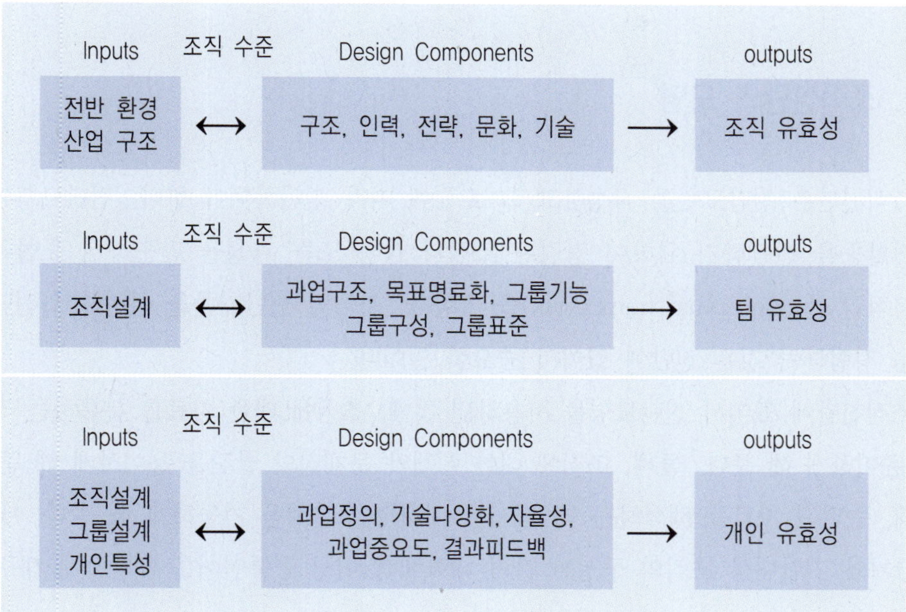

이러한 절차로 진행된 조직진단을 통해 조직의 효과를 증진하는 방향으로 변화 개입을 설계할 수 있다.

효과적인 개입은 조직의 니즈에 부합하며, 조직구성원들에게 변화관리 역량을 전달할 수 있어야 하며, 개입의 성공요소는 변화에 대한 준비정도, 변화주체의 능력, 변화능력, 조직문화 배경 등이 있다. 개입의 유형으로는 인사프로세스 개입, 구조적 개입, 인적자원관리 개입, 전략적 개입이 있으며 각 유형의 추진전략은 아래와 같다.

(1) **인사프로세스 개입**: 팀빌딩 등 인사프로세스의 개선을 통한 유효성 증대 등
(2) **조직개입**: Downsizing, Re-engineering, 조직재설계 등
(3) **인적자원관리 개입**: CDP, 보상시스템 개선, 실적관리개선 등
(4) **전략적 개입**: M&A,기업문화변화, 조직학습 등

위와 같은 개입활동을 통해 기업은 효과적인 제도적 프로세스를 구축할 수 있으며 조직의 실적향상을 가능하게 할 수 있다.

제 2 절 조직진단의 모형

1. 조직진단의 모형

조직진단은 진단모형을 작성하고 그 모형에 따라 진단하여야 한다. 진단모형이란 조직활동을 진단하기 위하여 정립된 조직의 상황 또는 과정을 단순하게 표현하는 개념적인 틀(conceptual framework)을 말한다. 조직의 진단기준을 설정하고 진단모형을 정립하는 것은 진단에 있어서 중요한 일이다.

조직진단에 있어서 진단모형을 사용하면 첫째, 조직에 대한 자료를 분류하는 작업을 용이하게 해 준다. 둘째, 조직에 대한 이해와 문제점의 발견을 용이하게 해 준다. 셋째, 수집된 자료를 해석하는 데 있어서 체계적인 분석을 가능하게 해 준다. 넷째, 상담자와 진단대상 조직의 구성원 간의 대화에 있어서 공통언어를 개발하게 해주며, 이에 따라 서로 간의 이해를 돕는 등의 장점이 있다.

조직진단을 위한 진단모형은 조직진단의 전문가와 전문기관에 따라 조금씩 다른 형태를 취한다. 조직자체는 매우 다양한 측면을 가지고 있기 때문에 조직을 보는 시각에 따라 분석의 틀이 달라질 수밖에 없기 때문이다. 조직진단을 할 때 실제로 많이 사용되는 진단모형을 보면 다음과 같다.

1.1 행동과학 모형

행동과학 모형은 주로 조직 내의 개인적 행태와 인간관계를 심리학적인 관점에서 분석하는 모형이다. 이 모형에서 주로 다루는 조직의 요인은 인간이며, 이러한 행동과학 모형으로는 태도조사(attitude surveys), 행동조사(action surveys), 사회기술적 체계이론(sociotechnical systems theory) 등이 있다.

1.2 특정관심 모형

특정관심 모형은 조직의 특별한 문제와 이에 대한 해결방안에 관심을 가지며, 조직의 성취도가 떨어지는 것이 개인적 업무훈련의 부족인지 또는 조직구조나 과정이 합리적으로 되어 있는지에 대한 분석을 하는 모형이다. 특정관심 모형으로는 성취도분석(performance analysis)이 있다.

1.3 종합적 모형

종합적 모형은 조직을 하나의 개방체제로 보고, 조직 내의 모든 구조적 · 과정적 요인들의 개별적인 문제점과 상호작용에서의 문제점들을 포괄적으로 분석하는 방법을 사용한다. 종합적 모형들은 상대적으로 큰 조직들의 전체적인 분석에 주로 사용되는데 와이스보드(Weisbord)의 여섯 상자 모형(six-box model), 내들러(D. A. Nadler)의 적합모델(congruence model) 등이 대표적인 모형이다.

2. 조직진단의 종합적 모형

2.1 Weisbord's Six-Box Model(1976)

이 모형을 적용하는데 있어서 출발점은 외부고객과 내부구성원들이 모두 만족하지 못하는 조직의 산출물을 찾아내는 것이다. 불만족을 느끼는 산출물을 찾아내게 되면, 진단 참여자들이 모형을 사용하여 불만족을 유발하는 원인을 찾아내게 된다. 이 모형의 6개 상자들은 조직의 산출물에 대한 불만족을 야기할 가능성이 있는 원인들을 내포하고 있을 것으로 가정한다. 각각의 상자들은 종종 조직의 문제를 야기해온 영역을 대변하고 있다. 각 상자들에 대한 주요 진단질문들은 다음과 같다.

1) 조직의 목표
조직의 목표는 공유되고 있고 환경에 적합한가?
목표의 명확성, 목표에 대한 의견이 일치한가?

2) 리더십
누군가 조직의 균형을 잡아 주면서 환경에 적응하는 노력을 기울이고 있는가?
목표설정을 명확히 해주는가?

목표와 각 프로그램이 조화를 이루도록 하는가?
조직 내 통합이 잘 되도록 노력하는가?
갈등을 잘 해결하여 조직의 질서를 유지하는가?

3) 상호관계

개인과 개인, 개인과 부서, 개인과 업무, 개인과 기술이 잘 조화되고 있는가?
협조와 갈등 문제가 있는가?

4) 보조 메커니즘

기획, 예산, 통제 등의 통합을 위한 메커니즘이 적합한가?

[그림 14-2] Weisbord의 여섯 상자 모델

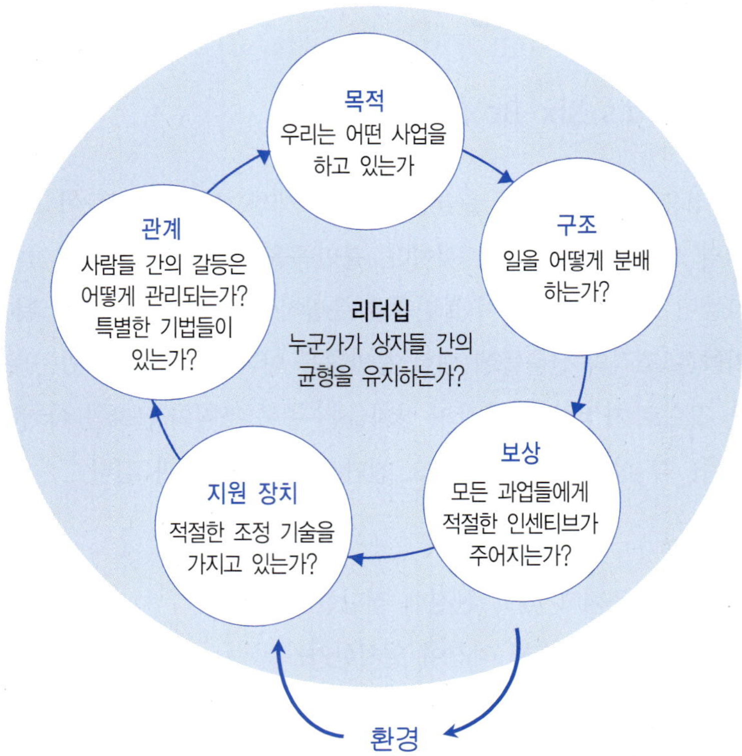

5) 구조

업무를 어떻게 구분할 것인가?

조직구조가 목표에 맞게 잘 조화를 이루고 있는가?

6) 보상

모든 필요한 임무들은 적합한 보상체계를 갖추고 있는가?

조직의 공식적 보상과 조직구성원의 보상에 대한 기대가 조화를 이루고 있는가?

Weisbord는 이 여섯 가지 요인들에 대해서 공식조직 뿐만 아니라 비공식조직에 대해서도 진단을 하여 이 두 차원의 조직들이 서로 잘 융합을 이루고 있는지 또는 두 조직 간의 괴리가 큰지에 대해서도 평가를 하여야 한다고 한다. 위에서 정리한 여섯 요인에 대한 분석 틀과 각 요인들에 있어서 공식조직과 비공식조직의 차이에 대한 평가의 초점은 다음의 〈표 14-1〉과 같다.

〈표 14-1〉 Weisbord 모형의 진단 변수와 지표

	공식적 체계	비공식적 체계
목적	· 목표의 명확성	· 목표에 대한 공감대
구조	· 기능적 조직구조	· 사실상의 업무수행 구조
관계	· 대인 및 부서 간의 공식적 관계 · 의사전달의 방법	· 얼마나 효과적으로 실행되고 있는가?
보상	· 공식적인 보상체계	· 암묵적, 심리적으로 어떤 효과가 있나?
리더십	· 목표의 설정 · 목표에 따른 계획설계 · 조직통합 · 내부적 갈등의 조정	· 관리자가 어떤 방법으로 얼마만큼 주어진 역할을 잘 수행하고 있는가?
지원 장치	· 예산제도 · 정보체계 · 계획 및 조정	· 이러한 지원장치들이 무엇을 위해 사용되는가? · 실제로 어떤 역할을 하고 있나? · 이러한 지원장치가 조직의 효과성을 저해하고 있지는 않는가?

와이스보드는 조직을 진단하는 모형을 레이더 스크린으로 묘사하고 있다. 레이더가 좋고 나쁜 현상을 신호음으로 표현하듯이 조직진단의 각 요인들은 조직의 문제점을 나타내 준다는 것이다. 또한 레이더가 어느 한 측면 만에 초점을 두고 반응하지 않듯이 조직진단의 모형에 있어서도 모형의 여섯 가지 요인, 즉 목적(purpose), 구조

(structure), 관계(relationships), 보상(rewards), 리더십(leadership), 지원 메커니즘(helpful mechanisms) 중에 어느 한 면 만을 중점을 두어서는 안되는 것이다. 와이스보드의 여섯 상자모형은 조직문제를 진단할 경우 조직진단자에게 어떤 부분을 살펴보고, 무엇을 찾아내야 하는가를 말해준다.

2.2 내들러(D. A. Nadler)의 적합 모델(Congruence Model)

내들러는 과거의 계층제적 전통조직 모델은 앞으로 점차 사라질 것을 예측하면서 '조직설계'(Organization Design)는 적응력 있고 경쟁력이 있는 조직을 만들기 위해 조직의 관리자가 활용할 수 있는 주요 수단이 될 것이라고 주장하였다.

내들러의 적합 모델은 조직이 강한 역량을 가지기 위해서는 조직을 구성하는 여러 요소가 잘 들어 맞아야 한다는 내용을 다룬다. 조직이 강한 역량을 지녀야 하는 이유는 전략상의 목표를 달성하기 위해서인데, 이를 위해 전략상의 목표는 업무로 구체화되며 그 구체적인 업무를 달성하기 위해서는 조직을 구성하는 사람, 조직의 공식구조 그리고 기업문화(조직문화)라고 불리는 비공식조직이 서로 조화를 이루어야 한다. 또한, 투입의 명확화, 처리량(작업량), 산출을 포함한다.

이러한 적합모델의 진단과정은 기본적으로 투입-변환-산출인데, 중간단계인 변환과정에 초점을 두고 있다. 그래서 변환과정은 다시 업무, 인력, 공식조직, 비공식조직 등의 4가지 하부조직으로 구성이 되어 있고, 이러한 4가지 주요 하부구조의 관계가 이 모델의 핵심이다.

이 모델은 아래와 같은 몇 개의 가정들에 기초한다.

(1) 조직들은 더 큰 환경 안에서 개방적 사회체제이다.
(2) 조직들은 역동적인 존재들이다.
(3) 조직행동은 개인, 그룹, 그리고 체제 단계로 나타난다.
(4) 상호작용은 조직적 행위의 체제 단계, 그룹, 개인 사이에 나타난다.

내들러 적합 모델의 투입은 환경, 자원, 역사와 조직적 단계 같은 요소를 포함하고 있다. 내들러와 터쉬만은 각 요소의 개념을 명확히 했다. 전략은 조직에서 가장 중요한 투입요소이다. 전체 조직적 전환과정의 체제 구성요소들은 비공식적 조직 제도,

작업, 공식적 제도 그리고 구성원이다. 모델의 산출에는 개인적, 그룹이 포함된다. 그리고 체제 산출물들에는 상품들과 서비스, 성과, 그리고 효과가 있다.

내들러와 터쉬만은 그들 모델에 적합성의 설정을 더했다. 그들은 적합 또는 적합도의 정도 그리고 요구들, 수요들, 목표들, 목적들 그리고 하나 하나 구성요소의 구조들은 일치한다고 정의했다. 또, 예를 들어 직무는 기술의 수준과 지식, 그리고 그밖에 다양한 기술의 수준과 지식을 갖추어야 하는 직무를 수행할 수 있는 이용가능한 개체들을 요구한다고 한다.

내들러와 터쉬만은 주요 구성요소 사이의 적합 또는 적합의 결여가 체제행위에 관해 영향을 미친다고 설명했다.

이 모델은 체제구성요소(비공식조직, 작업, 공식적 조직제도, 구성원)의 적합성에 기초한 적합 모델로 불리어진다. 체제 내에 있는 여섯 쌍의 예시는 네 개의 구성요소(개인, 조직, 업무, 비공식적 조직)에 기초하여 일어날 수 있다.

내들러와 터쉬만은 과업과 개인 사이에 걸맞는 더 많은 기술과 지식이 더 효과적인 성과를 낼 것이라고 설명했다. 예를 들어, 적합과 적합의 결여는 상충, 성과, 압박과 같은 체제 내에서 관찰되는 행위와 관련될 수 있다.

〈표 14-2〉 Nadler 모델의 진단변수와 초점

적합 관계	진단의 초점
개인/조직	-개인의 욕구는 조직의 구성에 의하여 충족되고 있는가? -개인들은 조직구조에 대하여 명확한 이해를 하고 있는가? -개인의 목표와 조직의 목표는 수렴되고 있는가?
개인/업무	-개인의 욕구는 주어진 임무에 의하여 충족되고 있는가? -각 개인은 임무를 수행할 수 있는 기술과 능력을 지니고 있는가?
개인/비공식조직	-개인의 욕구는 비공식조직에 의하여 충족되고 있는가?
업무/조직	-조직의 구성은 임무의 수행에 맞도록 적절히 되어 있는가? -조직의 구성은 임무를 수행하는 동기를 유발시키는가?
업무/비공식조직	-비공식조직이 업무의 성과를 높여 주는가? -비공식조직이 임무수행의 요구와 수렴하는가?
조직/비공식조직	-비공식조직의 목표, 보상, 구조가 공식조직의 목표, 보상, 구조와 일치하는가?

2.3 OAI의 조직평가지표 모형

OAI(Organization Assessment Instrument) 조직평가지표 모형은 A. H. 반데벤(Van De Ven)과 D. L. 페리(Ferry)에 의해 조직을 평가하는데 있어서 과학적인 타당성이 있고 실용적인 분석 틀, 측정도구 및 과정을 개발하고자 하는 목적에서 만들어졌다. 이 연구는 H. A. 사이먼(Simon)이 조직과 작업부서 및 개인의 성과를 설명하기 위해서는 조직의 구조, 행태 및 구성맥락의 차원들을 설정해야 한다는 기본적인 개념을 바탕으로 시작되었다.

OAI 분석 틀을 위한 기본적인 정의는 조직은 구조와 과정에 있어서 많은 다른 형태들로 구성된 개방사회 행동체제라는 것에 있으며, 이러한 행동체제는 조직의 환경, 구성원, 재정 및 업무들의 반복적 선택들의 연속으로 구성된다. 이러한 선택과 결정들은 조직의 목표를 기준으로 행해지므로, 조직행태는 목표지향적인 사건들(events)로써 각 사건들은 서로 원인-결과 관계를 가지고 있고 또한 사건들은 기능과 행동으로 나누어지며, 각 사건들은 횡적, 종적으로 연결된 하부조직 간의 순환적 양식을 가진다고 본다.

이렇게 복잡한 조직을 평가하기 위해서는 전반적인 조직, 부서, 작업집단 및 개인들을 전반적으로 포함하여 연결시켜주는 운영이론과 기법이 필요하며, 이와 같은 조직의 분석·평가를 위해서는 다음과 같은 내용을 포함하는 분석의 틀이 요구된다.

첫째, 거시조직, 부서, 업무수준의 맥락, 설계 및 성과와 관련된 특성들을 확인할 수 있어야 한다.

둘째, 복잡한 조직 내에서 수직적·수평적으로 분별하는 부서와 업무의 독특한 설계양식을 진단한다.

셋째, 서로 다른 부서들과 업무들이 어떻게 통합되고, 전체적인 조직체제의 성과를 위해서 어떤 기능적인 기여를 하는지 결정할 수 있어야 한다.

넷째, OAI의 분석 틀은 조직을 전체적인 조직, 작업집단과 부서, 개인적 업무 및 업무와 부서(혹은 다른 조직) 간의 관계의 네 단계로 진단을 하는데, 다음의 [그림 14-3]은 이러한 관계를 잘 나타내 주고 있다.

[그림 14-3] OAI의 조직평가지표 모형

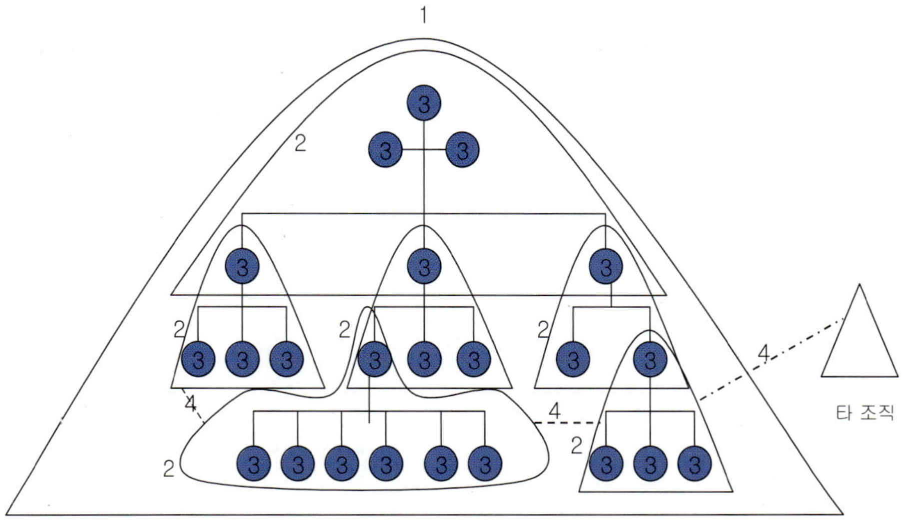

1 = 전체적인 조직
2 = 작업진단과 부서
3 = 개인적 업무
4 = 업무와 부서(타 조직) 간의 관계

OAI의 분석 틀의 이러한 네 단계의 진단은 다음과 같은 5개의 다른 차원에서 분석된다.

첫째, 성과차원으로 조직 내의 기록을 통해서 전체적인 조직과 부서 및 업무의 효율성과 효과성을 측정한다.

둘째, 거시적 조직설계 차원으로 OAI에 의해서 측정될 수 있으며, 전반적인 조직의 구조, 역사, 운영규모 및 영역에 초점을 둔다.

셋째, 조직부서설계 차원으로 OAI 기법과 조직의 기록을 통해서 조직 내 부서들과 작업집단들의 업무, 구조 및 과정의 다양한 성격들을 측정한다.

넷째, 업무설계차원으로 OAI를 사용하여 개인적 업무나 지위들이 구성되는 방법, 직원들의 배경, 업무를 위한 기술적 · 기능적 요구사항, 직원들의 업무에 대한 효과적 반응들을 측정한다.

다섯째, 부서 간 관계 차원으로 OAI를 사용하여 조직 부서 및 지위 간의 상호의존도, 조화 및 통제의 구조를 평가한다.

한편, OAI 기법을 실용적으로 사용하는데 있어서의 각 차원과 그 분석요인 그리고 각 분석요인에 대한 지표들은 다음 〈표 14-3〉과 같음.

〈표 14-3〉 OAI모형의 진단변수와 지표

조직평가의 차원	분석요인	분석지표
개인적 업무설계차원	업무설계의 성격	· 업무의 전문화 · 업무의 숙련도 · 업무의 표준화 · 업무의 권한 · 업무의 압박 · 업무의 책임감 · 업무의 환류 · 상벌에 대한 기대
	업무설계의 결과	· 업무에 대한 만족도 · 일의 동기 · 보수
	업무의 내용과 개인적 차이	· 업무의 난이도 · 업무의 다양성 · 조직계층 내의 업무의 수준 · 조직 내의 종신재직권(tenure) · 나이 · 성별 · 부양가족의 수 · 발전욕구
조직부서 설계차원	부서구조의 성격	· 부서 내 직위(job title)의 수 · 부서 내 역할의 상호교류가능성 · 기술의 다양성 · 사무자동화 · 부서의 표준화 · 부서 내 권위의 배분 · 부서 내 유인동기
	부서 내 관계	· 작업과정의 상호의존도 · 부서 내 직원 간 업무의존도 · 부서 내 의사교환이나 정보흐름 · 부서 내 갈등 · 부서 내 갈등의 해결방안
	인지된 부서의 성과	· 부서 내·외 주관적 평가
부서 간 관계차원	부서 간 관계평가를 위한 전략	
	관련부서 확인을 위한 기초변수	

조직평가의 차원	분석요인	분석지표
부서 간 관계차원	부서 간 관계의 성격	· 부서 간 자원의 의존도 · 부서 간 인식도 · 부서 간 합의/갈등 · 부서 간 갈등의 해결방안 · 부서 간 영역의 유사성 · 부서 간 의사소통 · 부서 간 자원의 흐름 · 자원의 흐름의 다양성 · 부서 간 관계의 공식화 · 부서 간 영향력 · 부서 간 관계의 인지된 효과성
거시적 조직 설계차원	조직도표를 구성하기 위한 기준	
	조직구조배치의 측정	· 조직의 크기 · 관리자층의 수 · 직위의 수 · 부서의 수 · 지역사무소의 수 · 관리자와 피관리자의 비율 · 최고관리층의 통솔범위 · 관리층의 비율 · 인지된 영향력이나 권위의 구조

2.4 조직진단의 평가와 전망

조직진단은 조직발전을 위한 하나의 과정인 자료수집 및 분석의 단계로 연구되었다. 따라서 조직행태 및 문화에 초점을 두는 진단을 중요시하였다. 그러나 점차 조직진단이 실용적으로 사용되기 시작하면서 그 범위가 넓어지게 되었고, 최근에는 조직의 사무적인 측면에서 부터 환경적 측면까지 포괄하는 광범위한 개념으로 사용되기에 이르렀다. 따라서 조직진단은 이제 단순히 조직의 행태만을 분석하는 것이 아니며, 조직의 구조・기능・기술・효율성 등 매우 다양한 내용을 분석하는 것으로 그 범위가 넓어졌다. 이에 따라 조직진단의 기법도 다양하게 개발되었다. 조직행태에 대한 진단을 위해서는 행태적 지표에 따른 설문조사 및 면접조사가 행하여질 수 있고, 업무과정의 효율성을 알아보기 위해서는 업무과정에 대한 생산공정도(flow chart)를 사용한 분석이 가능하게 되었다.

최근 조직의 내외적 환경변화로 인하여 조직을 혁신하려는 노력이 공・사조직을 망라하고 지속적으로 진행되고 있다. 조직혁신을 이룩하기 위해서는 조직진단이라는 과정을 거쳐야 하기 때문에 조직진단에 대한 중요성은 점차 증대될 것으로 전망된다.

사례 탈바꿈하는 조직(transforming organization)

사업에 변화를 꾀할 때, 본질적으로는 같은 일을 하지만 약간의 변수가 발생하게 된다. 특히 기술 발전에서 발생하는 경로와 이를 뒷받침하는 디지털 가속도로 인해, 점진적 변화만으로는 충분하지 않을 것이다. 이제는 완전히 그리고 근본적으로 색다른 일을 할 때다. 탈바꿈하는 조직이 필요하다.

탈바꿈을 시도하고 있는가? 다음 사례들을 보라.

- 1990년대 초, 반스앤노블(Barnes & Noble)은 사람들의 도서구입 방식을 변화시켰다. 이와 대조적으로 1990년대 중반 아마존(Amazon)은 사람들이 도서를 구입하는 방식과 궁극적으로 다른 모든 것들을 완전히 바꿔놓았다.
- TV 방송국은 매 시즌마다 변화하지만, 2008년을 기준으로, 미국인들은 매일 황금시간대에 TV를 시청하기보다는 유튜브(YouTube)를 보면서 더 많은 시간을 보내고 있었다. 유튜브는 소통을 가능하게 해서 시청 경험을 180도 바꿔놓았다.
- 수십 년 동안 음반 업계는 엄청난 수익을 벌어들였다. 그러다가 괴짜 컴퓨터 회사인 애플(Apple)이 등장했는데, 1990년대 중반에는 아무도 이 회사를 거들떠보지 않았다. 애플은 음악을 다운로드할 수 있는 대역폭, 프로세싱, 저장 용량의 중요성을 인식했다. 2001년 선보인 아이팟(iPod)과 2003년 선보인 아이튠즈(iTunes) 온라인 뮤직 스토어를 통해, 애플은 음악시장을 장악하면서 소비자제품 기업으로 탈바꿈했다. 2009년 컴퓨터 제조기업에서 소비자제품 기업으로 변신한 애플은 마이크로소프트(Microsoft)를 제치고 세계 최고라는 평가를 받는 기술기업이 되었다. 불과 몇 년 전만 해도 업계에 존재조차 하지 않았던 디지털 음악 다운로드라는 새로운 사업영역을 구축하였다.

아마존이 서적판매 업계를 완전히 변화시킨 것과 같은 방법으로, 변화는 경제 전반에 걸쳐 진행될 것이다. 인터넷의 등장은 미래에 펼쳐지게 될 탈바꿈의 서막에 지나지 않았다. 상상할 수 있는 모든 제품과 과정에 지능이 추가될 것인데, 그 비용이 급격하게 낮아지고 있다. 우주선에서 콘크리트에 이르기까지 모든 것에 센서와 마이크로칩이 내장되면서 지능은 우리가 하는 모든 일에 더해질 것이다.

그렇다면 변화에 어떻게 대비하고 지금 하는 일을 철저하게 변화시킬 것인가? 몇 가지 핵심적인 질문부터 살펴보라.

"이 변화가 우리의 사업에 어떻게 영향을 미치게 될까?"

기술발전의 경로를 살펴보고 우리의 삶과 비즈니스에 혁신을 이루기 위해 이러한 변화를 어떻게 적용할 수 있는지 고려해본다.

"디지털 속도는 우리의 사업에 어떤 영향을 미치게 될까?"
"우리가 속한 분야가 어떻게 탈바꿈할 것이라고 예상할 수 있을까?"
"보다 바람직한 결과를 내놓기 위해 신기술과 이전 기술을 어떻게 통합할 수 있을까?"

기술 주도형 변화에 대해 생각할 때, 일반적으로 최신기술의 발전이 기존의 것을 완전히 대체하지는 않는다는 점을 염두에 둬라. 대개 이전 기술과 신기술은 고객이 각각의 기능적인 장점을 취하면서 공존할 것이다. 따라서 디지털 기술이 "양자택일을 해야 하는" 필요조건이라고 생각하지 말라. 결국에는 신기술과 이전 기술이 혼합된 "두 가지 모두"를 취하게 될 가능성이 높다.

"어떻게 하면 고객에게 원하는 일들을 더 많이 할 수 있는 역량을 제공할 수 있을까?"

비즈니스의 새로운 황금률은 다음과 같다. "고객이 가능했다는 것을 알았다면 원했을 그러나 현재 그 고객이 할 수 없는 것을 할 수 있도록 해주는 역량을 고객에게 제공하라." 미래에 살아남고 성공하려면, 앞으로 고객이 해결하고자 하는 문제를 살펴보고 고객이 그 필요성을 깨닫기도 전에 해결책을 제시하라. 우리는 우리가 몸 담은 분야에서 전문가라는 점을 기억하라. 고객은 무엇이 실행 가능한지 알지 못하기 때문에 누구를 찾아야 할 것이다. 바로 그것이 가치를 더하고 포착할 수 있는 부분이다.

토의 과제

1. 반스엔노블과 아마존의 사업모델은 어떠한 차이가 있는가?
2. 애플이 선보인 음악 다운로드 정책은 음반업계를 어떻게 변화시켰나?
3. 유트브가 기존의 방송시장을 변화시켜 놓은 방송전략은 무엇인가?
4. 향후 고객이 원하는 일들을 갖춘 역량을 제공하는 방법은 무엇인가 생각해보자.

찾아보기

ㄱ

ㄴ

ㅇ

ㅈ

ㅍ

ㅎ

저자약력

• 정동섭

부산대학교 경영학과 졸업
부산대학교 대학원(경영학 석사 및 박사)
삼성그룹 근무
벤처기업 테크맥 전략기획이사
미국 산호세 주립대학교 방문교수
경성대학교 산학협력단장
(현) 경성대학교 경영학부 교수

[저서 · 논문]
경영사례연구(학현사)
경영전략(PNC미디어)
경영학원론(도서출판 대명)외 다수

• 송경수

동의대학교 경영학과 졸업
부산대학교 대학원 경영학 석사
계명대학교 대학원 경영학 박사
영국 맨체스터 대학교 방문교수
(현) 부산 가톨릭대학교 경영학부 교수

[저서 · 논문]
경영학원론 (도서출판 대명)
창업과 취업전략 (도서출판 대명)외 다수

• 이희옥

경성대학교 경영학과 졸업
경성대학교 대학원(경영학 석사 및 박사)
신세계 백화점 교육전문위원
부산시설공단 자문위원
(현) 경성대학교 경영학부 강의전담교수

[저서 · 논문]
The Effect of Organizational support for Career Development on Career Satisfaction: The Korean Case (European Journal of Management)

현대경영조직론

2017년　8월 20일 제1판 1쇄 발
2018년 11월 20일 제1판 2쇄 발

공저자　정 동 섭 · 송
발행인　김
조　판　아　람　기　획

07285
발행처　서울특별시 영등포구 선유로3길 10, 617호
도서출판　**탑 북 스**
등　록　2009.12.21 제 2016-000101 호
전　화　02)365-2223　팩스 02)365-2224

ⓒ 2017, 정동섭 외

정가 24,000 원

ISBN 979-11-87343-44-8-93320

불법복사는 지적재산을 훔치는 범죄행위입니다.
이 책의 무단전재 또는 복제행위는 著作權法 제136조에 의거,
5년 이하의 징역 또는 5,000만원 이하의 벌금에 처하게 됩니다.